Nachhaltigkeit

Campus Studium

Prof. Dr. Armin Grunwald ist Leiter des Instituts für Technikfolgenabschätzung und Systemanalyse (ITAS) am Karlsruher Institut für Technologie (KIT). *Jürgen Kopfmüller,* Dipl.-Volksw., ist Leiter des Forschungsbereichs »Nachhaltigkeit und Umwelt« am ITAS.

Armin Grunwald, Jürgen Kopfmüller

Nachhaltigkeit

Eine Einführung

Campus Verlag
Frankfurt/New York

Bibliografische Information der Deutschen Nationalbibliothek
Die Deutsche Nationalbibliothek verzeichnet diese Publikation in der Deutschen
Nationalbibliografie. Detaillierte bibliografische Daten sind im Internet unter
http://dnb.d-nb.de abrufbar.
ISBN 978-3-593-39397-1

2., aktualisierte Auflage 2012

Das Werk einschließlich aller seiner Teile ist urheberrechtlich geschützt.
Jede Verwertung ist ohne Zustimmung des Verlags unzulässig. Das gilt insbesondere für
Vervielfältigungen, Übersetzungen, Mikroverfilmungen und die Einspeicherung und
Verarbeitung in elektronischen Systemen.
Copyright © 2006 Campus Verlag GmbH, Frankfurt am Main
Umschlaggestaltung: Guido Klütsch, Köln
Satz: Publikations Atelier, Dreieich
Druck und Bindung: Beltz Druckpartner GmbH & Co. KG, Hemsbach
Printed in Germany

Dieses Buch ist auch als E-Book erschienen.
www.campus.de

Inhalt

Vorwort zur zweiten Auflage 9

1. Hintergrund und Überblick 11
2. Entstehungsgeschichte und wesentliche Meilensteine ... 18
   - 2.1 Ursprünge des Leitbildes nachhaltiger Entwicklung ... 18
   - 2.2 Internationale Debatten über Umwelt und Entwicklung 20
   - 2.3 Die Brundtland-Kommission 23
   - 2.4 Der Weltgipfel von Rio und die Folgen 25
   - 2.5 Die Milleniumsziele der Vereinten Nationen 28
3. Grundlegende Elemente und Randbedingungen 31
   - 3.1 Verantwortung für zukünftige Generationen 31
   - 3.2 Verantwortung für heute lebende Menschen 35
   - 3.3 Menschenrechte und Demokratie 40
   - 3.4 Bevölkerungsentwicklung und demographischer Wandel 44
   - 3.5 Reflexive Gestaltung und strategische Planung 49
4. Die großen Kontroversen nachhaltiger Entwicklung 53
   - 4.1 Die Dimensionen der Nachhaltigkeit und ihre Gewichtung 54

4.2 Starke oder schwache Nachhaltigkeit? 65

4.3 Nachhaltigkeit und Wirtschaftswachstum 68

5. Nachhaltige Entwicklung konkret: messen – bewerten – handeln 76

    5.1 Indikatoren: Funktionen, Typen, Herausforderungen .. 77

    5.2 Indikatorensysteme in der Praxis 85

    5.3 Die Messung von gesellschaftlichem Fortschritt jenseits von Wachstum 88

    5.4 Handlungsstrategien: Ansätze und Elemente 91

    5.5 Die Nachhaltigkeitsprüfung: Gesetze und Politik auf dem Prüfstand 98

    5.6 Grundlegende Analysemethoden: Modelle und Szenarien 104

6. Gesellschaftliche Handlungsfelder 107

    6.1 Ernährung 108

    6.2 Wohnen und Bauen 112

    6.3 Mobilität 117

    6.4 Energie 126

    6.5 Klimawandel 136

    6.6 Wasser 143

    6.7 Arbeit 148

    6.8 Landwirtschaft 154

7. Politische Umsetzungsebenen 161

    7.1 Die lokale Ebene: Agenda 21-Initiativen 162

    7.2 Nationale Nachhaltigkeitsstrategien: Das Beispiel Deutschland 167

    7.3 Die Europäische Union 171
    7.4 Die Vereinten Nationen 175
    7.5 Das Modell »Global Governance« 178

8. Nicht-staatliche Akteure 182
    8.1 Unternehmen 182
    8.2 Konsumenten 190
    8.3 Zivilgesellschaft 197

9. Wissen als Ressource 204
    9.1 Wissen im Kontext nachhaltiger Entwicklung 204
    9.2 Forschung 206
    9.3 Bildung 211
    9.4 Technik und Innovation 214

10. Rezeption und Kritik 219
    10.1 Begriffskritik 219
    10.2 Nachhaltigkeit als öffentliches Thema 221
    10.3 Wahrnehmung in den Weltreligionen 227
    10.4 Auf dem Weg zu einer Kultur der Nachhaltigkeit 229

11. Thesen zum Handlungsbedarf 233

Abkürzungen 239

Literatur 241

Vorwort zur zweiten Auflage

Die erste Auflage der von uns verfassten Einführung in die Nachhaltigkeit war nach einigen Jahren vergriffen. Der Bedarf nach einführender Literatur in diesem Bereich ist daher klar erkennbar, weswegen wir uns zur Erarbeitung einer zweiten Auflage entschieden haben. Da die Dynamik thematischer Entwicklungen und neuer Akteurskonstellationen im Feld der Nachhaltigkeit weiterhin groß ist, konnte die erforderliche Überarbeitung nicht nur in einer reinen Aktualisierung bestehen. Weite Teile mussten stark umgeschrieben und erweitert werden, einige Themen sind neu hinzugekommen. Insbesondere zur demographischen Entwicklung, zur sich stark intensivierenden Wachstumsdebatte, zum Verhältnis von Nachhaltigkeit und Menschenrechten sowie zur Klimapolitik und zu einer »Kultur der Nachhaltigkeit« sind neue Kapitel oder Abschnitte aufgenommen worden. Mit der vorliegenden zweiten Auflage liegt daher ein hoch aktueller, von der ersten Auflage deutlich verschiedener Text vor.

Gleichzeitig haben wir das Literaturverzeichnis erheblich erweitert. Gerade in dem komplexen Feld der Nachhaltigkeit, in dem im Rahmen einer Einführung viele Teilthemen nur gestreift werden können, stellt eine Auswahl von Literatur zu bestimmten Themen den Schlüssel zur vertieften Befassung mit diesen dar.

Wir danken Frau Monika Zimmer ganz herzlich für die kompetente und engagierte Unterstützung in der Endbearbeitung des Textes und der Prüfung des Literaturverzeichnisses.

Karlsruhe, Dezember 2011
Armin Grunwald
Jürgen Kopfmüller

1. Hintergrund und Überblick

Das Leitbild der nachhaltigen Entwicklung (*sustainable development*) hat sich in den letzten fünfundzwanzig Jahren weltweit zu dem zentralen Begriff entwickelt, anhand dessen über die zukünftige Entwicklung der Menschheit diskutiert wird. Sein Bekanntheitsgrad in der Öffentlichkeit ist stark gestiegen, vor allem in den letzten zehn Jahren. Nachhaltige *Entwicklung* bezeichnet einen *Prozess* gesellschaftlicher Veränderung, während der Begriff der *Nachhaltigkeit* (*sustainability*) das Ende eines solchen Prozesses, also einen Zustand beschreibt. In dieser Einführung werden wir vorwiegend den Begriff *nachhaltige Entwicklung* verwenden. Nach der heute überwiegend akzeptierten Definition ist nachhaltige Entwicklung dann realisiert, wenn sie

»die Bedürfnisse der Gegenwart befriedigt, ohne zu riskieren, dass künftige Generationen ihre eigenen Bedürfnisse nicht befriedigen können« (Hauff 1987: 46).

Sie zielt auf eine Umsteuerung, die die Lebenssituation der heutigen Generation verbessert (Entwicklung) und gleichzeitig die Lebenschancen künftiger Generationen zumindest nicht gefährdet im Sinne des Erhalts der sozialen, wirtschaftlichen und natürlichen Grundlagen der Gesellschaft. Nachhaltige Entwicklung ist kein ausschließlich wissenschaftlich bestimmbarer Begriff, sondern ein gesellschaftlich-politisches und damit *normatives* Leitbild.

Nachhaltige Entwicklung hat in ethischer Hinsicht ein doppeltes Fundament: Einerseits betrifft sie die aktive Übernahme von Verantwortung für zukünftige Generationen (Zukunftsverantwortung), andererseits spielen Gerechtigkeitsüberlegungen unter den heute Lebenden (klassische Verteilungsgerechtigkeit) eine gleichrangige Rolle. Diese Dualität hat Folgen: Ein Doppelverständnis zieht sich durch sämtliche Diskussionen zur nachhaltigen Entwicklung hindurch. Zum einen geht es um eine – eher statische – *Erhaltung* von natürlichen und kulturellen

Ressourcen im Interesse zukünftiger Generationen. Zum anderen steht – dynamisch – die nachhaltige *Entwicklung* der Gesellschaft im Mittelpunkt, mit der Betonung auf dem Entwicklungsgedanken zur Verbesserung der Situation vieler heute lebender Menschen.

Das Leitbild der nachhaltigen Entwicklung ist auf der politischen Ebene programmatisch weltweit anerkannt. Die Suche nach Kriterien, Leitlinien und Umsetzungsstrategien für eine nachhaltige Entwicklung ist zu einem zentralen Thema der nationalen und internationalen Umwelt-, Forschungs- und Entwicklungspolitik sowie von Wirtschaft, Wissenschaft und Zivilgesellschaft geworden. Auf der UN-Konferenz für Umwelt und Entwicklung (UNCED) 1992 in Rio de Janeiro verpflichtete sich die internationale Staatengemeinschaft, das Leitbild in konkrete Politik auf nationaler und globaler Ebene umzusetzen. Dies wurde in zahlreichen Folgekonferenzen und Aktivitäten der Vereinten Nationen für viele Themen konkretisiert, so z. B. für den Umgang mit dem Klimawandel und den Schutz der Biodiversität, aber auch durch die so genannten Milleniumsziele der Vereinten Nationen (Kapitel 2.5). Nationale Nachhaltigkeitsstrategien sind mittlerweile in vielen Ländern ausgearbeitet worden und befinden sich in der Umsetzung. In Deutschland wurde 2001 durch die Bundesregierung der Rat für Nachhaltige Entwicklung berufen und im Jahre 2002 die deutsche Nachhaltigkeitsstrategie veröffentlicht (Bundesregierung 2002). Auf regionaler und lokaler Ebene existieren seit 1992 weltweit eine Fülle von Lokalen Agenda 21-Initiativen.

Auch in der Wirtschaft hat das Leitbild der nachhaltigen Entwicklung Fuß gefasst (Fussler 1999). Viele Unternehmen haben entsprechende Strategien und Geschäftsmodelle entwickelt und sich einem Unternehmensethos der Nachhaltigkeit verpflichtet. Zur internationalen Koordination wurde der *World Business Council of Sustainable Development* (WBCSD) gegründet. Gewerkschaften betonen die soziale Dimension der nachhaltigen Entwicklung und die zentrale Rolle der Arbeit sowie die Problematik der Chancengleichheit und der gerechten Verteilung des gesellschaftlichen Wohlstandes.

Parallel dazu dient das Leitbild auch in vielen zivilgesellschaftlichen Gruppen als Orientierung. Global arbeitende Nichtregierungsorganisationen betätigen sich als Warner und Mahner, genauso wie sich auf regionaler und lokaler Ebene Bürgerinitiativen und Einzelpersonen engagieren. Teilweise knüpfen Diskussionen um das Nachhaltigkeitsleitbild auch an frühere sozialistische Kritik am Kapitalismus sowie an aktuelle Argumente der Globalisierungskritiker an. Beispielsweise hat sich als Gegengewicht zum jährlich stattfindenden Weltwirtschaftsforum in Davos ein *Weltsozialforum* etabliert. Der Begriff der nachhaltigen Entwicklung ist damit paradoxerweise einerseits ohne Globalisierung kaum denkbar, denn sonst wäre das Interesse für die Entwicklung der Menschheit als ganzer nicht entstanden. Andererseits wird vor dem Hintergrund der Kritik an bestimmten Formen und Folgen der Globalisierung versucht, Globalisierungsprozesse im Sinne nachhaltiger Entwicklung zu gestalten (Pilchhöfer 2010, Ringmaier 2009, Dunphy et al. 2007, Kopfmüller 2003, Petschow et al. 1998, Douthwaite 1996).

Auch kirchliche Gruppen sind weltweit für eine nachhaltige Entwicklung engagiert. In religiös motivierten Ansätzen findet sich die Dualität der Nachhaltigkeit wieder. Sie wird zum einen als »Bewahrung der Schöpfung« verstanden, zum anderen stehen die Vision einer gerechten Weltordnung und der Entwicklungsgedanke im Mittelpunkt, wie sie etwa der Idee eines »Weltethos«, einer verbindenden normativen Ebene zwischen den Weltreligionen (Küng 1990) oder der katholischen Soziallehre entsprechen (Hengsbach 2000). Auch in den anderen Weltreligionen wie Buddhismus (Sivaraska 2009) und Islam wird über nachhaltige Entwicklung nachgedacht (Kapitel 10.3).

Dass dieser Begriff in so kurzer Zeit zentral für viele, vormals getrennt laufende Debatten rund um den Globus geworden ist, ist auf den ersten Blick erstaunlich. Ein wesentlicher Grund für diese Begriffskarriere dürfte darin liegen, dass das Leitbild auf problematische Entwicklungstrends der Weltgesellschaft Bezug nimmt. Im Nachhaltigkeitsbegriff drücken sich einerseits die Sorgen vieler Menschen um die zukünftige Entwicklung im globalen Maßstab aus. Andererseits steht nachhaltige Entwicklung gleichzeitig als ein normatives Leitbild auch konstruktiv für Bemühungen um eine Verbesserung der Lebensverhältnisse. Damit bietet das Leitbild die Gelegenheit, das Unbehagen im Sinne eines »so kann es nicht unbegrenzt weitergehen« auf den Punkt zu bringen und gleichzeitig nach Möglichkeiten der Umsteuerung zu suchen. Hier zeigt sich eine zweite Dualität des Leitbilds: Zum einen stellt es eine Reaktion auf *bestehende* Probleme dar, zu denen die globale Umwelt- und Entwicklungsproblematik genauso gehören wie Arbeitslosigkeit und Armut. Zum anderen wirft die Bewältigung dieser Probleme unausweichlich Fragen nach gesellschaftlichen Zielvorstellungen und Visionen *für die Zukunft* auf. In diesem Kontext werden in der Nachhaltigkeitsdiskussion auch positive Zukunftsentwürfe einer gerechten Gesellschaft und des »guten Lebens« behandelt.

Die Problemorientierung als eine wesentliche Motivation der Nachhaltigkeitsdiskussion wird aus vielen Quellen gespeist und zeigt sich in wesentlichen gesellschaftlichen Handlungsfeldern (vgl. Kapitel 6). Hierzu gehören die in den industrialisierten Ländern am häufigsten thematisierten globalen Ressourcen- und Umweltprobleme. Auf die Endlichkeit und absehbare Erschöpfung vieler für die Industriegesellschaft lebenswichtiger Rohstoffe, beispielsweise der fossilen Energieträger, wird immer wieder hingewiesen. Die Begrenztheit der landwirtschaftlichen Nutzfläche ist vor allem aufgrund der Nutzungskonkurrenzen zwischen Nahrungsmittelproduktion und der Nutzung von Biomasse für die Energiegewinnung ins Bewusstsein gerückt. In den letzten Jahren ist spezielles Augenmerk auf funktional wichtige und teils nur in kleinen Mengen vorhandene, so genannte strategische Metalle gerichtet worden wie z. B. Yttrium oder Neodym, die eine Schlüsselfunktion für neue Technologien haben (z. B. Behrendt et al. 2007; Lutz 2010). In Bezug auf die Länder der »Dritten Welt«, besonders Afrikas, sind existenzielle Probleme wie Hunger, Fehlernährung und Armut, die mangelnde Versorgung mit sauberem Trinkwasser und Energie sowie Probleme der medizinischen Grundversorgung nach wie vor von herausragender Dringlichkeit. Insbesondere ist das Thema Welternährung angesichts der weiter zunehmenden Weltbevölkerung, des Klimawandels und der Nutzungskonkurrenzen um landwirtschaftliche Nutzflächen zu einem Thema mit neuer beklemmender Aktualität geworden.

Die Belastbarkeit der natürlichen Umwelt durch Emissionen und Abfall wird zunehmend als begrenzt wahrgenommen. Die Gefährdung der langfristigen Verfügbarkeit von sauberem Trinkwasser, die Verschmutzung der Ozeane, der dramatische Verlust an Biodiversität und die Gefährdung von Böden und ihrer Fruchtbarkeit sind wesentliche Probleme von globalem Ausmaß. Als übergreifendes Thema beansprucht die Klimaproblematik weltweit seit den 1980er Jahren politische, wissenschaftliche und öffentliche Aufmerksamkeit. Bisherige Ansätze der Behandlung des Klimaproblems zur Reduktion der Emission von Treibhausgasen wie Kohlendioxid, Stickoxiden und Methan sind auf globaler Ebene bislang nicht erfolgreich gewesen.

Soziale Probleme wie Hunger, Armut, Bevölkerungszunahme, Migration und Perspektivlosigkeit von Teilen der »Dritten Welt« bilden die zweite große – und vor allem in den Entwicklungsländern mit nachhaltiger Entwicklung verbundene – Problemgruppe. Vielfach werden globale Umweltprobleme und globale soziale Probleme unter dem Begriff *Globaler Wandel* zusammengefasst (WBGU 1996, Kopfmüller 2003), da viele dieser Probleme sich wechselseitig beeinflussen. Auch Arbeitslosigkeit, Bildungsdefizite, die Zukunft der sozialen Sicherungssysteme, Staatsverschuldung, Folgen der Globalisierung, die Rolle der internationalen Finanzmärkte, Chancengleichheit, Probleme regionaler Identitäten und Kulturen werden unter Nachhaltigkeitsaspekten thematisiert.

Nachhaltige Entwicklung betrifft damit das Verhältnis von menschlicher Wirtschaftsweise, den sozialen Grundlagen einer Gesellschaft und den natürlichen Lebensgrundlagen auf globaler Ebene. Mit dem Leitbild ist eine Gestaltungsaufgabe in einer Komplexität verbunden, die einmalig in der Menschheitsgeschichte ist: Die Menschheit bzw. Weltgesellschaft »als Ganzes« wird zum Objekt von bewusster Gestaltung. In diesem Rahmen sind Steuerungsleistungen auf lokaler, regionaler, nationaler und globaler Ebene erforderlich. Die jeweiligen Akteure sind dabei konfrontiert mit der Ungewissheit und Unvollständigkeit des Wissens über die komplexen natürlichen und gesellschaftlichen Systeme und ihre Wechselwirkungen, mit dem Vorliegen teils unvereinbarer und von verschiedenen Interessen dominierter Bewertungen, mit der Begrenztheit ihrer Steuerungsfähigkeit sowie mit der Vielfalt und Konfliktträchtigkeit der vorgeschlagenen Maßnahmen für mehr Nachhaltigkeit.

Der Weg hin zu einer nachhaltigen Entwicklung stellt einen ethisch orientierten Such-, Lern- und Erfahrungsprozess dar. Das Vorliegen nur lückenhaften Wissens und provisorischer Bewertungen liefert allerdings angesichts der realen Problemlagen keinen Grund, nachhaltigkeitswirksames Handeln zurückzustellen. Handeln ist auch ohne vollständiges und sicheres Wissen möglich – und oft aus Vorsorgegedanken heraus auch nötig. Die Bewältigung dieser Herausforderungen – in so konkreten Bereichen wie Energie, Mobilität, Klimaschutz, kommunaler Planung, Zukunft der Sozialversicherungssysteme, demografischer Wandel oder Landwirtschaft – erfordert allerdings neue und zum Teil tief greifende Maßnahmen sowie veränderte Denkweisen, die sich zum Teil erst in Umrissen abzeichnen und häufig noch ausgesprochen kontrovers sind.

Die Umsetzung der Nachhaltigkeitsidee ist auf umfangreiches Wissen angewiesen. Die Wissenschaften sind gefordert, zur Konkretisierung von Nachhaltigkeit, zur Diagnose von Nachhaltigkeitsproblemen und zur Entwicklung geeigneter Therapien beizutragen. Nachhaltige Entwicklung ist bereits Thema in vielen Studiengängen an Universitäten und Fachhochschulen und gehört zum festen Inventar nationaler, europäischer und internationaler Forschungsprogramme. Darüber hinaus gibt es weitergehende Bestrebungen, die verschiedenen Perspektiven und Erkenntnismöglichkeiten der Wissenschaft im Sinne einer »Wissenschaft für Nachhaltigkeit« (*science for sustainability*) inter- und transdisziplinär zu bündeln (Kapitel 9).

Nachhaltige Entwicklung ist auch zu einem Thema der öffentlichen Diskussion geworden, wenngleich es sich aufgrund der inhärenten Komplexität für eine massenmediale Behandlung nur schlecht eignet (Kapitel 10.2). Persönliche Lebensstile zur Umsetzung des Nachhaltigkeitsleitbilds im privaten Bereich wurden entwickelt und haben sich in einigen (vor allem westlichen) Ländern mittlerweile in beträchtlichen Anteilen der Gesamtbevölkerung verbreitet. Der Begriff des »nachhaltigen Konsums« spielt hierbei eine wichtige Rolle. Eine offene Frage ist, ob es auf diese Weise gelingt, eine beständige »Kultur der Nachhaltigkeit« in Bezug auf Lebensstile und Konsumverhalten bei einer Mehrheit der Menschen zu etablieren.

Mit der erstaunlichen Begriffskarriere des Nachhaltigkeitsleitbildes ist gleichzeitig die einschlägige Literatur stark angewachsen. An Büchern zu einzelnen Aspekten der Nachhaltigkeit (etwa in den Bereichen Wohnen/Bauen, Mobilität oder Energie) besteht genauso wenig ein Mangel wie an theoretischen Darstellungen. Dieses reichhaltige Informationsangebot ist in der Regel auf Fach- und Expertenkreise zugeschnitten. Der Tatsache, dass das Thema der nachhaltigen Entwicklung in den letzten Jahren jedoch weit über den wissenschaftlichen Raum hinaus an Bedeutung gewonnen hat, ist der Bedarf an einer umfassenden, gleichwohl knappen Einführung geschuldet.

Aufbau des Buches

Das vorliegende Buch folgt im Wesentlichen der Idee, dass das Leitbild nachhaltiger Entwicklung sowohl die Formulierung von Entwicklungszielen als auch die Diagnose von Problemen erfordert. Es geht darum, über verschiedene Stufen der Konkretisierung und Umsetzung der Idee nachhaltiger Entwicklung zu einer Lösung dieser Probleme angesichts der gesetzten Ziele zu gelangen. Die Darstellung der Motivationen, über nachhaltige Entwicklung nachzudenken, erfolgt im Spiegel der geschichtlichen Entwicklungen, die diesen Begriff in seiner heutigen Form geprägt haben (Kapitel 2). Dabei haben sich grundlegende Elemente wie ethische Prämissen der Zukunftsverantwortung oder Randbedingungen wie die Bevölkerungsentwicklung als zentral für alle weiteren Überlegungen herausgestellt (Kapitel 3). Die Umsetzung selbst bedarf einer Reihe von Schritten, deren Gesamtheit als Operationalisierung bezeichnet wird. Am Anfang stehen theoretische und konzeptionelle Grundentscheidungen, etwa im Hinblick auf die Gewichtung der Erhaltung der natürlichen Umwelt relativ zu anderen Entwicklungsaspekten (Kapitel 4), zu denen allerdings eine übergreifende Theorie nachhaltiger Entwicklung nach wie vor fehlt. Dem Brückenschlag in die konkrete Praxis hinein dient der Schritt, durch Indikatoren nachhaltige Entwicklung »messbar« zu machen und darauf Strategien einer Annäherung an Nachhaltigkeit aufzubauen (Kapitel 5). Besonderes Gewicht haben Überlegungen und Maßnahmen zu einer nachhaltigen Entwicklung in zentralen gesellschaftlichen Handlungsfeldern wie Energie, Ernährung oder Wasser (Kapitel 6). Nachhaltige Entwicklung als hoch komplexe Gestaltungsaufgabe bedarf des abgestimmten Vorgehens auf den verschiedenen politischen Ebenen (Kapitel 7) und des engagierten Einsatzes und der Zusammenarbeit vieler gesellschaftlicher Akteure (Kapitel 8). In allen Schritten von der Diagnose bis hin zur Therapie von Nachhaltigkeitsdefiziten spielt die Bereitstellung von Wissen und technischen, institutionellen sowie sozialen Innovationen eine große Rolle (Kapitel 9). Für die Präzisierung und Umsetzung des Nachhaltigkeitsleitbildes ist die öffentliche Wahrnehmung bedeutsam, wobei durchaus unterschiedliche Akzentuierungen in interkultureller Perspektive bestehen (Kapitel 10). Die Einführung schließt mit dreizehn Thesen, die auf die gegenwärtige Situation und die aus unserer Sicht erforderlichen nächsten Schritte zugespitzt sind (Kapitel 11).

2. Entstehungsgeschichte und wesentliche Meilensteine

Diskussionen zur Herausforderung nachhaltiger Entwicklung können bis in das 18. Jahrhundert zurückverfolgt werden (2.1). Ende der 1960er Jahre kam es in dieser Tradition zu internationalen Debatten über Umwelt und Entwicklung (2.2). Als das »Geburtsjahr« des Begriffs der nachhaltigen Entwicklung im heutigen Verständnis gilt das Jahr 1987 mit der Veröffentlichung des Berichts der Kommission für Wirtschaft und Entwicklung der Vereinten Nationen (Brundtland-Bericht) (2.3). Die UNCED-Konferenz von Rio 1992 stellt den wichtigsten Meilenstein der politischen Verankerung des Nachhaltigkeitsleitbilds dar (2.4), der im Jahr 2012 die geplante »Rio+20«-Konferenz, wiederum in Rio de Janeiro, neue Impulse geben soll. Eine der wesentlichen Aktionen im Kontext nachhaltiger Entwicklung war die Verabschiedung der Millenniumsziele der Vereinten Nationen (2.5).

2.1 Ursprünge des Leitbildes nachhaltiger Entwicklung

Der Begriff »Nachhaltigkeit« tauchte erstmals Anfang des 18. Jahrhunderts in der Forstwirtschaft unter der Zielsetzung auf, ökonomische Erwägungen mit dem Faktor Natur in Einklang zu bringen. Vielfach wird die Abhandlung »Sylvicultura Oeconomica« des sächsischen Oberberghauptmanns von Carlowitz aus dem Jahr 1713 als erstmalige Erwähnung genannt. Landwirtschaftliche Aktivitäten sowie zunehmender industrieller Holzbedarf (Berg- und Hüttenwerke) hatten in vielen Regionen zu einer Übernutzung der Wälder geführt. Angesichts der knapper werdenden Holzbestände wurde unter nachhaltiger Forstwirtschaft eine Bewirtschaftungsweise verstanden, die auf einen möglichst hohen, gleichzeitig aber dauerhaften Holzertrag der Wälder abzielte: Es sollte pro Jahr nicht mehr Holz geschlagen werden als nachwächst. Dieses (ressourcenökonomische) Prinzip, das das ökonomische Ziel der maximalen dauerhaften Nutzung des Waldes mit den ökologischen Bedingungen des Nachwachsens kombinierte, wurde ein Vorbild für spätere Nachhaltigkeitsüberlegungen. Es bedeutet, von den Erträgen einer Substanz und nicht von der Substanz selbst zu leben – ökonomisch ausgedrückt: von den Zinsen und nicht vom Kapital. Mit dem Konzept des *maximum sustainable yield* fand der Nachhaltigkeitsbegriff Anfang des 20. Jahrhunderts auch Eingang in die Fischereiwirtschaft: Das Ausmaß des Fischfangs sollte sich an der Reproduktionsfähigkeit der Fischbestände orientieren, um maximale Erträge dauerhaft erzielen zu können.

In wissenschaftlichen Ansätzen haben Überlegungen zur Beständigkeit, zur Stabilität und zu Belastungsgrenzen von Wirtschaft und Gesellschaft eine gewisse Tradition, insbesondere seit der Industriellen Revolution. In den Anfängen der Wirtschaftswissenschaften wurde dem Faktor Natur (z. B. dem Boden als Grundlage der Ernährung) eine hohe Bedeutung für die wirtschaftliche Entwicklung zugemessen. So war John Stuart Mills (1806–1873) Idee einer »stationären« Wirtschaft bzw. Gesellschaft nicht ausschließlich von ethischen und Gerechtigkeitsaspekten, sondern auch von Überlegungen geprägt, die man heute mit dem Begriff der *Ressourcenschonung* beschreiben würde. Am bekanntesten wurden in diesem Zusammenhang die Überlegungen von Robert Malthus zum Zusammenhang zwischen der Bevölkerungszahl und den zur Ernährung benötigten natürlichen Ressourcen. Malthus hatte vor dem Hintergrund des seit der Industriellen Revolution starken Bevölkerungswachstums in England ein Missverhältnis zwischen der verfügbaren Ressourcenmenge und der Bevölkerungszahl diagnostiziert. Als Folge prognostizierte er Hungersnöte, Epidemien und Kriege. Diese Arbeiten werden häufig als erstmalige systematische Abhandlung über die Wachstumsgrenzen in einer endlichen Welt und als eine frühe Quelle der Nachhaltigkeitsdebatte interpretiert.

In dem Maße jedoch, wie fortschrittliche Methoden in Land- und Ernährungswirtschaft eine Verbesserung der Nahrungsmittelversorgung ermöglichten und die Bevölkerungszahlen trotz steigender Konsummöglichkeiten nicht in dem vorhergesagten Maß stiegen oder konstant blieben, fand die pessimistische These von Malthus immer weniger Resonanz und galt schließlich als widerlegt. Weil der wissenschaftlich-technische Fortschritt ein unbegrenztes Wachstum zu erlauben schien, wurden natürliche Grenzen des Wachstums bis Mitte des 20. Jahrhunderts kaum thematisiert. In den Wirtschaftswissenschaften findet sich die oben genannte Idee des *maximum sustainable yield* erstmals in dem in den 40er Jahren des 20. Jahrhunderts von John Hicks formulierten Einkommensbegriff (Klauer 1998): Danach ist das »Einkommen« der Teil der zur Verfügung stehenden Gütermenge, der verbraucht werden kann, ohne künftige Konsummöglichkeiten einzuschränken. Dieses Verständnis von Einkommen wurde beispielsweise bei der Berechnung des Volkseinkommens in der Volkswirtschaftlichen Gesamtrechnung aufgegriffen und liegt auch dem Prinzip der »Abschreibung für Abnutzung« bei Sachgütern zugrunde.

In der dominierenden neoklassischen Wirtschaftstheorie (Klepper 1999) blieb der Faktor Natur in der Analyse des Wirtschaftsprozesses allerdings weitgehend ausgeblendet oder wurde zumindest nicht seinen Knappheiten entsprechend behandelt (Daly 1999). Mehr als 200 Jahre lang war damit das Nachhaltigkeitsprinzip im Wesentlichen auf die Forst- und Fischereiwirtschaft sowie den steuerlichen Abschreibungsmechanismus begrenzt. Auf alle anderen Bereiche des Wirtschaftens hatte es keinen nennenswerten Einfluss.

2.2 Internationale Debatten über Umwelt und Entwicklung

Die Abhängigkeit der Menschheit von den natürlichen Grundlagen der Erde wurde erst intensiv thematisiert, als der unbekümmerte Fortschrittsoptimismus gegen Ende der 1960er und Anfang der 1970er Jahre angesichts der negativen Folgen des technischen Fortschritts und der Produktions- und Lebensstile vor allem in den Industriestaaten ein Ende fand. Die Wahrnehmung der natürlichen Umwelt änderte sich radikal: Einerseits erschien sie durch den Menschen und seine Technik und Wirtschaft bedroht, andererseits wurde deutlich, dass gerade Technik und Wirtschaft auf eine hinreichend intakte natürliche Umwelt angewiesen sind. Die Erkenntnis, dass die menschliche Wirtschaftsweise die Grundlagen zu zerstören drohte, auf die sie angewiesen war, wirkte vor allem in den Industriestaaten zum Teil wie ein Schock.

Bedeutendster Ausdruck dessen war der Bericht »Die Grenzen des Wachstums« des *Club of Rome* (Meadows et al. 1973). Er kam zu dem

Ergebnis, dass eine Fortschreibung der damals aktuellen Trends in Bevölkerungswachstum, Ressourcenausbeutung und Umweltverschmutzung im Laufe der nächsten hundert Jahre zu einem ökologischen Kollaps und in der Folge zu einem katastrophalen wirtschaftlichen Niedergang führen müsse. Verstärkt wurde die Wirkung des Berichts durch das – eher zufällige – zeitliche Zusammentreffen mit der ersten Ölkrise 1973. Obwohl der Bericht des Club of Rome konzeptionell und methodisch sehr angreifbar ist und sich die meisten seiner Aussagen nicht bewahrheitet haben, bewirkte er entscheidend, dass intensiver über die Zusammenhänge zwischen gesellschaftlichen Produktions- und Lebensstilen, Wirtschaftswachstum und der Verfügbarkeit bzw. Endlichkeit von Ressourcen nachgedacht wurde. Auch der 1980 erschienene Bericht »Global 2000« an den US-Präsidenten Carter (CEQ/U.S. State Department 1980) thematisierte die Ressourcen- und Bevölkerungsproblematik und ihre wechselseitige Verknüpfung und erzielte eine vergleichsweise große Aufmerksamkeit in der öffentlichen Debatte.

Die Zunahme von Umweltbelastungen, etwa durch Luftschadstoffe oder im Bereich der Gewässerverschmutzung, trug parallel dazu bei, dass Umweltaspekten größeres Gewicht in Politik und Medien beigemessen wurde. So wurde 1972 in Stockholm auf der ersten großen Umweltkonferenz der UN das Umweltprogramm der Vereinten Nationen (UNEP) gegründet. In der Folge dieser Konferenz wurden in zahlreichen Staaten eigenständige Umweltministerien geschaffen. Angesichts zunehmender Sensibilität für Umweltprobleme und erheblicher Schwierigkeiten bei ihrer Bewältigung wurde 1980 von der *International Union for the Conservation of Nature* (IUCN) in Zusammenarbeit mit verschiedenen UN-Organisationen wie UNEP die »World Conservation Strategy« erarbeitet (IUCN/UNEP/WWF 1980). Hier taucht der Begriff des *Sustainable Development* erstmals in einem etwas größeren wissenschaftlichen und politischen Kreis auf. Zentrale These dieser Strategie war – die Nähe zu dem forst- und fischereiwirtschaftlich geprägten Nachhaltigkeitsbegriff ist erkennbar –, dass eine dauerhafte ökonomische Entwicklung ohne die Erhaltung der Funktionsfähigkeit der Ökosysteme (vor allem der Landwirtschafts-, Wald-, Küsten- und Frischwassersysteme) nicht realisierbar sei.

Stand zunächst klar die Endlichkeit der Ressourcen im Mittelpunkt der Debatten – sowohl in Bezug auf erneuerbare Ressourcen wie Wald- und Fischbestände als auch in Bezug auf nicht erneuerbare Ressourcen wie Erdöl und Kohle –, so geriet in den 1980er Jahren die Senkenproblematik stärker in den Blick: Die natürliche Umwelt spielt für den Menschen nicht nur als Rohstofflager und Ressourcenquelle eine wesentliche Rolle, sondern auch als »Deponie« (Senke) für Abfälle und Emissionen. Aufnahme- und Verarbeitungskapazitäten der Umweltmedien Boden, Luft und Wasser sowie der Ökosysteme für Abfälle und Schadstoffemissionen sind jedoch begrenzt. Die schleichende Anreicherung von Rückständen der industriellen Produktion in Meerwasser, Grundwasser, Atmosphäre, Böden und in Lebewesen wurde zunehmend als ernsthafte Bedrohung der Zukunft der Menschheit eingeschätzt. Aufgrund der engen Relation zwischen dem Verbrauch von Ressourcen und entstehenden Emissionen müssen für umweltpolitisches Handeln in vielen Bereichen die Ressourcen- und die Senkenproblematik im Zusammenhang gesehen werden. Beispielsweise hängen der Verbrauch fossiler Energieträger und das CO_2-Problem direkt zusammen. In den letzten Jahren gewinnen die Begrenztheit von Ressourcen und die Notwendigkeit ressourceneffizienten Wirtschaftens neue Bedeutung, vor allem da für neue Technologien (z. B. der Elektromobilität und der Energiespeicherung) erhebliche Mengen an bestimmten Metallen wie Lithium benötigt werden, deren Reichweite begrenzt ist (BGR 2007).

Ressourcen- und Umweltprobleme haben darüber hinaus auch soziale Aspekte. Probleme der Umweltgerechtigkeit (Kapitel 3.2) bestehen in ungerechter Verteilung von Zugangs- und Nutzungsmöglichkeiten begrenzter Ressourcen (wie Trinkwasser), aber auch in Bezug auf die soziale Verteilung der Folgen einer übermäßigen Belastung der Umwelt (z. B. im Hinblick auf Gesundheitsgefahren oder Folgen der Klimaveränderung). In Form von Hunger und Armut stellen sie existentielle Bedrohungen dar. Die großen Herausforderungen der Welternährung sind seit einigen Jahren zurück auf der internationalen Agenda (Kapitel 6.1).

Im Rahmen der erwähnten Stockholmer UN-Konferenz 1972 wurde erstmals auf der internationalen Politikebene über die Verknüpfung zwischen Entwicklungs- und Umweltaspekten, insbesondere unter dem Stichwort *Ecodevelopment*, diskutiert, wie dies dann später charakteristisch für den Nachhaltigkeitsbegriff werden sollte. Die immer deutlicher erkennbaren gewaltigen Probleme der Entwicklungsländer – viele sind erst nach dem Zweiten Weltkrieg von den Kolonialmächten unabhängig geworden –, wie wirtschaftliche Unterentwicklung, Staatsverschuldung, Armut, mangelnde medizinische Versorgung und katastrophale hygienische Bedingungen, Hunger, korrupte oder diktatorische politische Systeme und die zunehmende Abkopplung von der Entwicklung in den Industrieländern, führten in den 1970er Jahren zu einer Fülle von Aktivitäten auf internationaler Ebene. Wichtige Akzente setzten die *Erklärung von Cocoyok*, das Abschlussdokument einer 1974 von UNEP und UNCTAD veranstalteten Konferenz im mexikanischen Cocoyok, und der *Dag-Hammarskjöld-Report* von 1975. Dort wurde erstmals neben dem Missstand der »Unterentwicklung« auch der der »Überentwicklung«, bezogen auf die verschwenderischen Lebensstile der Industriestaaten, angeprangert (Harborth 1991: 27 ff.).

In der Folgezeit setzte sich zunehmend die Erkenntnis durch, dass die von den Industriestaaten praktizierten Produktions- und Lebensstile aus verschiedenen Gründen nicht langfristig auf die übrige Welt – das heißt auf rund 80 Prozent der Weltbevölkerung – übertragbar seien. Daran anknüpfend wurde den Industriestaaten angesichts ihrer dominierenden Verantwortung für viele ökologische und sozioökonomische Probleme auch die Hauptlast bei deren Lösung zugewiesen. Der so genannte *Brandt-Report* von 1980 und der darauf folgende *Palme-Report* von 1983 – beide Ergebnisse der Arbeit der »Nord-Süd-Kommission« der Vereinten Nationen – zählen zu den ersten internationalen Dokumenten, die diese globale Perspektive der Entwicklungsthematik ausführlicher behandelten, sie auf die internationale politische Agenda brachten und entsprechende politische Handlungsvorschläge machten.

2.3 Die Brundtland-Kommission

Vor dem Hintergrund dieser wachsenden Probleme im ökologischen, aber auch im sozialen und ökonomischen Bereich (weltweite Rezession, internationale Schuldenkrise, Arbeitslosigkeit usw.) nahm 1983 die UN-Kommission für Umwelt und Entwicklung (*Brundtland-Kommission*) unter dem Vorsitz der norwegischen Ministerpräsidentin Gro Harlem Brundtland ihre Arbeit auf. Sie hatte das Ziel, Handlungsempfehlungen zur Erreichung einer dauerhaften Entwicklung zu erarbeiten (Hauff 1987: 1 ff.). Ihr kommt das Verdienst zu, den Begriff der nachhaltigen Entwicklung erstmals einer breiteren, auch nichtwissenschaftlichen Öffentlichkeit als globales Entwicklungsleitbild näher gebracht zu haben. Es gelang der Kommission, ein Nachhaltigkeitsverständnis zu entwickeln, das bis heute weltweit als geeignete Ausgangsbasis für konkretere Strategien akzeptiert wird.

In ihrem 1987 veröffentlichten Bericht »Unsere gemeinsame Zukunft« (Hauff 1987) stellte die Kommission drei Grundprinzipien in den Mittelpunkt ihrer Überlegungen: die globale Perspektive, die untrennbare Verknüpfung zwischen Umwelt- und Entwicklungsaspekten sowie die Realisierung von Gerechtigkeit zugleich in der intergenerativen Perspektive mit Blick auf zukünftige Generationen und in der intragenerativen Perspektive unter dem Aspekt der Verteilungsgerechtigkeit zwischen den heute lebenden Menschen. Die Brundtland-Kommission formulierte dort die vielfach zitierte und bis heute den meisten Arbeiten zur nachhaltigen Entwicklung zugrunde liegende Definition (WCED 1987: 43); vgl. auch Kapitel 1).

Angesichts der vier als zentral angesehenen Problembereiche, Raubbau an den natürlichen Lebensgrundlagen, wachsende Ungleichheit in den Einkommens- und Vermögensverteilungen, zunehmende Anzahl in absoluter Armut lebender Menschen sowie Bedrohung von Frieden und Sicherheit, bedeute Nachhaltigkeit demgegenüber Bewahrung der Umwelt, Herstellung sozialer Gerechtigkeit und Gewährleistung von politischer Partizipation (Hauff 1987: 32 ff.). Mit diesen Forderungen brachte die Kommission explizit eine ethische Perspektive in die Nachhaltigkeitsdiskussion ein und stellte das Prinzip der Verantwortung in den Mittelpunkt, sowohl für heute als auch für zukünftig lebende Menschen. Menschliche Bedürfnisse sowohl der gegenwärtig lebenden Menschen als auch der künftigen Generationen sind in dieser Wendung zentral. Damit nahm die Brundtland-Kommission eine klar anthropozentrische Position ein (Kopfmüller et al. 2001, dort Kapitel 4.2.3).

Allerdings ist nicht zu verkennen, dies zeigt die vielfältige Kritik an dem Brundtland-Bericht, dass die breite Zustimmung zu diesen Forderungen vor allem in der Allgemeinheit ihrer Formulierungen begründet war. Der Bericht der Kommission verbleibt auf einem ziemlich geringen Konkretisierungsgrad mit weiten Interpretationsspielräumen. Dies war der Preis für den Ansatz, zwischen zum Teil stark polarisierten Positionen zu vermitteln: zwischen der jeweiligen Fokussierung auf ökologische, ökonomische oder soziale Entwicklungsaspekte, zwischen verschiedenen entwicklungstheoretischen Ansätzen, zwischen verschiedenen Einschätzungen der Rolle des Wirtschaftswachstums und des technischen Fortschritts oder zwischen verschiedenen Konzepten der weltwirtschaftlichen Ordnung. Auch mussten – vielfach kritisierte – optimistische Annahmen über Wirtschaftswachstum und technischen Fortschritt gemacht werden, um einvernehmliche Handlungsstrategien für mehr Nachhaltigkeit vorschlagen zu können. Manche Kritiker sprechen gar von einem Wachstumsfetischismus im Brundtland-Report (vgl. zur Wachstumsdiskussion Kapitel 4.3). Wenn auch der Bericht in diesen Fragen keine gebrauchsfertigen Rezepte geliefert hat, so bleibt ihm das Verdienst, mit seiner Problemanalyse und mit den genannten Grundforderungen weltweit eine breite und intensive Diskussion über geeignete Wege zur Umsetzung nachhaltiger Entwicklung angestoßen zu haben.

2.4 Der Weltgipfel von Rio und die Folgen

An weltweiter Publizität und politischer Gestaltungskraft gewann die Idee einer nachhaltigen Entwicklung durch die 1992 in Rio de Janeiro – auf Vorschlag der Brundtland-Kommission – abgehaltene UN-Konferenz für Umwelt und Entwicklung (UNCED), auch unter dem Begriff *Erdgipfel* bekannt. Dass die Konferenz erfolgreich endete und im Nachhinein als zentrales Ereignis der Geschichte der Bemühungen um nachhaltige Entwicklung gilt, beruhte auf der außergewöhnlichen Verhandlungsatmosphäre (»Geist von Rio«), dem besonderen Engagement einzelner Staaten und Staatengruppen sowie auf der umfangreichen Medienberichterstattung in Nord und Süd, die den politischen Druck auf die Entscheidungsträger erhöhte.

In Rio de Janeiro wurden folgende Dokumente unterzeichnet (UN 1992):

– Die Rio-Deklaration zu Umwelt und Entwicklung. Auf der Basis des Grundsatzes, dass »das Recht auf Entwicklung so erfüllt werden muss, dass den Entwicklungs- und Umweltschutzbedürfnissen heutiger und künftiger Generationen in gerechter Weise entsprochen wird«, wurden entwicklungs- und umweltpolitische Grundprinzipien zur Armutsbekämpfung, zur Bevölkerungspolitik, zum Recht

auf Entwicklung für die bisherigen Entwicklungsländer und zur Anerkennung der Industriestaaten als Hauptverursacher der Umweltprobleme festgehalten.
- Die Agenda 21, ein Aktionsprogramm für Ziele, Maßnahmen und Instrumente zur Umsetzung des Leitbilds, in dem unterschiedliche Schwerpunkte für Industrie- und Entwicklungsländer gesetzt werden. Die breite Themenpalette dieser politischen Erklärung umfasst sozioökonomische Fragen (Armut, Gesundheit, Demografie oder Konsumverhalten), ökologische Aspekte (Klima, Wald, Wüsten, Meere, Artenvielfalt usw.), die Perspektive von Zielgruppen und Akteuren (Frauen, Kinder, Nichtregierungsorganisationen, lokale Initiativen, Industrie usw.) sowie Fragen geeigneter Umsetzungsinstrumente (internationale Kooperation, Bildung und Wissenschaft, Technologietransfer, Institutionen usw.).
- Die Klimarahmenkonvention mit dem Ziel einer »Stabilisierung der Treibhausgasemissionen in der Atmosphäre auf einem Niveau, auf dem eine gefährliche anthropogene Störung des Klimasystems verhindert wird«.
- Die Konvention über biologische Vielfalt (Biodiversitätskonvention) mit dem Ziel der »Erhaltung der biologischen Vielfalt, der nachhaltigen Nutzung ihrer Bestandteile und der gerechten Aufteilung der sich aus der Nutzung der genetischen Ressourcen ergebenden Vorteile«.
- Die Walderklärung mit dem Ziel, »zur Bewirtschaftung, Erhaltung und nachhaltigen Entwicklung der Wälder beizutragen und deren vielfältige und sich gegenseitig ergänzende Funktionen und Nutzungen zu sichern«.

Jedoch enthält keines der in Rio verabschiedeten Dokumente überprüfbare Verpflichtungen für die Vertragsstaaten. Selbst die völkerrechtlich verbindlichen Konventionen zum Schutz des Erdklimas und zum Erhalt der Biodiversität stellen lediglich Rahmenvereinbarungen dar, die ergänzender Vereinbarungen (etwa in Form von Protokollen mit konkreten Verpflichtungen) bedürfen, um konkrete Auswirkungen zu haben. Gänzlich ohne völkerrechtliche Verbindlichkeit sind die Rio-Deklaration, die Walderklärung und auch die Agenda 21. Aufgrund nicht ausräumbarer Meinungsverschiedenheiten treffen insbesondere diese Dokumente oftmals unklare oder gar widersprüchliche Aussagen (so zu Bevölkerungswachstum, Schuldenproblematik, Umweltfolgen von Wirtschaftswachstum und Handelsfragen). Trotz dieser Unzulänglichkeiten ging von der Rio-Konferenz und den genannten Dokumenten ein starker und bis heute anhaltender Impuls aus.

Zur Umsetzung der Nachhaltigkeitsziele wurde eine Reihe von Folgeaktivitäten vereinbart. In diesem so genannten Rio-Folgeprozess soll das Leitbild der nachhaltigen Entwicklung auf verschiedenen Ebenen in Politik und gesellschaftliches Handeln umgesetzt werden. Hierzu gehörte eine Serie von UN-Konferenzen, die sich direkt oder indirekt mit nachhaltiger Entwicklung beschäftigten wie die *Weltbevölkerungskonferenz* 1994 in Kairo und der *Weltsozialgipfel* 1995 in Kopenhagen. Die Koordination auf globaler Ebene wurde der *UN-Commission on Sustainable Development* (CSD) übertragen. Parallel dazu richten sich die Bemühungen darauf, die auf der Rio-Konferenz unterzeichneten und mittlerweile in Kraft getretenen Konventionen (Klimarahmenkonvention und Biodiversitätskonvention) durch ergänzende Protokolle zu konkretisieren. Eine Vereinbarung, die für die Industrieländer Mengenziele für die Emission von Treibhausgasen enthält (Kyoto-Protokoll), wurde auf der *Klimakonferenz in Kyoto* Ende 1997 verabschiedet und durch mehrere Nachfolgekonferenzen konkretisiert. Es trat im Februar 2005 in Kraft – allerdings ohne die beiden größten Emittenten USA und China. Die dahinter stehende Herausforderung einer auf globaler Ebene gemeinsam abgestimmten Strategie zum Umgang mit dem Klimawandel ist bis heute nicht gelöst (Kapitel 6.5).

2002 fand, wie in Rio vereinbart, der *Weltgipfel für nachhaltige Entwicklung* in Johannesburg statt (Eisermann 2003). Dort wurde ein Aktionsplan verabschiedet, um grundlegende Probleme der Menschheit zu lösen und die Erde schonender zu bewirtschaften als bisher (vgl. Kapitel 7.4). Dazu wurden neue Ziele und Umsetzungsprogramme für Umweltschutz und Armutsbekämpfung weltweit beschlossen (World Summit 2002). Um einen Konsens zwischen allen beteiligten Ländern zu erzielen, wurden die Ergebnisse zu einigen Punkten allerdings nur sehr allgemein oder unverbindlich formuliert.

Trotz der weltweit großen Akzeptanz des Leitbilds nachhaltiger Entwicklung sind schwerwiegende Probleme weiterhin ungelöst. Sowohl in der Nachhaltigkeitsdiagnostik als auch in Bezug auf Handlungsstrategien und geeignete Maßnahmen bestehen noch weitgehende Kontroversen und Unklarheiten. Deswegen hat sich der anfängliche Optimismus der

Nachhaltigkeitsdiskussion, wie er in der Folge der Rio-Konferenz zu erkennen war, relativiert. Entsprechend trug der Weltgipfel von Johannesburg auch Züge einer Ernüchterung. Die realen Probleme der gesellschaftlichen und wissenschaftlichen Konkretisierung von nachhaltiger Entwicklung werden allmählich sichtbar und treten in den Vordergrund – reale Probleme, wie sie angesichts der Größe der Herausforderung auch gar nicht anders zu erwarten waren. Die nächsten »großen« Meilensteine der Nachhaltigkeitsbewegung auf globaler Ebene sind das Jahr 2012 mit Rio+20-Aktivitäten, das Jahr 2015, in dem die Millenniumsziele (s. u.) erreicht sein sollen, und das Jahr 2017, für das – 25 Jahre nach Rio – eine weltweite Bestandsaufnahme und Evaluierung der bis dahin erreichten und nicht erreichten Ziele vorgesehen ist.

Im Jahre 2012 wird die »UN Conference on Sustainable Development« (UNCSD) stattfinden, als »Rio+20«-Konferenz wiederum in Rio de Janeiro. Ihre Ziele sind (Earthsummit 2011):

– das politische Bekenntnis zur nachhaltigen Entwicklung bekräftigen und stärken
– den Fortschritt in der Erreichung der international vereinbarten Nachhaltigkeitsziele bewerten und
– neue und drängende Herausforderungen identifizieren

Zwei spezifische Ziele werden jenseits dieser allgemeinen Erwartungen verfolgt: eine »grüne«, d.h. an Umweltzielen orientierte Wirtschaft (Kapitel 5) soll im Kontext der Bekämpfung von Armut befördert werden, und ein institutioneller Rahmen für nachhaltige Entwicklung soll geschaffen werden (Kapitel 7.4). Zur Vorbereitung wurde ein Stakeholder-Forum eingerichtet, das Organisationen in der Vorbereitung des Ereignisses zusammenführen und als Anlaufstelle für Anregungen dienen soll.

2.5 Die Milleniumsziele der Vereinten Nationen

In der *United Nations Millennium Declaration* vom September 2000 wurden die so genannten Millenniumsziele bezogen auf zentrale und globale Entwicklungsprobleme festgelegt (UN 2000) und auf der Rio+10-Konferenz in Johannesburg konkretisiert. Diese Ziele stehen in unmittelbarem Zusammenhang mit vielen Nachhaltigkeitsforderungen und sollen bis zum Jahr 2015 erreicht sein (Vergleichsjahr: 1990):

1. Den Anteil der Menschen, die mit weniger als 1 Dollar/Tag auskommen müssen, und den Anteil jener, die Hunger leiden, halbieren. Vollbeschäftigung und würdige Arbeitsbedingungen für alle erreichen.
2. Primarschulbesuch für alle Kinder ermöglichen.
3. Gleichstellung und stärkere Beteiligung der Frauen erreichen. Insbesondere soll die Benachteiligung der Mädchen in der Primar- und Sekundarschulbildung beseitigt werden.
4. Die Kindersterblichkeit um zwei Drittel verringern.
5. Die Müttersterblichkeit um drei Viertel senken.
6. Die Ausbreitung von Aids, Malaria und anderer Krankheiten stoppen und zurückdrängen.
7. Einen nachhaltigen Umgang mit der Umwelt sichern. Den Anteil der Menschen, die über kein sauberes Trinkwasser und keine einfachen sanitären Anlagen verfügen, halbieren. Die Lebensbedingungen von 100 Mio. SlumbewohnerInnen erheblich verbessern.
8. Eine weltweite Partnerschaft für Entwicklung bilden: ein nicht-diskriminierendes Handels- und Finanzsystem aufbauen, Schulden von armen Ländern streichen und die Entwicklungszusammenarbeit verstärken.

Zur Umsetzung dieser Ziele haben sich die Industrieländer verpflichtet, das internationale Handels- und Finanzsystem entwicklungsfreundlicher zu gestalten, Schulden zu erlassen und mehr Mittel für die Entwicklungszusammenarbeit bereit zu stellen. Die Millenniumsziele könnten finanziert werden, wenn die Industrieländer die Bemühungen der Entwicklungsländer durch die Verdopplung ihrer Mittel der Entwicklungszusammenarbeit auf 0,7 Prozent unterstützen würden, wie dies seit den 1970er Jahren immer wieder auch von den Vereinten Nationen gefordert wird.

Die Realisierung der Ziele ist jedoch ins Stocken geraten. Der Bericht der UN »Delivering on the Global Partnership for Achieving the Millennium Development Goals (MDGs)« (UN 2008) untersucht hauptsächlich die globalen Anstrengungen in Sachen Entwicklungshilfe, Handel und Entschuldung. Trotz Fortschritten in einigen Bereichen schlägt der Bericht Alarm: Besonders Handel und Entwicklungshilfe seien immer noch die größten Hindernisse für das Erreichen der Ziele zur Verringerung der Armut. Wenn das Ziel, die Armut zu halbieren, erreicht werden soll, müssten die Geberländer ihre Entwicklungshilfe erheblich aufstocken. Stattdessen seien die Entwicklungshilfeleistungen im Jahr 2006 um 4,7 Prozent und um weitere 8,4 Prozent in 2007 gesunken. Fortschritte habe es dagegen bei der Entschuldung gegeben. Dennoch gibt es laut dem Bericht 52 Entwicklungsländer, deren jährlicher Schuldendienst höher ist als die staatlichen Ausgaben für das Gesundheitswesen.

Heute ist festzustellen, dass die Weltwirtschaftskrise das Erreichen der Ziele weiter erschwert. Diese Krise hat die Bereitschaft vieler industrialisierter Länder reduziert, ihre Ausgaben für Entwicklungszusammenarbeit signifikant zu erhöhen. Der »Global Monitoring Report 2010: The MDGs after the Crisis« (UN 2010a) stellt u. a. fest, dass durch die Weltwirtschaftskrise zusätzlich mehr als 50 Millionen Menschen in extremer Armut verbleiben werden, verglichen mit einer hypothetischen Entwicklung ohne diese Krise. Dennoch sieht der Bericht eine positive Entwicklung dahingehend, dass für 2015 mit deutlich weniger Menschen in extremer Armut zu rechnen ist verglichen mit den 1,8 Milliarden in 1990. Allerdings verschärft sich, auch aufgrund des Bevölkerungswachstums, die Situation in Bezug auf den Hunger in der Welt in erheblichem Ausmaß, so dass das Ziel, die Zahl der hungernden und chronisch unterernährten Menschen bis 2015 zu halbieren, zurzeit als kaum erreichbar erscheint (Kapitel 6.1).

Auf jeden Fall ist nach zehn Jahren festzustellen, dass die Erreichung der Milleniumsziele bis 2015 nur, wenn überhaupt, unter großen weiteren Anstrengungen erreichbar ist. Insbesondere die Sub-Sahara-Region ist zu großen Teilen von der Erreichung der Ziele entfernt. Neben dem nicht befriedigenden Engagement der Industrieländer sind Ursachen auch in den betroffenen Ländern selbst zu suchen, vor allem in Form von Korruption, inneren Unruhen und instabilen politischen Bedingungen. Trotz nicht unerheblicher Konflikte hat sich die Weltgemeinschaft in einem Gipfeltreffen der Vereinten Nationen 2010 auf das Ergebnisdokument *Keeping the Promise – United to Achieve the Millennium Development Goals* (UN 2010b) geeinigt. Damit stehen Industrie-, Schwellen- und Entwicklungsländer weiterhin hinter den Milleniumszielen. Zurzeit ist offen, ob der politische Wille und die eingesetzten Mittel und Maßnahmen ausreichen, diese Ziele bis 2015 zu erreichen.

3. Grundlegende Elemente und Randbedingungen

Das Leitbild der Nachhaltigen Entwicklung ist normativ: Es ist an der Realisierung menschlicher Bedürfnisse orientiert (Brundtland-Definition) und erfordert, gegenwärtige Entwicklungen auf Nachhaltigkeit hin zu bewerten und zukünftige mit diesem Anspruch zu gestalten. Als ethische Prämissen nachhaltiger Entwicklung haben sich die Verantwortung für zukünftige Generationen (3.1) und die Verantwortung für die heute lebenden Menschen in globaler Perspektive (3.2) herausgebildet. Beide sind im Kontext der allgemeinen Menschenrechte zu sehen und zu interpretieren, welche gleichsam einen Rahmen für Nachhaltigkeit bilden (3.3). Die Bevölkerungsentwicklung weltweit, aber auch in ihren regionalen Ausprägungen, stellt für die Möglichkeiten und Grenzen nachhaltiger Entwicklung eine wesentliche Randbedingung dar (3.4). Der Gestaltungsanspruch des Nachhaltigkeitsleitbildes führt, insbesondere in Verbindung mit der Unsicherheit vieler relevanter Wissensbestände, auf weit reichende Gestaltungs- und Planungserfordernisse in Verbindung mit strategischem und reflexivem Denken (3.5).

3.1 Verantwortung für zukünftige Generationen

Nachhaltige Entwicklung ist untrennbar mit Zukunftsverantwortung verbunden, die auch als intergenerative Gerechtigkeit (Kopfmüller et al. 2001) oder Generationengerechtigkeit (SRZG 2003) bezeichnet wird. Es geht dabei um die langfristige Sicherung und Weiterentwicklung der Grundlagen der menschlichen Zivilisation angesichts der begrenzten Belastbarkeit der natürlichen Umwelt und ökonomischer und sozialer Zukunftsrisiken. Der Philosoph Hans Jonas (1979) hat sich vor dem

Hintergrund drohender Gefährdungen des Fortbestands der Menschheit für eine neue Zukunftsethik eingesetzt:

»Niemals darf Existenz oder Wesen des Menschen im Ganzen zum Einsatz in den Wetten des Handelns gemacht werden.« (S. 81) Der neue »kategorische Imperativ« laute, so zu handeln, dass »die Wirkungen deiner Handlungen verträglich sind mit der Permanenz echten menschlichen Lebens auf der Erde« (S. 36).

In der Folge haben sich viele Philosophen mit Zukunftsverantwortung befasst (z. B. Birnbacher 1988, Ott/Döring 2004). Wesentliche Fragen sind, welche Verantwortung wir heute konkret gegenüber zukünftigen Generationen haben, wie weit unsere Verantwortung in die Zukunft reicht und was aus dieser Verantwortung für die Beschaffenheit des »Erbes« an unsere Nachkommen folgt, damit diese ebenfalls ihre Bedürfnisse erfüllen können.

Zukunftsverantwortung gehört zum Selbstverständnis des Menschen und wird in einem gewissen Maß in wohl allen Kulturen und Gesellschaften praktiziert. Die Sorge um Kinder und Enkel, das Prinzip des Vererbens oder die Verpflichtung des modernen Staates zur Daseinsvorsorge sind Elemente einer derartigen Zukunftsverantwortung. Sie erstreckt sich traditionell auf die Zeitspanne, die Menschen typischerweise erleben können, also zumeist auf drei bis vier Generationen in die Zukunft. Nachhaltige Entwicklung fordert, in der Wahrnehmung dieser Verantwortung auch weit darüber hinaus gehende Entwicklungen und Folgen zu berücksichtigen.

Eine philosophische Frage besteht darin, ob wir für weit in der Zukunft lebende Generationen Verantwortung in gleicher Intensität wahrnehmen müssen oder können wie für die nähere Zukunft (Stichwort Diskontierbarkeit von Entscheidungsfolgen, vgl. Kopfmüller et al. 2001: 279 ff.). Sind wir für jede der nachfolgenden Generationen *in gleicher Weise* verpflichtet, oder nimmt das Ausmaß der Verpflichtung mit dem zeitlichen Abstand ab? Dahinter steht die aus der Ökonomie bekannte Methode der Diskontierung negativ analog zur Verzinsung von Kapital. Antworten auf die Frage nach der Abnahme der Langzeitverpflichtung mit der Zeit liegen zwischen einem eindeutigen »ja« (Gethmann/Kamp 2001) und einem ebenso eindeutigen »nein« (Birnbacher 1988). Es kann auch die Frage gestellt werden, ob dies überhaupt pauschal entscheidbar ist oder nicht von Thema und Kontext abhängt. Die Brisanz eines Diskontierungsverbotes zeigt sich bei einer Anwendung auf nicht-erneuerbare Ressourcen, die dann streng genommen gar nicht verbraucht werden dürften (zu einem Lösungsvorschlag vgl. Kopfmüller et al. 2001, dort Kapitel 5).

Es erscheint also als nicht praktikabel, die Handlungen und Entscheidungen heute abstrakt universalistisch auf unabsehbare Generationenfolgen hin abzustellen. Wenn aber jede Generation jeweils Verantwortung für die nächste übernähme, dann würde dem Verantwortungsprinzip hinreichend Rechnung getragen werden können, ohne in die Probleme einer Verantwortung mit extremer zeitlicher Reichweite zu geraten (sukzessive Verantwortung). Damit öffnet sich ein pragmatischer Weg, die etablierten Formen der Langzeitverantwortung aufzugreifen, sie auf erkannte Probleme zu beziehen und daran weiterzuentwickeln.

Zukunftsethische Überlegungen müssen sich konkret damit auseinandersetzen, *was* wir zukünftigen Generationen hinterlassen und in welchem Zustand wir die Erde weitergeben sollen (Ott/Döring 2004). Geht es nur darum, die essenziellen ökologischen Funktionen der Natur zu erhalten, die das Überleben der menschlichen Spezies garantieren, geht es um ein menschenwürdiges Leben für eine möglichst große Zahl von Menschen über einen möglichst langen Zeitraum oder um Visionen einer gerechten Welt? Erschwert wird die Antwort dadurch, dass wir über die Bedürfnisse zukünftiger Generationen wenig wissen können. Sicher kann man annehmen, dass sie auch Grundbedürfnisse wie Essen, Trinken, Wohnen und Gesundheit haben werden (*basic needs*). Aber bereits wie sich diese in Zukunft entwickeln werden, ist nicht vorhersehbar. Viel stärker noch gilt diese Nicht-Vorhersehbarkeit für gesellschaftliche Normen und Werte, für Konsummuster, Produktionsverhältnisse und politische Strukturen. Die Plausibilität, mit der Aussagen über Bedürfnisse zukünftiger Generationen gemacht werden können, nimmt mit der zeitlichen Distanz ab. Daher wird vielfach der Ansatz vertreten, es könne nur darum gehen, »Mindestbedingungen eines menschenwürdigen Lebens« zu hinterlassen (Kopfmüller et al. 2001) oder die »Bedingungen der Möglichkeit« zu erhalten, damit zukünftige Generationen ihre Bedürfnisse befriedigen können.

Zukunftsverantwortung impliziert angesichts von Belastbarkeitsgrenzen der natürlichen Umwelt und sozialen sowie ökonomischen Problemen die Notwendigkeit von Vorsorge statt einer nachträglichen Reparatur bereits eingetretener Schäden. Insbesondere bei schleichenden

Bedrohungen der natürlichen Lebensgrundlagen wie etwa der Anreicherung von Chemikalien in Böden, in den Ozeanen oder im Grundwasser, dem Klimawandel oder auch dem Ozonabbau ist eine vorbeugende Strategie geboten. Vielfach ist dies jedoch nicht beachtet worden, sondern es wurden Technologien genutzt und Emissionen erzeugt ohne hinreichende Kenntnis von nicht intendierten negativen Folgen mit erheblichen Risiken für Umwelt und Gesundheit. Eine Reihe von Beispielen spät oder zu spät erkannter Probleme und Ansätze, daraus für zukünftige Herausforderungen zu lernen, finden sich in einer Zusammenstellung der Europäischen Umweltschutzagentur (Harremoes et al. 2002). Neben ethischen Erwägungen der Vermeidung möglicherweise irreversibler Schäden für die natürliche Umwelt und katastrophaler Risiken für den Menschen spielen häufig auch ökonomische Argumente eine Rolle. Denn eine Reparatur eingetretener Schäden ist eventuell gar nicht oder nur mit großem Aufwand möglich. Das Vorsorgeprinzip ist daher zumindest in der europäischen Umweltpolitik bereits fest verankert worden (von Schomberg 2005).

Ein besonders herausforderndes Beispiel für Zukunftsverantwortung als Folge menschlichen Handelns ist die Nutzung der Kernenergie und die damit verbundene Herausforderung der Endlagerung hoch radioaktiver Abfälle. Die zukunftsethischen Anforderungen an ein Endlager radioaktiver Abfälle sind in jeder Hinsicht beträchtlich, um Schaden für zukünftige Generationen abzuwenden: Die Wärmeentwicklung während der Abklingzeit darf nicht zu unkontrollierbaren Effekten führen, der Austritt radioaktiver Substanzen in die Umgebung eines Endlagers, z. B. in grundwasserführende Schichten, muss verhindert werden, das Endlager muss vor terroristischen oder kriegerischen Übergriffen sicher sein, dramatische geologische Veränderungen wie Erdbeben oder Vulkanausbrüche in der Nähe eines Endlagers müssen ausgeschlossen werden können. Wegen der langen Zerfallszeiten einiger Materialien muss ein Endlager für Jahrtausende gesichert werden. Geologische Sicherheit ist *für eine Million Jahre* gefordert (AkEnd 2002: 96). Diese Herausforderung überschreitet viele Themen der Zukunftsverantwortung bei weitem an Dramatik, insbesondere wegen des extrem langen Zeitraums, der damit verbundenen Unsicherheiten und der Dringlichkeit einer Problemlösung. Allein die Frage, wie das Wissen, dass am Standort eines Endlagers keine geologischen Bohrungen durchgeführt werden sollten, über Jahrtausende gesichert und weitergegeben werden kann, trotz möglicher kultureller Brüche, kriegerischer Verwicklungen oder anderer gesellschaftlicher Katastrophen, ist nicht geklärt, und zeigt deutlich die grundsätzlichen Schwierigkeiten des Denkens über viele Generationen hinweg.

3.2 Verantwortung für heute lebende Menschen

Neben der Sorge um die Zukunft steht die Verantwortung für die *heute* Lebenden und damit die *gerechte Verteilung* der Chancen zur menschlichen Bedürfnisbefriedigung in der Gegenwart im Zentrum der Überlegungen zur nachhaltigen Entwicklung. Danach sind die Lösung der Entwicklungsproblematik und die Erreichung einer gerechteren Verteilung der Möglichkeiten der Bedürfnisbefriedigung nicht nur ethisch geboten, sondern stellen auch eine wesentliche Voraussetzung zur Wahrnehmung der Zukunftsverantwortung dar. Diese Sicht konsequent verfolgt bedeutet, Zukunftsverantwortung und Verantwortung gegenüber heute lebenden Menschen als zwei Seiten der gleichen Medaille anzusehen.

Im Brundlandt-Bericht wird einerseits (ein Mehr an) Gerechtigkeit als Ziel nachhaltiger Entwicklung genannt. Gerechtigkeit wird in erster Linie daran gemessen, nach welchen Kriterien Naturressourcen, Wohlstand, Rechte, Pflichten, soziale und ökonomische Ressourcen sowie Einfluss- und Wahlmöglichkeiten verteilt werden. Andererseits wird Ungerechtigkeit (ungerechte Verteilung von Ressourcen und Macht) als eine wesentliche Ursache für globale Problemlagen und Konflikte gesehen. Massive Ungerechtigkeiten im Zugang zu begrenzten Ressourcen führen zu gesellschaftlichen und sozialen Konflikten und zu Armut, Hunger und Krankheiten. Hier ist beispielsweise die Problematik im Hinblick auf knapper werdendes sauberes Trinkwasser in vielen Weltregionen zu nennen (Kapitel 6.6). Ungerecht verteilte Lebensbedingungen führen häufig auch zu einer verschieden verteilten Abhängigkeit von Umweltrisiken. Naturkatastrophen wie Erdbeben, Überschwemmungen oder Erdrutsche finden häufig die meisten Opfer in den Slums der »Dritten Welt«, die an ungeeigneten Standorten informell und ohne Schutzmaßnahmen entstanden sind.

Neben bestehenden Verteilungsungerechtigkeiten auf globaler Ebene (Nord/Süd-Konflikt, s. u.) geraten zunehmend auch Gerechtigkeitsfragen innerhalb von Weltregionen und einzelnen Ländern in den Blick. Hierzu gehört vor allem die Frage der Chancengleichheit in Bezug auf Bildung, Einkommen und Teilhabe an gesellschaftlichen Entscheidungsprozessen, in Bezug auf die Rolle von Frauen sowie auf den Generationenkonflikt. Insbesondere führt der demographische Wandel im Kontext der sozialen Sicherungssysteme zu neuen Herausforderungen (Kapitel 3.4).

In der »Dritten Welt« wird Verteilungsgerechtigkeit häufig als der wichtigste Nachhaltigkeitsaspekt betrachtet, unter Hinweis auf die zwischen industrialisierten und Entwicklungsländern extrem ungleich verteilten Möglichkeiten menschlicher Bedürfnisbefriedigung. Diese betreffen nicht nur die dramatisch ungleiche Wohlstandsverteilung, sondern auch grundlegende Bedürfnisse des Menschen wie Ernährung (Kapitel 6.1), Zugang zu sauberem Trinkwasser (Kapitel 6.6) oder angemessenem Wohnraum (Kapitel 6.2). Die Nutzungsmöglichkeiten natürlicher Ressourcen wie Fläche, Wasser, Rohstoffe und Biodiversität sind in erheblichem Maße ungleich verteilt, ebenso die Nutzungsmöglichkeiten neuer Technologien und Dienstleistungen. Ein Beispiel stellt der Gesundheitsbereich dar. Menschen in Entwicklungsländern sind einerseits für bestimmte lebensbedrohliche Erkrankungen besonders anfällig, bedingt etwa durch mangelnde Qualität des Trinkwassers, Hygieneprobleme und Mangelernährung, verschärft oft durch klimatische Bedingungen. Andererseits verfügen sie über unzureichende Einrichtungen der Gesundheitsversorgung. Trotz vorhandener – sicher nicht ausreichender – Maßnahmen der Unterstützung und zur Selbsthilfe wurden diese Verteilungsprobleme in den letzten Jahrzehnten zwar teilweise verringert, aber nicht grundsätzlich gelöst.

Ein anderes, zurzeit intensiv diskutiertes Feld der Verteilungsgerechtigkeit ist die *Umweltgerechtigkeit* (Hornberg/Pauli 2009; Anand 2004; Bolte/Mielck 2004). Während die Möglichkeiten der Bedürfnisbefriedigung in vielen Entwicklungsländern nur mangelhaft oder gar nicht gegeben sind, führen Produktions- und Konsummuster in den Industrieländern zu erheblichen ökologischen Folgen, etwa durch den CO_2-Ausstoß, unter denen zum Teil die Entwicklungsländer zu leiden haben: Für die industrialisierten Länder, die sämtlich in gemäßigten klimatischen Breiten liegen, wird eher mit beherrschbaren Folgen des Klimawandels gerechnet, wohingegen dramatische Folgen wie die Zunahme tropischer Wirbelstürme und zunehmende Flutkatastrophen vor allem extrem arme Länder wie Bangladesh bedrohen würden, die kaum in der Lage sind, dieser Herausforderung zu begegnen.

Es sind jedoch nicht nur Umweltbelastungen, sondern auch die Möglichkeiten der *Nutzung* von Umweltgütern und Ressourcen sehr ungleich verteilt, sowohl zwischen entwickelten und Entwicklungsländern als auch innerhalb von Staaten. Beispielsweise sorgen ca. 20 Prozent der Weltbevölkerung für ca. 80 Prozent des Weltenergieverbrauchs (Kapitel 6.4). Diese sehr ungleich verteilte Nutzung natürlicher Ressourcen führt dann dazu, dass die Verteilung der damit verbundenen Umweltbelastungen, z. B. Kohlendioxid-Emissionen aus der Nutzung fossiler Energieträger, ebenfalls sehr ungleich ist. So trägt statistisch gesehen ein US-Amerikaner etwa fünfmal so stark zum Klimawandel bei wie ein Chinese. Auf diese Weise kann es zu doppelten Umweltungerechtigkeiten kommen: Diejenigen, die in der Nutzung von Umweltgütern privilegiert sind, tragen in der Regel erheblich stärker zu negativen Umweltfolgen bei – von denen sodann jedoch geographisch oder sozial andere Menschen betroffen sind. Die Forderung nach mehr Umweltgerechtigkeit besteht darin, diese Ungleichheit sowohl in den Zugangs- und Nutzungsmöglichkeiten natürlicher Ressourcen als auch in Bezug auf Umweltbelastungen abzubauen.

Ungerechtigkeiten dieses Typs spielen auch in vielen Industriestaaten und Schwellenländern eine Rolle. Umweltbelastungen sind zumeist auf unterschiedliche Bevölkerungsgruppen ungleich verteilt: Gewerbegebiete mit einer Häufung von Fabriken, Kraftwerken oder Raffinerien sind häufig von Sozialwohnungen umgeben. Billiger Wohnraum für sozial benachteiligte Bevölkerungsgruppen ist vielfach mit Umweltbelastungen (Lärm, Feinstaub) durch Automobil-, Bahn- oder Flugverkehr verbunden, während lebensqualitätssteigernde und gesundheitsförderliche Elemente wie Parks und Grünanlagen dort eher selten sind.

Ein anderes Feld der Verteilungsgerechtigkeit unter den heute Lebenden betrifft die Realisierung von Gerechtigkeit und Chancengleichheit im gesellschaftlichen Leben unter unterschiedlichen Gruppen von Menschen und das Verbot der Diskriminierung aufgrund ethnischer, kultureller oder religiöser Herkunft und Zugehörigkeit sowie im Verhältnis der Geschlechter. Die Europäische Kommission hat in diesem Kontext eine Richtlinie zum Abbau von Diskriminierung in Kraft gesetzt, die in den Mitgliedsländern umgesetzt werden musste (»Diskriminierungsverbot«, European Commission 2000).

Unter dem Stichwort »Gender« werden die sozialen, nicht die biologischen Aspekte der Geschlechtlichkeit diskutiert. Wurde zunächst – in einem ökologischen Nachhaltigkeitsverständnis – nachhaltige Entwicklung als Versuch eingestuft, klassische Rollenverhältnisse festzuschreiben oder wiederherzustellen (Weller 2004: 87 f.), eröffnete die Erweiterung der Perspektive auf Gerechtigkeitsfragen die unmittelbare Verknüpfung zwischen nachhaltiger Entwicklung und Geschlechtergerechtigkeit (Hemmati/Gardiner 2002). Direkte Chancenungerechtigkeiten zwischen Männern und Frauen in Bezug auf soziale Lage (Armut), Bildung, Familie, Beruf und Arbeitswelt (Schön et al. 2002) sowie eher »verborgene« Fragen geschlechtsspezifischer Problemwahrnehmung und Machtausübung sind hier wichtige Themen. Frauen haben zwar – als Ergebnis erst der vergangenen vierzig Jahre – in Bezug auf Bildung und ihre formale rechtliche Stellung in den meisten Industrieländern mit den Männern weitgehend gleichgezogen. Allerdings haben sie zumeist immer noch nicht die gleichen Chancen, ihre eigenen Talente und Lebenspläne zu verwirklichen. So finden sich Frauen überproportional in unteren Lohngruppen, sie werden häufig für die gleiche Leistung unterschiedlich entlohnt und ihre beruflichen Aufstiegschancen sind eingeschränkt (BMFSFJ 2010). In Führungspositionen, vor allem in Unternehmen, sind Frauen jedoch meist stark unterrepräsentiert. In manchen Kulturkreisen ist die Gleichstellung von Frauen durch religiöse und traditionelle Vorstellungen stark behindert. So sind beispielsweise in einigen islamischen Ländern Frauen von Bildung weitgehend ausgeschlossen.

Vor diesem Hintergrund sind Bemühungen zur Gleichstellung von Frauen ein bedeutendes Element von Nachhaltigkeitsaktivitäten. Im Amsterdamer Vertrag der EU wurde 1997 das so genannte »Gender Mainstreaming« vereinbart, um die Chancengleichheit der Geschlechter auf der Ebene staatlichen Handelns in allen Politikbereichen zu verankern. Darüber hinaus geht es auch darum, in allen Lebensbereichen »verborgene Androzentrismen und damit genderspezifische Realitätsverzerrungen aufzuspüren« (Schön et al. 2002: 4). Diese werden unter anderem darin gesehen, dass Ingenieure und Techniker in der großen Mehrheit Männer sind, wodurch geschlechterspezifische Machtverhältnisse in der Gestaltung von Technik und von Stoffströmen begründet seien, etwa im Textilbereich (Weller 2004). Auch sind frauenspezifische Lebens- und Arbeitsverhältnisse und ihre (teils geringe) gesellschaftliche Anerkennung ein wichtiges Teilthema. Hier ist ein erweitertes Verständnis der Ökonomie unter Berücksichtigung der Gesamtheit lebensnotwendiger Arbeiten, nicht nur der Erwerbsarbeit (vgl. Kapitel 6.7), ein wichtiges Ziel (Schön et al. 2002). Mit einem »Gender Impact Assessment« (ebd.) sollen verborgene Felder mangelnder Geschlechtergerechtigkeit systematisch aufgedeckt werden (Weller 2004).

Gerechtigkeit heute bezieht sich auch auf das Verhältnis zwischen den zur gleichen Zeit lebenden Vertretern verschiedener Generationen. Der klassische Generationenvertrag stößt an seine Grenzen, wenn die Zahl der Einzahler in die sozialen Sicherungssysteme zu klein und die Zahl der Empfänger sowie deren Leistungsempfangsdauer zu groß werden. Beispielsweise hat die in den letzten Jahrzehnten in den meisten Industrieländern gestiegene Arbeitslosigkeit (Kapitel 6.7) zu einem Rückgang bei den Einzahlern geführt. Dies führt zu steigenden Belastungen der jüngeren Generation und der Beschäftigten zur Finanzierung der Sicherungssysteme. Das Stichwort der *Generationengerechtigkeit* (zu diesem Begriff SRZG 2003) ist vor allem aus diesen Gründen zu neuer Aktualität gelangt. Darüber hinaus existieren aber auch weitere Aspekte des Generationenkonflikts – der durch den Geburtenrückgang in vielen industrialisierten Ländern verschärft wird (vgl. Kapitel 3.4) –, so etwa die vielfach geringen Chancen älterer Arbeitnehmer auf einem stark angespannten Arbeitsmarkt, die Gefahr von Altersarmut als Folge von Langzeitarbeitslosigkeit oder die Gefahr, dass ältere Menschen durch die Geschwindigkeit des technischen Fortschritts von bestimmten Entwicklungen abgekoppelt werden könnten. So wird beispielsweise vielfach die »digitale Spaltung« der Gesellschaft in Personen, die Zugang zu Computer und Internet haben, mit ihrer Nutzung vertraut sind und deren Vorteile ausgiebig nutzen, und in – meist ältere – Personen, die dies nicht können, diskutiert (Grunwald et al. 2006; Zillien 2006). Auch dies ist eine Frage der intragenerationellen Gerechtigkeit.

Der Anspruch auf Verantwortung und Gerechtigkeit für die heute lebenden Menschen hat Folgen dahingehend, dass in allen Nachhaltigkeitsüberlegungen, auch wenn sie sich regional oder sektoral auf nur kleine Ausschnitte der Weltgesellschaft beziehen, die globale Perspektive mitgedacht werden muss. Verantwortungsübernahme für die heute lebenden Menschen beinhaltet, dass in Nachhaltigkeitsdiagnosen und in der Einleitung von Maßnahmen der Blick immer auch auf die gesamte Weltbevölkerung gerichtet werden muss. Es darf nicht der Fall eintreten, dass z. B. Nachhaltigkeitsgewinne in bestimmten Regionen dadurch erreicht werden, dass die Probleme in andere Regionen verlagert (exportiert) werden. So ist es beispielsweise nicht nur ethisch fragwürdig, sondern auch unter Nachhaltigkeitsaspekten sinnlos oder sogar kontraproduktiv, problematische Abfälle in Entwicklungsländer zu verbringen oder emissionsintensive Industrieproduktion z. B. nach Osteuropa zu verlagern, um die deutsche Nachhaltigkeitsbilanz zu beschönigen.

3.3 Menschenrechte und Demokratie

Diskussionen über nachhaltige Entwicklung beginnen nicht in einem abstrakten Raum, sondern finden grundsätzlich innerhalb von schon bestehenden Normen, Rahmenbedingungen und Kontexten statt. Es stellt sich damit die Frage, wie sich Nachhaltigkeitsdebatten und -forderungen zu diesen Rahmenbedingungen verhalten. Insbesondere sind hier die allgemeinen Menschenrechte als Individualrechte und die Demokratie als Legitimation schaffendes kollektives Entscheidungsverfahren zu beachten.

Das Konzept der Menschenrechte geht davon aus, dass alle Menschen allein aufgrund ihres Menschseins mit gleichen Rechten ausgestattet und dass diese Rechte universell, unveräußerlich und unteilbar sind (Menke/Pollmann 2007, Gosepath/Lohmann 1998). So lautet der Artikel 1 der Menschenrechtsdeklaration: »Alle Menschen sind frei und gleich an Würde und Rechten geboren. Sie sind mit Vernunft und Gewissen begabt und sollen einander im Geiste der Brüderlichkeit begegnen.«

Das Bestehen von Menschenrechten wird heute von fast allen Staaten prinzipiell anerkannt, was vor allem auf die Allgemeine Erklärung der Menschenrechte durch die Vereinten Nationen (1948) und Folgevereinbarungen in Form von internationalen Menschenrechtsabkommen zurückgeht. Durch Verankerung in den nationalen Verfassungen verpflichten sich die Staaten, diese Rechte umzusetzen und als einklagbare Rechte auszugestalten. Die Universalität der Menschenrechte, wie sie in der Tradition der europäischen Aufklärung verstanden wird, ist gleichwohl Gegenstand politischer Debatten und Auseinandersetzungen, vor allem in der Gegenüberstellung westlichen und asiatischen Denkens.

Die Menschenrechte werden in unterschiedlicher Weise geordnet, so z. B. nach (negativen) Abwehrrechten, etwa gegenüber dem Staat, und positiven Rechten, oder nach den verschiedenen »Generationen« der Freiheitsrechte (erste Generation: bürgerlich-politische Rechte, Freizügigkeit, Mitbestimmung), der wirtschaftlichen, sozialen und kulturellen Rechte (zweite Generation) und der Rechte auf Entwicklung, Frieden und intakte Umwelt (dritte Generation).

Zur ersten Generation gehören die grundlegenden Persönlichkeitsrechte wie das Recht auf Leben und körperliche Unversehrtheit, Schutz vor Folter und Schutz vor entwürdigender oder erniedrigender Behandlung sowie die klassischen Freiheitsrechte wie Recht auf Freiheit, Eigentum und Sicherheit der Person, die Freiheit von willkürlichen Eingriffen in die Privatsphäre (Wohnung, Briefgeheimnis etc.), Meinungsfreiheit, Gedanken-, Gewissens- und Religionsfreiheit, Versammlungsfreiheit und Informationsfreiheit, aber auch das Recht auf gerechte Verfahren vor einem unabhängigen und unparteiischen Gericht, Anspruch auf Anhörung und die Zugrundelegung der Unschuldsvermutung.

Die zweite Generation der Menschenrechte umfasst wirtschaftliche, soziale und kulturelle Rechte wie das Recht auf Selbstbestimmung, die Gleichberechtigung von Mann und Frau, das Recht auf Arbeit und angemessene Entlohnung, das Recht auf Gründung von Gewerkschaften, den Schutz von Familien, Schwangeren, Müttern und Kindern, das Recht auf einen angemessenen Lebensstandard, einschließlich angemessener Nahrung, das Recht auf den besten erreichbaren Gesundheitszustand und das Recht auf Bildung. Am 28. Juli 2010 erklärten die Vereinten Nationen in einer völkerrechtlich allerdings nicht bindenden Resolution den Anspruch auf sauberes Wasser zum Menschenrecht (Kapitel 6.6).

Zu den Menschenrechten der »dritten Generation« gehören die Rechte auf Entwicklung, Frieden, Nahrung, eine intakte Umwelt, eigene Sprache sowie auf einen gerechten Anteil an den natürlichen und sozialen Ressourcen (vgl. die obigen Ausführungen zum Problem der Umweltgerechtigkeit). Diese Rechte werden vor allem von Entwicklungsländern eingefordert. Ihre Kodifizierung ist jedoch nicht weit fortgeschritten. Eine internationale Debatte wird zur weiteren Präzisierung und Umsetzung geführt (Klee 2000).

Im Nachhaltigkeitsdiskurs werden die Menschenrechte als weltweit anerkannte gesellschaftliche Rahmenbedingung vorausgesetzt (was nicht bedeutet, dass ihre Verwirklichung global gegeben wäre). In einigen Konzepten (z. B. Kopfmüller et al. 2001) werden in den Menschenrechten enthaltene Elemente als Orientierungen für nachhaltige Entwicklung verwendet. Die Einhaltung der Menschenrechte in ihrer Gesamtheit wird nicht als spezifische Nachhaltigkeitsforderung angesehen, wohl aber als unverzichtbare Voraussetzung für eine nachhaltige Entwicklung. Auszuzeichnen sind die positiven Rechte in einer unter Nachhaltigkeitsaspekten wichtigen Hinsicht: Sie haben befähigenden Charakter, sie ermächtigen Individuen, handelnd und produktiv ein sicheres, würdiges und selbst bestimmtes Leben zu gestalten. Die Wahrung bzw. Realisierung der Menschenrechte und nachhaltige Entwicklung werden als sich wechselseitig bedingend betrachtet, im Sinne des Entwicklungsprogramms der Vereinten Nationen, in dem es heißt: »Human rights and sustainable development are interdependent and mutually reinforcing« (UNDP 1998). Dies bedeutet beispielsweise, dass gemessen am Maßstab der anerkannten Menschenrechte, bestimmte traditionelle Praktiken (afrikanische Initiationsriten, Witwenverbrennung in Indien, Blutrache etc.) keine Geltung beanspruchen können, auch wenn sie auf eine kulturelle Tradition verweisen.

Die Sicherung der Menschenrechte wird zumeist nur in an demokratischen und rechtsstaatlichen Prinzipien orientierten Gemeinwesen für möglich erachtet, wenngleich deren Realisierung durchaus unterschiedlich ausfallen kann, je nach Tradition und kulturellen Hintergründen. In Bezug auf die Organisation von Gemeinwesen unter dem Leitbild nachhaltiger Entwicklung wird jedoch gelegentlich beklagt, dass übliche, repräsentativ-demokratische Systeme aus unterschiedlichen Gründen nicht funktional seien:

– demokratische, d.h. auf Mehrheitsentscheidungen beruhende Entwicklungen könnten durchaus substanziellen Nachhaltigkeitszielen zuwiderlaufen. Die Orientierung am Mehrheitswillen sage nichts über die ethische Rechtfertigung von Entscheidungen aus (naturalistischer Fehlschluss);

– insbesondere sei es schwer wenn nicht unmöglich, unpopuläre, also z. B. den Verbrauch natürlicher Ressourcen beschränkende Entscheidungen zu treffen;
– im Gegenzug könnten populistische Einschätzungen und Strömungen Nachhaltigkeitszielen auch zuwider laufen;
– durch die kurzen Legislaturperioden (meist vier oder fünf Jahre) sei das parlamentarische System strukturell ungeeignet, mit den Langzeitherausforderungen der Nachhaltigkeit umzugehen;
– es komme durch die Komplexität der Nachhaltigkeitsthemen zu einer »Trägheit« in Entscheidungsprozessen und zu ihrer Verlangsamung. Durch die vielfach geforderte Partizipation (Kapitel 3.5 und 5.4) werde dieser Effekt weiter verschlimmert.

Daher werden immer wieder Stimmen laut, dass nachhaltige Entwicklung eines stärker regulierenden Politikstils und entsprechender Strukturen bedürfe, möglicherweise bis hin zu einer »Ökodiktatur«, in der gut meinende und an (wenigstens bestimmten) Nachhaltigkeitsforderungen orientierte Politik auch gegen Mehrheitsmeinungen durchgesetzt werden sollte.

Diese Debatte ist eher eine Randerscheinung der Diskussion umfassenderer Fragen: welche Rolle spielt Nachhaltigkeit als eingrenzendes Prinzip in an liberalen Grundsätzen orientierten Gesellschaften? Die menschliche Bedürfnisbefriedigung wird durch die Brundtland-Definition zwar einerseits als Ziel nachhaltiger Entwicklung gesehen, die Art und Weise aber, wie sie umgesetzt wird, wird durch die Verpflichtung eingeschränkt, dass die heutige Bedürfnisbefriedigung nicht die Möglichkeiten zukünftiger Generationen einschränken dürfe, deren Bedürfnisse zu befriedigen und umgekehrt. Selbstverständlich werden hier einer *beliebigen* Ausdehnung von Bedürfnisbefriedigung Grenzen gesetzt. Freiheiten der Bedürfnisbefriedigung, z. B. in einem liberal-marktwirtschaftlichen System, werden dadurch eingegrenzt, dass Schädigungen anderer zu vermeiden sind. Diese Eingrenzung freilich ist nichts Ungewöhnliches, sondern steht hinter vielen Gesetzen, Ge- und Verboten und anderen Regulierungen, deren Sinn darin besteht, Nachteile und Rechtsverletzungen anderer Menschen zu vermeiden. Das Leitbild der nachhaltigen Entwicklung weist somit auf moralische Grenzen der Bedürfnisbefriedigung hin, die in demokratischer Debatte und darauf folgenden Entscheidungsprozessen ihren Niederschlag in den Normen und Regularien des gesellschaftlichen Lebens finden sollen. Eingrenzungen der Freiheit der Bedürfnisbefriedigung müssen demokratisch akzeptiert werden, wie dies auch in anderen Politikfeldern der Fall ist.

Die grundlegenden Texte der Nachhaltigkeit sind vor diesem Hintergrund jedenfalls in keiner Weise mit einem autoritären Denken in Übereinstimmung zu bringen. Im Gegenteil ist die bereits im Brundtland-Bericht genannte und in den Rio-Dokumenten noch stärker herausgestellte Forderung nach weitgehender Partizipation damit absolut unverträglich. Diese Forderung geht sogar über die klassischen Beteiligungsmöglichkeiten in traditionell-repräsentativen Demokratien hinaus und erstreckt sich auch auf Partizipation in inhaltlichen Fragen auf allen Ebenen – was eine Umorientierung vom »homo oeconomicus« hin zu einem »homo cooperativus« (Rogall 2009a) erfordert:

> Als ebenfalls wichtig wird das Prinzip der partizipativen Demokratie angesehen, aus dem sich die Notwendigkeit eines stetigen gesellschaftlichen Diskurs- und Partizipationsprozess in allen Bereichen ergibt, und somit die Menschen auf die dramatischen Änderungen in diesem Jahrhundert vorbereitet (Rogall 2009a: 100).

Die oben angesprochenen funktionalen Probleme traditioneller demokratischer Verfahren mit einigen Aspekten der Nachhaltigkeit sind allerdings nicht zu leugnen (Hennen et al. 2003). Vor dem Hintergrund der genannten partizipativen Ausrichtung der Idee der Nachhaltigkeit ist dies kein Argument gegen die Demokratie, sondern eine Aufforderung zu ihrer Weiterentwicklung, um mit den Anforderungen nachhaltiger Entwicklung besser umgehen zu können. Partizipative Formen der Demokratie bilden ein unverzichtbares Element dieser Weiterentwicklung.

3.4 Bevölkerungsentwicklung und demographischer Wandel

Nachhaltige Entwicklung steht in vielerlei Hinsicht in Wechselwirkung mit der Bevölkerungsentwicklung. So hängen Ressourcenverbrauch und Umweltbelastung einerseits von Lebensstilen und Konsummustern ab, andererseits aber auch von der Zahl der konsumierenden Menschen. Eine steigende Bevölkerungszahl kann Erfolge in der Erhöhung der Ressourceneffizienz zunichte machen. Typische Entwicklungsprobleme wie Armut und Hunger haben einerseits mit dem Stand der ökonomischen Entwicklung, andererseits aber auch mit der in Entwicklungsländern teils stark steigenden Bevölkerungszahl zu tun, die dazu zwingt, nur langsam wachsende verfügbare Einkommen und begrenzte Ressourcen auf mehr Köpfe zu verteilen. Unter Nachhaltigkeitsaspekten geht es insbesondere um den Zusammenhang zwischen Bevölkerungsentwicklung und Ressourcenverbrauch, Ernährungssituation, Bildung und sozialen wie politischen Konflikten.

Diese Zusammenhänge sind einerseits global zu betrachten, da es im Leitbild nachhaltiger Entwicklung um die gesamte Weltbevölkerung geht. Andererseits jedoch zeigen sich regional und lokal teils sehr spezifische Aspekte von Bevölkerungswachstum oder -rückgang und von der Veränderung der Bevölkerungszusammensetzung durch demografischen Wandel und Migration, die einer eigenen Betrachtung bedürfen.

Bis zum 18. Jahrhundert wuchs die Bevölkerung der Erde langsam. Vor 2000 Jahren lebten weltweit etwa 200 Millionen Menschen, im Jahr 1750 etwa die vierfache Zahl. Während der Industriellen Revolution setzte durch höhere Produktivität, aber auch durch Hygiene und bessere medizinische Versorgung ein starker Anstieg ein. Gegen 1800 war die erste Milliarde erreicht, 1930 die zweite, 1960 die dritte und 1999 schließlich die sechste. Im November 2011 wurde die Zahl von sieben Milliarden überschritten. Für das Jahr 2050 gehen die meisten Prognosen von einer Weltbevölkerung von etwa neun bis zehn Milliarden Menschen aus. Viele Demografen nehmen an, dass sich die Weltbevölkerung innerhalb der Jahre 2075 bis 2100 stabilisieren wird, gefolgt von einem langsamen Bevölkerungsrückgang (Sinding 2007).

Seit Mitte des 20. Jahrhunderts wächst die Bevölkerung fast ausschließlich in den Entwicklungsländern, während sie in den Industrieländern stabil oder sogar rückläufig ist (Sinding 2007). Die Bekämpfung von Krankheiten und eine bessere Versorgung führten zunächst in Asien, bald darauf auch in Lateinamerika, im mittleren Osten und in Nordafrika sowie schließlich im Afrika südlich der Sahara zu einem deutlichen Rückgang der Sterberaten. Bei einer weiterhin hohen Geburtenrate wuchs die Bevölkerung in den Entwicklungsländern jährlich um ca. drei Prozent. Im Jahr 1970 stellten die Entwicklungsländer 65 Prozent der Weltbevölkerung, zur Jahrtausendwende schon 80 Prozent. Insbesondere für Afrika wird weiterhin ein starkes Bevölkerungswachstum erwartet.

Afrika könnte im Jahre 2050 bis zu drei Milliarden Einwohner haben, was mehr als eine Verdopplung gegenüber dem heutigen Stand wäre. Auf der globalen Ebene kulminiert der Zusammenhang zwischen Nachhaltigkeit und Bevölkerungszahl in der Frage, wie viele Menschen die Erde auf Dauer ernähren könne. Dass quantitative Bevölkerungszahlen zwar wichtig aber nicht allein entscheidend sind, verdeutlicht der folgende fiktive Dialog:

Fragt der wohl situierte Bürger aus dem reichen Norden besorgt: »Wie viel Weltbevölkerung können wir uns noch leisten?« Und meint dabei den Bevölkerungszuwachs in den Entwicklungsländern, den davon ausgehenden Druck auf die natürlichen Ressourcen und auf die Verschärfung globaler ökologischer Krisen, allem voran das Klimaproblem; antwortet der Bauer aus dem armen Süden: »Wir wissen, dass der Bevölkerungszuwachs für uns ein Problem ist. Aber die eigentliche Frage lautet doch: Wie viele Amerikaner und Europäer können wir uns noch leisten?« (Hennicke 2008)

Insofern die Bevölkerungszahl nachhaltigkeitsrelevant ist, stellen sich natürlich angesichts des Gestaltungsimpulses des Leitbilds nachhaltiger Entwicklung Fragen, ob nicht durch Bevölkerungspolitik die Zahl oder Zusammensetzung der Bevölkerung gezielt beeinflusst werden könnte oder sollte (Leisinger 2007). So könnten die Erkenntnisse der Bevölkerungsforschung über die Gründe eines Geburtenrückgangs in entsprechende sozialtechnologische Maßnahmen übersetzt werden. Solche Gründe sind (Leisinger 2007):

– die *Säkularisierung*, die dem Individuum mehr Verantwortung überträgt;
– die Bildung, die neue gesellschaftliche Optionen eröffnet und den Zugang zu Informationen (unter anderem über Familienplanung) ermöglicht;
– ein Bedeutungswandel der Kinder vom Nutzen- zum »Kostenfaktor«;
– die *gesetzliche Altersvorsorge*, die auch Menschen ohne Nachwuchs Versorgungsansprüche gewährt;
– eine Vielzahl *biografischer Optionen* jenseits der Familiengründung;
– eine veränderte *gesellschaftliche Rolle der Frau*. Wo immer Frauen Rechte, Bildungschancen und Berufsmöglichkeiten sowie Zugang zu Gesundheitsdiensten haben, bekommen sie später und vor allem weniger Kinder.

Das Recht auf Weitergabe des Lebens ist allerdings ein Menschenrecht (nach Leisinger 2007). Es steht allen Menschen aufgrund ihrer individuellen Würde unverletzlich und unveräußerlich zu. Übergriffen staatlicher Gewalt in das Privatleben von Menschen ist daher immer mit Misstrauen zu begegnen. Wo durch politische und andere Zwangsmaßnahmen die Freiheit von Menschen eingeschränkt oder gar aufgehoben wird, über die Zahl ihrer Kinder in freier Verantwortung zu entscheiden – das klassische Beispiel ist die Ein-Kind-Politik in China –, werden nicht nur Normen übertreten, sondern auch Menschenrechte verletzt – was nach unserer Ausgangsprämisse, dass die Menschenrechte einen unhintergehbaren Rahmen für die nachhaltige Entwicklung bilden, auch nicht unter Nachhaltigkeitsaspekten zu rechtfertigen wäre. Staatliche Bevölkerungspolitik bedarf – wie jede Politik – der Zustimmung der großen Mehrheit der Bevölkerung, um Erfolg zu haben. Eine legitimierte Bevölkerungspolitik muss auf der Zustimmung der Menschen zu individueller Entscheidungsfreiheit, empfängnisverhütenden Mitteln und anderen Maßnahmen gründen.

Auf regionaler Ebene, so z. B. in einigen ostdeutschen Regionen, stellen sich Probleme einer nachhaltigen Entwicklung teils in umgekehrter Richtung, nämlich durch *abnehmende* Bevölkerungszahlen, z. B. aufgrund von Abwanderung wegen hoher Arbeitslosigkeit und schlechter regionaler Entwicklungsperspektiven (Kröhnert 2010). Wenn aus diesem Grund dann auch noch wichtige Infrastrukturen wie Schulen oder Einkaufsmöglichkeiten nicht mehr vor Ort verfügbar gehalten werden können, kann es zu einer Abwärtsspirale kommen, die zu einer Verödung ganzer Regionen führen kann. Die Frage lautet hier: wie viele und welche Menschen werden für eine nachhaltige Regionalentwicklung benötigt? Neben den rein quantitativen Aspekten sind für eine nachhaltige Entwicklung auch qualitative Faktoren zu beachten wie z. B. die Verteilung der Bevölkerung auf unterschiedliche Bildungsschichten oder die Alterspyramide. Diversität in Bezug auf Bildung, Interessen, kulturelle Hintergründe und politische Überzeugungen gilt als für gelingende Reproduktion menschlicher Gemeinwesen förderlicher Faktor.

Diese Entwicklung ist eine Facette eines generellen und teils dramatischen demografischen Wandels in Deutschland und in weiteren europäischen und einigen asiatischen Ländern. In Deutschland liegt die Fertilität seit Mitte der 1970er Jahre bei 1,4 Kindern pro Frau. Damit ist jede Kindergeneration um ein Drittel kleiner als die ihrer Eltern. Die Einwohnerzahl in Deutschland würde bei gleich bleibenden Bedingungen und ohne Zuwanderung von heute 82 Millionen auf 24 Millionen im Jahre 2100 zurückgehen. Weil gleichzeitig die Lebenserwartung der Deutschen bezogen auf Neugeborene im vergangenen Jahrhundert um ca. 30 Jahre gestiegen ist und weiter steigt, führt diese Entwicklung zu einer Alterung der Gesellschaft. Auch in einigen asiatischen Ländern ist die Geburtenziffer weit unter das Reproduktionsniveau von etwa 2,2 Kindern pro Frau gesunken. In Südkorea liegt sie beispielsweise bei 1,19 Kindern pro Frau, ähnlich in Japan, China, Singapur und Thailand.

Diese Entwicklungen führen zu Herausforderungen für den Arbeitsmarkt und die sozialen Sicherungssysteme. Eine gerechte Verteilung von Chancen und Belastungen zwischen den Generationen gehört zu den Bedingungen des sozialen Friedens. Die nachwachsende Generation bedarf angemessener und gesicherter Entfaltungsmöglichkeiten, während der älteren, aus dem Erwerbsleben ausgeschiedenen Generation die Teilnahme am gesellschaftlichen Leben und ein Altern in Würde ermöglicht werden muss. In den Industrieländern haben sich verschiedene Sozialversicherungssysteme entwickelt, die einen derartigen Generationenvertrag institutionell absichern sollen. Der demografische Wandel – sinkende Kinderzahlen, steigende Lebenserwartung und dadurch veränderte Altersstruktur – stellt diese Systeme in den letzten Jahren in vielen Industrieländern vor neue Herausforderungen.

Neben der biologischen Reproduktion der Menschen ist Migration ein wichtiger Faktor der Bevölkerungsentwicklung in Regionen. Vor allem aufgrund der Globalisierung und erheblicher Wohlstandsgefälle, aber auch in der Folge von Umweltkatastrophen und kriegerischen Auseinandersetzungen sind weltweit Millionen Menschen unfreiwillig in Bewegung. Der Klimawandel wird zu einer steigenden Zahl an Umweltflüchtlingen führen, z. B. in der Folge von Wüstenbildung in ariden Gebieten. Migration und Flüchtlingsbewegungen fordern die Eingliederungskraft der Zielländer heraus.

Zu beobachten sind aber in vielen europäischen Ländern, allerdings auch in den USA, populistisch propagierte neue Formen der Fremdenfeindlichkeit und der Aus- und Abgrenzung, in beiden Fällen gegenüber den jeweiligen südlichen Nachbarn: Nordafrika im Fall Europas, Mexiko im Falle der USA. Auch Länder mit traditionell starker Integrationskraft und Toleranz wie die Niederlande sind von zunehmender Fremdenfeindlichkeit betroffen. Gesellschaftliche Konflikte zwischen der einheimischen Bevölkerung und Migrantengruppen, zunehmend auch religiös motiviert, bringen Herausforderungen an interkulturelle Kommunikation und Toleranz mit sich, aber auch die Notwendigkeit neuer Wege der Integrationspolitik.

3.5 Reflexive Gestaltung und strategische Planung

Der normative Charakter des Leitbilds nachhaltiger Entwicklung beinhaltet einen *Gestaltungsanspruch*: Letztlich ist es das Ziel, Nachhaltigkeitsprobleme zu lösen, Defizite zu beheben und für Nachhaltigkeit geeignete Rahmenbedingungen zu schaffen. Dazu bedarf es aktiver Gestaltung in Form von geeigneten Strategien und Maßnahmen, um auf eine nachhaltigere Entwicklung umzusteuern. Die Übersetzung der ethischen Grundlagen nachhaltiger Entwicklung in konkrete praktikable Aufgaben für Politik, Wissenschaft oder andere gesellschaftliche Gruppen – sie wird im Folgenden auch als »Operationalisierung« bezeichnet – bringt hohe Anforderungen mit sich, weil jede Konkretisierung auch inhaltliche Fragen aufwirft und häufig an gesellschaftliche Interessen und Positionen rührt. Hinzu kommt das kognitive Problem, die erforderliche Langfristigkeit von Nachhaltigkeitsmaßnahmen trotz erheblicher Unsicherheiten des Wissens über derart lange Zeiträume zu realisieren (Grunwald 2007). Gestaltung für nachhaltige Entwicklung ist konzeptionell ambitioniert und hat Anlass für eigenständige Überlegungen in Politik- und Sozialwissenschaften gegeben. Diese werden seit einigen Jahren vor allem unter dem Stichwort »reflexive governance« diskutiert (Voss et al. 2006; vgl. Kapitel 3.5). Für die Umgestaltung komplexer Infrastrukturen und Systeme wie der Energieversorgung oder Mobilität, die nicht nur technische, sondern in hohem Maße sozio-technische Systeme sind, wird vielfach der Begriff »Transition Management« verwendet (Kemp/Rotmans 2007).

Entscheidungen über die Einleitung und Ausprägung von Gestaltungsmaßnahmen basieren auf Diagnosen und Bewertungen: das Problem, das gelöst werden soll, muss zunächst als ein Nachhaltigkeitsproblem diagnostiziert worden sein, es müssen Ziele der Veränderung bestimmt worden sein und es müssen die Maßnahmen, um die es geht, auf ihre absehbare Zielerreichung und mögliche Nebenfolgen hin bewertet worden sein. Daher muss das Nachhaltigkeitsleitbild diagnostische Kraft haben, um eine nachvollziehbare Bestimmung von Nachhaltigkeitsproblemen und die Unterscheidung nachhaltiger oder nachhaltigerer Entwicklungen oder Zuständen von nicht oder weniger nachhaltigen zu erlauben (vgl. Kapitel 4 und 5). Des Weiteren müssen die absehbaren Folgen der geplanten Maßnahmen unter Nachhaltigkeitsgesichtspunkten analysiert und bewertet werden.

Hierbei kommt es zu erheblichen konzeptionellen und methodischen Herausforderungen. Zum einen ist das Wissen über komplexe Systemzusammenhänge unsicher und vorläufig, noch stärker gilt dies für das Wissen um zukünftige Entwicklungen und die Folgen eingeleiteter Maßnahmen. Zum anderen führt die moralische Pluralität moderner Gesellschaften dazu, dass ein Konsens in Bewertungsfragen schwer herzustellen ist, was im globalen Rahmen durch die interkulturelle Dimension noch verschärft wird. Daher treten in der Regel Bewertungskonflikte, Prioritätenprobleme und daraus resultierende Abwägungsnotwendigkeiten auf, deren besondere Brisanz in der Kombination der Unsicherheit des Wissens und der Diversität der Bewertungsmöglichkeiten liegt (Grunwald 2007). Eine wesentliche Anforderung an Theorie und Praxis nachhaltiger Entwicklung besteht daher darin, Institutionen und Strategien zu entwickeln, wie die verschiedenen Konflikttypen konstruktiv bewältigt werden können (vgl. Kapitel 7 und 8). Eine Politik der Nachhaltigkeit muss daher unter den Bedingungen teilweise unsicheren Wissens und vorläufiger Bewertungen stattfinden (Bechmann/Grunwald 2002). Diese Situation verhindert die Anwendung klassischer, d. h. sicheres Wissen unterstellender Planungsverfahren und erfordert neue Wege des Entscheidens. Diese sind gekennzeichnet durch eine partizipative, strategische und reflexive Dimension:

Partizipative Dimension
Partizipation wurde in den Rio-Dokumenten, insbesondere im Rahmen der Lokalen Agenda 21 (Kapitel 7.1), als ein wesentliches Element nachhaltiger Entwicklung charakterisiert. Partizipative Verfahren der Meinungsbildung und Entscheidung sollen das beste verfügbare Wissen mobilisieren, zum Beispiel in lokalen oder regionalen Entscheidungen (zur Verkehrsinfrastruktur, Energieversorgung oder Abfallwirtschaft), und

dazu beitragen, die Wertüberzeugungen der Bevölkerung in der Konkretisierung von Nachhaltigkeit besser zu berücksichtigen. Durch die Mobilisierung sozialer Ressourcen dient sie auch einer gerechteren Verteilung von Macht und Einflussmöglichkeiten in gesellschaftlichen Entscheidungsprozessen und soll die Legitimation von Entscheidungsprozessen und ihren Ergebnissen erhöhen. Die Einbindung von Akteuren, z. B. von Stakeholdern oder von Nichtregierungsorganisationen in Entscheidungsprozesse soll darüber hinaus Entscheidungen »robuster« machen und die Umsetzung der entsprechenden Maßnahmen erleichtern.

Strategische Dimension
Strategische Planung stellt eine Möglichkeit dar, Gestaltung für nachhaltige Entwicklung operativ umzusetzen (von Schomberg 2002). Die Setzung von Zielen für die strategische Planung muss dabei in einem größeren räumlichen und zeitlichen sowie akteursbezogenen Rahmen erfolgen und auch in inhaltlich-thematischer Sicht die größeren Zusammenhänge nachhaltiger Entwicklung beachten, einerseits um der Komplexität der Nachhaltigkeit gerecht zu werden und systemische Verflechtungen zu berücksichtigen, andererseits um mögliche Zielkonflikte mit anderen Nachhaltigkeitsdimensionen frühzeitig zu erkennen. Auf Basis der gesetzten Ziele können Strategien und Maßnahmen erarbeitet und umgesetzt werden. Dabei ist es grundsätzlich sinnvoll, konkrete Einzelmaßnahmen in übergeordnete Strategien (z. B. des ›Transition Management‹, vgl. Kemp/Rotmans 2007) einzubetten.

Reflexive Dimension
Nachhaltigkeitsmaßnahmen und -strategien werden vor dem Hintergrund von Gegenwartsdiagnosen im Hinblick auf zukünftige Entwicklungen entworfen. Auf das unvermeidbare Problem der Unsicherheiten des Wissens über allgemeine zukünftige Entwicklungen, aber auch über die konkreten Folgen der geplanten Maßnahmen, wurde bereits mehrfach hingewiesen. Daher ist es erforderlich, Gestaltung für Nachhaltigkeit grundsätzlich reflexiv und lernfähig anzulegen (Voss et al. 2006, Grunwald 2007). Wenn nach bestem Wissen bestimmte Maßnahmen in Kraft gesetzt werden, müssen in der Folge die realen Entwicklungen beobachtet werden (Monitoring). Die Ergebnisse dieses Monitoring müssen sodann unter Nachhaltigkeitsaspekten ausgewertet werden, was eine Modifikation der ursprünglichen Maßnahmen zur Folge haben

kann. Auch die Ziele selbst müssen regelmäßig überprüft werden, z. B. wegen möglicher Zielkonflikte oder wegen sich ändernder gesellschaftlicher Randbedingungen und Prioritäten (Wertewandel). Reflexive Gestaltung für Nachhaltigkeit meint also, strategische Planung mit Monitoring, Maßnahmenüberprüfung und Zielüberprüfung systematisch und unter reflexiver Berücksichtigung von Akteurskonstellationen zu verbinden, um aus den realen Entwicklungen möglichst gut für die Verbesserung der Nachhaltigkeitsstrategien lernen zu können. Das Prinzip der Reflexivität wurde – auch über die Verwendung in konkreten Gestaltungsmaßnahmen für Nachhaltigkeit hinaus – als allgemein notwendiges Strukturelement moderner Gesellschaften bestimmt, um ein Umsteuern auf nachhaltige Entwicklung zu ermöglichen (Minsch et al. 1998; Kopfmüller et al. 2001).

4. Die großen Kontroversen nachhaltiger Entwicklung

Die im vorigen Kapitel genannten grundlegenden Orientierungen wie »Gerechtigkeit« oder »Zukunftsverantwortung« bedürfen einer Konkretisierung, wenn sie gemäß dem Gestaltungsanspruch des Leitbilds nachhaltiger Entwicklung in gesellschaftliches Handeln und praktische Politik umgesetzt werden sollen. Konkretisierungen ergeben sich jedoch nicht einfach durch logische Ableitung aus den Grundorientierungen, sondern hängen von Interpretationen, Deutungen und Kontexten ab und sind notwendigerweise mit Wertungen, Gewichtungen und Prioritätensetzungen verbunden. Daher sind Konkretisierungen der Idee nachhaltiger Entwicklung – die zunächst häufig die Form von wissenschaftlichen Nachhaltigkeitskonzeptionen hatten – in der Regel kontrovers, sowohl wissenschaftlich als auch in Öffentlichkeit und Politik. In diesem Kapitel werden wir drei Kontroversen darstellen, die wir für zentral erachten und die zwischen dem weitgehenden Konsens auf der programmatischen Ebene der Nachhaltigkeit und den vielfältigen Konflikten um die konkrete Umsetzung stehen. Zunächst stellt sich die Frage nach der *Gewichtung der unterschiedlichen Dimensionen* nachhaltiger Entwicklung (Kapitel 4.1), z.B. ihrer ökologischen, ökonomischen und sozialen Dimension in Bezug auf Gesamtbeurteilungen und darauf aufbauende Entscheidung über Strategien und Maßnahmen. Sodann ist umstritten, ob und inwieweit in der Bilanzierung, welche Ressourcen an zukünftige Generationen weitergegeben werden sollen, um dem Nachhaltigkeitspostulat zu entsprechen, natürliche Ressourcen mit ökonomischen oder sozialen Ressourcen verrechnet werden dürfen – die Debatte um *starke oder schwache Nachhaltigkeit* (Kapitel 4.2). Schließlich dreht sich die seit einiger Zeit wieder intensiv geführte *Wachstumsdebatte* darum, ob und in welcher Weise ein dauerhaftes Wirtschaftswachstum mit dem Nachhaltigkeitsleitbild vereinbar ist (Kapitel 4.3).

4.1 Die Dimensionen der Nachhaltigkeit und ihre Gewichtung

Nachhaltige Entwicklung betrifft ein weites Spektrum von thematischen Dimensionen – oft auch als »Säulen« bezeichnet – wie den Umgang mit der natürlichen Umwelt, die Sicherstellung von Verteilungsgerechtigkeit, die Schaffung geeigneter politisch-institutioneller Randbedingungen oder die Reflexion kultureller Aspekte der Nachhaltigkeit. In den Debatten zu konkreten Strategien und Maßnahmen, die für mehr Nachhaltigkeit sorgen sollen, sind alle diese Dimensionen zu berücksichtigen. Dabei kommt es jedoch zu Gewichtungsproblemen und Herausforderungen an Prioritätensetzung, insbesondere wenn Zielkonflikte zwischen den Dimensionen auftreten. Bekannte und häufig auftretende Zielkonflikte sind gegenläufige Effekte zwischen der ökologischen und ökonomischen oder zwischen der ökonomischen und sozialen Dimension nachhaltiger Entwicklung. In diesen Fällen müssen Entscheidungen getroffen werden, ob Abwägungen vorgenommen oder Prioritäten gesetzt werden müssen. Hierfür sind in unterschiedlichen Konzeptionen nachhaltiger Entwicklung verschiedene Kriterien und Verfahren vorgesehen.

Vorrang der Umweltdimension: Ökologische Nachhaltigkeit

Der Mensch ist »zu einem aktiven Systemfaktor von planetarischer Bedeutung« geworden (WBGU 1996: 3 f.): Zivilisatorische Eingriffe wie der Abbau von Rohstoffen, die Umlenkung von Stoff- und Energieflüssen, die Veränderung großräumiger natürlicher Strukturen und die kritische Belastung von Schutzgütern (wie der Atmosphäre) verändern das System Erde zunehmend in seinem Charakter. Unter der Prämisse, dass die Befriedigung der Bedürfnisse heutiger und zukünftiger Generationen nur möglich ist, wenn die Natur als Lebens- und Wirtschaftsgrundlage erhalten bleibt, räumen einige Positionen ökologischen Belangen im Konfliktfall Vorrang vor allen anderen ein (z. B. BUND/Misereor 1996, UBA 2002, SRU 1998). Ökonomische und soziale Fragen spielen dabei zwar als Ursachen und Folgen von Umweltproblemen eine Rolle. Die daraus resultierende Anforderung,

Umweltschutzmaßnahmen so »ökonomie- und sozialverträglich« wie möglich umzusetzen, ändert jedoch am Primat der *ökologischen* Nachhaltigkeit nichts.

Ökologische Nachhaltigkeit fordert, das Verhältnis der Menschheit zu ihren natürlichen Lebensgrundlagen neu zu bestimmen. Ein erster Ansatz, diese Einsicht in praktische Handlungsleitlinien umzusetzen, ist als System »ökologischer Managementregeln« bekannt geworden (Pearce/Turner 1990; Daly 1990):

- Die Nutzungsrate erneuerbarer natürlicher Ressourcen (wie Waldbestände, Fischvorkommen), soll ihre Erneuerungsrate nicht überschreiten;
- nicht erneuerbare Ressourcen sollen nur in dem Maße genutzt werden wie erneuerbare Ressourcen als Ersatz bereitgestellt werden;
- Emissionen und Abfälle sollen die Aufnahmefähigkeit der Umweltmedien (Luft, Wasser, Boden) nicht übersteigen (Assimilationsregel).

Zur Bestimmung von Nachhaltigkeitsmaßnahmen reicht der Konkretisierungsgrad der ökologischen Managementregeln nicht aus. So lässt zum Beispiel die Regel zur Nutzung erneuerbarer Ressourcen offen, auf welchem Niveau diese bewirtschaftet werden sollen: ob das heutige Bestandsniveau zu erhalten, der Bestand deutlich zu erweitern oder ein anderes Bestandsniveau moralisch geboten sei. Die Assimilationsregel ist ohne die Festlegung von Grenzwerten für den Eintrag von Schadstoffen *(critical loads)* bzw. von Schwellenwerten für die tolerierbare Belastung *(critical levels)* nicht umsetzbar. Auch wenn die Managementregeln gemeinsamer Ausgangspunkt vieler Nachhaltigkeitsstudien sind, unterscheiden sich ihre Ergebnisse teils stark, da sie die Regeln sehr unterschiedlich interpretieren (Kopfmüller et al. 2001, dort Kapitel 5.2.1 und 5.2.3).

Die Grenzen der Belastbarkeit der natürlichen Umwelt nehmen in der ökologischen Nachhaltigkeit eine Schlüsselstellung ein. Es geht darum, die Eigenschaft eines Ökosystems zu erhalten, »einen bestimmten Grad an (anthropogenen) Belastungen zu tolerieren, ohne dass seine systemimmanenten oder vom Menschen geschaffenen Strukturen und Funktionen verändert werden« (SRU 1994, Tz. 103). Schlüsselbegriffe wie »ökologische Stabilität« oder »Tragekapazität« (BUND/Misereor 1996) thematisieren die Belastbarkeit natürlicher Systeme, während

»Vulnerabilität« (Verwundbarkeit) ihre Anfälligkeit gegenüber äußeren Störungen und »Resilienz« (innere Robustheit) ihre Selbstheilungskräfte und Regenerationsfähigkeit beschreibt.

Es ist allerdings schwierig, wenn nicht unmöglich, die Grenzen der Belastbarkeit wissenschaftlich exakt zu bestimmten. Bereits in ökologischer Hinsicht lassen sich derartige Grenzen kaum identifizieren, ohne sie zunächst zu überschreiten. Erst dann weiß man sicher, wo sie liegen (wie bei der Eutrophierung eines Sees durch Phosphate mit der Folge des »Umkippens«). Ein solches »Austesten« der Grenzen der Belastungsfähigkeit auf globaler Ebene verbietet sich jedoch vor dem Hintergrund der Zukunftsverantwortung. So wäre es in hohem Maße unverantwortlich, gar zynisch, das (allerdings nach gegenwärtigem Kenntnisstand unwahrscheinliche) Versiegen des Golfstroms als Folge der Klimaänderung zunächst abzuwarten, um es dann gut erforscht, die Belastbarkeit der Atmosphäre durch Treibhausgase exakt angeben und dann Maßnahmen ergreifen zu können.

Eine Antwort auf dieses Problem bietet das *Leitplankenkonzept* an (Klemmer et al. 1998). Auf Basis des besten verfügbaren Wissens über die Belastbarkeit natürlicher Systeme sollen Leitplanken als zulässige Bandbreiten der menschlichen Umweltbeeinflussung vereinbart werden. Solange die »tatsächlichen« Belastbarkeitsgrenzen der Natur außerhalb dieser Bandbreiten liegen, bliebe die Gesellschaft grundsätzlich auf der »sicheren Seite«. Derartige Leitplanken bilden keine objektiven Eigenschaften der Umweltmedien oder der Ökosysteme ab, sondern sind Ausdruck von Vorsorgeüberlegungen und hängen von der mehr oder weniger großen Risikobereitschaft im Umgang mit natürlichen Systemen ab. Implizit spielen Überlegungen dieser Art zwar in Festlegungen von Zielen nachhaltiger Entwicklung mitunter eine Rolle; in der politischen Praxis wurden jedoch bislang explizite Leitplanken noch nicht definiert.

Ökologische Nachhaltigkeitskonzepte decken viele Bereiche der Nachhaltigkeit nicht ab, so z. B. Gerechtigkeitsfragen, die Entwicklungsprobleme, Partizipation und Fragen der Weitergabe sozialer oder kultureller Ressourcen an zukünftige Generationen. Ihre Vertreter rechtfertigen dies mit der Vordringlichkeit der Umweltfragen vor dem Hintergrund der Zukunftsverantwortung. Diese Vordringlichkeit wird jedoch im Rahmen mehrdimensionaler oder integrativer Nachhaltigkeitskonzepte bestritten.

Mehrdimensionale Konzeptionen

In Gegensatz zur ökologischen Nachhaltigkeit bzw. zu Ein-Säulen-Konzepten wird in mehrdimensionalen Konzepten ein prinzipieller Vorrang der ökologischen Dimension abgelehnt und stattdessen die Notwendigkeit einer *gleichrangigen* Berücksichtigung der Dimensionen nachhaltiger Entwicklung betont. Dafür sprechen vor allem zwei Argumente: (1) Die Umsetzung des Gerechtigkeitspostulats und die Wahrnehmung von Verantwortung erfordern prinzipiell die Einbeziehung aller Dimensionen der gesellschaftlichen Entwicklung. (2) Die ethische Frage, auf welche Hinterlassenschaft kommende Generationen einen Anspruch haben, lässt sich nicht rein ökologisch beantworten. Neben den natürlichen Lebensgrundlagen bilden auch ökonomische, soziale und kulturelle Werte Ressourcen, die in ihrer Gesamtheit die Basis für die Befriedigung menschlicher Bedürfnisse bilden.

In der Diskussion um die Operationalisierung des Nachhaltigkeitsleitbildes wird vielfach, den genannten Argumenten folgend, vom »magischen Dreieck« der Nachhaltigkeit gesprochen, das aus der ökologischen, der ökonomischen und der sozialen Dimension besteht. Darüber hinaus wurde auch die *politisch-institutionelle Dimension* der Nachhaltigkeit thematisiert (Minsch et. al. 1998) und implementiert (UNCSD 1996). Wesentliche Überlegungen aus ökonomischer, sozialer und politisch-institutioneller Perspektive sind (zur ökologischen Dimension s.o.):

Die ökonomische Dimension: Die menschliche Wirtschaftsweise hat zentralen Einfluss auf wesentliche Aspekte nachhaltiger Entwicklung. Dies betrifft unmittelbar den Umgang mit natürlichen Energie- und Materialressourcen, die den »Rohstoff« des Wirtschaftens bilden. Durch die Art und Weise des Wirtschaftens werden Emissionen und Abfälle in Menge und Zusammensetzung stark beeinflusst. Aber auch Fragen der Entwicklung der »Dritten Welt«, der Sicherstellung der Grundversorgung aller Menschen oder sozialer Fragen wie Arbeitslosigkeit sind eng verbunden mit ökonomischen Aspekten. Eine Umsteuerung auf nachhaltige Entwicklung muss daher wesentlich am Wirtschaftsprozess ansetzen. Angesichts der keineswegs neuen, jedoch gerade in der Nachhaltigkeitsdiskussion offenkundiger gewordenen Erkenntnis, dass begrenzte Ressourcen und Verteilungsfragen einen wesentlichen Teil der gesellschaftlichen Realität und des (Problem-)Bewusstseins der Menschen bestimmen, finden entsprechende Überlegungen zunehmend Eingang in die Wirtschaftswissenschaften (Nutzinger 1995, Rogall 2009b). Eine zentrale Frage ist, ob nachhaltige Entwicklung mit unbegrenztem quantitativem Wirtschaftswachstum verträglich ist oder ob stattdessen ein Verzicht auf Wachstum oder eine Umsteuerung auf »qualitatives« Wachstum erforderlich sei (vgl. Kapitel 4.3). Wie weit und mit welchen Nebenfolgen eine Entkopplung von Wirtschaftsleistung und Umweltverbrauch möglich ist, gehört zu den offenen Fragen in der Nachhaltigkeitsdebatte.

Die soziale Dimension: Nachhaltige Entwicklung erstreckt sich auch auf die gerechte Verteilung so genannter sozialer Grundgüter (Gosepath 1998, Kersting 2000) und ihre Weiterentwicklung für und die Weitergabe an zukünftige Generationen. Zu diesen Grundgütern gehören einerseits individuelle Güter wie das Leben selbst, Gesundheit, Grundversorgung mit Lebensmitteln, Kleidung und Wohnung und elementare politische Rechte. Sie haben befähigenden Charakter und ermächtigen das Individuum, handelnd und produktiv ein sicheres, würdiges und selbst bestimmtes Leben zu gestalten (*empowerment*). Andererseits zählen zu diesen Grundgütern auch soziale Ressourcen (wie Toleranz, Solidarität, Integrationsfähigkeit, Gemeinwohlorientierung, Rechts- und Gerechtigkeitssinn), die sich auf den dauerhaften Zusammenhalt gesellschaftlicher Teilsysteme oder der Gesellschaft als ganzer sowie auf den Erhalt des sozialen Friedens beziehen. Darunter werden sowohl eine »akzeptable Lösung der Verteilungsprobleme zwischen Regionen, zwischen sozialen Schichten, Geschlechtern und Altersgruppen« als auch »Lösungen des Problems kultureller Integration, von Zugehörigkeiten und Identitäten« verstanden (Fischer-Kowalski et al. 1995: 9). Folgende Aspekte sind dabei wesentlich (Heins 1998: 25 ff.): soziale Akzeptanz für einen Transformationsprozess in Richtung Nachhaltigkeit; soziale Schutz- und Gestaltungsziele wie Gesundheitsschutz, Sicherung der sozialen Stabilität und der Entwicklungs- und Funktionsfähigkeit einer Gesellschaft (Enquête-Kommission 1994) sowie die gerechte Verteilung von Wohlstand und Möglichkeiten von Bedürfnisbefriedigung bzw. eines menschenwürdigen Lebens.

Die institutionell-politische Dimension: Die Realisierung nachhaltiger Entwicklung kommt sicher nicht ohne politische oder andere Formen der Steuerung aus. Die Regulierung individuellen oder kollektiven Verhaltens sowie die Schaffung von Möglichkeiten gemeinschaftlicher

Kommunikation und Kooperation erfolgt durch gesellschaftliche *Institutionen* (Kopfmüller et al. 2001, Kapitel 2.3). Die Frage nach dem »Wie« einer nachhaltigen Entwicklung ist daher weitgehend eine Frage nach geeigneten Institutionen (Minsch et al. 1998). Institutionen umfassen – in einem weiten Begriffsverständnis – nicht nur Organisationen, sondern auch Konventionen, Gewohnheiten, Sitten, ethische Normen und Regeln/Verfahren, Verabredungen privater Akteure sowie Institutionen des gesetzten Rechts (rechtliche Rahmenbedingungen und Verfahrensregeln). Die Lösung *globaler* Probleme lässt sich kaum anders als über geregeltes, auf Abkommen und Absprachen basierendes Handeln von gut organisierten und mit einem legitimen Mandat ausgestatteten Institutionen vorstellen (WBGU 1995: 68). In der Agenda 21 werden ausdrücklich institutionelle Innovationen im Bereich der internationalen Zusammenarbeit und auf supranationaler Ebene angesprochen. Aber auch neue nationale Mechanismen und die Stärkung der institutionellen Kapazitäten (insbesondere in den Entwicklungsländern) werden als erforderlich erachtet (dazu Kapitel 7).

In mehrdimensionalen Konzeptionen stellt sich die Frage, wie nachhaltige Entwicklung im Zusammenwirken der verschiedenen Dimensionen verstanden und realisiert werden soll, insbesondere wenn die Nachhaltigkeitseffekte in verschiedenen Dimensionen gegenläufig sind. Ausgehend von der Vorstellung einer prinzipiellen Gleichrangigkeit von ökologischen, ökonomischen und sozialen Belangen wird nachhaltige Entwicklung in der Regel aus der Sicht jeder einzelnen Dimension definiert. Dies kann dadurch erfolgen, dass – in Analogie zur ökologischen Dimension – Ökonomie und Soziales als Systeme gesehen werden, deren Leistungs- und Funktionsfähigkeit es im Interesse der gegenwärtig lebenden Menschen wie auch der nachfolgenden Generationen zu erhalten gilt (Enquete-Kommission 1998, DIW/WI/WZB 2000).

Kritik an Mehr-Säulen-Konzepten macht sich vor allem an zwei Punkten fest. Auf der einen Seite wird eine Überfrachtung des Leitbilds befürchtet. Vertreter dieser Position fordern daher, zur klaren Priorisierung einer Dimension – in der Regel der ökologischen – zurückzukehren (Knaus/Renn 1998). Zweitens leistet die isolierte Anwendung des Nachhaltigkeitsbegriffs auf die Teilbereiche Ökologie, Ökonomie und Soziales (z. B. durch Leitplanken in allen drei Bereichen) der Vorstellung Vorschub, dass sich ökologische, ökonomische und soziale Nachhaltigkeit unabhängig voneinander realisieren ließen. Auch wenn es sich nicht um die *additive* Zusammenführung dreier nebeneinander stehender Säulen, sondern um »die Entwicklung einer dreidimensionalen Perspektive aus der Erfahrungswirklichkeit« (Enquete-Kommission 1998: 18) handeln soll, bleibt letztlich offen, ob und unter welchen Bedingungen eine derartige Integration gelingen kann. Falls sich in der Praxis herausstellen sollte, dass nicht alle Forderungen gleichzeitig erfüllbar sind, müsste entweder ein Kompromiss ausgehandelt werden, in dem alle drei Zielkomponenten gleichermaßen Abstriche hinnehmen müssten, oder es müssten Prioritäten festgelegt werden, die klarstellen, welcher Nachhaltigkeitsaspekt im Konfliktfall Vorrang haben soll. Solche Kriterien für den Umgang mit Konflikten zwischen den Dimensionen überschreiten jedoch die Reichweite der Mehr-Säulen-Konzepte und eröffnen Beliebigkeitsspielräume und Intransparenzen (Kopfmüller et al. 2001: 118 ff.).

Integrative Nachhaltigkeitskonzeptionen

Ausgangspunkt *integrativer* Nachhaltigkeitskonzepte ist vor dem Hintergrund der oben erwähnten Kritik an Mehr-Säulen-Konzepten die Überlegung, dass die der Nachhaltigkeitsidee zugrunde liegenden normativen Prämissen Zukunftsverantwortung und Verteilungsgerechtigkeit dimensionenübergreifend angelegt sind. Wegen der vielfältigen Verflechtungen zwischen den Dimensionen lassen sich Nachhaltigkeitserwägungen nicht getrennt in den Dimensionen vornehmen. Die Dimensionen übergreifende Komplexität von Ressourcen-, Grundgüter- und Nutzungsstrukturen erfordert, Nachhaltigkeitsprobleme wie auch Handlungsstrategien integrativ zu untersuchen (dazu Kopfmüller et al. 2001). In diesem Sinne hat die deutsche Bundesregierung in ihrer Nachhaltigkeitsstrategie (siehe dazu Kapitel 7.2) nicht die einzelnen Dimensionen, sondern vier querschnitthafte Prinzipien an den Anfang gestellt: Generationengerechtigkeit, Lebensqualität, sozialer Zusammenhalt und internationale Verantwortung.

Systematisch wurde ein integratives Nachhaltigkeitskonzept im Projekt »Global zukunftsfähige Entwicklung – Perspektiven für Deutschland« der Helmholtz-Gemeinschaft (HGF) entwickelt (Kopfmüller et al. 2001; Coenen/Grunwald 2003). Es befindet sich mittlerweile in einer Reihe von Projekten in forschungspraktischer Anwendung und wird – soweit erforderlich – weiterentwickelt (Kopfmüller 2006). Ausgehend vom Brundtland-Bericht und den Rio-Dokumenten (Kapitel 2) wurden zunächst drei konstitutive Elemente nachhaltiger Entwicklung bestimmt:

Intra- und intergenerative Gerechtigkeit: Nach dem Brundtland-Bericht wird Gerechtigkeit in erster Linie daran gemessen, nach welchen Kriterien Rechte und Pflichten, Naturressourcen, Wirtschaftsgüter und soziale Positionen verteilt werden. Das Kriterium einer »gerechten Verteilung« kombiniert die Verpflichtung zur Zukunftsverantwortung (intergenerative Gerechtigkeit) mit der (intragenerativen) Gerechtigkeit unter den heute Lebenden. Im integrativen Konzept werden daher inter- und intragenerative Gerechtigkeit als gleichrangig und zusammengehörig betrachtet. Als Modell dient die Idee des »Planetary Trust«, dem alle Menschen als Gattungswesen angehören, und der sie zu Solidarität und verantwortlichem Handeln in räumlicher und zeitlicher Hinsicht verpflichtet (Brown-Weiss 1989: 21 ff.). Jede Generation ist danach berechtigt, das von vorangegangenen Generationen übernommene natürliche und künstlich erzeugte Erbe zu nutzen, hat es aber gleichzeitig treuhänderisch für nachfolgende Generationen zu verwalten.

Globale Orientierung: Viele Nachhaltigkeitsprobleme wie stratosphärischer Ozonabbau, Klimawandel, Verlust an Biodiversität, Bodendegradation oder Wasserknappheit und -verschmutzung, Bevölkerungswachstum, Armut, Unterernährung, Arbeitslosigkeit oder wachsende Einkommensverteilungsungleichheiten sind globaler Natur, wenn auch häufig regional unterschiedlich verteilt (Globaler Wandel). Die Bewältigung dieser globalen Probleme erfordert gemeinsame globale Anstrengungen, sowohl was die Identifizierung und Analyse der Probleme und ihrer Ursachen als auch die Entwicklung und Umsetzung von Lösungsstrategien anbelangt (Kopfmüller 2011).

Anthropozentrischer Ansatz: Das Nachhaltigkeitsleitbild formuliert nach dem Brundtland-Bericht die Pflicht zu einem behutsamen Umgang mit der Natur aus einem wohlverstandenen Eigeninteresse des Menschen heraus: Es geht um die langfristige Sicherung der Befriedigung menschlicher Bedürfnisse. In einem »aufgeklärten Anthropozentrismus« bedeutet der Begriff des menschlichen Selbstinteresses nicht eine kurzsichtige, ausbeuterische Benutzung der Natur, sondern umfasst den langfristigen Erhalt der vielfältigen Funktionen, welche die Natur für den Menschen erfüllt.

Im integrativen Konzept geht es darum, das Postulat global verstandener Gerechtigkeit in Zeit und Raum auf die menschliche Nutzung von (natürlichen und sozialen) Ressourcen und ihre Weiterentwicklung zu beziehen. Der erste Schritt der Operationalisierung besteht in einer Übersetzung der konstitutiven Elemente in generelle Ziele nachhaltiger Entwicklung:

– Sicherung der menschlichen Existenz;
– Erhaltung des gesellschaftlichen Produktivpotenzials;
– Bewahrung der Entwicklungs- und Handlungsmöglichkeiten der Gesellschaft.

Diese generellen Ziele entwickeln Grundsätze inter- und intragenerativer Gerechtigkeit weiter (Brown-Weiss 1989): Das Prinzip *Conservation of Options* verlangt von jeder Generation, die Vielfalt der natürlichen und kulturellen Ressourcenbasis zu erhalten, um die Wahlmöglichkeiten kommender Generationen bei der Lösung ihrer Probleme und der Verwirklichung ihrer eigenen Werte nicht unangemessen zu beschränken. Das Prinzip *Conservation of Quality* verpflichtet jede Generation, den übernommenen Bestand an natürlichen und kulturellen Ressourcen in keinem schlechteren Zustand weiterzugeben, als sie ihn selbst empfangen hat. Das Prinzip *Conservation of Access* fordert, dass jede Generation ihren Mitgliedern gerechten Zugang zu dem gemeinsamen Erbe einräumt und diese Zugangsmöglichkeiten für kommende Generationen erhält. Die generellen Ziele dehnen dabei den Begriff der Ressource über die ökologische Dimension hinaus auf ökonomische, soziale und kulturelle Elemente aus (Kopfmüller et al. 2001).

Diese Ziele wurden im integrativen Ansatz in Form von Nachhaltigkeitsregeln auf verschiedene Aspekte gesellschaftlicher Entwicklung bezogen, die inhaltliche Mindestanforderungen beschreiben, auf die alle heute und zukünftig lebenden Menschen einen Anspruch haben (Tab. 1). Diese Regeln dienen als Leitorientierungen für künftige Entwicklungspfade und als Prüfkriterien für die Bewertung unter Nachhaltigkeitsaspekten. Aufgrund ihrer universellen, das heißt system- und kontextunabhängigen Geltung sind sie relativ abstrakt formuliert. Ihre Konkretisierung und Kontextualisierung (so in Bezug auf Regionen, Politikfelder oder Wirtschaftsbereiche), in der Regel anhand von Indikatoren, muss anhand der jeweiligen spezifischen Anforderungen erfolgen (vgl. Kapitel 5).

*Tabelle 1: Das System der substanziellen Nachhaltigkeitsregeln
(Kopfmüller et al. 2001)*

Substanzielle Regeln und ihre Zuordnung		
Sicherung der menschlichen Existenz	**Erhaltung des gesellschaftlichen Produktivpotenzials**	**Bewahrung der Entwicklungs- und Handlungsmöglichkeiten**
Gefahren und unvertretbare Risiken für die menschliche Gesundheit durch anthropogen bedingte Umweltbelastungen sind zu vermeiden.	Die Nutzungsrate sich erneuernder Ressourcen darf deren Regenerationsrate nicht überschreiten sowie die Leistungs- und Funktionsfähigkeit des jeweiligen Ökosystems nicht gefährden.	Alle Mitglieder einer Gesellschaft müssen gleichwertige Chancen in Bezug auf den Zugang zu Bildung, Information, beruflicher Tätigkeit, Ämtern und sozialen, politischen und ökonomischen Positionen haben.
Für alle Mitglieder der Gesellschaft muss ein Mindestmaß an Grundversorgung (Wohnung, Ernährung, Kleidung, Gesundheit) sowie die Absicherung gegen zentrale Lebensrisiken (Krankheit, Invalidität) gewährleistet sein.	Die Reichweite der nachgewiesenen nicht erneuerbaren Ressourcen ist über die Zeit zu erhalten.	Allen Mitgliedern einer Gesellschaft muss die Teilhabe an den gesellschaftlich relevanten Entscheidungsprozessen möglich sein.
Für alle Gesellschaftsmitglieder ist die Möglichkeit einer Existenzsicherung (einschließlich Kindererziehung und Altersversorgung) durch frei übernommene Tätigkeit zu gewährleisten.	Die Freisetzung von Stoffen darf die Aufnahmefähigkeit der Umweltmedien und Ökosysteme nicht überschreiten.	Das kulturelle Erbe der Menschheit und die kulturelle Vielfalt sind zu erhalten.

Die Nutzung der Umwelt ist nach Prinzipien der Gerechtigkeit unter fairer Beteiligung aller Betroffenen zu verteilen.	Technische Risiken mit möglicherweise katastrophalen Auswirkungen für Mensch und Umwelt sind zu vermeiden.	Kultur- und Naturlandschaften bzw. Landschaftsteile von besonders charakteristischer Eigenart und Schönheit sind zu erhalten
Extreme Unterschiede in der Einkommens- und Vermögensverteilung sind abzubauen.	Das Sach-, Human- und Wissenskapital ist so zu entwickeln, dass die wirtschaftliche Leistungsfähigkeit erhalten bzw. verbessert werden kann.	Um den sozialen Zusammenhalt der Gesellschaft zu gewährleisten, sind Rechts- und Gerechtigkeitssinn, Toleranz, Solidarität und Gemeinwohlorientierung sowie Potenziale der gewaltfreien Konfliktregelung zu stärken.

Weitere zehn instrumentelle Regeln der Nachhaltigkeit befassen sich damit, welche gesellschaftlichen Rahmenbedingungen gegeben sein müssen, um eine nachhaltige Entwicklung zu realisieren (vgl. im Detail Kopfmüller et al. 2001, dort Kapitel 6). Sie thematisieren ökonomische und politisch-institutionelle Aspekte nachhaltiger Entwicklung.

Die ersten fünf Regeln beziehen sich auf wesentliche, in der Nachhaltigkeitsdebatte identifizierte Defizite ökonomischen Handelns. Hier geht es um die Internalisierung externer sozialer und ökologischer Kosten, eine angemessene Diskontierung, durch die weder künftige noch heutige Generationen diskriminiert werden dürfen, um eine Begrenzung der Staatsverschuldung, um zu verhindern, dass Staaten sich auf Kosten zukünftiger Generationen übermäßig verschulden, um faire weltwirtschaftliche Rahmenbedingungen, die wirtschaftlichen Akteuren aller Staaten eine faire Teilnahme am Wirtschaftsprozess ermöglichen und um eine Förderung der internationalen Zusammenarbeit im Geiste globaler Partnerschaft, um die politischen, rechtlichen und faktischen Voraussetzungen für die Einleitung und Umsetzung einer nachhaltigen Entwicklung zu schaffen.

Die zweiten fünf Regeln fordern bestimmte Qualitäten oder Fähigkeiten, die Institutionen haben müssten, um eine Politik der Nachhaltigkeit umsetzen zu können. Sie umfassen die Forderungen nach Resonanzfähigkeit der Gesellschaft gegenüber den Problemen in der Natur- und Anthroposphäre, um Problembewusstsein, Problemwahrnehmung und die Handlungsmöglichkeiten gesellschaftlicher Akteure über die Grenzen gesellschaftlicher Teilsysteme hinweg zu steigern; nach Reflexivität der Gesellschaft in Bezug auf die Beachtung der Folgen der Handlungen eines gesellschaftlichen Teilsystems, einer Organisation oder einer Person; nach Steuerungsfähigkeit in Richtung einer zukunftsfähigen Entwicklung in globalem, nationalem und regionalem Rahmen im Hinblick auf nachhaltige Entwicklung; nach Selbstorganisation, so dass vernetzte Strukturen gegenseitiger Konsultationen und partizipativer Entscheidungsformen zur Geltung kommen; sowie nach Machtausgleich in dem Sinne, dass die Artikulations- und Einflussmöglichkeiten verschiedener Akteure gerecht verteilt und die Verfahren transparent sind

4.2 Starke oder schwache Nachhaltigkeit?

Orientiert an der wirtschaftswissenschaftlichen Praxis wird die Einteilung der Ressourcen, die die Menschheit für ihre Entwicklung und die Befriedigung der Bedürfnisse zur Verfügung hat, häufig nach verschiedenen »Kapitalarten« vorgenommen (Daly 1994, Serageldin/Steer 1994, Mohr 1997). Diese bestehen aus natürlichen Anteilen (*natürliches Kapital* wie Luft, Boden, Gewässer, Biodiversität, Rohstoffe) und aus vom Menschen hergestellten Anteilen (*mensch-gemachtes Kapital* wie Maschinen, Gebäude, Wissen, soziale Strukturen).

Die Zukunftsverantwortung erfordert, diese Ressourcen möglichst ungeschmälert oder sogar erweitert an nachfolgende Generationen weiterzugeben. Dabei sind zwei grundsätzlich verschiedene Alternativen denkbar (Neumayer 2004. Klepper 2002): Einerseits könnte die *Summe* von künstlichem und natürlichem Kapital Maßstab der Erhaltung bzw. Weiterentwicklung sein, andererseits könnte aber auch *jede einzelne Komponente* für sich erhalten oder weiter entwickelt werden. Wer Erhaltung für die Summe fordert, nimmt natürliches und künstliches Kapital als substituierbar an. Einbußen durch Verminderung des Naturbestandes (etwa durch eine Nutzung nicht erneuerbarer mineralischer Rohstoffe oder fossiler Energieträger) können danach durch eine Vermehrung von Kapitalgütern menschlichen Ursprungs (wie Produktionsanlagen oder Technologien) ausgeglichen werden. Dieser als *schwache Nachhaltigkeit* bezeichnete Ansatz ist vor allem in den Wirtschaftswissenschaften, speziell in der neoklassischen Ökonomie, verbreitet.

Wer dagegen eine Nicht-Austauschbarkeit natürlicher und künstlicher Ressourcen annimmt, muss beide Anteile für sich erhalten bzw. entwickeln (Daly 1999: 110 ff.; Ott/Döring 2004). Diese Position der *starken Nachhaltigkeit* hat weit reichende Konsequenzen für Umwelt- und Naturschutz, sowohl für die *Gesamtmenge* der natürlichen Ressourcen als auch für ihre *Zusammensetzung* (Klima, Landschaften, Biodiversität usw.). Bestenfalls kann es innerhalb der einzelnen Komponenten zu einem begrenzten Austausch kommen, kann etwa der Verlust eines Waldes durch Wiederaufforstung in einem anderen Gebiet ersetzt oder der Verbrauch von Erdöl durch entsprechende Investitionen in erneuerbare Energien kompensiert werden.

In den letzten Jahren wurde das Konzept starker Nachhaltigkeit im Rahmen des Greifswalder Ansatzes (Ott/Döring 2004) konzeptionell ausgebaut und auf eine Vielzahl von Anwendungsfeldern bezogen (Egan-Krieger et al. 2009). Aufbauend vor allem auf der Gerechtigkeitstheorie von John Rawls (1971) werden Verpflichtungen gegenüber zukünftigen Generationen begründet, orientiert an einem egalitär-komparativen Standard. Der diskursrationale Vergleich zwischen konkurrierenden Konzepten von Nachhaltigkeit führt zu einem Gesamturteil zugunsten »starker Nachhaltigkeit«. Die Argumentation basiert vor allem auf Vorsorgeüberlegungen angesichts der Unsicherheiten des Wissens über ökologische Zusammenhänge. Eine vertiefende Untersuchung in diesem konzeptionellen Rahmen wurde dem Verhältnis von Umwelt und Gerechtigkeit gewidmet (Schultz 2009).

Der Greifswalder Ansatz will die starke Nachhaltigkeit, also die Nicht-Substituierbarkeit von Naturkapital *generell* und nicht fallbezogen rechtfertigen. Es ist jedoch eine Frage wert, ob die Alternative starke versus schwache Nachhaltigkeit überhaupt *prinzipiell* entschieden werden kann, oder ob Entscheidungen nicht fallweise, unterschieden z. B. nach der Art der natürlichen Ressourcen, die zur Debatte stehen, getroffen werden können oder sogar müssen (Grunwald 2009). Beispielsweise stützt sich das integrative Konzept nachhaltiger Entwicklung (Kapitel 4.1) auf die Ergebnisse der Brundtland-Kommission sowie des Rio-Prozesses und seiner Folgeaktivitäten und nimmt *keine* Grundsatzentscheidung »stark oder schwach« vor, da die normative Basis – die Brundtland-Definition und die herangezogenen Rio-Dokumente und philosophische Grundlegungen wie der »Planetary Trust« (Brown-Weiss 1989) – hierfür nicht ausreicht. Hingegen zielt der Greifswalder Ansatz darauf, die normative Basis für Nachhaltigkeitsüberlegungen im Sinne starker Nachhaltigkeit *zu verschärfen* (Grunwald 2009). Über eine gesellschaftlich und politisch weitgehend anerkannte Basis hinauszugehen und Erweiterungen auszuarbeiten und vorzuschlagen, ist ersichtlich legitim und gehört zu den zentralen Aufgaben von Ethik und Wissenschaft. Allerdings kann man sich in Diskursen über die ›Geltung‹ des Ansatzes oder in der politischen Debatte in dieser Situation nicht mehr auf ein anerkanntes normatives Fundament berufen und trägt damit eine höhere Rechtfertigungslast.

Starke und schwache Nachhaltigkeit sind jedenfalls dann nicht haltbar, wenn sie ins Extrem getrieben werden. Die Vorstellung einer (nahezu) vollständigen Ersetzbarkeit des natürlichen Kapitals verkennt, dass jede wirtschaftliche Tätigkeit auf Vor- und Nachleistungen der Natur angewiesen bleibt. Vor allem drei Argumente sprechen für eine nur beschränkte Substituierbarkeit: (1) Aufgrund der technisch begrenzten Möglichkeiten des Recyclings ist es unwahrscheinlich, dass bei der Produktion von künstlichem Kapital völlig auf die Verwendung natürlicher Ressourcen verzichtet werden kann; (2) natürliches Kapital erfüllt eine Reihe von unentbehrlichen Funktionen wie etwa die Regulierung biochemischer Kreisläufe oder die Photosynthese, die grundsätzlich nicht durch künstliches Kapital übernommen werden können; (3) man kann zwar für einzelne ökologische Funktionen einen künstlichen Ersatz finden, kaum aber für alle Funktionen, die das entsprechende natürliche System erfüllt (Ott/Döring 2004).

Die praktische Umsetzung der anderen Extremposition, also der komplette Verzicht auf die Nutzung nicht erneuerbarer natürlicher Ressourcen (dies entspricht der Forderung, nur von den Zinsen des natürlichen Kapitals zu leben), würde zu dem Paradox führen, dass das vorhandene Potenzial an nicht erneuerbaren Ressourcen (wie Erdöl) gar nicht genutzt werden dürfte, da es nach der Nutzung unwiederbringlich verloren wäre. Es würde weder heutigen noch künftigen Generationen zur Verfügung stehen. Das wäre unvereinbar mit allen Nachhaltigkeitsverständnissen, die sich – wie die Brundtland-Definition (Kapitel 2.3) – an Bedürfnissen des Menschen orientieren.

In »mittleren« Positionen (Kopfmüller et al. 2001: 168) wird eine begrenzte Substitution von Naturkapital durch künstliches Kapital für zulässig gehalten, sofern die grundlegenden Funktionen der Natur erhalten bleiben. Die Frage der Austauschbarkeit hängt danach vom konkreten Einzelfall ab. Essenzielle Umweltgüter, ohne die der Mensch nicht überlebensfähig wäre und für die es keine künstlichen Alternativen gibt (Atemluft, Trinkwasser, fruchtbare Böden), sind zu erhalten. Bei anderen ist zu fragen, inwieweit ihr Ge- oder Verbrauch zu Nutzeneinbußen für kommende Generationen führt. Dies ist vor allem dann zu befürchten, wenn natürliche Ressourcen unwiederbringlich vernichtet werden. Eingriffe in die Natur, die nicht wieder rückgängig gemacht werden können (hierzu gehört etwa der Verlust an Artenvielfalt), stellen einen unwiederbringlichen Verlust dar, der die Handlungsoptionen künftiger Generationen unzulässig beschränkt. Aus diesem Grund müssten für jede einzelne natürliche Ressource kritische Grenzen definiert werden, die eine nachhaltige Entwicklung nicht unterschreiten darf, unabhängig davon, wie umfangreich die hinterlassenen anderen Kapitalformen sind. Insofern es nicht möglich ist, solche kritischen Grenzen exakt zu bestimmen, ist nach dem Vorsorgeprinzip bei der Ausbeutung der betroffenen Ressourcen Zurückhaltung zu üben (Serageldin/Steer 1994).

Wenn die Kontroverse zwischen starker und schwacher Nachhaltigkeit auch eine zentrale Kontroverse in Bezug auf den nachhaltigen Umgang mit natürlichen Ressourcen ist, so muss die Bedeutung dieser Kontroverse vor dem Hintergrund integrativer Nachhaltigkeitskonzepte doch relativiert werden. Denn da diese Kontroverse nur die ökologische Nachhaltigkeit (Kapitel 4.1), nicht aber andere Nachhaltigkeitsaspekte berührt, ist sie für viele Nachhaltigkeitsfragen, vor allem im Kontext der Forderung nach Gerechtigkeit, von nur begrenzter Relevanz.

4.3 Nachhaltigkeit und Wirtschaftswachstum

Im Zuge der Nachhaltigkeitsdebatte kam und kommt der bereits in den 1960er und 1970er Jahren aufgeworfenen Frage, welche Rolle die Wirtschaftsleistung einer Gesellschaft, insbesondere wirtschaftliches Wachstum, für Entwicklung, Wohlfahrt und Lebensqualität spielt bzw. spielen soll, eine zunehmend entscheidende Bedeutung zu. Sie wird jedoch auch bis heute sehr kontrovers diskutiert.

Heute stellt Wirtschaftswachstum – verstanden als die mit Preisen bewertete Zunahme der in einem Jahr produzierten Güter und Dienstleistungen – das nahezu selbstverständliche ökonomische wie auch gesellschaftliche Kernziel in weiten Teilen von Politik, Wirtschaft, Wissenschaft und Öffentlichkeit dar. Dieses Denken dominiert seit dem Entstehen industrialisierter Ökonomien vor rund 200 Jahren und in besonderem Maße seit der Einführung des Systems der Volkswirtschaftlichen Gesamtrechnung in vielen Staaten nach dem Zweiten Weltkrieg. Dies war verbunden mit der sukzessiven analytischen wie kommunikativen Fokussierung auf das Bruttoinlandsprodukt (BIP) als dem zentralen Indikator für wirtschaftliche, aber auch gesellschaftliche Entwicklung, für Fortschritt und auch für Lebensqualität. In Deutschland wurde mit dem Stabilitäts- und Wachstumsgesetz von 1967 »stetiges und angemessenes Wachstum« als eines von vier wirtschaftspolitischen Grundzielen neben Preisniveaustabilität, hohem Beschäftigungsstand und außenwirtschaftlichem Gleichgewicht im so genannten »Magischen Viereck« der Wirtschaftspolitik formal verankert. Im Dezember 2009 wurde vom Deutschen Bundestag das Gesetz zur Beschleunigung des »Wirtschaftswachstums« verabschiedet, um vor allem durch Steuererleichterungen und gezielte Subventionen Investitionen zu fördern und so den Folgen der Finanzkrise seit 2008 zu begegnen.

Zur Begründung der Notwendigkeit wirtschaftlichen Wachstums werden unterschiedlichste Argumente angeführt (siehe z. B. van Griethuysen 2010, Hinterberger et al. 2009, Beckerman 1974). Auf nationaler Ebene sind es vor allem die Sicherung und Steigerung des materiellen Wohlstands und des Lebensstandards, insbesondere bei wachsender Bevölkerung, die Aufrechterhaltung bzw. der Ausbau der sozialen Sicherungssysteme und wohlfahrtsstaatlicher Leistungen, die Schaffung von Arbeitsplätzen, die möglichst konfliktarme Gestaltung von Einkommens(um-)verteilungsprozessen sowie die Finanzierung von Investitionen in Umweltschutz, Bildung oder Entwicklungszusammenarbeit. Wachstum wird somit als Möglichkeit gesehen, unerwünschte Nebenefekte der marktwirtschaftlichen Ordnung zu mindern, mehr Gerechtigkeit und eine größere Akzeptanz für diese Ordnung zu erreichen. In der globalen Perspektive wird häufig (u. a. auch im Brundtland-Bericht) argumentiert, dass die Industriestaaten hinreichende Wachstumsraten erwirtschaften müssten, damit die bislang ärmeren Länder sich angemessen entwickeln und Probleme wie Armut, Arbeitslosigkeit, Verschuldung oder auch Überbevölkerung mindern können. Es verwundert daher nicht, dass Wachstum nach wie vor als eines der weltweit meistakzeptierten Ziele gilt, weil es die Aussicht auf »mehr für alle und Opfer für niemanden« verspricht (Daly 1991: 8).

Während die Vorstellung von einem permanenten Wirtschaftswachstum in der Antike und im Mittelalter praktisch keine Rolle spielte, reichen die Ursprünge dieses Denkens in die europäische Aufklärung des 17. und 18. Jahrhunderts zurück. Mit dem zentralen Ziel der Emanzipation und Befreiung des Menschen von Mächten, Lehren und Dogmen war sie entscheidend für die abendländische Entwicklung, etwa für die Verbreitung der Demokratie. Mit ihrer Fokussierung auf den Vernunftbegriff und die Wissensvermehrung war sie aber auch zugleich die Folie für ein modernes Fortschrittsverständnis, das die Verwirklichung von Freiheit, Gleichheit und Brüderlichkeit sowie die Vervollkommnung des Menschen, aber auch wachsenden Wohlstand, Besitz und Naturbeherrschung implizierte (vgl. z. B. Müller 2007). Die Realisierung dieser Idee des Fortschritts in den letzten rund 200 Jahren als eine sich nicht zuletzt in Wohlstand niederschlagende »bessere Welt« ging einher mit der Reduzierung von Natur auf einen bloßen »Gebrauchs- und Verbrauchsgegenstand« sowie mit einer Fixierung auf die Idee des Wachstums und der Grenzenlosigkeit.

Wesentlich getragen wurde dieses Denken und Handeln durch die Grundannahmen der neoklassischen Ökonomik (Kolb 2008), die seit über 100 Jahren die dominierende wirtschaftswissenschaftliche Schule darstellt (Rogall 2009b, Luks 2000). Das hier zugrunde liegende Menschen-, Gesellschafts- und Wirtschaftssystembild geht von unbegrenzten Bedürfnissen und unbegrenztem Wissensdrang der Menschen aus, von nach Gewinnmaximierung strebenden Produzenten und nach Nutzenmaximierung strebenden Konsumenten sowie von den Prinzipien wirtschaftlicher und vertraglicher Freiheitsrechte und des Privateigentums. Als Treiber des Wachstums werden auch die Funktionsprinzipien der Geldwirtschaft angeführt, insbesondere die Existenz des Zinses, der als »Belohnung für heutigen Konsumverzicht« interpretiert werden kann und der in jeder Periode zusätzlich – also wachstums-induzierend – zu erwirtschaften ist (Binswanger 2009, Bievert/Held 1996).

Dem steht seit den 1970er Jahren eine – im Zuge der Nachhaltigkeitsdebatte deutlicher gewordene – wachstumskritische Position gegenüber. Vor allem beginnend mit den vom Club of Rome aufgezeigten »Grenzen des Wachstums« (Meadows et al. 1973) stehen hier zum einen die dem Wachstum zugeschriebenen negativen ökologischen Folgen in Form der Schädigung bzw. Zerstörung von Ökosystemen und der Übernutzung endlicher Ressourcen im Mittelpunkt (siehe z. B. Daly 1999, Ekins 1993, Leipert 1991, Georgescu-Roegen 1971). Zum anderen wird darauf hingewiesen, dass sich die Versprechungen der Problemlösungskraft von Wachstum nur selten erfüllen (Jackson 2011, Seidl/Zahrnt 2010). Dies gilt für die Schaffung von Arbeitsplätzen, den Abbau von Ungleichheiten oder der Staatsverschuldung, aber auch für die Steigerung von Wohlergehen oder Lebensqualität und nicht zuletzt für die Verbesserung der Umweltsituation (Stichwort »Environmental Kuznets Curve«, siehe Binswanger et al. 2005). Daly (2005) spricht von »unwirtschaftlichem« Wachstum, wenn eine Steigerung von BIP oder Einkommen mit wachsenden Umweltbelastungen und geringerer Lebensqualität verbunden sind.

Daneben werden mitunter auch ethische, moralische und soziale Grenzen des Wachstums angeführt. Vor dem Hintergrund des Ziels vermehrter kultureller und gemeinwohlorientierter Tätigkeiten der Menschen und der Befriedigung ihrer essenziellen Bedürfnisse auch ohne Wachstum (Rothschild 1998) existieren hier unterschiedliche Argumentationslinien. Eine wertkonservative Position verweist auf negative Wachstumsfolgen wie den Niedergang von Werten, Familie und sozialen Beziehungen oder auf resultierende Stress- und Krankheitsphänomene (Mishan 1967/1979). In einer eher psychosozialen Argumentation wird betont, dass Wachstum ab einem bestimmten Ausmaß oder bei Gütern, deren Wert auch sozial bestimmt ist, zu sinkendem Wohlstand, zu sozialen Destabilisierungen oder zu schlechterer Bedürfnisbefriedigung führt (Hirsch 1976).

In der Debatte sind es im Wesentlichen zwei Positionen, die als strategische Auswege aus dem Wachstumsdilemma vorgeschlagen werden: Die erste hat ihren Ursprung in dem Begriff des »qualitativen Wachstums« (Majer 1984). Ausgehend von der These einer prinzipiellen Vereinbarkeit von Wachstum, Umweltschutz und Nachhaltigkeit zielt diese Position vor allem auf Strategien der Entkopplung zwischen Wirtschaftsleistung und Umweltverbrauch. Dies soll vor allem durch wissensintensive Produkt- und Prozessinnovationen zur effizienteren Erstellung von Wirtschaftsleistung, darüber hinaus auch durch Strukturveränderungen etwa hin zu mehr Dienstleistungen oder zu weniger verbrauchsintensiven Branchen (etwa im Bildungs- oder Pflegebereich) erreicht werden. Kurz: »Das Nachhaltige« soll anstatt des »Nicht-Nachhaltigen« wachsen.

In der jüngeren Vergangenheit wird diese Perspektive unter den Stichworten »Green growth« (OECD 2011a, Jäger et al. 2011), »Green economy« (UNEP 2010) oder auch »Green New Deal« (Müller/Niebert 2009, UNEP 2009) erweitert. Der diesen Begriffen gemeinsame Kern besteht darin, gleichzeitig wirtschaftliche Entwicklung (insbesondere Armutsreduzierung und Arbeitsplatzschaffung) und eine Reduzierung von Umweltbelastungen und Ressourcenverbrauch anzustreben. Das Schlagwort der »Effizienzrevolution« oder auch der Umbau des Energiesystems spielen dabei häufig eine zentrale Rolle (sie auch Kapitel 5.4). Angesichts des drohenden Klimawandels wird insbesondere der Wandel in Richtung einer CO_2-ärmeren Wirtschaft als »saubere« Wachstumsstrategie empfohlen (Stern 2009, BMU 2006). Hierfür sollen entsprechend umfangreiche, vor allem öffentlich aber auch privat finanzierte Investitionsprogramme aufgelegt werden, die sich wesentlich über Produktivitätssteigerungen, Effizienzgewinne und Erfolge auf »grünen Zukunftsmärkten« refinanzieren sollen. Die EU-Kommission (2010) verwendet hier mittlerweile die Begriffe »intelligentes Wachstum« (im Sinne einer stärker wissensbasierten Wirtschaft), »nachhaltiges Wachstum« (Fokus auf Ressourcenschonung und Wettbewerbsfähigkeit) und »integratives Wachstum« (mehr Beschäftigung und sozialer und territorialer Zusammenhalt). Damit sollen die Voraussetzungen für Armutsreduzierung, erhöhte FuE-Aufwendungen, Verringerung der Schulabbrecher-Quote oder die Erreichung ambitionierter Umweltziele geschaffen werden.

Ohne Zweifel ist die Tatsache, dass inter- und supranationale Organisationen wie die Vereinten Nationen oder die OECD nun in diese Richtung agieren, sehr bedeutsam und zu begrüßen. Es werden allerdings auch vielfältige Zweifel an der Wirksamkeit von Strategien geäußert, die auf die Möglichkeit fortgesetzten Wachstums mit Hilfe seiner Entkopplung vor allem vom Umweltverbrauch zielen. Zu hinterfragen ist insbesondere, dies zur primären strategischen Option zu erheben. Zum einen werden die erheblichen Herausforderungen angeführt, hinreichend wirksame Rahmenbedingungen und Anreizmechanismen zur Realisierung solcher Entkopplungsprozesse und entsprechender Innovationen und Investitionen zu entwickeln und vor allem umzusetzen bzw. bestehende Hindernisse abzubauen. Zum anderen muss mit Blick auf die Verheißungen einer »Effizienzrevolution« der Umgang mit der Gefahr von »Rebound-Effekten« (d. h. der Aufzehrung von Effizienzverbesserungen pro hergestellter Dienstleistungseinheiten durch den wachsenden Konsum dieser Einheiten) bedacht werden. Gleiches gilt auch für die Tatsache, dass ein reduziertes oder sogar Null-Wachstum »nur« bedeuten würde, dass der Gesamtverbrauch langsamer oder gar nicht mehr wächst, vielleicht sogar zurückgeht. Die Ausbeutung knapper Ressourcen würde jedoch nach wie vor auf einem hohen, wahrscheinlich zu hohen Niveau weiter gehen. Kritisiert wird auch, dass die Kosten des Nicht-Handelns zu wenig offen gelegt werden und daher als wichtiger Anlass für eine Umkehr in der Wachstumspolitik keine Rolle spielen. Schließlich wird bemängelt, dass die faktische Politik der ökonomisch stärksten G20-Staaten, die für rund 80 Prozent des globalen Energieverbrauchs und der CO_2-Emissionsn verantwortlich sind, häufig nicht mit den Zielen und Voraussetzungen einer Green Economy vereinbar ist. Dies betrifft etwa den Anteil der im Zuge der Finanzkrise aufgelegten Konjunkturprogramme für den »grünen Sektor« oder das mangelnde Eintreten für eine nachhaltigere bzw. fairere Weltwirtschaftsordnung (siehe u. a. Greenpeace/EEB 2011, Simon/Dröge 2011).

Nicht zuletzt vor diesem Hintergrund fordert daher eine zweite, weitergehende Position die absolute Reduzierung des Materialdurchflusses (»Throughput«) einer Gesellschaft (Daly 1999) und der Umweltbelastungen als oberste Zielsetzung, und eine entsprechende Anpassung des Wirtschaftswachstums hin zum Nullwachstum oder gar zur Schrumpfung. Herman Daly spricht in diesem Kontext von einer »steady-state«-Ökonomie, wobei sich die Stationarität hier auf die Bevölkerungszahl, den Sachkapitalbestand und vor allem den Stoffdurchfluss bezieht und dem Ziel folgt, wirtschaftliche Aktivität und Tragekapazitäten der Umweltsysteme in Einklang zu bringen (Daly 1991). Während Vertreter der »Green growth«- Position oder auch neoklassische Ökonomen die Möglichkeiten der technikbedingten Effizienzsteigerungen und der Substitution von Rohstoffen in den Vordergrund stellen, basiert das zentrale Argument der Vertreter dieses sich in den letzten Jahren verstärkt artikulierenden »Degrowth«- oder

»Postwachstums«-Ansatzes auf der Einsicht, dass dauerhaftes Wachstum der Wirtschaftsleistung in einer endlichen Welt mit begrenzten Ressourcenvorräten thermodynamisch gesehen unmöglich ist (Georgescu-Roegen 1971). Die erforderlichen Effizienzsteigerungen, die bei andauerndem Wachstum zur Reduzierung des Durchflusses erforderlich wären, werden weder technisch noch politisch und ökonomisch als dauerhaft realisierbar eingeschätzt (Jackson 2011, Victor 2010).

Daraus wird die Forderung einer Abkehr vom wachstumsorientierten Denken und Handeln abgeleitet. Dies umfasst zum einen die systematische Offenlegung der Abhängigkeit zentraler sozioökonomischer Systeme wie der sozialen Sicherung, des Arbeitsmarkts oder der auf Steuereinnahmen basierenden öffentlichen Haushalte von Wachstum, zum anderen die Suche nach Ansatzpunkten für eine Reduzierung dieser Abhängigkeit sowie nach Wegen, wie Wirtschaften ohne Wachstum in einer Postwachstums-Gesellschaft funktionieren kann (Seidl/Zahrnt 2011, Linz/Kristof 2007). Auch hierzu existieren unterschiedliche Strömungen in der Debatte. Eher neoliberal-konservative Positionen (siehe z. B. Miegel 2010) nutzen beispielsweise die Wachstumskritik, um mit den bekannten Argumenten, dass die Gesellschaft über ihre Verhältnisse lebe und daher »den Gürtel enger schnallen« müsse, diese Wachstumskritik zum Rechtfertigungsinstrument etwa für den Abbau von Sozialleistungen zu machen.

Dem stehen Positionen wie etwa die in Frankreich entstandene, so genannte »Décroissance«-Bewegung gegenüber, die die Notwendigkeit einer ökologisch und sozial nachhaltigen Postwachstumsstrategie fordern (mitunter wird auch von »sustainable degrowth« gesprochen, siehe z. B. Martinez-Alier 2009). Sie fokussieren auf die Notwendigkeit von sowohl systemischen Reformen politischer und ökonomischer Institutionen als auch von kulturellem Wandel, auf die Umsetzung eines selektiven Rückbaus von nicht-nachhaltigem Sachkapital (z. B. Infrastrukturen) oder auf konkrete Maßnahmen zur möglichst gerechten Gestaltung der Prozesse einer Wachstumsabschwächung oder Schrumpfung. Hierzu zählen etwa die Umverteilung von Arbeit, die verstärkte Schaffung und Förderung von öffentlichen wie auch privaten Dienstleistungen, ein Grundeinkommen für alle, die Stärkung lokaler Wirtschaftskreisläufe, eine substanzielle sozial-ökologische Steuerreform vor allem in Form einer Verlagerung der Besteuerung von Arbeit auf Naturressourcen, eine Neuordnung der Finanzmärkte, die beispielsweise eine Begrenzung realwirtschaftsferner Finanzdienstleistungen beinhaltet, oder auch eine veränderte Verschuldungspolitik (Seidl/Zahrnt 2011). Nicht zuletzt geht es hier aber auch um eine Fundamentalkritik an den Grundlagen des derzeitigen marktwirtschaftlichen bzw. kapitalistischen Systems der Kapitalakkumulation und seinen inhärenten wachstumsinduzierenden Mechanismen (siehe z. B. Kallis 2011).

Gleichzeitig hat nicht nur die Finanzkrise 2008 deutlich gemacht, dass in unserer Gesellschaft immer häufiger Schrumpfungsprozesse zu konstatieren sind: Sinkende Reallöhne, Wachstumszusammenbrüche in der Wirtschaft, schrumpfende Städte oder Stadtteile werden in Politik und Forschung diagnostiziert und zumeist beklagt. Die Vorstellung einer »Gesellschaft des Weniger« nimmt jedoch allmählich konkretere Formen an. Sie macht es vor allem erforderlich, Schrumpfung als einen »natürlichen« Prozess zu akzeptieren und möglichst »nachhaltig« zu gestalten.

5. Nachhaltige Entwicklung konkret: messen – bewerten – handeln

Damit das Leitbild der nachhaltigen Entwicklung in wissenschaftliche Analysen einfließen und praktische Relevanz für politische und gesellschaftliche Entscheidungen erlangen kann, bedarf es der Operationalisierung, also der Konkretisierung und der praktischen Umsetzung dessen, was im Kern unter dem Leitbild verstanden werden soll (siehe Kapitel 4). In diesem Kapitel wird zunächst beschrieben, wie das Leitbild in seinen Grundideen für die verschiedenen Anwendungen – Strategien, Pläne, Analysen, Bewertungen usw. – anhand von Indikatoren konkretisiert und messbar gemacht werden kann und welche Probleme und Herausforderungen dabei auftreten (5.1 und 5.2). Anschließend werden die spezifische Thematik der Messung gesellschaftlichen Fortschritts und die Rolle des Wachstums dabei diskutiert (5.3). Es werden dann einige grundlegende Ansätze und Bedingungen für praktisches Handeln skizziert und bewertet (5.4), das Instrument der Nachhaltigkeitsprüfung und Möglichkeiten seiner Umsetzung auf politischer Ebene werden vorgestellt (5.5) und schließlich werden mit Modellen und Szenarien zwei grundlegende, in Nachhaltigkeitsanalysen immer wieder verwendete Methoden beschrieben (5.6).

Die Operationalisierung von Nachhaltigkeit wird – neben der Vielfalt der Konzepte (siehe Kapitel 4.1) – dadurch erschwert, dass keineswegs eindeutig ist, worauf sich das Attribut »nachhaltig« bezieht. Es wird über nachhaltige Kommunen und Städte, nachhaltige Automobile, nachhaltigen Tourismus, nachhaltige Regionen und nachhaltige Branchen der Wirtschaft gesprochen, um nur einige Beispiele zu nennen. Die Begriffs- und Ideengeschichte der Nachhaltigkeit (Kapitel 2 und 3) macht deutlich, dass man zwar praktisch auf jeder Ebene von Ausschnitten gesellschaftlichen Lebens über Nachhaltigkeit sprechen kann, dass dabei aber grundsätzlich der Blick auch »auf das Ganze« gerichtet werden muss. Es darf z. B. nicht der Fall eintreten, dass Nachhaltigkeitsgewinne in bestimmten Regionen dadurch erreicht werden, dass die Probleme in andere Regionen verlagert (exportiert) werden. Immer, wenn Teilbereiche mit dem Attribut »nachhaltig« versehen werden, müssen auch die Wechselwirkungen dieser Teilbereiche mit anderen Bereichen bedacht werden. Bei der Operationalisierung des Begriffs der Nachhaltigkeit durch Indikatoren, wie sie in diesem Kapitel vorgestellt wird, ist daher auf Folgendes zu achten:

- Regionen, gesellschaftliche Bereiche, Politikfelder, Branchen, Techniklinien oder Innovationen können *Beiträge* zu einer nachhaltigen Entwicklung leisten, sind aber für sich weder nachhaltig noch nicht nachhaltig;
- für diese Teilbereiche müssen die jeweiligen Export/Import-Verhältnisse zu anderen Bereichen mit bilanziert werden, damit nicht bloße Verschiebungen als Nachhaltigkeitsgewinne ausgewiesen werden können;
- zur Vermeidung von Missverständnissen und Überinterpretationen bieten sich häufig vergleichende Aussagen in Bezug auf Nachhaltigkeitsaspekte an (siehe z. B. für den Vergleich technischer Produkte unter Nachhaltigkeitskriterien Kapitel 9.4).

5.1 Indikatoren: Funktionen, Typen, Herausforderungen

Die notwendige Konkretisierung des Leitbilds sowie Nachhaltigkeitsanalysen der verschiedensten Art finden üblicherweise mit Hilfe von Indikatoren statt. Diese stellen ein häufig verwendetes Instrument dar, um bestimmte Sachverhalte messen und bewerten zu können. Der angemessenen Auswahl und Verwendung von Nachhaltigkeitsindikatoren kommt daher in Analysen und dem, was man als »Nachhaltigkeitspolitik« bezeichnen könnte, eine zentrale Bedeutung zu. Dementsprechend wurden in Kapitel 40 der Agenda 21 Regierungen und Nichtregierungsorganisationen (NGO) aufgefordert, geeignete Indikatoren(systeme) zur Verbesserung der Informationsgrundlage für Entscheidungs- und Steuerungsprozesse in Richtung nachhaltiger Entwicklung zu erarbeiten. Die Suche nach geeigneten Indikatoren in der Wissenschaft wie auch die Nachfrage in Politik und Gesellschaft nach solchen Messinstrumenten und den darauf basierenden Informationen haben seither deutlich zugenommen.

Wenngleich in der umfangreichen Literatur keine einheitliche Auffassung herrscht, was ein (Nachhaltigkeits-)Indikator ist und wozu er dient, lassen sich vor allem vier Kernfunktionen von Indikatoren anführen (siehe z. B. Hák et al. 2007, Weiland 2006, Gehrlein 2004, Opschoor/Reijnders 1991): (1) die *Informationsfunktion*, d. h. die angemessene Darstellung und Präzisierung komplexer Betrachtungsgegenstände, um sie in quantitativer oder qualitativer Form messen, analysieren und bewerten zu können. (2) die *Orientierungsfunktion*, d. h. die Unterstützung von Zustands- und Trenddiagnosen sowie zeitlichen oder räumlichen Vergleichen, die Identifikation von Problemen und entsprechendem Handlungsbedarf sowie die Analyse bestehender oder potenzieller Zielkonflikte. Indikatoren kommt damit eine wichtige Frühwarnfunktion zu. (3) die *Steuerungsfunktion*, d. h. die Messung und Bewertung der Wirksamkeit von Maßnahmen sowie der Erreichung gesetzter Ziele. (4) die *Kommunikationsfunktion*, d. h. die angemessen vereinfachte Darstellung und Vermittlung komplexer Sachverhalte und Zusammenhänge für unterschiedliche Adressaten.

Mit diesen Funktionen stellen Nachhaltigkeitsindikatoren ein wichtiges Bindeglied dar zwischen der konzeptionellen Ebene des Leitbilds und dem daran orientierten Handeln der verschiedenen Akteure in Wissenschaft, Politik und Öffentlichkeit. Um dies realisieren zu können, sind erhebliche und sehr unterschiedliche Anforderungen an geeignete Indikatoren zu stellen, die zugleich auch Kriterien zu deren Auswahl darstellen: wissenschaftliche (adäquate Abbildung des Betrachtungsgegenstands, Transparenz), nutzerbezogene (politische und gesellschaftliche Relevanz, Zielfähigkeit, Richtungssicherheit, Verständlichkeit, Praktikabilität, Zugänglichkeit für politische Steuerung, internationale Vergleichbarkeit) sowie praktisch-analytische (vor allem Datenverfügbarkeit und -qualität) (Diefenbacher 2009, Kopfmüller et al. 2001, OECD 1998, Walz 1998, Mitchell, 1996, Opschoor/Reijnders 1991). Je nach konkretem Kontext werden diese Anforderungen von den Anbietern wie den Nutzern solcher Indikatoren unterschiedlich gewichtet, was in entsprechend unterschiedlich zusammengestellten Indikatorensystemen resultiert.

In der Erhebung von »klassischen« Indikatoren zur ökonomischen, ökologischen oder sozialen Entwicklung besteht international wie national eine jahrzehntelange umfangreiche Praxis bei unterschiedlichen Institutionen. Neben den jeweils regionalen, nationalen und auch supranationalen Statistikämtern (z. B. EUROSTAT für die EU) sind hier auf internationaler Ebene etwa die Weltbank anzuführen mit ihren in den Weltentwicklungsberichten veröffentlichten Entwicklungsindikatoren für rund 200 Staaten (siehe z. B. World Bank 2010b), die OECD mit ihren Länderstatistiken (siehe OECD o. J.) oder das World Resources Institute (siehe z. B. WRI 2008). In Deutschland gilt dies etwa für die Daten zur Umwelt des Umweltbundesamts (siehe z. B. UBA 2009), das Sozioökonomische Panel des Deutschen Instituts für Wirtschaftsforschung (DIW o. J.) oder das System sozialer Indikatoren des Leibnitz-Instituts für Sozialwissenschaften (GESIS o. J.).

Zusätzlich sind seit 1992 zahlreiche explizite Nachhaltigkeitsindikatorensysteme auf globaler, nationaler und lokaler Ebene entwickelt und mitunter angewendet worden. Sie bestehen nicht nur aus eigens dafür entwickelten Indikatoren, sondern auch aus solchen, die aus bereits bestehenden thematisch fokussierten Systemen, wie den oben genannten, übernommen wurden. Einen Eindruck von der mittlerweile kaum noch überschaubaren Fülle der diesbezüglichen Aktivitäten geben z. B. Hák et al. (2007), Parris/Kates (2003) oder IISD (2002).

Dabei erfordert das Arbeiten mit Nachhaltigkeitsindikatoren die Klärung von vor allem zwei grundsätzlichen Fragen: Was soll gemessen werden und wie, d. h. mit welchen Indikatoren? Was gemessen werden soll, hängt wesentlich vom zu Grunde liegenden Nachhaltigkeitsverständnis bzw. -konzept ab und unterscheidet sich dementsprechend. Beispielsweise bestehen unterschiedliche Auffassungen darüber, ob Fragen der (Einkommens)Verteilung in einer Gesellschaft oder etwa ihre wirtschaftliche Entwicklung gemessen am Bruttoinlandsprodukt relevante Nachhaltigkeitskriterien darstellen und ob entsprechende Indikatoren in die Systeme aufgenommen werden sollen oder nicht.

Ist dies entschieden, geht es darum, mit welchen Indikatoren die jeweiligen Nachhaltigkeitsaspekte beschrieben bzw. gemessen werden sollen. Hier sind in der Regel sehr unterschiedliche Herangehensweisen möglich. Beispielsweise kann Biodiversität anhand der Bestände ausgewählter besonders bedeutsamer Arten gemessen werden, über die Anzahl der auf der »Roten Liste« stehenden, besonders gefährdeten Arten oder auch über Faktoren, die die Biodiversität in besonderer Weise gefährden, wie etwa Flächenversiegelung.

Indikatoren-Typen

Die große Fülle existierender oder möglicher Indikatoren kann nach verschiedenen Gesichtspunkten typisiert werden. Drei wesentliche seien nachfolgend aufgeführt: die Unterscheidung (a) nach der *Pressure-State-Response-Logik*, (b) nach dem Grad der räumlichen und thematischen *Aggregation* sowie (c) nach der Perspektive bei der Datenerhebung (d. h. nach so genannten objektiven oder subjektiven Indikatoren). Die Unterscheidung danach, welches Element in der Kette Ursache-Wirkung-Reaktion abgebildet werden soll, ist Grundidee des *Pressure-State-Response (PSR-) Ansatzes* der OECD (1998) und verschiedener darauf aufbauender Spielarten (Morosini et al. 2001). Bisherige Erfahrungen mit diesem für den Umweltbereich entwickelten Ansatz zeigen allerdings, dass eine solche Differenzierung nicht für alle Dimensionen nachhaltiger Entwicklung konsistent umsetzbar und daher für Indikatorensysteme weniger geeignet ist, denen ein mehrdimensionales oder integratives Nachhaltigkeitskonzept zugrunde liegt.

Was die *räumliche Aggregation* anbelangt, kann unterschieden werden zwischen global bzw. international ausgerichteten Indikatoren(systemen) wie z. B. dem System der UN Commission for Sustainable Development (UNCSD 1996) oder dem der EU-Kommission (z. B. Eurostat 2009), nationalen Systemen etwa im Rahmen nationaler Nachhaltigkeitsstrategien oder von Projekten wie dem Verbundprojekt der Helmholtz-Gemeinschaft »Global zukunftsfähige Entwicklung – Perspektiven für Deutschland« (vgl. Coenen/Grunwald 2003, Kopfmüller et al. 2001), regionalen Systemen wie sie in Deutschland z. B. auf Bundesländerebene existieren sowie lokalen Systemen etwa auf der EU-Ebene (European Commission 2000b), für Deutschland (Diefenbacher et al. 2000) oder entstanden im Rahmen der zahlreichen »Lokale Agenda 21«-Prozesse.

Was die *thematische Aggregation* betrifft, existieren unterschiedliche Varianten und Konzepte. Beispiele für auf die Umweltdimension begrenzte Maße sind etwa der in Deutschland verwendete, über fünf Luftschadstoff-Indikatoren aggregierte Luftqualitätsindex (LQI), der MIPS-Indikator (Material-Input pro Serviceeinheit) (Schmidt-Bleek 1998), der »Ecological Footprint« (Wackernagel/Rees 1997), der 21 Indikatoren und 76 Variablen umfassende Environmental Sustainability Index (ESI) (Yale Center et al. 2005) oder der aus ca. 30 Indikatoren zusammengesetzte Environmental Performance Index (EPI) (Neßhöver et al.

2007). Verknüpfungen über Themen und Dimensionen hinweg werden insbesondere anhand so genannter Interlinkage-Indikatoren diskutiert bzw. vorgenommen (siehe z. B. Valentin/Spangenberg 2000). Als Beispiel hierfür kann der Indikator »Ressourcenproduktivität« angeführt werden – definiert als Quotient aus dem ökonomischen Indikator Bruttoinlandsprodukt und dem ökologischen Indikator Ressourcenverbrauch.

Im Extremfall mündet die thematische Aggregation von Indikatoren in die Bildung von dimensionen-übergreifenden Indices, die in unterschiedlicher Form existieren (vgl. Böhringer/Jochem 2007, Neumayer 2000). Zum einen handelt es sich hier um auf monetären bzw. monetarisierten Größen basierende Indices wie etwa den Index of Sustainable Economic Welfare (ISEW) (Daly/Cobb 1991), den Genuine Progress Index (GPI) oder den Sustainable National Income Index. Ziel ist es hier, den nach wie vor vielfach zur Beschreibung von Lebensqualität oder Wohlfahrt verwendeten, in dieser Funktion jedoch immer wieder kritisierten Indikator »Bruttoinlandsprodukt« (BIP) zu korrigieren, insbesondere um die Kosten für Umwelt- und Gesundheitsschäden, die Einbeziehung auch von im häuslichen Bereich geleisteter Arbeit oder um das Maß der sozialen Ungleichverteilung.

Zum anderen existieren verschiedene, vorwiegend auf nicht-monetären Größen basierende Indices. Zu nennen ist hier vor allem der Human Development Index (HDI), der seit 1990 vom United Nations Development Programme (UNDP) im Rahmen des jährlichen Human Development Reports für über 150 Staaten erhoben und veröffentlicht wird und sich aus den Indikatoren Lebenserwartung, Bildung (Alphabetisierungs- und Schulabschlussquote) sowie BIP zusammengesetzt. Daneben existieren der als Erweiterung des HDI angelegte (Human) Sustainable Development Index (Togtokh/Gaffney 2010), der Sustainable Society Index (van de Kerk/Manuel 2008) oder speziell für den städtischen Bereich etwa der von UN-Habitat vorgeschlagene City Development Index (UN-Habitat 2002) oder der vom Forum for the Future entwickelte und erhobene »Sustainable Cities Index« (Forum for the Future, o. J.).

Die Anwendbarkeit und Validität solcher hochaggregierter Indices werden kontrovers diskutiert, u. a. abhängig von der Indikatorenfunktion, die in den Vordergrund gerückt wird (vgl. Pillarisetti/van den Bergh 2010, Mayer 2008, Gasparatos et al. 2008, Böhringer/Jochem 2007,

Jollands et al. 2003). Als Vorteil gegenüber differenzierteren, aus Einzelindikatoren bestehenden Systemen werden insbesondere ihre bessere Kommunizierbarkeit in Öffentlichkeit und Politik sowie die Unterstützung von prinzipiell durch die Komplexität überforderte Entscheidungsträger durch die drastische Reduktion der Informationsfülle angeführt. Damit wird auch teilweise die Hoffnung verbunden, dass solche Indikatoren – quasi analog zur Karriere des BIP – eher den Status eines allgemeingültigen Standardindikators erreichen könnten.

Diesen Vorzügen stehen jedoch erhebliche konzeptionelle und methodische Probleme gegenüber, die mit den drei zentralen Schritten einer Indexbildung verbunden sind: Normierung, Gewichtung und Aggregation. Anzuführen sind hier vor allem der Verlust der spezifischen in den Teilindikatoren des Index enthaltenen Informationen (zumindest wenn nur der Index und nicht die Einzelindikatoren kommuniziert werden), die fehlende Möglichkeit, Wechselwirkungen zwischen einzelnen Indikatoren zu betrachten, die häufig implizite und intransparente Gewichtung und Bewertung der Teilkomponenten/-indikatoren, die Beliebigkeit der Einbeziehung von bestimmten Teilindikatoren, die daraus resultierende Beliebigkeit der Ergebnisse sowie die aus all dem resultierende begrenzte Relevanz für wissenschaftliche wie auch für Beratungszwecke. Hinzu kommt, dass ein singulärer Index-Wert nicht handlungsleitend sein kann, da aus ihm einzelne Problembereiche nicht erkannt und entsprechend erforderliche Maßnahmen nicht abgeleitet werden können. Es muss hierfür dann doch auf die Einzelindikatoren und ihre Wertentwicklung zurückgegriffen werden. Vor diesem Hintergrund besteht weitgehende Einigkeit darüber, dass mit solchen Indices der Grad von Nachhaltigkeit nur unzureichend gemessen werden kann, dass sie jedoch durchaus sinnvoll sein können, wenn sie als Bestandteil von differenzierten umfangreicheren Indikatorensystemen verwendet und in ihren Werten angemessen interpretiert werden.

Schließlich kann in der Perspektive der Datenerhebung zwischen so genannten »objektiven« und »subjektiven« Indikatoren (vgl. Huschka/Wagner 2010, Noll 2000) unterschieden werden. Während sich objektive Indikatoren auf objektive Lebensbedingungen oder Sachverhalte beziehen und diese im Prinzip ungefiltert durch individuelle Wahrnehmungs- und Bewertungsprozesse erheben (z. B. Arbeitslosenquote, Ärzte pro Einwohner, m^2 Wohnfläche pro Kopf oder Schadstoffemissionen), wird mit subjektiven Indikatoren die Einschätzung der Bevölkerung zu diesen Sachverhalten über Befragungen erhoben, z. B. zur allgemeinen Lebenszufriedenheit, Zufriedenheit mit der Gesundheits-, Wohn- oder Bildungsversorgung oder zur Einschätzung der Umweltsituation. Trotz bestehender kritischer Einwände hinsichtlich Konzept und Methoden besteht weitgehender Konsens darüber, dass subjektive Indikatoren als Teil eines Gesamtindikatorensystems bedeutsam sind, um ein angemessenes Bild von der gesellschaftlichen Einschätzung zu Lebensqualität und Wohlfahrt in einem Untersuchungsraum – und damit vom Grad der Nachhaltigkeit – zu erhalten und angemessen politisch handeln zu können.

Herausforderungen für das Arbeiten mit Indikatoren

Vor dem Hintergrund der bisherigen Erfahrungen besteht zum Arbeiten mit Nachhaltigkeitsindikatoren zwar kaum eine Alternative, es sind jedoch verschiedene Herausforderungen damit verbunden, mit denen sich Anwender auseinandersetzen müssen. Zunächst sind aus der Vielzahl der bereits existierenden Indikatoren die am besten geeigneten auszuwählen. Hierzu bedarf es Auswahlkriterien, die eng mit den oben genannten Indikatorfunktionen korrespondieren. Zu nennen sind hier insbesondere die angemessene Abbildung von Nachhaltigkeitskriterien, Verständlichkeit, Zielfähigkeit (d. h. können konkrete Zielwerte für den Indikator formuliert werden?), Richtungssicherheit (d. h. ist bei Indikatorwerten klar, ob sie als mehr oder weniger nachhaltig einzustufen sind?) und natürlich die Verfügbarkeit von Daten in ausreichender Menge und Qualität. Für Nachhaltigkeitsanalysen und -strategien ist es aus verschiedenen Gründen unerlässlich, Zielwerte für Indikatoren zu formulieren. Zum einen können gemessene Phänomene nur dann als »Problem« identifiziert und bewertet sowie Lösungsstrategien erarbeitet und analysiert werden, wenn Referenzwerte als Orientierung vorliegen. Zum anderen schaffen sie für die Akteure Planungssicherheit, was zu erwartende Maßnahmen und daraus resultierende Handlungsanforderungen betreffen. Schließlich hängt die konkrete Ausgestaltung und Intensität solcher Maßnahmen wesentlich von festgelegten Zielen und ihrer zeitlichen Staffelung ab. Dabei sind Zielwerte meist das Ergebnis eines gesellschaftlichen Aushandlungsprozesses, in den sowohl wissenschaftliche Erkenntnisse als auch Vorstellungen und Interessen betroffener Akteure einfließen.

Ebenso wichtig wie schwierig ist auch die Bestimmung der geeigneten Indikatorenanzahl. Hier geht es darum, zwischen zwei zentralen Zielen abzuwägen: der angemessenen Abbildung komplexer Phänomene und Zusammenhänge (was eher eine größere Indikatorenzahl erfordert) und der Entwicklung eines analytisch handhabbaren, aufwandsbezogen praktikablen und gesellschaftlich kommunizierbaren Systems (was eher für eine begrenzte Zahl spricht). Ebenso wichtig ist es, die oben angeführten unterschiedlichen Indikatorentypen so zu kombinieren, dass Indikatorensysteme die genannten Funktionen erfüllen können. Eine weitere Herausforderung besteht darin, bei der Auswahl der Indikatoren sowohl wissenschaftliche Konzepte und Expertise (»Top-down-Ansatz«) als auch Wissen und Interessen von Akteuren aus den jeweiligen Untersuchungskontexten (Regionen, Sektoren usw.) (»Bottom-up-Ansatz«) angemessen einzubeziehen. Bedeutsam ist schließlich auch, dass Indikatoren den aktuellen Stand gesellschaftlicher Problemwahrnehmung angemessen reflektieren (Hübler et al. 2000) und dass demzufolge Nachhaltigkeits-Monitoring als fortlaufender Lernprozess in Gesellschaft und Wissenschaft verstanden wird (Reed et al. 2005). Letzteres ist dann möglich, wenn die Zusammensetzung von Indikatorensystemen modifiziert werden kann. Gleichzeitig erfordert jedoch der häufige Wunsch von Indikatorenanwendern, Untersuchungsräume oder -gegenstände in ihrer Entwicklung über die Zeit vergleichen zu können, eine entsprechende Kontinuität bei den verwendeten Indikatoren. Um beiden Ansprüchen gerecht werden zu können, sollten Indikatorensysteme einen Kern von kontinuierlich erhobenen Indikatoren enthalten, der bei Bedarf durch weitere über die Zeit flexibel gestaltbare Indikatoren ergänzt werden kann.

Damit stellt jedes Indikatorensystem das Ergebnis einer notwendigen, aber auch notwendigerweise normativen und unvollkommenen Auswahlentscheidung dar, die nie »letztbegründet« sein kann und daher in einem gesellschaftlichen Diskussions- und Entscheidungsprozess legitimiert sein sollte, bevor Indikatoren in politisch verbindlicher Weise zum Einsatz kommen können.

Schließlich zeigt die Erfahrung aber auch, dass alleine die Existenz solcher Indikatoren und entsprechender Zielwerte in Nachhaltigkeitsstrategien oder anderen politischen Kontexten nicht hinreichend ist. Es muss eine angemessene Institutionalisierung und Prozeduralisierung in den verschiedenen Politik-, Verwaltungs- und Planungsbereichen und

-ebenen hinzu kommen, die etwa Effektivität und Qualität der Indikatorenanwendung sowie ein kontinuierliches Monitoring gewährleistet (siehe z. B. Ramos/Caeiro 2010). Letztlich entscheidend ist jedoch die Bereitschaft der jeweiligen Akteure, die eigenen Entscheidungen und Maßnahmen an festgelegten Nachhaltigkeitsindikatoren und -zielwerten zu orientieren bzw. sich am Grad der Erreichung der gesetzten Ziele messen zu lassen.

Angesichts dieser Diagnose überrascht es nicht, dass trotz der Verwendung teilweise ähnlicher oder gleicher Indikatoren bislang weder international noch auf nationaler oder lokaler Ebene ein quasi allgemein verbindliches, standardisiertes und akzeptiertes Nachhaltigkeitsindikatorensystem existiert. Die nach wie vor bestehenden Differenzen und Unübersichtlichkeiten, was Terminologien oder Datenerhebungsmethoden betrifft, tragen sicher auch zu diesem Umstand bei (siehe z. B. Wallis 2006, Parris/Kates 2003). Gleichwohl stellen Indikatoren ein unerlässliches Instrument in Nachhaltigkeitsanalysen und politischen Entscheidungsprozessen dar. Erstrebenswert wäre es daher, in einem gesellschaftlichen Abstimmungsprozess Konsens über ein Kernindikatorensystem für solche Zwecke zu erzielen, das je nach Betrachtungsgegenstand oder -ebene kontextualisiert und ergänzt werden kann.

5.2 Indikatorensysteme in der Praxis

Seit Beginn der Nachhaltigkeitsdebatte in den 1980er Jahren finden Indikatorensysteme in zahlreichen wissenschaftlichen Projekten sowie in den verschiedenen politisch-institutionellen Kontexten auf unterschiedlichen Ebenen Anwendung. Als Beispiel für eine wissenschaftliche Anwendung in Deutschland kann das Verbundprojekt der Helmholtz-Gemeinschaft (HGF) »Global zukunftsfähige Entwicklung. Perspektiven für Deutschland« angeführt werden. Hier wurde anhand von rund 40 ausgewählten Indikatoren – basierend auf dem oben beschriebenen Integrativen Nachhaltigkeitskonzept der Helmholtz-Gemeinschaft – eine Diagnose der Nachhaltigkeitssituation Deutschlands vorgenommen, die wesentlichen Nachhaltigkeitsdefizite identifiziert und Vorschläge zu ihrer Behebung erarbeitet (vgl. Coenen/Grunwald 2003).

Aus der großen Menge der politisch-institutionellen Indikatorensysteme seien hier nur einige Beispiele aufgeführt. Auf der supranationalen Ebene ist vor allem die Europäische Union zu nennen. Im Rahmen der aktuellen EU-Nachhaltigkeitsstrategie von 2006 (siehe Kapitel 7.3) kommt der Messung der Fortschritte auf dem Weg zur Erreichung der gesetzten Ziele eine wesentliche Bedeutung zu. Soweit möglich werden für die 27 Mitgliedsstaaten der EU die zehn Kernthemen Sozioökonomische Entwicklung, Klima/Energie, Verkehr, Konsum/Produktion, natürliche Ressourcen, öffentliche Gesundheit, soziale Eingliederung, demographischer Wandel, globale Partnerschaft und gute Staatsführung betrachtet. Hierfür sind – mit Ausnahme des Themas gute Staatsführung – jeweils ein bis zwei Leitindikatoren ausgewählt worden – z. B. Treibhausgasemissionen für Klima, Armutsgefährdung für soziale Eingliederung oder öffentliche Entwicklungshilfe für globale Partnerschaft – die durch jeweils 10 bis 15 Sub-Indikatoren auf zwei Aggregationsebenen weiter konkretisiert werden. Für dieses Gesamtindikatorensystem wird seit 2007 im zweijährigen Rhythmus die Veränderungen über die Zeit dargestellt und bewertet (Eurostat 2009).

Auf der nationalen Ebene haben mittlerweile mehr als die Hälfte der Mitgliedsstaaten der Vereinten Nationen eine Nachhaltigkeitsstrategie vorgelegt (UNDESA 2010), die bestimmte Kriterien erfüllt (UNDESA 2002), mit hinsichtlich Indikatorenanzahl und -themen sehr unterschiedlichen Indikatorensystemen. Neben dem System der deutschen Strategie (siehe Kapitel 7.2) sei hier das seit 2002 installierte nationale Indikatorensystem im Rahmen der Nachhaltigkeitsstrategie Österreichs erwähnt. Die Strategie verwendet gut 50 Indikatoren, die sich auf vier Handlungsfelder (Lebensqualität in Österreich, Österreich als dynamischer Wirtschaftsstandort, Lebensräume Österreichs und Österreichs Verantwortung) mit je fünf Leitzielen aufteilen (Österreichische Bundesregierung 2002). Beispielsweise enthält das Handlungsfeld Lebensqualität in Österreich die Leitziele Zukunftsfähiger Lebensstil, Entfaltungsmöglichkeiten für alle Generationen, Gleichberechtigung für Frauen und Männer, Bildung und Forschung sowie Menschenwürdiges Leben. Im jährlichen Turnus werden für die Indikatoren Berichte über ihre zahlenmäßige Entwicklung erstellt und veröffentlicht.

In Deutschland existieren Nachhaltigkeitsstrategien und entsprechende Indikatorensysteme teilweise auch auf der Ebene der Bundesländer. In Rheinland-Pfalz ist das seit 2008 der Fall. Die dortige

Strategie umfasst acht Nachhaltigkeitsbereiche (u. a. natürliche Lebensgrundlagen bewahren, Ökoeffizientes Wirtschaften fördern, Gesellschaft und Umwelt integrieren oder internationale Verantwortung tragen), untergliedert in jeweils zwei bis fünf Handlungsfelder. Diese werden anhand von insgesamt gut 30 Indikatoren konkretisiert und gemessen, für die alle zwei Jahre ein Indikatorenbericht vorgelegt wird (Rheinland-Pfälzisches Ministerium für Umwelt, Forsten und Verbraucherschutz 2009). In Hessen sind Strategie und Indikatorensystem nach den klassischen »Säulen« Ökonomie, Ökologie und Soziales gegliedert, unterteilt in insgesamt zehn Themenfelder und über insgesamt rund 15 sogenannte Zielindikatoren und rund 25 Reportingindikatoren konkretisiert (Hessisches Statistisches Landesamt 2010). Themenfelder im Bereich Soziales sind Gesundheit, soziale Integration, Bildung und globale Zusammenarbeit, Zielindikatoren z. B. Adipositas bei Kindern oder Bildungsgerechtigkeit, Reportingindikatoren u. a. Ganztagsbetreuung für Kinder, öffentliche Ausgaben für Bildung oder öffentliche Leistungen für Entwicklungszusammenarbeit. Im Unterschied zu Rheinland-Pfalz wurden für die Indikatoren quantitative Zielwerte festgelegt, die sich teilweise an der Situation in ganz Deutschland orientieren und vergleichsweise bessere Werte oder ambitioniertere Ziele als bei der nationalen Strategic anvisieren. Beginnend mit dem ersten Report 2010 sollen regelmäßig umfassende Indikatorenberichte veröffentlicht werden.

Die ersten Beispiele für Nachhaltigkeitsstrategien bzw. Nachhaltigkeitsindikatorensysteme finden sich auf der kommunalen Ebene. Beispielsweise hat die Stadt Jacksonville in Florida (USA) bereits 1984 ein System von »Quality of Life«-Indikatoren entwickelt, das schon sehr bald als Instrument zur Messung des Nachhaltigkeitszustands der Stadt und zur Steuerung in Richtung auf mehr Nachhaltigkeit verwendet wurde (Jacksonville Community Council 2010). Es umfasst neun Themenfelder, u. a. exzellente Bildung, wirtschaftliche Entwicklung, soziale Wohlfahrt, Freizeit und Kultur oder öffentliche Sicherheit. Diesen werden rund 20 Schlüsselindikatoren, rund 40 so genannte unterstützende Indikatoren und rund 50 ergänzende Indikatoren zugeordnet. Über die Wertentwicklung dieser Indikatoren wird die Öffentlichkeit bis heute in jährlichen Berichten informiert, für die aggregierte Betrachtung der neun Themenfelder werden so genannte »Champions« gekürt, was Industriebetriebe oder Einrichtungen (z. B. Schulen) sein können, und es werden auf dieser Basis Verbesserungserfordernisse identifiziert und Maßnahmen ergriffen.

Für Deutschland sei an dieser Stelle das Beispiel Hamburg herausgegriffen. Hier hat der Zukunftsrat Hamburg 2002 ein System von 30 Nachhaltigkeitszielen, konkretisiert durch jeweils einen Indikator, vorgelegt. Während die Ziele und Indikatoren zunächst gleichmäßig auf die drei Säulen Ökonomie, Ökologie und Soziales verteilt waren, wird jetzt nach einer Überarbeitung 2008 eine Unterteilung in die Themenfelder Nachhaltige Stadtentwicklung (mit 13 Zielen und Indikatoren), Verantwortung für regionale und globale Nachhaltigkeit (7) und Erhaltung der Potenziale für eine nachhaltige Entwicklung (6) vorgenommen (Zukunftsrat Hamburg 2009). Für diese Indikatoren wurden Zielwerte für die Jahre 2020 und 2050 formuliert. In jedem Jahr werden so genannte Nachhaltigkeits-Ampeln für alle Indikatoren veröffentlicht, die anzeigen sollen, in welchen Bereichen die dringlichsten Handlungsbedarfe bestehen.

Insgesamt ist festzuhalten, dass sich zwar über die große Vielzahl der international bestehenden Indikatorensysteme hinweg einige Themen und teilweise auch Indikatoren in ähnlicher Form immer wiederfinden, dass jedoch auch erhebliche Unterschiede bestehen. Für Deutschland gilt, dass beispielsweise die Strategien in Hessen und Rheinland-Pfalz teilweise die gleichen Indikatoren wie die nationale Strategie verwenden, aber eben auch davon abweichende und darüber hinausgehende.

5.3 Die Messung von gesellschaftlichem Fortschritt jenseits von Wachstum

In der Frage, wie nachhaltige Entwicklung definiert und wie sie mit welchen Indikatoren gemessen werden soll, herrscht – wie gesehen – in nur begrenztem Umfang Konsens. Nicht zuletzt deswegen existiert kein einheitliches Bild in der praktischen Anwendung von Indikatoren. In besonderer Weise gilt dies in der Frage, welche Rolle Wirtschaftswachstum bei der Messung von Wohlfahrt und Lebensqualität spielt.

Vor dem Hintergrund der in Kapitel 4.3 skizzierten wachstumskritischen Debatte wird in den letzten Jahren hierüber verstärkt und kontrovers diskutiert. Da die Art und Weise, wie wir was messen, unser Handeln wesentlich beeinflusst (Stiglitz et al. 2009: 7), kommt dieser Frage erhebliche Bedeutung zu. Ausgangspunkt ist dabei zunächst die Feststellung, dass das Bruttoinlandsprodukt (BIP) im Laufe der Jahre von einem grundlegenden Indikator zur Messung ausschließlich der Wirtschaftsleistung zu einem Schlüsselindikator zur Messung gesellschaftlichen Wohlstands und Fortschritts in der politischen und gesellschaftlichen Wahrnehmung und Diskussion geworden ist. Dementsprechend ist er beispielsweise auch Bestandteil der meisten Indikatorensysteme in lokalen oder nationalen Nachhaltigkeitsstrategien (etwa auch der deutschen, siehe Kapitel 7.2). Gleichzeitig werden verschiedenste Schwächen und Defizite dieser Praxis diagnostiziert und kritisiert. Zu nennen sind hier vor allem die unangemessen eindimensionale Abbildung des mehrdimensionalen Wohlfahrts-, Fortschritts- oder Lebensqualitätsbegriffs, die gleichgewichtige Einbeziehung von Kosten zur Beseitigung von Umwelt- oder Gesundheitsschäden oder von Kriegsfolgen, die Nicht-Berücksichtigung von unbezahlter Haus- oder Gemeinschaftsarbeit, oder auch die Ausblendung von Verteilungs- und Gerechtigkeitsaspekten (siehe z. B. Diefenbacher/Zieschank 2010, Costanza et al. 2009, Stiglitz et al. 2009).

Vor diesem Hintergrund verstärkte sich in den letzten 20–30 Jahren die Kritik an dieser weit verbreiteten Praxis. In der Wissenschaft wurden bisher eine Reihe von sehr unterschiedlichen, zum BIP alternativen Ansätzen bzw. Indikatoren zur Messung des Fortschritts einer Gesellschaft entwickelt und vorgeschlagen und in seltenen Fällen auch angewendet (Schepelmann et al. 2010), von denen einige bereits oben erwähnt wurden. Schon in den 1990er Jahren wurden in einigen Staaten – Japan, Norwegen, Österreich und auch Deutschland – Arbeiten zum so genannten »Green GDP« als einem BIP-Korrektivindikator begonnen, die jedoch kaum weiter verfolgt oder eingestellt wurden. China ist seit 2006 das erste Land, das hierzu offizielle Daten (zunächst für drei Städte und sieben Provinzen) veröffentlicht (vgl. Zheng/Chen 2006).

In den letzten Jahren hat diese Debatte eine neue Dimension erhalten – und könnte damit möglicherweise mehr Gehör in der Politik finden – indem entsprechende Initiativen vor allem von supranationalen Institutionen gestartet wurden. Die bekanntesten sind das Projekt »Measuring the Progress of Societies« der OECD (2007a), die Initiative »Beyond GDP« der European Commission (2009) sowie der viel beachtete Report der vom französischen Staatspräsidenten Sarkozy beauftragten so genannten Stiglitz-Kommission (Stiglitz et al. 2009). Gemeinsam ist diesen Initiativen, dass sie die Defizite des BIP als Wohlfahrts- oder Fortschrittsmaß transparent machen, Vorschläge für eine Ergänzung oder Korrektur des BIP unterbreiten und Wege zur Verbesserung darauf basierender politischer Entscheidungen aufzeigen wollen. Auch hier rankt sich eine wesentliche Kontroverse um die Frage, ob die Entwicklung eines einzigen aggregierten alternativen Wohlfahrtsindikators oder ein Satz von ergänzenden Einzelindikatoren vorzuziehen ist.

Unterstützung finden diese Initiativen seit einigen Jahren durch Forschungsergebnisse aus der sozial- wie auch der wirtschaftswissenschaftlichen Forschung, etwa der Glücksforschung (siehe z. B. Frey 2008, Layard 2005). Sie zeigen für zahlreiche Staaten, insbesondere Industriestaaten, dass bei den meisten Menschen – entgegen der Annahmen der dominierenden Wirtschaftstheorien – ab einem bestimmten Einkommen der Grad des Wohlbefindens bzw. Glücks mit wachsendem Einkommen nicht mehr zunimmt oder sogar sinkt (siehe z. B. Friends of the Earth/New Economics Foundation 2007, Binswanger 2006, Frey/Stutzer 2002).

Auch in Deutschland wird seit einigen Jahren an der Entwicklung von zum BIP alternativen Indikatoren gearbeitet. Im Rahmen der Überprüfung der Eignung der in der nationalen Nachhaltigkeitsstrategie der Bundesregierung festgelegten 25 Indikatoren (siehe Kapitel 7.2) wurden konkrete Initiativen gestartet (vgl. z. B. IFOK 2007). Ergebnisse daraus sind auf der einen Seite Vorschläge für Indices, basierend auf einer Korrektur bzw. Ergänzung des BIP analog zu den bereits existierenden Ansätzen des Index of Sustainable Economic Welfare (ISEW) und des Genuine Progress Indicators (GPI) (Diefenbacher/Zieschank 2010), oder auf einer Aggregation verschiedener Wohlfahrtselemente zu einem dimensionslosen Index (Bergheim 2010). Auf der anderen Seite steht beispielsweise die Expertise der Wirtschaftssachverständigenräte in Deutschland und Frankreich, die einen einzelnen Wohlfahrtsindikator explizit ablehnen und stattdessen ein umfassendes Indikatorensystem vorschlagen (CAE/SRW 2010). Offen geblieben sind bzw. weiterer Bearbeitung bedürfen dabei noch eine Reihe von Fragen zur letztlichen Indikatorenauswahl, zur methodischen Verbesserung, aber auch zur Institutionalisierung der Verwendung solcher alternativer Indikatoren etwa hinsichtlich Datenerhebung, Verankerung im offiziellen Berichtswesen oder möglichen Partizipationsprozessen.

Die Enquête-Kommission des Deutschen Bundestags zum Thema »Wachstum, Wohlstand, Lebensqualität – Wege zu nachhaltigem Wirtschaften und gesellschaftlichem Fortschritt in der sozialen Marktwirtschaft«, die Ende 2010 ihre Arbeit aufgenommen hat, soll sich mit eben diesen Fragen beschäftigen. Die Kommission hat sich zum Ziel gesetzt, den Stellenwert von Wachstum in Wirtschaft und Gesellschaft zu analysieren, die Möglichkeiten der Entwicklung eines ganzheitlichen Wohlstands- und Fortschrittsindikators zu eruieren, die Möglichkeiten und Grenzen einer Entkopplung zwischen Wachstum und Umweltbelastung aufzuzeigen, geeignete ordnungspolitische Rahmenbedingungen für nachhaltiges Wirtschaften zu analysieren und entsprechende Handlungsempfehlungen vorzulegen (Deutscher Bundestag 2010). Arbeit und Ergebnisse der Kommission werden sicherlich die Diskussion in Deutschland um die Frage der Abhängigkeit von Lebensstilen und Lebenszielen von Wachstum und ihrer Vereinbarkeit mit ökologischen und sozialen Erfordernissen, aber auch um die Frage, wie Demokratie und Politik neue Wachstumspfade gestalten können, wesentlich voranbringen.

Angesichts der skizzierten Zusammenhänge und Herausforderungen wird es zunächst darum gehen, Konzepte zu entwickeln und umzusetzen, die es ermöglichen, dass die Steigerung der gesamtwirtschaftlichen Ressourcenproduktivität stets größer ist als die Steigerung des BIP, vor allem durch die Realisierung der in vielen Bereichen noch bestehenden erheblichen Effizienzsteigerungspotenziale. Möglichst bald werden dann jedoch Konzepte für die Erreichung gesellschaftlicher Kernziele auch ohne Wachstum zu entwickeln sein. Dabei muss es gelingen, die entsprechenden Entwicklungsprozesse sozial ausgewogen zu realisieren, das heißt dafür zu sorgen, dass Wachstumskritik nicht als eine »Verdrossenheit der Satten« (Miersch 2010) diskreditiert werden kann. Hierfür wird es erforderlich sein, insbesondere auf der globalen Ebene die Frage zu beantworten, wie eine faire globale Lastenverteilung aussehen kann, die eine angemessene »Arbeitsteilung« etwa zwischen noch zulässigem Wachstum in den ärmeren Staaten und erforderlichen Schrumpfungsprozessen in den reichen Staaten beinhaltet.

5.4 Handlungsstrategien: Ansätze und Elemente

Entscheidend für die Erreichung gesetzter Nachhaltigkeitsziele bzw. für die Lösung bestehender Defizite ist die Entwicklung geeigneter politischer und gesellschaftlicher Handlungsstrategien. In der Debatte besteht weitgehende Einigkeit darüber, dass die Erreichung von Nachhaltigkeitszielen, wie sie im Integrativen Konzept der Helmholtz-Gemeinschaft oder in der Nachhaltigkeitsstrategie der Bundesregierung (siehe Kapitel 7.2) zugrunde gelegt wurden, nicht ohne einen Wandel der gegenwärtigen Produktions- und Konsummuster sowie der existierenden Planungs- und Entscheidungsprozesse möglich sein wird. Die Frage, wie genau dieser Wandel aussehen und wie tief greifend er sein muss und welche Steuerungsinstrumente in welcher Eingriffstiefe für diesen gesellschaftlichen Transformationsprozess einzusetzen sind, wird jedoch in vielen Fällen in Wissenschaft und Politik kontrovers diskutiert. Dabei zeigt sich, dass zum Teil neue Themen und Ansätze diskutiert, zum Teil alte Debatten fortgesetzt oder auch wieder neu belebt wurden und werden.

An dieser Stelle sind keine Detailbetrachtungen zu denkbaren Strategien möglich – einige Ansätze in ausgewählten Themenfeldern werden im nachfolgenden Kapitel 6 angesprochen. Vielmehr werden in diesem Kapitel einige Überlegungen zur prinzipiellen Herangehensweise und zu bestehenden Erfordernissen und Kontroversen angestellt. Hierfür werden drei Themenfelder herausgegriffen: die Debatte um Effizienz, Konsistenz und Suffizienz, die integrative Perspektive sowie die Elemente Partizipation und Kooperation.

Effizienz, Suffizienz, Konsistenz

Eine sehr frühe Facette der Nachhaltigkeitsdebatte verbindet sich mit den Begriffen Effizienz, Suffizienz und Konsistenz. Hierbei handelt es sich um drei unterschiedliche Ansätze primär zur Lösung der (globalen) Umweltprobleme, mit Anknüpfungspunkten zu Verteilungsfragen und zur Wachstumsthematik (Huber 1995).

Die Effizienz-Strategie zielt im Sinne des »wirtschaftlichen Prinzips« auf eine Minimierung des Material- und Energieeinsatzes pro Produktionseinheit. Mit der Erhöhung der Ressourcenproduktivität wird gewissermaßen die Analogie zu der bereits seit Beginn der Industrialisierung kontinuierlich realisierten Steigerung der Arbeits- und Kapitalproduktivität angestrebt. Strategien der Entkopplung zwischen Wirtschaftsleistung und Umweltverbrauch – mitunter als »Dematerialisierung« bezeichnet – werden als Möglichkeit gesehen, die oben angesprochenen Grenzen des Wachstums umgehen zu können. Hinsichtlich der Umsetzung ruhen die Hoffnungen vor allem auf dem Einsatz von Technik bei der Produktherstellung und -nutzung, aber auch auf Konzepten der Langlebigkeit und Mehrfachnutzung von Produkten. Optimistische Vertreter sprechen von einer »Effizienzrevolution«, verbunden vor allem mit dem Begriff der »Faktor 4- oder Faktor 10-Strategie« (Weizsäcker et al. 1995, Hinterberger et al. 1997). Letzteres würde eine Reduzierung der je Produktionseinheit anfallenden Ressourcenverbräuche um rund 90 Prozent bedeuten. Mit Blick auf die globale Situation wird diese »Revolution« primär für die Industriestaaten eingefordert, um den bislang ärmsten Staaten die für ihre Entwicklung erforderliche Ressourcennutzung zu ermöglichen. Diese soll jedoch ebenfalls möglichst effizient erfolgen, ermöglicht etwa durch geeigneten Technologie-Transfer.

Bei der Konsistenz-Strategie stehen nicht quantitative, sondern qualitative Aspekte des Umweltverbrauchs im Vordergrund. Sie zielt auf die Anpassung der durch menschliches Wirtschaften erzeugten Stoffströme an die natürlichen Stoffwechselprozesse. Die Umsetzung basiert vor allem auf der stofflichen Substitution. Verdeutlicht sei dies am Beispiel des Energiebereichs: während die Effizienzstrategie auf die Steigerung von Wirkungsgraden bei der Umwandlung von Energieträgern und beim Energieverbrauch fokussiert, zielt der Konsistenzansatz auf den Ersatz fossiler Energieträger durch regenerative ab. Auch mit diesem Ansatz ist letztlich meist die Zielsetzung verbunden, Spielräume für das Wachstum der Stoffströme und damit für das Wachstum der Wirtschaft zu eröffnen.

Demgegenüber halten die Vertreter einer Suffizienz-Strategie die Erreichung von Nachhaltigkeitszielen allein über Effizienz- und Konsistenzansätze für nicht möglich. Sie stellen die nicht-intendierten Folgen des Technikeinsatzes, die (Über-)Kompensationen erzielter Effizienzgewinne durch Konsumverhalten und die zumindest längerfristig existierenden naturwissenschaftlich-technischen Grenzen von Effizienzsteigerungen in den Mittelpunkt (siehe Kapitel 9.4). Vor diesem Hintergrund stellen sie die grundsätzlichere Frage nach dem »wie viel ist genug?« und propagieren einen Lebensstil, der weniger dem Wachstumsparadigma und stärker dem Prinzip der Genügsamkeit und der Selbstbegrenzung folgt (siehe Kapitel 4.3). Um dem hier rasch entstehenden Eindruck der bloßen Askese und der Verzichtsphilosophie entgegenzuwirken und ihre Akzeptanzfähigkeit zu erhöhen, werden Suffizienzstrategien zunehmend mit dem Begriff der »neuen Wohlstandsmodelle« verknüpft. Hier wird dem gegenwärtigen, auf Verschleiß und Beschleunigung beruhenden Konsumstil ein »postmaterieller Lebensstil« entgegengesetzt, in dem mehr Lebensqualität nach dem Motto »besser leben statt mehr haben« im Vordergrund stehen soll (Linz et al. 2002).

Ohne Zweifel spielt die Kontroverse um diese drei Strategieansätze bis heute eine wichtige Rolle in der wissenschaftlichen und politischen Debatte. Es ist jedoch insbesondere auf zwei entscheidende Aspekte hinzuweisen. Zum einen ist unbestritten, dass die Umsetzung aller drei Ansätze – zumindest in den erforderlichen Größenordnungen – ohne weitreichende technische und nichttechnische Innovationen nicht möglich sein wird (Kapitel 9.4). Gleichwohl ist in der politischen und wirtschaftlichen Praxis nach wie vor die Vorstellung verbreitet, dass die existierenden (Umwelt-)Probleme alleine mit dem Einsatz von Technik lösbar seien.

Zum anderen gibt die Fokussierung der drei Ansätze auf die ökologische Dimension Anlass, ihren Stellenwert vor dem Hintergrund eines integrativen Nachhaltigkeitsverständnisses zu relativieren. Denn es ist unschwer erkennbar, dass die Effizienz-Suffizienz-Konsistenz-Logik auf Themen- und Problemfelder wie Arbeitslosigkeit, Armut, Bildungsdefizite, mangelnde Chancengleichheit, Staatsverschuldung oder internationale Verantwortung nicht oder nur bedingt übertragbar ist. Deren Lösung erfordert in der Regel Handlungsansätze, die anderen Kriterien und Prinzipien folgen.

Integrative Strategieansätze

Die Umsetzung eines integrativen Nachhaltigkeitsverständnisses erfordert gerade auf der Ebene politischen und gesellschaftlichen Handelns eine entsprechend integrative Herangehensweise. Dabei ist es wichtig, »Integration« in einem breiten Sinn zu verstehen, also nicht nur auf Themen (Dimensionen), sondern auch auf verschiedene strukturelle, methodische und andere Aspekte bezogen, die für Nachhaltigkeitsbetrachtungen bedeutsam sind. In thematischer Hinsicht bedeutet Integration im Verständnis der Autoren, dass die definierten Nachhaltigkeitsleitlinien wie auch die zentralen Nachhaltigkeitsdefizite – z. B. Armut, Umweltzerstörung, Bildung – als prinzipiell gleichrangig, wenngleich in

Einzelfällen abwägungsfähig, sowie als miteinander wechselwirkend anzusehen sind (siehe Kapitel 4.1). Das heißt, es sollte weder eine pauschale Fokussierung auf ökologische Themen noch zum Beispiel auf Leitlinien wie »Vorfahrt für Arbeit« stattfinden. Häufig eng mit Themen bzw. Dimensionen verbunden sind gesellschaftliche Sektoren (Energie, Ernährung, Gesundheit, Bauen usw.), zu denen meist Politik-Sektoren bzw. -Ressorts korrespondieren. Hier erfordert der integrative Charakter einer Strategie eine abgestimmte und funktional ineinander greifende Gestaltung von verschiedenen themenbezogenen Maßnahmen über Sektoren- bzw. Ressortgrenzen hinweg, um möglichst so genannte »win-win-Lösungen« zu realisieren.

Zentrale Integrationserfordernisse bestehen ebenfalls hinsichtlich Zeit und Raum. In der zeitlichen Perspektive geht es darum, sowohl in der Verantwortung für künftige Generationen Strategien in einer längerfristigen Orientierung zu entwickeln als auch kurzfristigen Anforderungen Rechnung zu tragen und schnell handlungsfähig zu sein, etwa um das Wohlergehen oder gar das Überleben heute lebender Menschen zu sichern. Unterschiedliche Auffassungen bestehen allerdings darüber, was »längerfristig« genau bedeuten soll, wie Längerfristigkeit in Entscheidungsprozessen institutionalisiert werden und wie es gelingen kann, die offenkundigen Konflikte mit der Realität einer tendenziellen Kurzfristigkeit tagespolitischer Themen, parlamentarisch-demokratischer Zeithorizonte oder auch unternehmerischer Entscheidungs- und Erfolgskriterien (orientiert an Jahres- oder gar Vierteljahresberichten) zu lösen.

In der räumlichen Perspektive geht es um die Frage, auf welchen Ebenen wie gehandelt werden kann und muss. Debatten und Kontroversen werden hier darüber ausgetragen, inwieweit nachhaltige Entwicklung primär auf lokaler Ebene umgesetzt werden soll und kann oder ob dies angesichts der globalen Rahmenbedingungen und Wechselwirkungsprozesse unzureichend bzw. nur schwer möglich ist (vgl. Kapitel 7). Mit Blick auf die oben angesprochenen Prämissen und konstitutiven Elemente des Leitbilds ist ein Vorgehen zu empfehlen, in dem Nachhaltigkeitsziele primär nach globalen (Gerechtigkeits-)Kriterien für die globale wie auch die nationale und lokale Ebene festgelegt werden, um dann durch abgestimmtes Handeln auf diesen Ebenen realisiert zu werden.

Ein weiteres wichtiges Feld für Integrationsbemühungen betrifft die verschiedenen in die Prozesse involvierten Akteure. Sie können generell nach staatlichen, wirtschaftlichen und zivilgesellschaftlichen Akteuren unterschieden werden, spezifische Ausprägungen existieren in den jeweiligen Sektoren (beispielsweise sind im Bausektor Architekten, Behörden, Handwerker, Finanzdienstleister, Bauherren usw. involviert und zu berücksichtigen), auf der politischen Ebene bestehen unterschiedliche Konstellationen aus räumlich, institutionell oder sektoral diversen Akteuren. Integration bedeutet hier zum einen die Reflektion und Berücksichtigung der Belange, Interessen und Kompetenzen dieser Akteure, zum anderen deren Einbeziehung in Entwicklungs- und Entscheidungsprozesse (siehe unten Partizipation).

Aus all dem lassen sich vor allem zwei Kernaussagen ableiten: *Erstens* müssen in einer Erfolg versprechenden und einen integrativen Anspruch erhebenden Nachhaltigkeitsstrategie die zentralen Probleme möglichst simultan und unter Berücksichtigung von Wechselwirkungen sowohl zwischen einzelnen Problemen als auch zwischen themenbezogenen Maßnahmen angegangen werden. Im Kern müsste eine Strategie nicht-nachhaltige Aktivitäten wie Ressourcenverbrauch, Schadstoffemissionen, Arbeitsplatzabbau usw. finanziell (stärker) belasten, um mit den Einnahmen Umweltschutzmaßnahmen, neue Arbeitsplätze, notwendige Bildungsinvestitionen, die Armutsabsicherung der Sozialsysteme, Kompensationen für die von politischen Entscheidungen stark Belasteten oder die Unterstützung der ärmsten Staaten zu finanzieren. Hierzu bedarf es Maßnahmen mit erheblicher Eingriffstiefe, u. a. einen tief greifenden Umbau des bestehenden Steuer- und Abgabensystems, der etwa eine grundlegende Verlagerung der Belastungen vom Faktor Arbeit hin zu Umwelt- und Ressourcenverbrauch umfassen müsste (Meyer/ Ludewig 2009, Meyer 2006, Lange/Bizer 2004, Diefenbacher et al. 2003). Solche Maßnahmen sollten möglichst in allen Industriestaaten umgesetzt werden.

Zweitens ist es für die Akzeptanz und damit auch die Umsetzbarkeit einer Strategie sowie von einzelnen Maßnahmen von entscheidender Bedeutung, eine möglichst gerechte Verteilung von Belastungen und Verbesserungen zwischen verschiedenen Akteuren und gesellschaftlichen Gruppen oder auch zwischen verschiedenen Regionen zu erreichen, es zumindest glaubhaft anzustreben. Beide Elemente, sowohl die Integrations- als auch die Gerechtigkeitsperspektive, kommen in weiten Teilen der Politik der vergangenen Jahre zu kurz, zumindest wird vielfach in der Öffentlichkeit ein entsprechender Mangel empfunden. Dies dürfte einerseits sicher zur Verstärkung von Desinteresse an und Unzufriedenheit mit politischen Institutionen beigetragen haben, andererseits ist es ein Indiz dafür, dass eine integrative Nachhaltigkeitspolitik noch alles andere als Realität ist.

Um dem entgegenzuwirken und die notwendigen Schritte für die genannten Veränderungen umzusetzen, sind starke, handlungsfähige und -bereite staatliche Institutionen, aber auch ein gesellschaftlicher Konsens hinsichtlich der Notwendigkeit solcher Veränderungen erforderlich.

Partizipation und Kooperation

Partizipation und Kooperation sind wichtige Elemente, um solche Konsense herbeizuführen, auch um die notwendige gesellschaftliche Akzeptanz für Großprojekte, Infrastrukturen, (neue) Technologien, Innovationen oder Politiken zu schaffen. Partizipation wurde bereits im Brundtland-Bericht und dann insbesondere in der Agenda 21 als geeignetes Mittel für die Gestaltung und Umsetzung von Nachhaltigkeitsstrategien hervorgehoben. Sie stellt ein wesentliches Element in den notwendigen Lern-, Kommunikations- und Gestaltungsprozessen einer Gesellschaft zur Frage dar, was das Konzept Nachhaltigkeit konkret bedeutet und wie es umgesetzt werden kann. Es soll nachhaltigkeitsrelevantes Wissen und Nichtwissen erschlossen und beachtet werden, um Bewertungen, Chancen-Risiken-Abwägungen usw. vornehmen zu können. Verstanden wird Partizipation in der Regel mit Blick auf die Teilhabe der Öffentlichkeit bzw. gesellschaftlicher Gruppen an Entscheidungsprozessen. Bürgerbeteiligung zumindest in Form von Akteneinsicht in Planungsunterlagen ist seit den 1970er Jahren sukzessive erstritten worden und stellt heute in Planungs- und Genehmigungsverfahren umweltrelevanter Bauprojekte oder in naturschutzrechtlichen Verwaltungsverfahren eine Rechtsnorm dar.

Darüber hinaus kann Partizipation auch in einem weiteren Sinne als freiwilliges, informelles Engagement von Bürgern für verschiedenste Zwecke des Gemeinwohls verstanden werden, was ebenfalls konstitutiv für die Funktionsfähigkeit einer Zivilgesellschaft ist (vgl. z. B. Höffe 1999). Nach wie vor stellt sich jedoch immer wieder in klassischen Partizipationsprozessen die Frage, ob und wie durch Teilhabe der Öffentlichkeit im Sinne der Nachhaltigkeit bessere oder die besten Ergebnisse erzielt werden können. Hier spielen Fragen des Umgangs mit bestehenden Machtasymmetrien, der methodischen Herangehensweise (sollen Runde Tische, Zukunftswerkstätten, Bürgerforen, Lokale Agenda 21 usw. durchgeführt werden?), der Unabdingbarkeit bestimmter Voraussetzungen für das Gelingen, der Verknüpfung von Teilhaberechten und -pflichten (etwa zur Übernahme von Verantwortung), aber auch des Umgangs mit den verschiedenen Globalisierungsphänomenen eine wichtige Rolle (vgl. z. B. Bachmann 2010, Zehm et al. 2007, Höffe 1999). Immer bedeutsamer wird dabei die Frage, welche Rolle mit welchen Folgen das Internet und andere elektronische Informations- und Kommunikationsmittel mit ihren interaktiven und kollaborativen Elementen spielen.

Eine angemessene Kooperation zwischen einzelnen Akteuren spielt ebenfalls eine wichtige Rolle für die Umsetzung einer nachhaltigen Entwicklung, u. a. auch als Voraussetzung für die Realisierung von Partizipation. Zu erwähnen ist hier beispielsweise in Deutschland das Zusammenwirken von Bund, Ländern und Gemeinden bei der Entwicklung und Umsetzung von Nachhaltigkeitsstrategien, um möglichst weit gehende Konsistenz von Kriterien und Zielen sowie Effektivität der Zielerreichung sicher zu stellen. Besondere Bedeutung kommt dem Kooperationsgedanken auf der globalen Ebene zu, wo es darum geht, im Sinne globaler Partnerschaft bzw. Solidarität die ärmeren Staaten dabei zu unterstützen, die politischen, rechtlichen und finanziellen Voraussetzungen für mehr Nachhaltigkeit schaffen zu können. Kernziele einer in diesem Sinne modernisierten Entwicklungszusammenarbeit sind die Armutsbekämpfung, die Sicherung (globaler) öffentlicher Güter wie Gesundheit, Sicherheit, intakte Umweltbedingungen) sowie die Stärkung bzw. Schaffung geeigneter Institutionen und Mechanismen zur Umsetzung von Nachhaltigkeitszielen (Kevenhörster/van den Boom 2009, Rauch 2009, Kaul et al. 1999).

5.5 Die Nachhaltigkeitsprüfung: Gesetze und Politik auf dem Prüfstand

Politische Maßnahmen und Gesetze stellen die wesentlichen Randbedingungen für das Handeln von Menschen und Institutionen dar und sind damit entscheidend für die Realisierung der für eine nachhaltige

Entwicklung erforderlichen weit reichenden Veränderungen der gegenwärtigen Produktions- und Lebensstile. Die Probleme, denen sich Gesellschaften heute gegenübersehen, von Umweltschäden und Klimawandel über Ressourcenverknappung und Energiekrise, Wirtschafts- und Finanzkrise bis hin zu Armut und Hungerkatastrophen, führen allerdings angesichts ihrer Vielzahl, Intensität und Interdependenzen zunehmend zu Zweifeln an der hinreichenden Steuerungsfähigkeit der politischen Institutionen. Vielfach ist zu diagnostizieren, dass die existierenden Politik- und Steuerungskonzepte bei der Lösung von Problemen versagt, zum Teil sogar zu ihrer Entstehung beigetragen haben. Der »Generalverdacht des Illusorischen« (Brand/Fürst 2002), der die Steuerbarkeit von Gesellschaften in Richtung Nachhaltigkeit prinzipiell in Frage stellt, konnte in den letzten Jahren nie vollständig ausgeräumt werden. Auch unter Rechtsexperten werden seit einigen Jahren Debatten um die Frage geführt, inwieweit die zentralen Ordnungs-, Friedens-, Schutz- und Stabilisierungsfunktionen des Rechts trotz wachsender »Gesetzesflut« hinreichend erfüllt werden (können) – gerade angesichts der zunehmend unsicheren und risikobehafteten Entscheidungsbedingungen (siehe z.B. Müller 2004, Holoubek 1999, Hoffmann-Riem 1997).

Die Autoren vertreten eine deutlich steuerungsoptimistischere Auffassung, wissend, dass diese erhebliche Anforderungen an Politik und Gesellschaft stellen wird, was die Veränderung oder Ergänzung bestehender Steuerungsstrukturen und -mechanismen betrifft. Eine wesentliche Basis hierfür sind die Grundideen des Mitte der 1990er Jahre begonnenen (Global) Governance-Diskurses (siehe Kapitel 7.5). Hier wird u.a. davon ausgegangen, dass angemessenes Steuerungshandeln gelingen kann, wenn institutionelle Innovationen realisiert werden (vgl. z.B. Messner 2003). Vor allem die Kombination mit bzw. die Weiterentwicklung hin zu Ansätzen, die als »reflexive Steuerung« bezeichnet werden (vgl. Voß 2008, Voß et al. 2006, Giddens 1992), spielt hier eine wichtige Rolle. Hintergrund hierfür sind u.a. die im Zuge der Debatten um veränderte Steuerungsmechanismen steigenden Erwartungen, dass Entscheidungen mehr auf rationalen, evidenzbasierten Grundlagen aufbauen sollten. Zentrale Elemente solcher Konzepte sind die Festlegung klarer Handlungsziele, eine Prüfung von Steuerungsmechanismen auf Konsistenz, Kohärenz und nicht intendierte Nebenfolgen, die Identifikation und Beseitigung kontraproduktiver Steuerungsmechanismen, eine angemessene Berücksichtigung der jeweiligen sach- und akteursbezogenen Steuerungskontexte, der existierenden Akteurs- und Machtstrukturen und der bestehenden Wissensdefizite und -unsicherheiten sowie die Einrichtung geeigneter Kontroll- und Lernmechanismen, um notwendige Korrekturen an defizitären Maßnahmen erkennen und umsetzen zu können.

Eine systematische, sowohl vorausschauende wie rückwirkende Untersuchung von Steuerungsaktivitäten hinsichtlich ihrer nachhaltigkeitsbezogenen Wirkungen – also das, was heute vielfach als »Nachhaltigkeitsprüfung« bezeichnet wird – könnte ein wesentliches Element zur Gestaltung dieses Wandels hin zu einer angemessenen »Nachhaltigkeitspolitik« darstellen. Das primäre Ziel besteht hier darin, negative wie auch positive nachhaltigkeitsbezogene Folgen der Umsetzung von politischen Maßnahmen und Gesetzen sowie mögliche Widersprüche und Konflikte zwischen einzelnen Maßnahmen oder Zielen zu identifizieren und zu bewerten, um damit den Entscheidungsträgern ein verbessertes Orientierungswissen bereitzustellen. Darüber hinaus sollen die Prüfungsergebnisse eine wachsende Sensibilisierung von Akteuren auf der legislativen, der exekutiven und der judikativen Ebene für die Bedeutung von Nachhaltigkeitszielen bewirken und dazu beitragen, dass sich die Akteure in stärkerem Maße auf solche Ziele festlegen (lassen). Damit könnte Wirkung zum einen »nach innen« erzielt werden, um der beobachtbaren Tendenz zu »symbolischer Gesetzgebung« (Newig 2010, Ketteler 2002) entgegenzuwirken, zum anderen »nach außen« als Anregung für die stärkere Integration des Nachhaltigkeitsleitbilds in internationale Politikmechanismen.

Die Anwendung von und Erfahrungen mit Nachhaltigkeitsprüfungen oder ähnlichen Aktivitäten sind weltweit noch sehr begrenzt, unterschiedlich und angesichts des relativ kurzen Implementationszeitraums und der Verschiedenheit der Ansätze als eher vorläufig zu betrachten (vgl. Jacob et al. 2009, Jacob 2008, OECD 2008, Vrije Universiteit Amsterdam/ECOLOGIC/IEEP 2007, Arbter 2005, Dalal-Clayton/Sadler 2005). In Europa existieren derartige Instrumente in einigen Staaten, etwa in Großbritannien, der Schweiz, Finnland, den Niederlanden, Schweden, Belgien und Österreich. Die Prüfungen werden mit unterschiedlichen Schwerpunkten auf Gesetze, Politiken, Pläne, Programme oder Projekte und in unterschiedlicher Intensität und Verbindlichkeit auf den einzelnen politischen Ebenen angewendet. Die rechtlich-institutionelle Verankerung des Instruments ist unterschiedlich geregelt. Gemeinsam ist allen Staaten, dass die Prüfung von Gesetzen auf die prospektive Betrachtung von Vorlagen bzw. Entwürfen beschränkt ist.

Seit 2003 werden auf EU-Ebene (Sustainability) Impact Assessment-Verfahren durchgeführt. Sie sind zwar nicht rechtsverbindlich, jedoch mit dem politischen Gewicht der Initiierung durch die EU-Kommission versehen. Ziel ist die Verbesserung sowohl der Qualität und Kohärenz der Politikgestaltung als auch der Kommunikation und Information innerhalb der Kommission (Arbter 2005). Prüfungsgegenstand sind sämtliche als relevant eingestuften Vorschläge und Initiativen (inkl. Weißbücher) der Kommission im Rahmen der jährlichen Strategieplanung. Sie werden anhand einer rund 30 Kriterien umfassenden Checkliste, die in weitere Indikatoren untergliedert und Teil eines detaillierten Leitfadens für die Praxis ist (vgl. European Commission 2008). Erstmals wurde dieses Instrument von der Generaldirektion Handel 1999 eingesetzt, um die Folgen der Handelspolitik der EU unter Nachhaltigkeitsgesichtspunkten bewerten zu können (George/Kirkpatrick 2008, Socher 2000).

Für die Prüfpraxis auf der EU-Ebene wird eine zumindest verglichen mit den Mitgliedsstaaten positive Zwischenbilanz gezogen (vgl. z. B. Vrije Universiteit Amsterdam/ECOLOGIC/IEEP 2007, Franz/Kirkpatrick 2007, EEAC 2006, Dalal-Clayton/Sadler 2005). Gleichwohl wird eine ziemlich unterschiedliche Qualität der bislang über 100 durchgeführten umfassenden Prüfungen konstatiert, was vor allem auf das Fehlen eines formalen Qualitätskontrollmechanismus zurückgeführt wird. Bemängelt wird auch ein häufig zu spätes Einsetzen der Folgenabschätzung im Politikentwicklungsprozess, ein Mangel an Ressourcen für die Analysen und das Fehlen eines institutionalisierten Rahmens für Lernprozesse, die Einbeziehung von deutlich weniger Wirkungskriterien als in den Leitlinien der Kommission vorgegeben sind – mit Fokussierung auf wirtschaftliche Aspekte – das Fehlen klarer bzw. das Heranziehen unterschiedlicher Zielorientierungen, das weitgehende Ausblenden von Wechselwirkungen zwischen den Kriterien, sowie eine unangemessene Fokussierung auf quantitative Methoden wie die Kosten-Nutzen-Analyse.

In Deutschland hat die Bundesregierung im Jahr 2000 das Instrument der Gesetzesfolgenabschätzung (GFA) in die gemeinsame Geschäftsordnung der Bundesministerien (GGO) aufgenommen. Ziel war vor allem die effizientere Gestaltung staatlicher Regelungen, deren zahlenmäßige Beschränkung auf ein erforderliches Maß sowie die Verbesserung der Regelungsqualität durch frühzeitige Betrachtung möglicher Folgen. Im Leitfaden zur GFA (Böhret/Konzendorf 2001) wird unterschieden zwischen prospektiver GFA (bezogen auf Gesetzesvorhaben) und retrospektiver GFA (*nach* Inkrafttreten des Gesetzes), worin sich der deutsche Ansatz von dem in den meisten anderen Staaten unterscheidet, in denen die prospektive Funktion dominiert. Als zentrale Prüfkriterien werden Zielerreichungsgrad, Kostenentwicklung, Praktikabilität und Akzeptanz der Regelung sowie mögliche Nebenfolgen genannt. Allerdings ist die Übernahme von Ergebnissen aus der GFA in die politische Praxis, z. B. durch Modifikation von Gesetzesentwürfen, nicht verpflichtend (Böhret/Konzendorf 2001: 34). Kritisiert wurden vor allem die faktische Engführung der Betrachtung primär auf die finanziellen Folgen sowie ein nur begrenzt vorhandener politischer Wille, durch eine systematische Folgenbetrachtung eine verbesserte Gesetzgebung zu erreichen (siehe z. B. Maurer 2007).

Im Mai 2009 hat die Bundesregierung auf Empfehlung des fraktionsübergreifenden Parlamentarischen Beirats des Bundestags für nachhaltige Entwicklung (PBNE) beschlossen, die GGO dahingehend zu ändern, dass eine Nachhaltigkeitsprüfung in das Instrumentarium der Gesetzesfolgenabschätzung integriert werden soll. Details zu weiteren Schritten und zur genauen Ausgestaltung sind derzeit noch nicht entschieden. In der bisherigen Praxis prüfen die 22 Mitglieder des Beirats Gesetzesentwürfe aus den Bundesministerien, die in den Bundestag eingebracht werden sollen. Bislang wurden zwischen Februar 2010 und März 2011 über 200 Entwürfe daraufhin geprüft und bewertet, ob eine Relevanz für Nachhaltigkeit besteht und ob die Bundesregierung die möglichen nachhaltigkeitsrelevanten Auswirkungen im Entwurf ausreichend berücksichtigt hat. Die Stellungnahmen gehen an den jeweils federführenden Bundestagsausschuss, der zu diesen wiederum Stellung nehmen und sie ggf. in den weiteren Gesetzesberatungen berücksichtigen muss. Als Prüfkriterien dienen die Ziele und Indikatoren der nationalen Nachhaltigkeitsstrategie (siehe Kapitel 7.2).

Was die Situation in Deutschland betrifft, sind diese bisherigen Aktivitäten im Prinzip als Beginn eines Prozesses zu sehen, in dessen weiterem Verlauf verschiedene rechtliche, organisatorische oder methodische Kernelemente festzulegen und umzusetzen sind (Jacob et al. 2009, Grunwald/Kopfmüller 2007). Hierzu zählen beispielsweise rechtliche Aspekte, etwa in der Frage, inwieweit über die erfolgte Anpassung der GGO ein eigenes Nachhaltigkeitsprüfungsgesetz erforderlich ist, in dem die notwendigen Regelungsneuerungen und -ergänzungen vorgenommen werden könnten. Organisatorisch-institutionelle Aspekte spielen ebenfalls eine wichtige Rolle, etwa in der Frage, ob die die Koordination durch ein Ministerium oder das Kanzleramt erfolgen soll, wie ressort-übergreifende Zusammenarbeit sichergestellt werden kann oder ob und wie externe, unabhängige Institutionen an der Prüfung von Qualität bzw. der Durchführung der Prüfung selbst beteiligt werden sollen. Ebenso zentral sind prozedurale Fragen, insbesondere was das Maß der Kontinuität in der Begleitung des Prozesses vom Gesetzentwurf bis zur Vorlage im Parlament betrifft, aber auch Form und Grad der Standardisierung des Prüfprozesses. Bedeutsam sind auch Entscheidungen darüber, welche Methoden bei der Prüfung zur Anwendung kommen sollen, ob eher Kosten-Nutzen-Analysen oder eine Analyse von umfassenderen Indikatorensets durchgeführt werden sollen, welche Rolle Modelle bzw. generell eher quantitative oder eher qualitative Ansätze und Aussagen spielen sollen oder auch wie Bewertungen im Falle von Zielkonflikten und daraus resultierenden Abwägungserfordernissen vorgenommen werden sollen. Schließlich wird die Qualität der Prüfung und ihrer Ergebnisse auch dadurch bestimmt, wie Transparenz in Form von Information der Öffentlichkeit und Beteiligung von relevanten Akteuren am Prozess hergestellt wird.

Darüber hinaus werden ganz grundsätzliche Entscheidungen zu treffen sein, etwa wie sehr tatsächlich nicht nur neue, sondern auch bereits bestehende Gesetze und Politiken geprüft werden sollen, welche Finanz- und Zeitressourcen für den gesamten Prozess zur Verfügung gestellt werden oder wie verbindlich Prüfergebnisse für die Exekutive sein sollen. Wenn ernsthaft das Ziel verfolgt werden soll, die gegenwärtige Nachhaltigkeitspolitik mit Hilfe des Instruments der Nachhaltigkeitsprüfung substanziell zu verbessern – was aus Sicht der Autoren dringend erforderlich ist – dann sollten diese Entscheidungen nicht von kurzfristigen, pragmatischen und ökonomischen Erwägungen dominiert werden.

5.6 Grundlegende Analysemethoden: Modelle und Szenarien

Es sind vor allem zwei Charakteristika, die Nachhaltigkeitsbetrachtungen zu einer besonderen Herausforderung machen: die Komplexität und der Aspekt des Leitbilds, der in die Zukunft gerichtet ist. Um Nachhaltigkeitsanalysen durchführen und auf dieser Basis valides Orientierungswissen und Empfehlungen für Entscheidungsträger bereitstellen zu können, sind geeignete methodische Instrumentarien erforderlich, um mit diesen Herausforderungen umgehen zu können. Hervorzuheben ist hier insbesondere die Verwendung von wissenschaftlichen Modellen und von Szenarien.

Modelle sind Abbildungen der Realität, in abstrakter und formaler, meist verkürzter, selektiver und vor allem Komplexität reduzierender Form, mit denen natürliche oder soziale Prozesse bzw. deren Wechselwirkungen analysierbar gemacht werden sollen (Kastens/Kleine-Büning 2008, Magnani et al. 1999, Stachowiak 1973). Je nach Modell-Typ besteht ihre Funktion mehr oder weniger darin, Phänomene zu erklären, die künftige Entwicklung bestimmter Parameter vorherzusagen, Ursache-Wirkungs-Zusammenhänge zu verstehen und zu analysieren oder die Erreichung von Zielen unter bestimmten Nebenbedingungen zu optimieren. Es kann eine Vielzahl von Modell-Typen unterschieden werden, etwa quantitative und semi-/nicht-quantitative, statische, dynamische usw. Mit den auch in Nachhaltigkeitsanalysen häufig angewendeten Simulationsmodellen können Wirkungen bestimmter Einflussfaktoren auf Systemparameter und deren Wechselwirkungen quantitativ abgeschätzt werden (Haag/Matschonat 2001). Im Falle der so genannten integrativen Modelle soll dies in einer wissenschaftliche Disziplinen sowie verschiedene räumliche und zeitliche Dimensionen integrierenden Form geschehen.

Modelle und ihre Ergebnisse stellen somit ein wichtiges Instrument zur Erkenntnisgewinnung dar, sind jedoch stets in ihrer Aussagefähigkeit begrenzt, insbesondere aufgrund ihrer Selektivität und ihrer Abhängigkeit von den getroffenen Annahmen. Sie sollten daher nie als alleinige Entscheidungsgrundlage dienen. Die Nutzer von Modellen und ihren Ergebnissen sollten sie als Such- und Untersuchungs-Heuristiken und nicht als »Wahrheitsmaschinen« (Eisenack et al. 2002) betrachten.

Insbesondere dann, wenn Modellierung reflexiv angelegt ist, d. h. problemorientiert, transparent und im Dialog mit relevanten Akteuren durchgeführt wird (Eisenack et al. 2002), kann sie einen Beitrag zu neuen Formen der Wissensproduktion und zur Gewinnung eines »sozial robusteren Wissens« leisten, basierend auf den Grundprinzipien von Transdisziplinarität (Nowotny 1997) oder *post-normal science* (Funtowicz/Ravetz 1993) (siehe Kapitel 9).

Szenarien sind Beschreibungen möglicher zukünftiger Entwicklungen und möglicher Wege dorthin (Kosow/Gaßner 2008). Sie werden seit Jahrzehnten von Unternehmen wie von staatlichen und nicht-staatlichen Akteuren für verschiedene Zwecke, häufig zur Unterstützung in die Zukunft gerichteter strategischer Entscheidungen, eingesetzt. Da mit ihnen, im Unterschied zu Prognosen, die Zukunft nicht vorhergesagt wird, sondern mögliche Optionen zukünftiger Entwicklungen beschrieben und analysiert werden, sind Szenarien in besonderer Weise für einen angemessenen Umgang mit den gerade in Nachhaltigkeitsbetrachtungen und generell bei längerfristigen Betrachtungshorizonten bestehenden Unsicherheits- und Komplexitätsproblemen geeignet. Sie ermöglichen ein systematisches Nachdenken über die Zukunft und die Entwicklung gemeinsamer Visionen, sie liefern Orientierungswissen für strategische Entscheidungen und haben damit eine wichtige Kommunikations- wie auch Frühwarn-Funktion (Volkery/Ribeiro 2009, Kosow/Gaßner 2008, Fink et al. 2004)

Es können vor allem zwei idealtypische Szenarioansätze unterschieden werden (Kosow/Gaßner 2008, Börjeson et al. 2006): Explorative (deskriptive) Szenarien beschreiben mögliche Zukünfte, unabhängig von ihrer Wünschbarkeit. Entlang verschiedener Schlüsselfaktoren für gesellschaftliche Entwicklung (Bevölkerung, Wirtschaft, Technik usw.) liefern sie Wenn-Dann-Aussagen der Form, *wenn* bestimmte Entwicklungen eintreten, *dann* kann dies zu bestimmten Effekten führen. Im Unterschied dazu beschreiben normative Szenarien erwünschte Zukünfte (beispielsweise eine bestimmte Reduktion von CO_2-Emissionen) und zielen auf die Analyse und Bewertung möglicher Wege zu deren Erreichung. Diese idealtypische Unterscheidung spiegelt jedoch die Realität nur bedingt wider, erfordert doch das Arbeiten mit Szenarien an vielen Stellen Entscheidungen und Selektionen, weswegen Szenarien bis zu einem gewissen Grad immer auch normativ sind. Daher wird in der Praxis meist eine Kombination aus beiden Ansätzen verwendet. Angesichts der auch bei Szenarien aus Praktikabilitätsgründen notwendigen Selektivität und ihrer Abhängigkeit von zu treffenden Annahmen ist auch hier eine reflektierte Anwendung und Nutzung erforderlich. Die kann beispielsweise in der Form geschehen, dass zumindest für weitreichende Entscheidungen mehrere, verschiedene Perspektiven beleuchtende Szenarien herangezogen werden.

Häufig ergänzen sich die beiden Methoden, beispielsweise kommen im Rahmen von Szenarienanalysen Modellierungen immer wieder insbesondere für quantitative Analysen zur Anwendung. Allerdings ist es gerade hier, wo die erheblichen Unsicherheiten von Zukunftsbetrachtungen und die genannten Limitationen von Modellen zusammenkommen, besonders wichtig, dass Anwender und Nutzer die so erarbeiteten Ergebnisse entsprechend einordnen und interpretieren.

6. Gesellschaftliche Handlungsfelder

In der Debatte um nachhaltige Entwicklung geht es primär, ausgehend von der Brundtland-Definition, um die Befriedigung menschlicher Bedürfnisse unter den zentralen Prämissen der Realisierung von Gerechtigkeit und Verantwortung für alle heute und künftig lebenden Menschen (Kapitel 3). Es handelt sich dabei zunächst um grundlegende oder existenzielle Bedürfnisse wie Ernährung (6.1), Gesundheit oder Wohnen (6.2), hinzu kommen solche wie Mobilität (6.3), Tourismus oder auch Kommunikation. Zur Sicherstellung der Versorgung mit entsprechenden Gütern und Dienstleistungen müssen einige grundlegende Voraussetzungen gegeben sein, insbesondere die quantitativ und qualitativ ausreichende Verfügbarkeit von Energie (6.4) und Wasser (6.6), aber auch eine menschenwürdige Arbeit für den Einzelnen (6.7) oder Produktionssektoren wie die Landwirtschaft (6.8) als Quellen für die Herstellung und den Erwerb von Gütern. Unter Nachhaltigkeitsgesichtspunkten besteht die Zielsetzung zum einen in der Sicherstellung der Versorgung aller Menschen mit existenznotwendigen Grundgütern in ausreichender Menge und Qualität bzw. in deren gerechter Verteilung, zum anderen in der Minimierung von mit der Umsetzung dieses Ziels sowie mit der Befriedigung von Bedürfnissen einher gehenden unerwünschten Nebenfolgen wie etwa den Verbrauch knapper Ressourcen, Umweltschäden oder auch den Klimawandel (6.5).

Die meisten der in diesem Kapitel beschriebenen Themen stellen gesellschaftliche Handlungsfelder dar, die mit klassischen Politikressorts korrespondieren (Energiepolitik, Verkehrspolitik, Agrarpolitik, Wasserversorgung usw.). Dadurch ist es besser möglich, den Blick auch auf die konkrete Umsetzungsperspektive, d. h. auf bestehende politische Handlungsdefizite und künftige Erfordernisse zu richten. Zwar kann hier alleine aus Platzgründen kein vollständiger Überblick über alle existierenden Felder gegeben werden – beispielsweise werden die Themen Gesundheit, Tourismus oder Kommunikation nicht explizit behandelt -, dennoch werden die meisten wichtigen Bereiche angesprochen. Dabei unterscheidet sich die Betrachtung der Themen teilweise im Grad der Detaillierung und der Unterlegung mit quantitativen Informationen. In beiden Punkten ragen die Themen Energie und Mobilität ein wenig heraus, weil sie einerseits in querschnitthafter Weise Wechselbeziehungen zu den anderen Themen aufweisen und weil sie andererseits seit langem besonders intensiv und kontrovers in Wissenschaft, Politik und Öffentlichkeit diskutiert werden.

6.1 Ernährung[1]

Mengenmäßig und qualitativ ausreichende Ernährung ist ein existenzielles Grundbedürfnis des Menschen. Ernährung beeinflusst wesentlich Gesundheit, Leistungsfähigkeit und Wohlbefinden auf individueller und gesellschaftlicher Ebene. Bei der Ernährung wird die grundlegende Abhängigkeit des Menschen von natürlichen Ressourcen besonders deutlich. Gleichzeitig stellt sie einen wesentlichen Teil der Kultur und ein Medium der sozialen Begegnung dar. Waren traditionell Ernährung und Nahrungsmittelproduktion regional geprägt, so hat die Globalisierung mittlerweile auch den Nahrungsmittelsektor erreicht. Viele Einflussfaktoren führen zu Veränderungen der Ernährungsgewohnheiten, der globalen Warenströme im Lebensmittelbereich und der Produktions- und Verarbeitungsverfahren von Lebensmitteln. Hierzu gehören der zunehmende Wohlstand vor allem in Schwellenländern, die steigende Nachfrage nach verarbeiteten Nahrungsmitteln, die Umstellung der Nahrungsmittelversorgung der Bevölkerung von lokalen auf nationale oder globale Strukturen, die Entstehung entsprechend mächtiger internationaler Konzerne und Handlungsketten und die allgemeinen Trends der Globalisierung, wie sie sich auch in der internationalen Präsenz von Ketten und Marken wie McDonald's und Coca Cola zeigen. Der Nahrungsmittelindustrie und dem Handel kommt auf diese Weise zunehmende ökonomische Bedeutung zu, während die am Beginn der Wertschöpfungskette stehende Landwirtschaft weiter ökonomisch und

---

1   Wir danken dem Kollegen Rolf Meyer für wertvolle Kommentare und Anregungen.

damit auch als kultureller Faktor an Bedeutung verliert (vgl. Kapitel 6.8). Durch die industrielle Verarbeitung von Nahrungsmitteln, vor allem durch unübliche Produktionsketten und durch die Transportwege in der globalisierten Ökonomie, entstehen neue Risiken für die Lebensmittelsicherheit. Beispiele sind hier die BSE-Krise (»Rinderwahnsinn«) Anfang des Jahrhunderts und im Jahre 2010 die EHEC-Epidemie.

Zu den Mindestbedingungen für nachhaltige Entwicklung gehört die Gewährleistung von Ernährungssicherheit auf lokaler, nationaler und globaler Ebene (Meyer et al. 2011). Sie ist dann gegeben, wenn alle Menschen jederzeit physisch und wirtschaftlich Zugang zu ausreichender, gesundheitlich unbedenklicher und nahrhafter Nahrung haben (FAO 1996). Um dies zu ermöglichen, sind vor allem zwei Herausforderungen zu bewältigen: (a) es muss das *Mengenproblem* gelöst werden, d. h. für eine weiter steigende Weltbevölkerung muss die Nahrungsmittelproduktion den entsprechend steigenden Bedarf befriedigen; (b) Das globale *Verteilungsproblem* ist zu lösen. Überschüssen in vielen Industrieländern, die bis hin zur Vernichtung von Lebensmitteln führen, stehen gravierende Mangelsituationen bis zu extremem Hunger in vielen Entwicklungsländern gegenüber.

Weltweit leiden etwa eine Milliarde Menschen an chronischer Unterernährung (FAO 2010). Täglich sterben zirka 40 000 Menschen – hauptsächlich Kinder unter fünf Jahren – an den Folgen (Serageldin 2011). Unterernährung zieht darüber hinaus Behinderungen, Leistungseinschränkungen und Krankheiten nach sich. Verheerend wirkt sich häufig die Kombination mit Problemen der Wasserversorgung und Abwasserentsorgung aus (vgl. Kapitel 6.6). Verbreitete Unterernährung kann außerdem massive politische und soziale Instabilität sowie negative wirtschaftliche Folgen verursachen. Hunger und Mangelernährung werden vor allem in Afrika durch Kriege, bürgerkriegsähnliche Auseinandersetzungen, fehlende Armutsbekämpfung, beschränkten Zugang der Kleinbauern zu Produktionsmitteln, mangelhafte Infrastruktur, Korruption sowie unzureichende Rechtssysteme verursacht oder verstärkt (Paarlberg 2002). Das besonders in Afrika starke Bevölkerungswachstum verschärft die Situation bzw. kompensiert Erfolge in der Bekämpfung ernährungsbedingter Probleme und von Hunger. Das Fehlen einer funktionierenden staatlichen Ordnung stellt vielfach ein Haupthindernis für Maßnahmen zur kurz- oder mittelfristigen Verbesserung der Situation dar (FAO 2010). Vorsorge spielt häufig kaum eine Rolle.

Die Anfälligkeit gegenüber Naturkatastrophen (vor allem Dürren und Überschwemmungen) ist dadurch besonders hoch. Langfristig können großflächige Umweltzerstörungen sowie klimabedingte ökologische Veränderungen die Ernährungslage regional zusätzlich deutlich verschlechtern.

Das bereits seit 1996 international bestehende Ziel, die Anzahl der Hungernden bis 2015 zu halbieren, gehört zu den Millenniumszielen der Vereinten Nationen (Kapitel 2.5). Obwohl das notwendige Wissen und die technischen Mittel hierzu weitgehend vorhanden sind, steigt in vielen Ländern die Zahl der unterernährten Menschen weiter an. Aufgrund des teilweise mangelnden politischen Willens zur Hungerbekämpfung und der erwähnten politisch-institutionellen Defizite in vielen betroffenen Ländern besteht zurzeit wenig Hoffnung auf eine umfassende Wende. Der Klimawandel, die zunehmende Konkurrenz zwischen Nahrungsmittel- und Energieproduktion um landwirtschaftliche Nutzflächen und das Bevölkerungswachstum bilden eine brisante Mischung von Faktoren, die den vor einigen Jahren noch verbreiteten Optimismus, das Hungerproblem innerhalb überschaubarer Zeit lösen oder wenigstens deutlich entschärfen zu können, innerhalb kurzer Zeit zerstört haben (Dusseldorp/Sauter 2011). Insbesondere führt diese Diagnose deutlich vor Augen, dass das Hungerproblem keineswegs »bloß« ein Verteilungsproblem, sondern in hohem und zunehmendem Maße auch ein Mengenproblem ist.

Im Unterschied dazu führen in vielen Industrieländern Nahrungs*überfluss* und Fehlernährung zu Problemen. Viele Menschen essen zu viel, zu fett und zu süß (Meyer/Sauter 2004). Übergewicht und ernährungsabhängige Krankheiten haben sich, häufig in Verbindung mit Bewegungsmangel, zu Volkskrankheiten entwickelt und nehmen weiter zu, gerade auch bei Kindern und Jugendlichen und besonders in den sozial benachteiligten Schichten (BMELV 2008). Insbesondere der hohe Fleischkonsum stellt sowohl in gesundheitlicher Hinsicht als auch wegen der erheblichen Umweltfolgen der Massentierhaltung (vgl. Kapitel 6.8) ein Kernproblem dar. Zahlreiche Informations- und Aufklärungsprogramme haben an diesen Trends bislang wenig geändert. Mittlerweile betrifft das Phänomen der Fehlernährung und insbesondere der Übergewichtigkeit nicht nur Industrie-, sondern auch Schwellenländer und zunehmend sogar einen Teil der Bevölkerung in Entwicklungsländern.

Der Überfluss in vielen Industrieländern drückt sich auch darin aus, dass es zu erheblichen Verlusten durch Verarbeitung, Transport oder Nutzung kommt, z. B. weil Lebensmittel weggeworfen werden oder das Verfallsdatum überschreiten (Gustavsson et al. 2011). Aber auch in Entwicklungsländern kommt es zu erheblichen Verlusten in der Nacherntephase. Insgesamt gehen 25 bis 50 Prozent der Ernte verloren (Dusseldorp/Sauter 2011). Gelänge es, diese Verluste vollständig zu beseitigen, würden bereits heute 50 Prozent mehr Nahrung zur Verfügung stehen. Technische und logistische Lösungen für die Reduzierung der Nachernteverluste gibt es bereits. Es hapert jedoch an der Umsetzung bzw. an Anreizen für ihren Einsatz, insbesondere finanzieller Art. Darüber hinaus fehlt vielfach das Bewusstsein für die Notwendigkeit eines sorgsameren Umgangs mit Nahrungsmitteln über alle Schritte der Ernte, Verarbeitung und Nutzung hinweg (Parfitt et al. 2010).

Bis vor wenigen Jahren sind in den Industrieländern die Lebensmittelpreise kontinuierlich gesunken, verursacht durch Produktivitätssteigerungen in der Landwirtschaft und den sich verschärfenden und zunehmend globalen Wettbewerb. Allerdings beziehen diese Preise die externen ökologischen, sozialen und gesundheitlichen Folgekosten – wie in vielen Bereichen – kaum ein. Bei den meisten Konsumenten ist nach wie vor der Preis das Hauptkriterium beim Lebensmitteleinkauf. Deswegen machen die häufig teureren Produkte, die unter Beachtung von Nachhaltigkeitsleitlinien produziert, verarbeitet und vermarktet werden, nur einen kleinen, wenn auch wachsenden Anteil am Gesamtmarkt der Lebensmittelbranche aus. Nachdem einige Lebensmitteldiscounter Öko-Produkte in ihr Sortiment aufgenommen haben, hat sich die Lage verbessert; gleichwohl ist eine nachhaltige Ernährungsweise weitgehend auf gut gebildete und besser verdienende Kreise beschränkt. Damit breitere Bevölkerungsschichten die Möglichkeit erhalten, sich gesundheitsbewusst zu ernähren und diese Möglichkeit auch wahrnehmen, ist neben entsprechenden Preisen die Vermittlung von Wissen sowie die Schaffung von gesamtgesellschaftlichen Strukturen erforderlich, die Entscheidungen für eine gesunde Ernährungsweise erleichtern und aktiv fördern. Hier bestehen große Defizite, auch mit Blick auf den wachsenden Bereich der Convenience- und Fast-Food-Produkte. Eine nachhaltigkeitsorientierte konsequente und umfassende Ernährungspolitik existiert bislang allenfalls in Ansätzen (Coenen/Grunwald 2003: 185).

In der Zukunft werden nach derzeitigen Prognosen weltweit die Lebensmittelpreise steigen. Der Hauptgrund liegt in der Verknappung der landwirtschaftlichen Nutzfläche. Aufgrund zunehmender Konkurrenz durch andere Nutzungsformen, vor allem für Zwecke der Energiegewinnung, nimmt der Flächenanteil ab, der für die Nahrungsmittelproduktion eingesetzt werden kann. Die Hoffnung, durch vermehrte Nutzung von Biomasse das Energieproblem (Kapitel 6.4) zu lösen, stieß rasch auf das Problem, dass – pauschal gesprochen – Ackerfläche nur einmal genutzt werden kann: entweder für Treibstoffe oder für Nahungsmittel. Die Nutzung eines zunehmenden Teils der Nutzflächen für energetische Zwecke führt dazu, dass in Zukunft Lebensmittelpreise stärker an die Entwicklung der Energiepreise gekoppelt sein werden – und beide werden aller Voraussicht nach steigen.

Hohe und tendenziell steigende Lebensmittelpreise werfen jedoch Gerechtigkeitsfragen auf und verschärfen andere Probleme: von hohen Preisen werden in Industrieländern die Armen (z. B. Hartz IV-Empfänger) besonders getroffen, da sie anteilig am Monatseinkommen deutlich mehr als Durchschnittsbürger für Nahrungsmittel ausgeben. Stärker noch allerdings würden von weltweit steigenden Lebensmittelpreisen diejenigen Entwicklungsländer betroffen, die auf Importe angewiesen sind.

Insgesamt zeigt sich, dass die Weltgesellschaft in Bezug auf Ernährung weit entfernt vom Erreichen von Nachhaltigkeitszielen ist. Mengen- und Verteilungsprobleme müssen gemeinsam betrachtet werden, die Effizienz in der gesamten Kette von der Ernte bis zum Verbrauch muss gesteigert werden und die Auswirkungen des Klimawandels müssen bewältigt werden. Nur ein integriertes Vorgehen und ein klarer politischer Wille können zu einer spürbaren Verbesserung der globalen Ernährungssituation oder wenigstens zunächst zu einer Abwendung einer weiteren Verschlechterung führen.

6.2 Wohnen und Bauen[2]

Auch Wohnen gehört zu den menschlichen Grundbedürfnissen (UBA 2010a). Seine Erfüllung erfolgt durch das Bauen von Unterkünften verschiedenster Art, die von einfachsten Behausungen – wie in südameri-

---

2 Wir danken dem Kollegen Volker Stelzer für wertvolle Kommentare und Anregungen.

kanischen Favelas – bis hin zu Luxushäusern reichen. Damit sind verschiedene Nachhaltigkeitsaspekte verbunden (Jörissen et al. 2005). Zunächst geht es darum, alle Menschen mit adäquatem Wohnraum zu versorgen und ein positives Wohnumfeld zu schaffen, etwa durch kulturelle Angebote und kommunale Infrastrukturen. Hierzu werden in großem Umfang natürliche Ressourcen in Form von Baumaterialien (Steine, Kies, Holz), Wasser und Energie (vor allem für die Heizung) verbraucht, und es entsteht ein erheblicher Bedarf an Infrastrukturen (Straßen, Kanalisation, Telefon, Wasser, Energie usw.). Des Weiteren führt der für das Bauen erforderliche Flächenbedarf zu Ressourcenverknappung, zu Bodenversiegelung oder zu Landschaftszerschneidungen etwa durch Verkehrsinfrastrukturen, mit negativen Folgen zum Beispiel für die Biodiversität. Am weltweiten CO_2-Ausstoß hat das Feld Wohnen und Bauen einen erheblichen Anteil, vor allem über die Heizung (WBGU 2011: 147 ff.), Das Wohnen erzeugt dann weitere Bedürfnisse wie etwa nach der Verfügbarkeit zentraler Ver- und Entsorgungs- oder Verkehrsinfrastrukturen, nach Einrichtungsgegenständen und technischer Ausstattung, nach einem angenehmen Umfeld und ganz allgemein nach Lebensqualität. Die Wahl des Wohnortes wirkt sich auf die Intensität und Verteilung von Verkehrsströmen aus, vor allem auf Berufs- und Freizeitverkehr. Schließlich entstehen auch am »Lebensende« von Gebäuden angesichts der anfallenden Schuttmengen erhebliche Entsorgungs- und Rezyklierungserfordernisse (Baccini/Bader 1996).

Das Problem der Wohnraumversorgung ist selbst in den Industriestaaten nur zu einem Teil gelöst. Benachteiligte Gruppen wie Alleinerziehende, Familien mit mehreren Kindern, Langzeitarbeitslose, Ausländer und Arme haben nur begrenzten Zugang zum Wohnungsmarkt. Ihre Zahl steigt in vielen Ländern, genau wie die Zahl der Obdachlosen (Paegelow 2006). In vielen Entwicklungsländern ist die Versorgung mit adäquatem Wohnraum weithin nicht gewährleistet. Vor allem in den rasch wachsenden Millionenstädten, insbesondere in den urbanen Zusammenballungen der Megacities, bestehen erhebliche Probleme. Zu der teils katastrophalen Qualität der Unterbringung kommen eine unzureichende oder keine Versorgung mit wichtigen Infrastrukturen (Energie, Wasser, Information, Straßen) hinzu. Das durch Landflucht wilde und ungeplante Wachsen dieser Städte in geregelte Bahnen zu lenken, stellt eine bislang ungelöste Aufgabe von Stadtplanung und Raumordnung dar.

In Deutschland besteht in vielen Städten und Regionen trotz stagnierender Bevölkerung eine weiterhin steigende Nachfrage nach Wohnraum. Dies liegt an der Zunahme der Zahl der Haushalte (die allerdings aus immer weniger Personen bestehen) und an der Zunahme des Wohnflächenbedarfs pro Person. Diese Entwicklung hat einen erheblichen Anteil an dem viel zu hohen Verbrauch von Siedlungs- und Verkehrsfläche (zurzeit etwa 80 ha/Tag, während das Ziel der deutschen Nachhaltigkeitsstrategie bei 30 ha/Tag liegt). Er wird vor allem durch den Eigenheimbau »im Grünen« verursacht (Jörissen/ Coenen 2006), der lange Zeit durch staatliche Subventionen wie die Eigenheimzulage gefördert wurde. Sie war mit einem Fördervolumen von teils über zehn Milliarden Euro pro Jahr eine der umfangreichsten staatlichen Subventionen und wurde im Jahre 2006 abgeschafft. Die Pendlerpauschale, ebenfalls aus Nachhaltigkeitsgründen stark umstritten, besteht trotz vieler Debatten jedoch fort. Auch der Energieverbrauch für Heizzwecke und der damit verbundene CO_2-Ausstoß bewegen sich – trotz großer Fortschritte in der Gebäudedämmung – weiterhin auf hohem Niveau und bergen noch erhebliche Verbesserungspotentiale. Erwartet wird für die Zukunft, vor allem wegen der demographischen Entwicklung, allerdings eine nur noch langsame Zunahme der Wohnfläche pro Person und auch der Eigentümerquote, ebenso eine Abnahme der Neubautätigkeit zugunsten der Modernisierung (IZT 2011).

Ein neuartiges Problem stellt die Schrumpfung von Städten dar. Durch Abwanderung besonders der jungen Bevölkerung aufgrund schlechter sozio-ökonomischer Lebensbedingungen sind bereits heute viele Städte in den ostdeutschen Bundesländern davon betroffen, ebenso einige Städte in den westlichen Bundesländern, so z. B. im Ruhrgebiet. Aufgrund des demografischen Wandels, das heißt einer Überalterung der Bevölkerung und einer wahrscheinlichen Abnahme der Bevölkerungszahlen in vielen europäischen Ländern nach 2030, werden in Zukunft von dieser Entwicklung weitere Städte betroffen sein, allerdings wird es große regionale Unterschiede in der Bevölkerungsentwicklung geben. Hier kündigt sich eine neue Herausforderung für kommunale Nachhaltigkeitsbemühungen an (Jörissen et al. 2005).

Nachhaltige Entwicklung im Bereich Wohnen und Bauen bedarf unterschiedlicher Innovationen, Änderungen der gesetzlichen Rahmenbedingungen sowie Verhaltensänderungen. Beispielsweise können Materialbedarf und Energieverbrauch beträchtlich vermindert werden, wenn sich das Bauen noch stärker »im Bestand« vollziehen würde statt primär auf Neubauten zu setzen. Beispielsweise liegt der Anteil der bezüglich des Heizwärmebedarfs noch nicht sanierten Gebäude bei weniger als einem Viertel und die Geschwindigkeit der energetischen Sanierung ist gering (Deutsche Bank 2008). Die Aufwertung der Wohnqualität von bestehenden Wohnungen ist in der Regel arbeitsintensiver als der Neubau, was dementsprechend zu mehr Arbeitsplätzen im Baugewerbe führen würde. Allerdings würde dies ein Umdenken in weiten Bevölkerungsteilen, aber auch andere Schwerpunktsetzungen in der Architektenausbildung voraussetzen. Auch in Raumordnung und Stadtplanung sind innovative Ansätze der Flächennutzungsplanung gefragt, vor allem in Bezug auf die Koordinierung über kommunale Grenzen hinweg (Jörissen/Coenen 2006).

Das Potenzial technischer Innovationen ist bislang in der Breite bei weitem nicht ausgeschöpft. In Bezug auf den Heizenergiebedarf sind eine Reihe technischer Verbesserungen verfügbar (z. B. Vakuumdämmung, Dreifachverglasung, Lüftung mit Wärmerückgewinnung), allerdings liegt hier ein Umsetzungsproblem vor. Die Flexibilität der Nutzung bestehender Gebäude kann durch entsprechende intelligente Planung erhöht werden, wodurch ein *Bauen im Bestand* auch bei sich verändernden Nutzungsansprüchen erleichtert würde. Schließlich können Konzepte eines »intelligenten Hauses« den Energiebedarf minimieren. In Kombination mit der Nutzung erneuerbarer Energieträger (wie Solarkollektoren oder Photovoltaikzellen auf dem Dach oder in der Fassade) ist die Realisierung von »Null oder Plus-Energiehäusern« heute im Neubau Realität (Solarsiedlung 2011, BMVBS 2010a, BMVBS 2010). Nach den Planungen der EU sollen ab dem Jahr 2020 alle Neubauten »quasi CO_2-neutral« errichtet werden (European Parliament/European Council 2010). Eine institutionelle Innovation wäre, durch Anreize wie z. B. Steuererleichterungen dafür zu sorgen, dass Maßnahmen zur Verbesserung der energetischen Nachhaltigkeit von Wohnungen auch für Mieter attraktiver werden.

In Deutschland haben die jüngsten Beschlüsse zu einem beschleunigten Ausstieg aus der Kernenergie die Debatte um energiesparendes Wohnen weiter intensiviert. Bereits seit 2008 ist es gesetzliche Pflicht, bei Verkauf oder Vermietung von Wohnimmobilien einen Energiepass für das Gebäude vorzulegen, der Auskunft über den tatsächlichen Energieverbrauch der jeweils letzten drei Jahre gibt. Eine Ausnahme hiervon besteht nur bei selbst genutzten Wohngebäuden, solange diese nicht verkauft werden, und bei denkmalgeschützten Gebäuden. Hierdurch sowie durch Fördermaßnahmen auf unterschiedlichen Ebenen soll in den nächsten Jahrzehnten der Energiebedarf für Heizungszwecke erheblich reduziert werden. Auf Bundesebene wurden steuerliche Anreize für energetische Sanierungsmaßnahmen im Rahmen des Energiekonzepts der Bundesregierung beschlossen, die ab 2012 gelten (Bundesregierung 2011a).

Angesichts der vielfältigen zentralen Bedeutung von Gebäuden für eine nachhaltige Entwicklung sind konkrete Kriterien und Grundsätze für »nachhaltiges Bauen« eine entscheidende Voraussetzung, um Planung, Neubau, Umbau und Betrieb von Gebäuden über eine häufig sehr lange Nutzungsdauer hinweg nachhaltiger gestalten zu können. Solche Kriterien sind im aktuellen Leitfaden Nachhaltiges Bauen des Bundesministeriums für Verkehr, Bau und Stadtentwicklung (BMVBS 2011b) festgelegt worden. Sie beziehen sich auf ökologische, ökonomische, soziokulturelle, funktionale, technische und prozessbezogene Qualitätsmerkmale.

Im Rahmen der Lead Market Initiative der EU, die nachhaltiges Bauen als einen künftigen europäischen Lead Market identifiziert hat – neben Bioprodukten, erneuerbaren Energien oder elektronischen Gesundheitsdiensten – wurde auch die Entwicklung von Bewertungsmaßstäben für die Nachhaltigkeit von Bauwerken vorangetrieben. In den letzten Jahren wurden in verschiedenen Ländern verschiedene Bewertungsinstrumente entwickelt. In Deutschland hat das vom BMVBS und der Deutschen Gesellschaft für Nachhaltiges Bauen entwickelte, auf dem erwähnten Leitfaden basierende »Gütesiegel Nachhaltiges Bauen« eine herausgehobene Bedeutung als umfassendes, wissenschaftlich fundiertes und planungsbasiertes Bewertungssystem erlangt (Lützkendorf 2009, DGNB 2009b). Ziel ist hier vor allem, von einer bislang eher kosten- und energieverbrauchsorientierten zu einer umfassenderen qualitätsorientierten Bewertung im obigen Sinn zu gelangen, um den verschiedenen Akteuren (Planern, Bauherren, Nutzern, Investoren, Banken usw.) Informationen zur Verfügung zu stellen, die eine Vergleichbarkeit von Gebäuden ermöglichen, Verbesserungspotenziale aufzeigen und somit die Entscheidungen auf eine verbesserte Basis stellen können.

6.3 Mobilität

Mobilität, verstanden als Beweglichkeit bzw. Raumüberwindung insbesondere von Personen und Gütern, stellt ein wesentliches gesellschaftliches Bedürfnis dar. Sie ist auf der einen Seite Voraussetzung dafür, dass Menschen am gesellschaftlichen Leben teilnehmen und ihre individuellen Lebensentwürfe oder Arbeitsformen realisieren können. Auf der anderen Seite hat sie eine Schlüsselfunktion für den Produktionssektor einer Gesellschaft und damit für Beschäftigung und Wohlstand. Die Befriedigung dieses Bedürfnisses findet im Wesentlichen in Form der verschiedenen Ausprägungen von motorisiertem (Pkw, Lkw, Bus, Bahn, Flugzeug, Schiff usw.) und nicht-motorisiertem Verkehr (Fahrrad, Fußgänger) statt. Mobilität und insbesondere der physische Verkehr sind sowohl Folge von als auch wesentliche Voraussetzung für eine zunehmend arbeitsteilig organisierte und global zusammenwachsende wirtschaftliche und gesellschaftliche Entwicklung. Die individuellen Mobilitätszwecke und -motive sind vielfältig. Wege werden zum Erreichen des Arbeits- oder Ausbildungsplatzes, für berufliche Zwecke, zum Einkaufen, in Freizeit und Urlaub oder im Zusammenhang mit sozialen Kontakten zurückgelegt. Es sind gerade die in den letzten Jahren veränderten Lebens-, Produktions- und Arbeitsstile, die mit einer erheblichen Intensivierung von Mobilität und Verkehr einhergegangen sind.

Herausforderungen
Aber auch hier existiert eine Kehrseite der Medaille. Personen- und Güterverkehr mit den verschiedenen Verkehrsmitteln sowie die jeweils vor- und nachgelagerten Aktivitäten zur Herstellung und Bereitstellung von Verkehrsmitteln, Verkehrsdienstleistungen und erforderlichen Infrastrukturen verursachen in erheblichem Umfang Probleme. Zu nennen sind hier Treibhausgasemissionen, umwelt- und gesundheitsschädigende Schadstoffemissionen (NO_x, Feinstaub usw.), Lärmbelastungen, Ressourcenverbrauch sowie Flächenversiegelung, Landschaftszerschneidungen und hieraus resultierende Biodiversitätsverluste. In Deutschland, wie auch in vielen anderen Staaten, ist der Verkehrssektor beispielsweise für 20–25 Prozent der CO_2-Emissionen verantwortlich (BMWi 2011a). Besondere Relevanz und Brisanz erhält er durch den Umstand, dass hier – im Unterschied zu anderen Bereichen – bislang kaum Reduktionen erzielt wurden. Hinzu kommen eine Vielzahl von

Toten und Verletzten infolge von Unfällen, insbesondere im Straßenverkehr. Globale Schätzungen liegen bei 800 000 bis 1,2 Millionen für 2005 (Gietinger 2006), in der EU sind es derzeit rund 20 000, in Deutschland rund 4 000 (in den 1970er Jahren waren es noch 25 000) (OECD International Transport Forum 2011a). Weitere negative Folgen sind Überlastungen der Verkehrsinfrastrukturen, die zu Zeitverlusten und finanziellen Kosten (insbesondere durch Staus im Straßenverkehr) führen sowie regional und zwischen Bevölkerungsgruppen sehr ungleich verteilte Zugangsmöglichkeiten zu Verkehrs(dienst)leistungen. So verfügen zahlreiche Menschen über kein Fahrzeug oder haben keine Haltestelle des öffentlichen Verkehrs in ihrer näheren Wohnumgebung, wodurch ihnen die Befriedigung bestimmter Bedürfnisse und die Teilnahme am gesellschaftlichen Leben nur entsprechend eingeschränkt möglich sind. In der Tendenz weist der Schienenverkehr (also Eisenbahn, Straßen- oder U-Bahn) bei den Kriterien Energieverbrauch und Sicherheit (gemessen in der Zahl der Getöteten und Verletzten) mehr oder weniger deutliche Vorteile gegenüber Pkw und Flugzeug bzw. gegenüber Lkw und Schiff auf (ifeu 2010, UBA 2010b, PLANCO 2007, BMVBS versch. Jahrgänge).

Teilweise gehen diese negativen Effekte auch in die Berechnungen der so genannten externen Kosten des Verkehrs ein, die per Definition als Folge des Verkehrs entstehen, aber nicht von den Verursachern getragen werden, und die gegen mögliche (externe) Nutzen des Verkehrs bzw. der Verkehrsinfrastrukturen abgewogen werden können (PLANCO/INFRAS 2006). Sie können beispielsweise bei Pkw je nach Fahrzeugtyp 10 bis 20 Prozent der üblicherweise berechneten Vollkosten pro gefahrenen Kilometer betragen (INFRAS et al. 2007). Trotz aller hier nach wie vor bestehenden Datenunsicherheiten und methodischer Probleme (siehe z. B. CE Delft et al. 2008) können solche Zahlen zumindest einen ungefähren Eindruck von den Folgekosten des Verkehrs vermitteln.

Zusammensetzung und Ausmaß der Probleme bzw. die Erreichung gesetzter Ziele hängen wesentlich vom Umfang des Verkehrs, der seit den 1970er Jahren weltweit tendenziell kontinuierlich gestiegen ist (OECD International Transport Forum 2011a), und der Wahl der Verkehrs- bzw. Transportmittel ab. Global gesehen ist alleine seit 2000 die Personenverkehrsleistung um rund 30 Prozent und die Güterverkehrsleistung um rund 50 Prozent gestiegen. Im Trend des so genannten Modal split, d. h. der Verteilung auf die einzelnen Verkehrsträger, ist der

Anteil des Straßenverkehrs (Pkw, Lkw) und des Flugzeugverkehrs gestiegen und der des Schienenverkehrs gesunken. Während der interkontinentale Personenverkehr weit überwiegend mit dem Flugzeug stattfindet, werden in diesem Segment des Güterverkehrs rund 90 Prozent der Menge und 70 Prozent des Werts der Güter auf dem Seeweg transportiert. Prognosen gehen für 2030 von einer Verdopplung des gesamten Personen- wie auch des Güterverkehrs im Vergleich zu 2000 aus, für 2050 von mindestens einer Verdreifachung des Personenverkehrs und einer Verzweieinhalbfachung beim Güterverkehr – bei weiterer Zunahme des Straßenverkehrsanteils zu Lasten des Schienenverkehrs (OECD International Transport Forum 2011b). Dieser Trend wird vor allem durch Bevölkerungs- und Wirtschaftswachstum sowie durch Veränderungen beim lebensstilbedingten Mobilitätsverhalten und bei Produktionsstrukturen getrieben, insbesondere in Staaten wie China und Indien oder weiteren Schwellenländern wie Brasilien (Drewitz/Rommerskirchen 2011).

In Europa und Deutschland stellen sich die Trends nicht ganz so drastisch dar. In der EU ist der Personenverkehr seit 2000 um rund 10 Prozent und der Güterverkehr um rund 20 Prozent angestiegen (European Commission 2010), für 2030 werden ein Zuwachs im Personenverkehr von 30–40 Prozent und im Güterverkehr von 70–100 Prozent prognostiziert, danach bis 2050 eine nur noch geringfügige Steigerung (European Commission Directorate-General for Energy 2010, Sessa/Enei 2009). In Deutschland hat sich – nach den beträchtlichen Wachstumsraten in den 1970er bis 1990er Jahren – die Personenverkehrsleistung seit 2000 nur noch um 4 Prozent erhöht, die Güterverkehrsleistung um rund 35 Prozent (Statistisches Bundesamt 2010a, UBA 2009a). Für 2030 wird im Personenverkehr ein nur noch geringes Wachstum von rund 5 Prozent und danach bis 2050 ein leichter Rückgang vorhergesagt, im Güterverkehr ein Wachstum bis 2030 um rund 60 Prozent und bis 2050 ungefähr eine Verdopplung verglichen mit 2000 (Ickert et al. 2007, TRAMP et al. 2006). Diese verglichen mit anderen Regionen geringeren Zuwächse beruhen vor allem auf Annahmen hinsichtlich geringerem Wirtschafts- und Bevölkerungswachstum, verbesserter Transportlogistik sowie verändertem Mobilitätsverhalten.

Vor diesem Hintergrund wird Nachhaltigkeit im Verkehrsbereich generell definiert als Zugang möglichst aller Menschen zu sicheren Verkehrsdienstleistungen, die ihnen die Teilhabe am gesellschaftlichen Leben ermöglichen, die erschwinglich sind und die möglichst geringe Umwelt- und Gesundheitsbelastungen bewirken (siehe z. B. UN-ECE 2011, Litman/Burwell 2006, Willeke 2003). Insbesondere mit Blick auf die Reduzierung der Umwelt- und Gesundheitsbelastungen lassen sich im Wesentlichen drei grundlegende verkehrspolitische Ziele bzw. Ansätze unterscheiden, die dann mit verschiedenen Maßnahmen verbunden sind und die seit vielen Jahren, mit unterschiedlichen Gewichtungen, diskutiert und teilweise umgesetzt werden (siehe z. B. Bundesregierung 2010a, Erdmenger et al. 2009, Zimmer/Fritsche 2008, Litman/Burwell 2006, BMU 2003): Die *Vermeidung* von Verkehr (also die Reduzierung der Anzahl von Wegen und/oder ihrer Länge), die *Verlagerung* des Verkehrs insbesondere auf umweltfreundlichere Verkehrsmittel sowie die vor allem technische *Optimierung* von Verkehrsmitteln und Verkehrsabläufen. Bezogen auf die Kernziele gerechter Zugang und Erschwinglichkeit von Verkehrsdienstleistungen besteht die Zielsetzung insbesondere im Aufbau von Infrastrukturen in entsprechender Menge und Qualität sowie der Verfügbarkeit staatlicher finanzieller Unterstützungsmechanismen.

Konkrete, durch die Politik vorgegebene quantitative Ziele bestehen hier vergleichsweise wenige. Sie beziehen sich auf Energieverbrauch bzw. CO_2-Emissionen im Verkehr oder, in der klassischen Effizienzlogik, auf die Größe Verkehrs- bzw. Transportintensität, die das BIP zu den Verkehrs- bzw. Transportleitungen in Beziehung setzt, so z. B. auch in der deutschen Nachhaltigkeitsstrategie (Bundesregierung 2002). Mitunter werden Zielwerte für eine Verlagerung formuliert, meist auf öffentlichen Personennahverkehr oder Schienengüterverkehr, oder auch für Verbrauchseffizienzsteigerungen von Verkehrsmitteln, oft allerdings nur in Form von freiwilligen Selbstverpflichtungen der Hersteller. Explizite Verkehrsvermeidungsziele sind praktisch nie zu finden.

Handlungsoptionen
Für die Realisierung der von vielen als erforderlich angesehenen Verkehrsvermeidung sind grundlegende Veränderungen in verschiedenen Bereichen erforderlich. Erhebliche Bedeutung kommt hier der teilweisen Neuorientierung und stärkeren Integration und Koordination von Raum-, Siedlungs-, Wirtschafts- und Verkehrspolitik und den entsprechenden Planungsinstrumenten zu, mit dem Ziel, auf weniger verkehrs- und transportintensive Siedlungsstrukturen, Produktions-, Kon-

sum- und Freizeitaktivitäten hinzuwirken. Hier geht es etwa um die Suche nach Möglichkeiten kompakterer Raumstrukturen mit einer wieder stärkeren Mischung von Wohn-, Arbeits-, Einkaufs- und Freizeitorten, um die Stärkung regionaler Wirtschaftskreisläufe hinsichtlich Produktion, Vermarktung und Konsum oder um die Förderung eines regionaler orientierten Freizeit- und Tourismusverhaltens. In den Blick zu nehmen sind dabei letztlich auch grundlegende gesellschaftspolitische Entscheidungen wie etwa zur EU-Erweiterung, die auch das Anwachsen von Verkehr und seiner unerwünschten Nebeneffekte zur Folge haben – ein klassisches Beispiel für das Entstehen von bzw. den notwendigen Umgang mit Zielkonflikten, hier etwa zwischen der Förderung grenzüberschreitender wirtschaftlicher Integration und Umweltschutz.

Ein weiterer strategischer Ansatzpunkt zur Vermeidung von Verkehr besteht in der Erhöhung der Auslastung der Verkehrsmittel. Im Güterverkehr kann dies vor allem durch verbesserte Logistikkonzepte erreicht werden. Im Personenverkehr beispielsweise durch Fahrgemeinschaften zum Arbeitsplatz oder auch durch die gemeinsame Nutzung von Fahrzeugen. Zu nennen sind hier vor allem die in Deutschland seit Mitte der 1980er Jahre existierenden, verschiedene Fahrzeugtypen anbietenden Car-Sharing Modelle (BCS 2008, Glotz-Richter et al. 2007) sowie das vor rund drei Jahren in Ulm gestartete Car2go-Modell, das zwar zunächst nur Fahrzeuge vom Typ Smart anbietet, aber deutlich größere Flexibilität bei deren Aufnahme und Rückgabe aufweist (Büttner 2011, Dorn 2010, Grünweg 2009). Diese Systeme zielen vor allem auf die Reduzierung städtischer und stadtnaher Verkehrsprobleme durch das Angebot von Mobilitätsdienstleistungen über das Prinzip Leihfahrzeuge. Wie groß letztlich der Beitrag solcher Ansätze zur Problemlösung ist, hängt davon ab, inwieweit Fahrten mit anderen Fahrzeugen ersetzt werden, inwieweit die gemeinsame Nutzung eines Fahrzeugs gar zum Verzicht auf den Besitz eines eigenen Fahrzeugs führt, aber auch davon, welche Leihfahrzeuge angeboten bzw. genutzt werden (Verbrennungsmotoren, Elektromobile, deren Größe usw.).

Neben diesen Formen der Verkehrsreduzierung besteht auch ein Potenzial, das auf lebensstil-bezogenem bewussten Verzicht auf Mobilitätsaktivitäten beruht oder, im Bereich des Güterverkehrs, mit Blick auf zumindest fragwürdige Transporte, die vorwiegend aufgrund von unter Nachhaltigkeitsgesichtspunkten kontraproduktiven ökonomischen Anreizsystemen stattfinden. Häufig angeführt wird hier das für viele andere stehende Beispiel der Krabben, bei denen es sich ökonomisch rechnet, sie aufgrund der vergleichsweise geringen Transportkosten in Lkw insgesamt 6 000 km von der norddeutschen Küste zum Pulen nach Nordafrika mit seinen niedrigen Lohnkosten und wieder verkaufsfertig zurück nach Deutschland zu transportieren (siehe z. B. Untereiner 2007) – ein weiteres Beispiel für einen klassischen Zielkonflikt, hier zwischen den für internationalen Warenaustausch bedeutsamen niedrigen Transportkosten und Umweltschutz.

Um substanzielle Veränderungen des Modal split zu erreichen, sind ebenfalls Verhaltensänderungen der Verkehrsteilnehmer erforderlich. Im Fokus stehen hier Verlagerungen vom Straßen- und Luftverkehr auf schienengebundene Verkehrsmittel und Fahrrad im Personenverkehr sowie auf Schiene und Schiff im Güterverkehr. Darüber hinaus wird seit einiger Zeit über Möglichkeiten eines Linienbusverkehrs auch im Fernverkehr nachgedacht (siehe z. B. Walter et al. 2009). Die Verkehrsteilnehmer treffen ihre Entscheidungen primär anhand der Qualitätskriterien Kosten, Geschwindigkeit (insbesondere die Haus-zu-Haus-Reisezeit), Bequemlichkeit und Umweltbelastung. Es geht hier zum einen darum, die Attraktivität der nachhaltigeren Verkehrsmittel durch technische, organisatorische und andere verkehrspolitische Maßnahmen weiter zu erhöhen, d. h. ihre (umweltbezogenen) Vorteile zu erhalten und soweit möglich Verbesserungen bei den anderen Kriterien zu erzielen, und Rahmenbedingungen zu schaffen, die die entsprechenden Verhaltensänderungen bewirken können. Zum anderen müssen die erforderlichen Kapazitäten und die Instrumente zu ihrem Management bereitgestellt werden, um die potenziell verlagerbaren Verkehre überhaupt aufnehmen zu können, was entsprechende Investitionen erfordert und angesichts der Größenordnungen der Verlagerungserfordernisse auch eine erhebliche Herausforderung darstellt.

Die technische Optimierung des Verkehrssystems kann an verschiedenen Punkten ansetzen (siehe z. B. Bundesregierung 2010a, Zimmer/Fritsche 2008, WBCSD 2004): zum einen an den Verkehrsmitteln. Nachdem in den letzten Jahren in vielen Bereichen Erfolge in der Minderung von Luftschadstoffen (Katalysator, Dieselfilter usw.) oder Lärmemissionen erzielt werden konnten, liegt der Fokus derzeit stärker auf der Reduzierung von Energieverbrauch und CO_2-Emissionen. Optionen sind hier die Realisierung der noch bestehenden Effizienzsteigerungspotenziale bei Verbrennungsmotoren in Autos, Schiffen oder Flugzeugen, alternative Antriebskonzepte, insbesondere die Kombination aus Verbrennungs- und Elektromotor (Hybrid in der bisherigen Form oder als Plug-in), der reine Elektromotor, die Wasserstoff- und Brennstoffzellentechnologie sowie alternative Kraftstoffe (Gas, Methanol, Wasserstoff, synthetische Kraftstoffe aus Gas oder Biomasse). Diese Optionen sind häufig verbunden mit der Optimierung von Werkstoffen, etwa zum Zweck der Gewichtsreduktion.

In den letzten Jahren konnten bei allen Verkehrsmitteln vor allem technikbedingte Verbesserungen bei Energieeffizienz oder Sicherheit erreicht werden, ein Trend, dessen Fortsetzung auch für die nächsten Jahrzehnte erwartet werden kann. Allerdings ist – wie schon in der Vergangenheit – auch für die Zukunft, zumindest bei Eintreten der prognostizierten Verkehrs- und Transportleistungszuwächse mit einer Kompensation der erzielten Effizienzgewinne zu rechnen. Dieser gerade im Verkehrsbereich häufig anzutreffende so genannte »Rebound-Effekt« bewirkt, dass einige der genanten Probleme weiter steigen werden, wenngleich mit geringerer Geschwindigkeit, bzw. nur in geringem Umfang sinken werden. Mit Blick auf die bereits heute bestehende Problemdimension stellt dies eine besorgniserregende Zukunftsperspektive dar.

Besonderes Augenmerk gilt derzeit in vielen Ländern der Elektromobilität. Ihre Nachhaltigkeitspotenziale liegen vor allem in der Vermeidung des Verbrauchs fossiler Brennstoffe (allerdings nur für den Fall, dass der Strom aus regenerativen Quellen stammt), den deutlich geringeren oder gar nicht anfallenden direkten Schadstoff- und CO_2-Emissionen vor Ort (die Gesamtbilanz hängt hier wiederum ab von der Art der Stromerzeugung), den geringeren Lärmemissionen sowie der über das Gesamtsystem betrachtet deutlich höheren Energieeffizienz verglichen mit Verbrennungsmotoren oder auch mit der Brennstoffzellentechnik. Hinzu kommt die Möglichkeit, zu einer Verbesserung bei Stromnetzeffizienz und Netzintegration von Erneuerbaren beizutragen, wenn so genannte Plug-in Hybridfahrzeuge genutzt werden, die als Stromspeicher einsetzbar sind. Darüber hinaus können E-Mobile einen wichtigen Baustein in einem künftigen intelligenten multimodalen Mobilitätskonzept bilden, insbesondere in Städten mit den dort eher kurzen Wegelängen (siehe z. B. Pehnt et al. 2011, Marwede/Knoll 2010, Schill 2010, Bundesregierung 2009, BUND 2009). Herausforderungen und Probleme bestehen derzeit in technischer Hinsicht vor allem in der mangelnden Leistungsfähigkeit, Sicherheit und Wirtschaftlichkeit der Batterien, deren langen Ladezeiten und der begrenzten Reichweite der Fahrzeuge. Daneben stellt auch die noch kaum vorhandene Energie- und Verkehrsinfrastruktur für eine substanzielle Anzahl von Elektrofahrzeugen ein Problem dar, vor allem aber die mangelnde Kundenakzeptanz insbesondere von reinen Elektrofahrzeugen aufgrund der geringen Reichweite der Fahrzeuge und ihres derzeit noch sehr hohen Preises.

Vor dem Hintergrund der skizzierten Potenziale, aber auch mit Blick auf erwartete Technologieentwicklungs- und -Exportperspektiven versucht die Bundesregierung mit ihrem »Nationalen Entwicklungsplan Elektromobilität«, den Weg »weg vom Öl« – und damit auch weg von der Priorisierung des Dieselmotors in den vergangenen Jahren – zu beschreiten und will Deutschland zum »Leitmarkt Elektromobilität« entwickeln. Während derzeit in Deutschland nur die verschwindend geringe Zahl von rund 2000 Elektrofahrzeugen zugelassen ist, wird in diesem Plan das Ziel festgeschrieben, eine Million Fahrzeuge bis zum Jahr 2020 und fünf Millionen bis 2030 in den Markt zu bringen. Abgesehen von der verbreiteten Skepsis gegenüber der Realisierbarkeit zumindest des 2020-Ziels und vieler ungeklärter Fragen, etwa was die Bereitstellung und Finanzierung der erforderlichen Infrastrukturen anbelangt, würden jedoch selbst diese Zahlen – gemessen an den aktuellen Pkw-Szenarien (siehe z. B. Shell 2009) – nur rund zwei bis drei Prozent des Fahrzeugbestands in 2020 bzw. acht bis zehn Prozent in 2030 ausmachen. Dies verdeutlicht die immense Herausforderung, Bestandsmengen in der Größenordnung von 40 bis 50 Millionen wie im Pkw-Verkehr in überschaubaren Zeiträumen in ihrer Struktur substanziell zu verändern.

Wie groß der Beitrag dieser Technologie zur Lösung bestehender Probleme sein kann, wird letztlich von der Geschwindigkeit und Intensität der Marktdurchdringung der Fahrzeuge über die Zeit, ihrer konkreten Ausgestaltung, ihrem Nutzungsprofil und natürlich dem Grad der regenerativen Stromerzeugung abhängen. Soll sich Elektromobilität über ein Nischendasein hinaus entwickeln und eine substanzielle Rolle im künftigen Verkehrssystem spielen, sind erhebliche Forschungsanstrengungen zu Batteriesystemen, Fahrzeugkonzepten und Stromnetzintegration, aber vor allem auch geeignete politische Rahmenbedingungen erforderlich, die die Markteinführung und Nutzung der Fahrzeuge attraktiv machen. Damit Elektromobilität tatsächlich wichtiger Bestandteil eines nachhaltigeren Verkehrssystems werden kann und keine unerfüllbaren Erwartungen geweckt werden, wird es erforderlich sein, für einen erheblichen Teil des Fahrzeugbestands eine Veränderung des Entwicklungsleitbilds weg vom Typ »Rennreiselimousine« hin zu einem vernetzten öffentlichen Auto als Teil eines intermodularen Systems primär für urbane und suburbane Räume zu realisieren (siehe z. B. Canzler/Knie 2011).

Über die Fahrzeugebene hinaus kann die Technik auch auf den verschiedenen Systemebenen Problemlösungsbeiträge leisten. Beispielsweise können Informations- und Kommunikationstechnologien für ein intelligenteres Transport- und Mobilitätsmanagement (bei Logistik, Car-Sharing, Kombinationen verschiedener Verkehrsträger usw.) eingesetzt werden und damit dazu beitragen, Verkehrsvermeidungs-, -verlagerungs- und -effizienzsteigerungsziele zu erreichen. Bei der Einschätzung der Rolle der Telematik werden zum Teil die positiven Perspektiven betont (siehe z. B. Busch/Hanitzsch 2007), es wird allerdings auch darauf hingewiesen, dass nach den bisherigen Erfahrungen nur begrenzte Beiträge zu solchen Verbesserungen möglich zu sein scheinen bzw., dass erwünschte Effekte von bestimmten Voraussetzungen abhängig sind (Halbritter et al. 2008, Ausserer et al. 2006).

Grundsätzlich zeigt die jahrzehntelange Erfahrung, dass sich im Bereich Mobilität und Verkehr die Formulierung von einschneidenden Zielwerten oder auch die Umsetzung von entsprechenden politischen Maßnahmen besonders schwierig darstellen. Dies gilt nicht zuletzt aufgrund der Existenz von seit Jahrzehnten geförderten und bei den Menschen von Kindesbeinen an eingeprägten Leitbildern wie der »Automobilen Gesellschaft« oder der »Autogerechten Stadt«, die offensichtlich nur sehr schwer in Richtung von mehr Nachhaltigkeit modifiziert werden können. Begriffe wie »Autowende« oder auch »Entschleunigung« sind hier durchaus diskutiert worden, haben jedoch bis heute kaum sichtbare praktische Umsetzung gefunden.

Grundlegendes Ziel der genannten Vermeidungs-, Verlagerungs- und Optimierungsansätze ist zunächst die Entkopplung zwischen der Entwicklung der Wirtschaftsleistung einerseits und der Entwicklung der Verkehrs- und Transportleistung bzw. deren Folgewirkungen andererseits, um letztlich eine absolute Minderung der Probleme zu erreichen. Jeder dieser Ansätze stellt einen unerlässlichen Baustein für eine nachhaltigkeitsorientierte Verkehrs- und Mobilitätspolitik dar. Sie werden in angemessener Weise zu kombinieren sein, um die bestehenden Probleme lösen zu können. Alle Ansätze erfordern weitere Forschungsanstrengungen und entsprechende Förderstrategien sowie geeignete politische Rahmenbedingungen, die wirksame Anreize für erwünschte Innovationen sowie für die erforderlichen Verhaltensänderungen und Investitionen auf der Verkehrsmittelhersteller- wie der -nutzerseite bewirken. Diese umfassen vor allem ordnungsrechtliche (Emissions-, Verbrauchs- oder Lärmgrenzwerte, Tempolimits, autofreie Zonen oder Zeiten usw.), preispolitische (fahrzeugbezogene Steuern oder Abgaben, verschiedene Formen von Maut-Systemen – siehe z. B. Erdmenger et al. 2010 –, Road pricing, Subventionen usw.), (raum)planerische sowie informatorische Maßnahmen. Sie weisen unterschiedliche Minderungspotenziale auf – neueren Untersuchungen zu Folge sind vor allem verkehrsvermeidende planerische Maßnahmen, höhere Treibstoffsteuern auch im Flugverkehr sowie Verbrauchsgrenzwerte mittelfristig am wirksamsten (siehe z. B. Rodt et al. 2010). Hilfreich könnte hier auch eine Art »Verkehrsauswirkungsprüfung« sein (vgl. Erdmenger et al. 2009), mit der mögliche verkehrserzeugende bzw. -reduzierende Effekte von Maßnahmen oder Investitionen auch in anderen Sektoren identifiziert und bewertet werden – als Ausgangspunkt für weitere Feinsteuerungsaktivitäten.

6.4 Energie

Der Energiebereich kann als ein in besonderer Weise ambivalenter Sektor gesellschaftlicher Entwicklung charakterisiert werden. Einerseits sind im Prinzip sämtliche menschliche Aktivitäten mit dem Einsatz von Energie verbunden. Die Verfügbarkeit von Energie bzw. Energiedienstleistungen (z. B. Raumwärme, Raumbeleuchtung, Fortbewegung, Antrieb von Maschinen usw.) stellt für ein menschenwürdiges Leben, für die Funktions- und Existenzfähigkeit sowie für die Entwicklung einer Gesellschaft eine ähnlich grundlegende Voraussetzung dar wie die Verfügbarkeit von Trinkwasser und Nahrungsmitteln. In besonderem Maße gilt dies für die Produktions- und Konsummuster moderner Industriestaaten.

Herausforderungen und Ziele
Andererseits sind mit dem Energiesektor erhebliche Probleme verbunden: Zunächst ist der Zugang zu und die Nutzung von Energierohstoffen global gesehen sehr ungleich bzw. ungerecht verteilt. Ungefähr zweieinhalb bis drei Milliarden Menschen – vorwiegend in den ärmsten Staaten – haben keinen Zugang zu kommerziellen Energieträgern bzw. zu elektrischer Energie und sind daher auf die Nutzung von Biomasse für die existenziellen Aktivitäten wie Kochen oder Heizen angewiesen, ein Zustand, der sich bei Umsetzung der aktuell geplanten Maßnahmen auch bis zum Jahr 2030 nicht wesentlich verbessern wird (IEA 2010a, UNDP/WHO 2009). Verglichen mit den ärmsten Ländern wird in den Industriestaaten pro Kopf rund 25-mal mehr Energie verbraucht (BMWi 2011a, IEA 2010b). Insgesamt vereinen die Industriestaaten mit rund 20 Prozent der Weltbevölkerung für ihren vergleichsweise effizient produzierten, aber hohen Lebensstandard 70 bis 80 Prozent des weltweiten Primärenergie- und Strombedarfs auf sich, der Rest entfällt auf die rund 80 Prozent der in Entwicklungsländern lebenden Menschheit mit ihrem im Durchschnitt geringeren, aber ineffizienter produzierten Standard. Gerade dort sind Energiemangel einerseits und existenzielle Probleme wie Armut, Unterernährung oder Arbeitslosigkeit andererseits häufig eng verknüpft. Hieran wird deutlich, dass die Erreichung der insbesondere auf den Abbau von Armut und die Erfüllung von Grundbedürfnissen fokussierten Millenniumsziele der Vereinten Nationen (siehe Kapitel 7.4) mit erheblichen energiebezogenen Herausforderungen verbunden ist.

Gleichzeitig führen die mit der Bereitstellung von Energiedienstleistungen verbundenen Prozesse der Gewinnung und Umwandlung von Energierohstoffen sowie der Nutzung und Entsorgung von Produkten neben der Ausbeutung knapper, nicht erneuerbarer Energie- und anderer Ressourcen zu erheblichen und zum Teil sehr langfristig wirksamen Nebenwirkungen. Zu nennen sind hier vor allem Gefährdungen der natürlichen Lebensgrundlagen, der menschlichen Gesundheit und der gesellschaftlichen Entwicklungsmöglichkeiten – etwa durch Schadstoffemissionen, Klimaveränderungen oder die Lagerung bzw. Entsorgung gefährlicher Abfälle. Hinzu kommt, dass viele Staaten weitgehend von Energierohstoff-Importen aus teilweise politisch instabilen Regionen abhängig sind, verbunden mit entsprechenden Versorgungs- und Preisrisiken. Des Weiteren steigen die Kosten bzw. Preise der Energieversorgung tendenziell auf ein Niveau, das für viele Staaten, insbesondere für die ärmsten, erhebliche Finanzierungsprobleme mit sich bringt.

Das Ausmaß der genannten Probleme und Gefährdungen hängt entscheidend von der Höhe des Energieverbrauchs und vom Energieträger-Mix ab. Im globalen Maßstab ist der Primärenergieverbrauch seit 1990 um rund 40 Prozent gestiegen, seit Mitte der 1970er Jahre um rund 100 Prozent. Nach dem rezessionsbedingten einmaligen Rückgang in 2009 ist alleine von 2009 auf 2010 ein Anstieg um knapp 5,6 Prozent auf ein Rekordniveau zu verzeichnen (BMWi 2011a und frühere Jahrgänge, BP 2011, IEA 2009). Die Weltbevölkerung ist seit 1975 um ca. 70 Prozent gewachsen, die globale Wirtschaftsleistung um rund 170 Prozent. Der Energieverbrauch pro Kopf ist demnach gestiegen – im jährlichen Durchschnitt seit 1975 knapp 0,5 Prozent – und der Energieverbrauch pro BIP ist im gleichen Zeitraum um knapp 1 Prozent im Jahresdurchschnitt gesunken, die Energienutzung also entsprechend effizienter geworden. Etwas freundlicher stellt sich die Situation in Deutschland dar. Hier ist der Primärenergieverbrauch seit 1990 leicht um ca. 6 Prozent gesunken, die Bevölkerung ist um 2,5 Prozent gewachsen, das BIP um rund 35 Prozent. Dementsprechend ist der Energieverbrauch in diesem Zeitraum pro Kopf leicht gesunken und pro BIP konnte er um ca. 1,8 Prozent pro Jahr gesenkt werden. Dabei entfallen heute in Deutschland rund 25 Prozent des Endenergieverbrauchs auf die Industrie, jeweils rund 30 Prozent auf den Verkehr und die Haushalte sowie rund 15 Prozent auf Gewerbe, Handel und Dienstleistungen.

Die globale Energieerzeugung basiert heute nach wie vor zu rund 80 Prozent auf fossilen Energieträgern (Kohle, Erdöl, Gas), mit denen die größten Belastungen wie Luftverschmutzung oder Klimawandel verbunden sind. Relativ konstant über die Jahrzehnte haben regenerative Energieträger (Biomasse wie Holz oder Stroh, Wasser, Wind, Sonne), die hier deutlich besser abschneiden, einen Anteil von 12 bis 13 Prozent am Primärenergieverbrauch, bei der Produktion von Strom, der rund ein Drittel des Energieverbrauchs ausmacht, sind es heute ca. 18 Prozent. Auf die Kernenergie entfallen derzeit rund 5 Prozent, bei der Stromerzeugung sind es ca. 14 Prozent. Auch in Deutschland werden heute rund 80 Prozent des Primärenergiebedarfs durch fossile Quellen gedeckt, knapp 10 Prozent durch regenerative Energien (1990: 1,3 Prozent), beim Strom sind es ca. 16 Prozent (1990: 3 Prozent), sowie rund

11 Prozent durch Kernenergie (1990: 11 Prozent), beim Strom sind es hier derzeit 28 Prozent (1990: 31 Prozent).

Wesentlich beeinflusst werden Energiebedarf und -versorgung durch die Entwicklung von Bevölkerung, Wirtschaft, Energiepreisen, Technologien, Lebensstilen, aber auch durch (energie)politische Entscheidungen. Abschätzungen zum künftigen Energiebedarf, basierend auf Annahmen zu diesen Faktoren, stellen eine wichtige politische Entscheidungsgrundlage dar, sie unterliegen jedoch erheblichen Unsicherheiten aufgrund der Unwägbarkeiten bei vielen dieser Faktoren. Basierend auf solchen Annahmen, etwa die Umsetzung aller gegenwärtig von den Staaten angekündigten energie- und klimapolitischen Maßnahmen, sagen aktuelle Studien einen Zuwachs des globalen Primärenergieverbrauchs um rund 35 Prozent bis 2035 voraus, zusammengesetzt aus ca. 70 Prozent Wachstum beim Strom und ca. 20 Prozent bei den anderen Energieformen, überwiegend getrieben von Schwellenländern, insbesondere China und Indien (IEA 2010a). Für Deutschland wird eine weitere Verringerung des Primärenergieverbrauchs um 20–25 Prozent bis 2030 sowie um 40–50 Prozent bis 2050, je nach getroffenen Annahmen, vorhergesagt (EWI/GWS/Prognos 2010, IER/EWI/ZEW 2010).

All dies macht deutlich, dass dem Energiebereich für die Umsetzung des Nachhaltigkeitsleitbilds entscheidende Bedeutung zukommt. Dementsprechend stellt die Frage, wie das Energiesystem in seinen angebots- und nachfragebezogenen Facetten gestaltet werden soll, seit Jahrzehnten eines der beherrschenden und kontrovers diskutierten Themen der öffentlichen, politischen und wissenschaftlichen Debatten dar. Das Aufkommen des Nachhaltigkeitsleitbilds hat hier sowohl eine weitere Intensivierung als auch eine Erweiterung der klassischen energiewirtschaftlichen Ziele Versorgungssicherheit, Erschwinglichkeit und Umweltverträglichkeit der Energieversorgung bewirkt. In zahlreichen Studien und Dokumenten wurde die Bandbreite der energiebezogenen Nachhaltigkeitsziele dargelegt (BMWi 2011b, European Commission Directorate-General for Energy 2011, UN-AGECC 2010, Greenpeace/EREC 2008, IEA 2008a, OECD 2007b, UN-Energy 2005, WBGU 2003, Enquete-Kommission Nachhaltige Energieversorgung 2002, Kopfmüller et al. 2000). Sie beinhaltet die Aspekte Ressourcenschonung, Umwelt-, Klima- und Gesundheitsverträglichkeit, globale Verteilungs- und Zugangsgerechtigkeit, Versorgungssicherheit, Wirtschaftlichkeit in einem umfassenden Sinn (d. h. betriebswirtschaftliche plus externe Kosten berücksichtigend), Finanzierbarkeit von Energiedienstleistungen für alle sowie Risikoarmut und Fehlertoleranz.

Handlungsoptionen
Zur Erreichung der meisten dieser generellen Ziele stehen vor allem zwei strategische Ansätze im Mittelpunkt: zum einen die Steigerung der Energieeffizienz sowohl auf der Seite der Energieerzeugung bzw. -umwandlung als auch der Energienachfrage bzw. -nutzung, zum anderen der verstärkte Einsatz erneuerbarer Energiequellen (Sonne, Wind, Wasser, Biomasse, Geothermie usw.). Sie werden ergänzt um die Substitution der kohlenstoffreicheren fossilen Energieträger Kohle und Öl durch das kohlenstoffärmere Gas. Dabei besteht eine offenkundige Verknüpfung zwischen diesen Ansätzen in der Weise, dass eine Erhöhung des Anteils der Erneuerbaren umso leichter und schneller möglich ist, je geringer der Gesamtenergieverbrauch ist. Für die Gewährleistung des Zugangs aller Menschen weltweit zu angemessenen Energiedienstleistungen können die genannten Strategien zwar einen gewissen Beitrag liefern – etwa in dem Maße wie Energieeinsparungen oder ein veränderter Energie-Mix in den Industrie- und Schwellenländern den bislang energiearmen Regionen größere Handlungsspielräume ermöglichen. Sie müssen jedoch durch andere internationale, vor allem politische und finanzielle Maßnahmen ergänzt werden.

Konkrete oder gar verbindliche energiepolitische Ziele zu diesen beiden Ansätzen bestehen auf der globalen Ebene bislang nicht. Im Rahmen der EU wurde ein verbindlicher Zielwert ausschließlich für den Anteil regenerativer Energien am Endenergieverbrauch (20 Prozent bis zum Jahr 2020) festgelegt (Europäisches Parlament/Rat der Europäischen Union 2009). Darüber hinaus besteht das unverbindliche Ziel, die Energieeffizienz bis zum Jahr 2020 um 20 Prozent zu steigern – allerdings nur gegenüber dem für dieses Jahr prognostizierten Verbrauchswert (EU-Kommission 2011), was das Ziel natürlich erheblich entschärft. Deutschland hat sich sowohl klimaschutz- als auch ressourcenschutz-motivierte energiepolitische Kernziele gesetzt (BMWi/BMU 2010). Zum einen soll der Primärenergieverbrauch bis 2020 um 20 Prozent (gegenüber 2008) und bis 2050 um 50 Prozent gesenkt werden. Dies erfordert jährliche Effizienzsteigerungen um gut 2 Prozent und entspräche in etwa den in Studien identifizierten Potenzialen im Wärme- oder Strombereich bei privaten Haushalten, Industrie und im öffentlichen Sektor (siehe z. B. BMU 2008). Zum anderen soll der Anteil der Regenerativen am Primärenergieverbrauch auf 50 Prozent bis 2050 erhöht werden. Bis 2020 soll ihr Anteil am Endenergieverbrauch von heute rund 9 Prozent auf 18 Prozent und am Stromverbrauch von heute rund 15 Prozent auf 30 Prozent in 2020 verdoppelt werden.

Angesichts der Dimension der bereits heute bestehenden sowie der für die Zukunft prognostizierten Probleme wird in den oben genannten Dokumenten ebenfalls deutlich gemacht, dass zur Realisierung der teilweise sehr ambitionierten konkreten Ziele auf globaler, nationaler und regionaler Ebene eine grundlegende Transformation der Art und Weise erforderlich sein wird, wie wir Energie zur Verfügung stellen und nutzen. Das aktuelle Gutachten des WBGU (2011) macht sehr deutlich, dass diese Transformation des gesamten Energiesystems insbesondere die (Neu-)Gestaltung von technologischen Optionen und Innovationen, der erforderlichen Infrastrukturen sowie geeigneter institutioneller Bedingungen und politischer Rahmensetzungen umfassen muss. Ebenso wird darin auf die Bedeutsamkeit von globalen Visionen, nationalen Rahmenbedingungen und Pionieren des Wandels auch auf lokaler Ebene sowie deren Zusammenwirken bei der Gestaltung der Transformation hingewiesen, aber auch auf die Herausforderungen, die mit der Erzeugung von dafür erforderlichem Wissen und dessen Kommunikation verbunden sind. Gerade bei der Analyse und Gestaltung von Infrastrukturen stehen soziale Aspekte oder entstehende Konflikte (z. B. bei Entscheidungen über Typ und Routen von Leitungsnetzen im Energiesystem) zunehmend im Vordergrund.

Das Energiesystem mit seinen verschiedenen Komponenten für Bereitstellung (Gewinnung von Gas-, Öl- oder Kohlevorkommen), Transport und Umwandlung von Energieträgern (Raffinerien, Kraftwerke, Leitungsnetze usw.) sowie für die Umwandlung in Nutzenergie (Heizsysteme, Fahrzeugantriebe usw.) ist durch hohe Komplexität und Kapitalintensität gekennzeichnet. Aufgrund der häufig längerfristigen Nutzungsphase von Anlagen oder Produkten legen Investitionen die Struktur und Beschaffenheit des Systems in vielen Fällen über mehrere Jahrzehnte fest. Das Ziel eines nachhaltigeren Energiesystems in den zeitlichen Etappen bis 2030 und 2050 erfordert also bereits heute entsprechende Entscheidungen.

In Deutschland wie auch vielen anderen Staaten muss in den nächsten 10 bis 20 Jahren ein erheblicher Teil der Produktionskapazitäten und Infrastrukturen alleine schon aus Altersgründen modernisiert oder erneuert werden (Kemfert/Traber 2010). Hierfür und generell für den erforderlichen Systemumbau sind sehr grundsätzliche Fragen zu entscheiden. Sie betreffen etwa die Gestaltung der globalen Arbeitsteilung zur Energiebereitstellung, was u. a. Fragen nach den Chancen und Risiken bestimmter Optionen und deren grenzüberschreitenden »Im- bzw. Export« aufwirft, aber auch nach möglichen Zielkonflikten, etwa was die Nutzung von knappen Flächen für unterschiedliche Zwecke betrifft (siehe Kapitel 6.1 und 6.8). Hier wird zu klären sein, ob und inwieweit Projekte wie etwa Biotreibstoff von brasilianischen Feldern, Strom aus der Sahara (Deutsche Gesellschaft CLUB of Rome/DESERTEC Foundation 2011) oder eine regionale Selbstversorgung mit erneuerbaren Energien in Deutschland technisch machbar, wirtschaftlich sinnvoll und unter Nachhaltigkeitsgesichtspunkten vertretbar sind. Es wird auch über den Grad der (De-) Zentralität des künftigen Systems und die Abhängigkeit dieses Grads vom Energieträger-Mix (siehe z. B. Möst et al. 2010) oder über die konkrete Gestaltung des Übergangs von fossilen zu regenerativen Energien zu entscheiden sein. Gleiches gilt für den (ggf. regional angepassten) optimalen Mix zwischen verschiedenen regenerativen Energieträgern – etwa mit Blick auf die verschiedenen Biomasse-Arten und die potenziellen Konflikte zwischen deren Verwendung für energetische, stoffliche oder Ernährungszwecke. Die Gestaltung der für bestimmte Systemoptionen erforderlichen Infrastrukturen und Implementierungsbedingungen oder auch die Frage, wie die Angebots- und Nachfrageseite hinsichtlich technologischer Aspekte und der Umsetzung von Maßnahmen optimal gestaltet und aufeinander abgestimmt werden können, zählen ebenfalls zu diesen grundsätzlichen Fragen.

Besonders kontrovers wird in den letzten Jahrzehnten in den Debatten um die Gestaltung des Energiesystems in Deutschland wie auch international die Frage diskutiert, welche Rolle die Kernenergie dabei spielen soll. Während einige Staaten wie Frankreich, USA oder Japan auch nach dem Reaktorunglück von Fukushima im Frühjahr 2011 weiterhin an dieser Form der Energieerzeugung festhalten, wird in anderen Staaten, u. a. auch in Deutschland, der Weg des Ausstiegs aus der Kernenergie im Zeitraum der nächsten 10 bis 15 Jahre gegangen (für Deutschland siehe Bundesregierung 2011b). Es sind insbesondere drei Begründungen, die hierfür herangezogen werden: zum einen die erheblichen Kosten von der Errichtung des Kraftwerks bis hin zur sachgemäßen Behandlung der entstehenden Abfälle, zum anderen das Ausmaß und die Bewertung der existierenden Risiken von der Unfallsproblematik bis zur extrem langfristigen und daher viele künftige Generationen erheblich belastenden Problematik der Lagerung hochradioaktiver Abfälle, und schließlich die mittlerweile vielfache nachgewiesene Möglichkeit, mit vertretbarem Aufwand eine Energieversorgung ohne Kernenergie zu realisieren, basierend auf Effizienzverbesserungen und regenerativen Quellen (siehe z. B. Ethik-Kommission 2011, Fischedick et al. 2011, SRU 2010a und b, WBGU 2008).

Weitgehende Einigkeit besteht darin, dass für die Realisierung der genannten ambitionierten energiepolitischen Ziele für Deutschland wie auch für die internationale Ebene neben der Klärung der genannten grundlegenden Fragen weitreichende technologische sowie nicht-technologische Maßnahmen und Innovationen erforderlich sein werden. Im technologischen Bereich sind die Überlegungen und Aktivitäten hinsichtlich der künftigen Forschungs- und Entwicklungsoptionen bzw. -erfordernisse vergleichsweise weit fortgeschritten (siehe z. B. European Commission Directorate-General for Energy 2011, IEA 2010c, BMWi/BMU 2010, Wietschel et al. 2010). Im Mittelpunkt stehen hier auf der Energieerzeugungs- bzw. Angebotsseite etwa die Verbesserung der Wirkungsgrade bei fossil betriebenen Anlagen (Kraft-Wärme-Kopplung, Gas- und Dampf-Kombi- oder Hybridkraftwerke), Brennstoffzellen in stationärem und mobilem Einsatz, im Bereich der erneuerbaren Energien die Verbesserung bei solarthermischen Kraftwerken, Photovoltaik- und Windenergieanlagen, die thermochemische Vergasung von Biomasse zu Biomethan, oder auch die Erzeugung von Biotreibstoff aus Mikroalgen. Hinzu kommen verbesserte zentrale oder dezentrale Speichertechnologien (siehe z. B. Oertel 2008) sowie eine Anpassung bzw. Verbesserung der Übertragungs- und Verteilnetze, die heute vielfach bereits an ihren Limits operieren. Im Kontext der Notwendigkeit erheblicher Netzkapazitätserweiterungen aufgrund von neuen, häufig dezentralen und auf regenerativen Energieträgern basierenden Erzeugungsanlagen kommt hier den so genannten »Smart grids«, »Active grids« oder hybriden Netzstrukturen besondere Bedeutung zu. Sie sollen eine bessere Integration von Strom aus erneuerbaren Energien, mehr nutzer-angepasste Kontinuität und Flexibilität in der Versorgung sowie geringere Netzverluste ermöglichen. Auf der Energienutzungs- bzw. Nachfrageseite wird der Blick insbesondere auf Technologien oder Produkte gerichtet, die eine Steigerung von Energieeffizienz und –verbrauch bei Produktionsprozessen, Mobilität (Fahrzeugantriebe und -bauweisen, Infrastrukturen), Gebäuden (Wärmedämmungstechnologien, Niedrig-, Null- oder Passivenergiehäuser, »Smart homes«) oder auch bei Haushaltsgeräten ermöglichen.

Ebenfalls wichtig – gerade im Rahmen eines integrativen Nachhaltigkeitsverständnisses – jedoch noch nicht in dem Maße systematisch dekliniert und praktiziert sind die nicht-technischen Maßnahmen. Hier geht es etwa um Innovationen und Maßnahmen, die durch die Veränderung institutioneller Bedingungen und organisatorischer Abläufe zur Veränderung von energieintensiven Produktionsweisen und Lebensstilen und damit zur Erreichung der genannten Ziele beitragen können. Die gemeinsame Nutzung von Produkten (z. B. Car-Sharing), organisatorische Veränderungen in der Herstellung von Gütern und Dienstleistungen oder auch veränderte Beschaffungsmodalitäten in öffentlichen Einrichtungen sind Beispiele hierfür. Erforderlich ist darüber hinaus auch ein verändertes Verhalten im Umgang mit Energie bzw. mit Energie verbrauchenden Produkten, insbesondere auf der Nutzerseite, was durch informatorische und andere Maßnahmen gefördert werden kann und muss.

Ein solcher tiefgreifender Wandel des Energiesystems mit dem Kernziel, die CO_2-Emissionen in den genannten Größenordnungen zu reduzieren, wird, über die ohnehin erforderlichen Ersatzaufwendungen hinaus, enorme Investitionen auf der Angebots- wie der Nachfrageseite notwendig machen. Im globalen Maßstab ist hier die Rede von insgesamt ca. 750 Milliarden US-$ pro Jahr bis 2030 und jeweils rund 1 600 Milliarden in den folgenden Jahren bis 2050 (IEA 2010a). Auf europäischer Ebene wird eine Summe von zunächst rund 100 Milliarden Euro pro Jahr bis 2020 genannt (European Commission Directorate-General for Energy 2011). Verglichen mit den Investitionen der letzten Jahre stellt dies ungleich höhere Summen dar und es ist sicher die Frage zu stellen, wie im Einzelnen diese Finanzmittel von Staat, Wirtschaft und Verbrauchern aufgebracht werden können. Dabei wäre ein großer Teil dieser Investitionen bereits unter heutigen Rahmenbedingungen betriebswirtschaftlich gesehen zumindest in mittelfristiger Perspektive wirtschaftlich, bei anderen energiepreislichen Bedingungen bereits in kürzeren Zeiträumen. Darüber hinaus ist auch darauf hinzuweisen, dass diese globalen Investitionserfordernisse nach jüngsten Berechnungen kaum über die Größenordnung von einem Prozent der globalen Wirtschaftsleistung hinausgehen werden (IPCC 2011), dass aber die Kosten des Klimawandels im Falle des Nichtstuns mindestens fünf und möglicherweise bis zu 20 Prozent der Wirtschaftsleistung ausmachen werden (Stern 2006). Bei allen berechtigten Vorbehalten gegenüber solchen Zahlen und der Genauigkeit ihrer Ermittelbarkeit wäre es demnach schon alleine aus ökonomischen Erwägungen sinnvoll, möglichst rasch Maßnahmen gegen die Ursachen des Klimawandels sowie zur Anpassung an dessen bereits nicht mehr vermeidbare Folgen durchzuführen (siehe dazu auch Kapitel 6.5).

Zusammenfassend sei hier hervorgehoben, dass es beim Umbau des Energiesystems vor allem darum gehen wird, verschiedene Grundelemente zu einem adäquaten – d. h. konsistenten, zielorientierten, aber auch finanzierbaren – *Gesamtkonzept* zu integrieren: (a) die Ergebnisse von systematischen Bewertungen der auf der Produktionsseite bestehenden Energieträger- und Technikoptionen unter Nachhaltigkeitsgesichtspunkten, von Analysen und Abwägungen der damit verbundenen Risikofaktoren sowie von Kostenabschätzungen (einschließlich der externen Kosten); (b) die Schaffung der technischen und infrastrukturellen Grundlagen für den zu verändernden Energieträger-Mix; (c) die angemessene Einbeziehung der Nutzerperspektive in Analysen und Entscheidungen; (d) die Gestaltung geeigneter politischer und institutioneller Rahmenbedingungen in Form von ordnungsrechtlichen (z. B. Verbrauchsgrenzwerte bei Produkten, Quoten für Kraftwerksbetreiber zum regenerativen Anteil der Stromerzeugung usw.), preispolitischen (Energie-, CO_2-Steuer, Einspeisetarife für regenerativ erzeugten Strom usw.), informatorischen und planerischen Instrumenten, einschließlich der Abschaffung kontraproduktiver Instrumente wie etwa staatlicher Subventionen des Einsatzes fossiler Brennstoffe (z. B. Kerosin) sowie (e) die Ermöglichung der für all dies erforderlichen Forschungsaktivitäten. Diese müssen sich auf die Ziel- wie die Transformationsebene beziehen und den sozio-technischen Charakter des Energiesystems mit Blick auf gesellschaftliche Dynamiken und Machtkonstellationen, Institutionen, Wahrnehmung und Gewichtung von Werten und Risiken oder Governance-Fragen in integrativer Weise reflektieren. Global gesehen ist dabei entscheidend, dass solche primär auf der nationalen und regionalen Ebene umzusetzenden Gesamtkonzepte in einen Kontext hinreichender internationaler Koordination und Kooperation gestellt werden.

6.5 Klimawandel

Das Klima bezeichnet als statistischer Begriff den zeitlichen Durchschnitt aller Wettervorgänge und die Variationsbreite, bezogen auf einen Ort, auf eine Region oder auf den gesamten Globus. Es wird von atmosphärischen Prozessen und von Entwicklungen auf der Erdoberfläche geprägt und energetisch angetrieben durch die Sonnenaktivität. Historisch gesehen zeigt das Klima natürliche Schwankungen, sowohl global als auch regional. Bekannt sind die großen Eiszeiten, aber auch kleinskalige Veränderungen wie die so genannte kleine Eiszeit im 17. Jahrhundert. Dass das globale Klima sich in einem gewissen »gemäßigten Bereich« bewegt, vor allem in Bezug auf Temperatur und Niederschlag, ist essentielle Voraussetzungen für Leben generell und menschliches Leben im Besonderen.

Probleme und Herausforderungen
War das Wechselspiel der Elemente und das daraus resultierende Klima bis vor einiger Zeit rein den natürlichen Abläufen unterworfen, so greift die Menschheit seit der Industriellen Revolution und in weiter zunehmendem Ausmaß in das Klimasystem ein. Dies geschieht vor allem durch die Veränderung der chemischen Zusammensetzung der Atmosphäre durch den Ausstoß von Kohlendioxid aus der Nutzung fossiler Energieträger, aber auch durch Methanemissionen der Landwirtschaft und durch weitere Gase wie Stickoxid (Lachgas) und Kohlenwasserstoffe. Diese verstärken den natürlichen Treibhauseffekt, ohne den es auf der Erde erheblich kälter wäre, und werden daher auch Treibhausgase genannt. Ihre Emission stellt typische *nicht intendierte* Folgen von Wirtschaftswachstum, Techniknutzung, Lebensstilen, Konsum- und Produktionsmustern, Landnutzung und vielem mehr dar. Viele kleinskalige Handlungen und Entscheidungen, die für sich genommen jeweils nur Bagatellen angesichts der schieren Größe der Atmosphäre wären, summieren sich auf der globalen Ebene zu dem, was gemeinhin mit Klimawandel und Erderwärmung bezeichnet wird.

Seit den 1950er Jahren ist nachgewiesen, dass der Kohlendioxidgehalt der Atmosphäre ansteigt. Seit dem vorindustriellen Zeitalter bis heute ist die Konzentration von CO_2 von ca. 280 auf knapp 400 ppm angestiegen. Die Ursachen liegen vor allem in der Verbrennung fossiler Energieträger wie Kohle, Erdöl und Erdgas, in industriellen Prozessen wie der Zementherstellung (Achternbosch et al. 2011), aber auch in Landnutzungsänderungen und großflächiger Entwaldung seit Beginn der Industrialisierung. Nach dem gegenwärtigen Stand der Wissenschaft (IPCC 2007) ist nicht daran zu zweifeln, dass zwischen dem Anstieg der Konzentration von CO_2 und der Erwärmung ein ursächlicher Zusammenhang besteht, wenngleich Unsicherheiten verbleiben.

Zwischen 1906 und 2005 hat sich die durchschnittliche Lufttemperatur in Bodennähe um 0,74 °C (± 0,18 °C) erhöht (IPCC 2007). Das Jahrzehnt von 2000 bis 2009 war mit Abstand das wärmste je gemessene. Der Anteil der Erhöhung der CO_2-Konzentration in der Atmosphäre trägt nach gegenwärtigen Einschätzungen zu etwa 60 Prozent zum Klimawandel bei (IPCC 2007). Ein Anteil von etwa 20 Prozent wird der zunehmenden Methan-Konzentration zugeschrieben, der Rest verteilt sich auf andere Treibhausgase. Die genaue Zuordnung der Emissionen zu Sektoren wie Industrie, Landwirtschaft und Haushalten ist nur schwer möglich. Der Hauptfaktor ist jedoch ohne Zweifel die Energieversorgung in Industrie, für Mobilitätszwecke und in Haushalten, hier insbesondere für Heizzwecke. Aber auch die Landwirtschaft trägt über die Methanentstehung in Rindviehhaltung und Reisanbau erheblich bei, so dass auch der durch den steigenden Lebensstandard global steigende Fleischkonsum eine nicht unbeträchtliche Ursache für den Klimawandel darstellt.

Der wissenschaftliche Erkenntnisstand zum Klimawandel wird durch das Intergovernmental Panel on Climate Change (IPCC) zusammengefasst. Es wurde 1988 vom Umweltprogramm der Vereinten Nationen (UNEP) gemeinsam mit der der Weltorganisation für Meteorologie (WMO) eingerichtet. Die Analysen des IPCC sind eine Hauptgrundlage der politischen und wissenschaftlichen Diskussionen zum Klimawandel, zu seinen Ursachen und Ausprägungen sowie Konsequenzen. Der vierte Sachstandsbericht wurde 2007 veröffentlicht, der fünfte erscheint voraussichtlich 2013. Das IPCC arbeitet nach transparenten aber komplexen Regularien in interdisziplinärer Weise, um den Wissensstand global zu bewerten. In Bezug auf Handlungsempfehlungen werden transdisziplinär auch politische Ebenen einbezogen. Das IPCC ist damit eine innovative Institution der Bewertung des wissenschaftlichen Wissensstandes und der Ableitung gesellschaftlicher und politisch relevanter Schlussfolgerungen. Die Innovativität des IPCC, das Grenzgängertum zwischen Wissenschaft und Politik, ist freilich auch immer wieder auf Kritik gestoßen.

Nach gegenwärtigen Einschätzungen wird bis zum Jahr 2100 eine Erwärmung um 1,1 bis 6,4 °C erwartet (IPCC 2007). Die große Schwankungsbreite ist sowohl auf ein unvollständiges Verstehen der natürlichen Prozesse als auch der nicht prognostizierbaren Reaktion der Menschheit auf die sich verändernden Bedingungen zuzurechnen. Je nach Ausprägung des Klimawandels ist mit teils erheblichen bis katastrophalen Folgen zu rechnen. Hierzu gehören insbesondere (IPCC 2007):

– Veränderungen der Verteilung und des Ausmaßes von Niederschlägen. Wenn auch global die durchschnittliche Niederschlagsmenge steigen wird, so wird es dennoch in einzelnen Regionen zur zunehmender Trockenheit kommen.
– Zunahme von Anzahl und Ausmaß extremer Wetterereignisse wie Starkregen, Überschwemmungen und Dürren. Wenn gelegentlich gesagt wird, dass extreme Wetterereignisse wie die Winterstürme Lothar und Kyrill oder der Hurrikan Kathrina, der New Orleans verwüstete, bereits Belege für den Klimawandel seien, ist dies mit Vorsicht zu betrachten, da die prognostizierte Zunahme nur eine statistische Aussage ist.
– verstärkte Gletscherschmelze. Seit ca. 1850, also bereits deutlich vor Beginn der Erderwärmung, ist ein Zurückgehen der Gletscher zu beobachten. Dies hat sich in den letzten Jahren deutlich beschleunigt und wird möglicherweise dazu führen, dass die Alpen in einigen Jahrzehnten weitgehend gletscherfrei sein werden.
– der Meeresspiegel erhöht sich aktuell um 3 cm pro Jahrzehnt. Bis zum Jahr 2100 erwartet das IPCC einen Meeresspiegelanstieg zwischen 0,19 m und 0,58 m.
– Versauerung der Ozeane durch Aufnahme des Kohlendioxids aus der Atmosphäre mit katastrophalen Folgen für Korallen und andere Meeresbewohner.
– Verschlechterung der landwirtschaftlichen Produktivität (vgl. Kapitel 6.8). Tropische Regionen werden voraussichtlich stärker betroffen sein als gemäßigte Regionen.
– Änderungen von Gesundheitsrisiken für Menschen und Tiere durch Veränderungen des Verbreitungsgebiets, der Population und des Infektionspotentials von Krankheitsüberträgern.

Handlungsoptionen und Klimapolitik
Das Ausmaß der möglichen Konsequenzen des Klimawandels führt zur Frage, wie diese verhindert oder ihre Folgen zumindest gemildert werden können. Die *Klimapolitik* ist angesichts dieser Szenarien und Befürchtungen ein seit den 1980er Jahren entstandenes internationales Politikfeld, das sich mit der Bewertung der wissenschaftlichen Daten zum Klimawandel und vor allem mit politischen Konsequenzen befasst. Völkerrechtlich verbindlich ist die Klimarahmenkonvention (UNFCCC) der Vereinten Nationen, die 1992 auf der Rio-Konferenz verabschiedet wurde (Kapitel 2.4).

Als gegenwärtig verbindliche Zielgröße der globalen Klimapolitik gilt, die durchschnittliche Erwärmung gegenüber dem vorindustriellen Niveau auf höchstens 2 Grad Celsius zu begrenzen. Diese Forderung wurde bereits seit 1975 immer wieder von Wissenschaftlern gestellt, später von der Europäischen Union anerkannt, ist aber erst seit der UN-Klimakonferenz von Cancun im Jahre 2010 verbindlich. Wenngleich auch dies eine Aussage unter Unsicherheit ist, so gilt dennoch eine Erwärmung in diesem Rahmen in ihren Folgen als einigermaßen beherrschbar. Da 0,7 °C bereits erreicht sind, verbleiben noch 1,3 °C. Das 2-Grad-Ziel ist jedoch nur eine politische Absichtserklärung und bislang nicht in bindender Form verabschiedet.

Die derzeit 194 Vertragsstaaten der Klimarahmenkonvention treffen sich jährlich zu den UN-Klimakonferenzen, die regelmäßig ein großes Medienecho erzeugen. Auf der Konferenz 1997 im japanischen Kyoto wurde das Kyoto-Protokoll beschlossen. Darin wurden erstmals völkerrechtlich verbindliche Zielwerte für den Ausstoß von Treibhausgasen in den Industrieländern festgelegt (IPCC 2007). Bis Anfang 2011 haben 191 Staaten sowie die Europäische Union das Protokoll ratifiziert, wobei die USA die bedeutendste Ausnahme bilden (UNFCCC o. J.). Das Protokoll sieht vor, den jährlichen Treibhausgas-Ausstoß der Industrieländer zwischen 2008 und 2012 um durchschnittlich 5,2 Prozent gegenüber 1990 zu reduzieren. Für die EU ist eine Senkung der Emissionen um insgesamt acht Prozent vorgesehen. Nach dem Prinzip der Lastenteilung haben die EU-Mitgliedstaaten dieses durchschnittliche Reduktionsziel untereinander aufgeteilt. Dabei hat sich Deutschland beispielsweise zu einer Verringerung um 21 Prozent verpflichtet, Großbritannien soll um 12,5 Prozent reduzieren, Frankreich soll seinen Ausstoß auf dem Niveau von 1990 stabilisieren, Spanien kann seine Emissionen noch um

15 Prozent steigern. Obwohl die beschlossenen Reduktionsziele Umweltschützern nicht weit genug gingen, konnte die Vereinbarung bislang nur wenig am allgemeinen Wachstumstrend der Treibhausgase ändern.

Die Klimakonferenz 2009 in Kopenhagen gilt allgemein als Symbol für das vorübergehende Scheitern internationaler Klimapolitik, weil eine Nachfolgeregelung für das 2012 auslaufende Kyoto-Protokoll nicht gefunden werden konnte. Wesentliche Gründe hierfür sind die Partikularinteressen einzelner Staaten oder Staatengruppen. Allen voran weigern sich die beiden weltweit größten Emittenten von Kohlendioxid, China und die USA, Verpflichtungen zur Emissionsverminderung einzugehen. Dahinter stehen vor allem massive wirtschaftliche Interessen, in den USA teils verbunden mit einer grundsätzlichen Skepsis gegenüber dem Vorsorgeprinzip, stattdessen korreliert mit einem Technik- und Fortschrittsoptimismus und Zweifeln an der These eines von Menschen verursachten Treibhauseffekts. Beim Klimagipfel 2011 in Durban soll dann das in Cancun beschlossene 2-Grad-Ziel in Reduktionsziele ab 2013 umgesetzt werden.

Der Klimawandel hat Gewinner und Verlierer zur Folge. Verlierer sind klar die klimatisch sowieso bereits durch hohe Temperaturen und Wasserarmut geprägten ariden Gebiete der Welt, so etwa Afrika südlich der Sahara. Verlierer werden auch Länder sein, die von einem Ansteigen des Meeresspiegels besonders hart betroffen würden wie Inselstaaten im Pazifik oder Bangladesh. Generell gilt, dass viele Metropolen und Megacities an Küsten liegen und besonders gefährdet sein können. Gewinner könnten Staaten wie Russland oder Kanada sein, in denen eine Erwärmung neue Verkehrswege eröffnen könnte wie die Nordwestpassage oder den Abbau von Bodenschätzen in bislang vom Permafrost erfassten Gebieten ermöglichen würde. Derartige Interessenkollisionen werden dadurch verschärft, dass vielfach die Verursacher des Klimawandels – vor allem die westlichen Industrieländer – von den Folgen weniger betroffen sein werden als Entwicklungsländer, die vergleichsweise wenig zur Verursachung beigetragen haben. Hier stellt sich ein typisches Problem der Umweltgerechtigkeit (Kapitel 3.2; vgl. auch Gardiner et al. 2010).

Strategische Antworten auf den Klimawandel hängen mit der Ursachendiagnose zusammen. Wenn es, wie dies nach dem Stand der Wissenschaft der Fall ist (IPCC 2007), die menschlich verursachten Treibhausgasemissionen sind, die zur globalen Erwärmung führen, liegt die

Therapie scheinbar unmittelbar auf der Hand: gefragt ist eine Verringerung der Treibhausgasemissionen (Mitigation), z. B. durch effizientere Technik, durch die Ersetzung fossiler Energieträger durch erneuerbare Energien, durch Verringerung des Fleischkonsums oder durch weniger energieintensive Lebensstile. Dieser Ansatz der Vermeidung und Verringerung der Treibhausgasemissionen steht im Mittelpunkt vieler Nachhaltigkeitsstrategien und Maßnahmen.

Um die Kohlendioxidemission zu verringern, wird seit einigen Jahren auch die Option diskutiert und erforscht, das an bestimmten Orten, wie etwa in Kohlekraftwerken, in großer Menge freigesetzte Kohlendioxid direkt nach dem Verbrennungsprozess abzutrennen und unter hohem Druck in unterirdischen Hohlräumen zu lagern (vgl. Grünwald 2007). Durch diese so genannte Carbon Capture and Storage-Technologie (CCS) würde die Freisetzung des Gases in die Atmosphäre vermieden. Dennoch handelt es sich hierbei nicht um eine klassische Vermeidungsstrategie, da nicht die Entstehung von Kohlendioxid, sondern nur seine Freisetzung vermieden wird. Unter Nachhaltigkeitsaspekten ist über die Kohlendioxidfrage hinaus erstens daran zu denken, dass Abscheidung und Verpressung einen erheblichen Energieaufwand benötigen, der den Wirkungsgrad der Kraftwerke erheblich absenken würde. Zweitens wäre durch CCS das Problem, dass mit der Verbrennung fossiler Energieträger nicht erneuerbare und endliche Ressourcen verbraucht werden, in keiner Weise vermindert – im Gegenteil würden eher Signale gesendet, Ressourcen »folgenfrei« verbrauchen zu können. Außerdem sind viele Fragen zu Risiken und Langzeitsicherheit bislang noch nicht geklärt. Insgesamt erscheint es daher gegenwärtig zweifelhaft, ob die CCS-Technologie zu einer nachhaltigen Entwicklung beitragen kann.

Weltweit steigt der Ausstoß von Treibhausgasen allerdings weiter an, und dieser Trend wird sich nach allen Szenarien noch lange Zeit fortsetzen, selbst wenn Mitigationsmaßnahmen in größerem Umfang greifen sollten. Wesentliche Gründe hierfür sind das global weiterhin starke Bevölkerungswachstum, das Wirtschaftswachstum in weiten Teilen der Welt, das zu höherem Energieverbrauch und zu mehr Emissionen führt, und insbesondere die »nachholende« wirtschaftliche Entwicklung in Schwellen- und Entwicklungsländern wie China, Indien oder Brasilien. Da also Mitigationsmaßnahmen angesichts des fortgeschrittenen Stadiums des Klimawandels kaum ausreichen dürften, sind seit Jahren Strategien der *Anpassung* in der Diskussion (Adaptation), die Vermeidungsstrategien ergänzen sollen. In dieser Perspektive geht es darum, mit dem nicht mehr vermeidbaren Klimawandel und seinen Folgen umzugehen. Also müssen Vorkehrungen getroffen werden, auch in Zeiten eines möglicherweise größeren Klimawandels menschenwürdige Verhältnisse zu erhalten und Katastrophen zu vermeiden, z. B. durch den Ausbau der Deiche gegen einen höheren Meeresspiegel, durch Erschließung neuer Wasserressourcen in zunehmend trockenen Gebieten und durch Maßnahmen gegen die in höherer Zahl erwarteten »extremen Wetterereignisse« wie Überschwemmungen.

Was aber wäre zu tun, wenn auch eine Kombination von Mitigation und Adaptation nicht ausreichen würde, um auf der Erde menschenverträgliche Klimaverhältnisse zu erhalten? Angesichts der schleppenden politischen Schritte, der Trägheit der Umstellung auf nichtfossile Energiequellen auf der globalen Ebene, eines auf ökologische Belange wenig Rücksicht nehmenden Wirtschaftswachstums in vielen Schwellenländern und einer weiter wachsenden Erdbevölkerung mit zunehmendem Energiehunger mehren sich die Zweifel, dass sich das Zwei-Grad-Ziel auch unter günstigen Umständen überhaupt noch erreichen lässt. Der Nobelpreisträger Paul Crutzen brachte vor diesem Hintergrund die *absichtliche* Beeinflussung des Klimasystems im Sinne einer »Kühlung der Erde« auf die Agenda (Crutzen 2006). Er fasste sie als mögliche »Ultima Ratio« auf, als letzte Chance, falls alle anderen Anstrengungen der Eindämmung des Klimawandels scheitern sollten. Im Climate Engineering – ein passender deutscher Begriff wurde bislang nicht gefunden – geht es darum, mit global eingesetzten und möglichst rasch wirkenden Techniken die Atmosphäre künstlich zu »kühlen«, um dadurch der Erderwärmung entgegen zu wirken (Leisner 2010). Beispielsweise könnten kleine Partikel (Aerosole) in großen Mengen in obere Atmosphärenschichten verbracht werden, um die Albedo der Atmosphäre zu erhöhen, oder es könnte versucht werden, der Atmosphäre in großem Umfang Kohlendioxid zu entziehen und z. B. in den Ozeanen zu lagern. Von den klassischen Ansätzen zum Umgang mit dem Klimawandel (Adaptation und Mitigation) unterscheidet sich das ›Climate Engineering‹ durch einen prinzipiell anderen Blick auf das Klimasystem: dieses wird »als Ganzes« mit den Augen des Ingenieurs betrachtet, es werden »Stellschrauben« gesucht (z. B. Aerosole und ihre Konzentration), mit denen technisch auf das Klima eingewirkt werden soll. Damit wäre das Climate Engineering alles andere als ein ›sanfter‹ Eingriff in natürliche Abläufe, sondern eine massive großtechnische Intervention mit all den Fragen nach Risiken und Verantwortbarkeit, die sich sofort stellen (Grunwald 2010a).

Die Klimafrage stellt eine der ganz großen Herausforderungen des 21. Jahrhunderts dar, insbesondere weil große Teile der Menschheit betroffen sind und die Folgen in Ausprägung und zeitlicher wie räumlicher Reichweite erhebliche bis dramatische Ausmaße annehmen können. Bisherige Lösungsansätze sind zumeist unbefriedigend gewesen oder dem politischen Interessenkalkül zum Opfer gefallen. Angesichts der unabsehbaren Folgen, die ein weiterer Klimawandel für essentielle Bereiche wie Landwirtschaft, Ernährung und Wasser hätte, wird sich zu einem guten Teil an der Klimafrage erweisen, ob, inwieweit und wie schnell die Menschheit in der Lage ist, vorsorgend und nachhaltig zu handeln.

6.6 Wasser[3]

Wasser ist eine elementare und im Prinzip erneuerbare Ressource, von deren Verfügbarkeit und Qualität nicht nur Gesundheit und Wohlergehen des Menschen, sondern die Existenz der gesamten Biosphäre und auch das Funktionieren vieler wirtschaftlicher Prozesse abhängt (Klaphake 2003). Über die Befriedigung direkter physischer Bedürfnisse des Menschen (Ernährung, Waschen) hinaus, stellt Wasser zusammen mit Kohlendioxid den grundlegenden Baustein für sämtliche Biomasse dar. Neben der Produktion von Holz betrifft dies vor allem die Erzeugung von Lebens- und Futtermitteln (Kapitel 6.1) (Lehn et al. 1996). Wirtschaftlich hat Wasser Bedeutung als Reinigungsmittel, als Transportmittel, als Energieträger, als Lösungsmittel und als Betriebsstoff. Es ist aber auch ein wichtiger kultureller Faktor, genau wie der Umgang mit Wasser und Gewässern kulturelle und ethische Hintergründe hat (Parodi 2008).

Im Jahr 2010 erkannte die UN-Vollversammlung das Recht auf Wasser und Sanitärversorgung explizit an (UN 2010c). Die UN-Resolu-

---

3 Wir danken dem Kollegen Helmut Lehn für wertvolle Kommentare und Anregungen.

tion unterstreicht, dass dieses Recht essentiell für das menschliche Überleben und die Verwirklichung anderer Menschenrechte ist. Hervorzuheben ist, dass die Resolution nicht nur Wasser, sondern auch Sanitärversorgung als Menschenrecht anerkennt und beides auf eine Stufe stellt. Damit wurde, wenngleich der rechtliche Status und die Umsetzung schwierige Fragen aufwerfen, der zentralen Bedeutung von Wasser und der Entsorgung der Abwässer für menschliche Entwicklung Rechnung getragen:

»Die Anerkennung als Menschenrechte ist kein Selbstzweck, sondern nur ein erster Schritt. Nun geht es darum, diese Rechte zu verwirklichen. Staaten, private Akteure, zivilgesellschaftliche Organisationen, Geberländer, internationale Organisation und eine Vielzahl anderer Akteure können alle dazu beitragen und damit zu einer spürbaren Verbesserung im Leben von Milliarden Menschen führen.« (Winkler 2011)

Aufgrund des von der Sonne angetriebenen Wasserkreislaufs ist Wasser ganz überwiegend eine erneuerbare Ressource. Es gibt allerdings auch Wasservorkommen (z. B. unter der Sahara), die in früheren erdgeschichtlichen Abschnitten entstanden sind und heute nicht mehr am Wasserkreislauf teilnehmen. Diese werden als fossile Wässer bezeichnet. Wasser wird vom Menschen meist nicht verbraucht, sondern genutzt, und wird nach der Nutzung als Abwasser – verschmutzt oder erwärmt – in den Wasserkreislauf zurückgegeben. Wasser, das beim Prozess der Fotosynthese zusammen mit Kohlendioxid zu Zucker umgesetzt wird, ist solange dem Wasserkreislauf entzogen, bis sich bei der Zersetzung der Pflanzenmasse wieder Wasser und Kohlendioxid bildet. Je nach Pflanzenart kann dieser Zeitraum Wochen oder Jahrhunderte betragen.

Zur Wassernutzung ist (zumindest in den Industrieländern) eine komplexe Infrastruktur der Versorgung und Entsorgung aufgebaut worden. Diese dient einerseits der Versorgungssicherheit und der Qualitätssicherung des Trinkwassers, andererseits der Entsorgung von Abwässern, welche in sehr unterschiedlicher Weise den Ansprüchen an Gesundheits- und Umweltverträglichkeit genügt. In der Regel wird Süßwasser verwendet, das dem Grundwasser und Oberflächengewässern entnommen wird. Entwickelte Staaten in ariden (trockenen) Zonen wie etwa Israel nutzen in zunehmendem Maße moderne Technik (wie Umkehrosmose) zur Entsalzung von Meerwasser zu vertretbaren Kosten.

Trinkwasser ist eine regional und saisonal sehr ungleich verteilte Ressource (Lehn/Parodi 2009; Steiner/Lehn 1999). In vielen Regionen der Welt (wie in der Sahel-Zone) herrscht ein erheblicher Wassermangel, der zu Versorgungsproblemen führt und der die landwirtschaftliche Produktion begrenzt. Weltweit haben zirka 1,2 Milliarden Menschen keine ausreichende Versorgung mit sauberem Trinkwasser. 2,4 Milliarden Menschen leben ohne Anschluss an eine gesundheitlich unbedenkliche Abwasserentsorgung (Winkler 2011). Dementsprechend leidet ein großer Teil der Menschen in Entwicklungsländern an Krankheiten, die unmittelbar mit der schlechten Qualität des Trinkwassers oder den hygienischen Verhältnissen bei der Abwasserentsorgung zusammenhängen. Ein großer Teil der Kindersterblichkeit in diesen Gebieten wird dadurch verursacht. Von den Vereinten Nationen wurde Wasser als einer der wichtigsten begrenzenden Faktoren für die sozio-ökonomische Entwicklung unter den Bedingungen einer rasch wachsenden Weltbevölkerung genannt. Knappheit und regional ungleiche Verteilung von Wasser bergen erhebliche Konfliktpotenziale, was geeignete nationale wie internationale Regulierungen und Regime erforderlich macht. Ein bekanntes Beispiel ist der Wasserkonflikt zwischen Israel und den Palästinensern im Jordantal. Die intensive Wassernutzung am Oberlauf des Jordan, vor allem für landwirtschaftliche Zwecke, führt dazu, dass im Westjordanland kaum noch Wasser ankommt. Neben den daraus resultierenden Problemen für die palästinensische Landwirtschaft führt dies auch zu einem raschen Absinken des Wasserstandes am Toten Meer. Der Klimawandel wird voraussichtlich die Wasserproblematik im Hinblick auf das Mengenproblem und die Verteilung verschärfen. Der Klimawandel kann auch in einigen Regionen Deutschlands zu saisonaler Wasserknappheit führen und damit insbesondere die Landwirtschaft vor Probleme stellen. Als besonders gefährdet gilt hierbei der Nordosten Deutschlands. Die globale Bedeutung des Wassers wird mit der 2005 begonnenen UN-Dekade »Wasser – Quelle des Lebens« gewürdigt (UN-Dekade o. J.).

Neben der Mengenproblematik ist hierbei auch der Aspekt der Wasserqualität zu beachten. Die Erhaltung einer ökologisch und gesundheitlich unbedenklichen Qualität des globalen Wasservorrates ist ein wichtiges Nachhaltigkeitsziel (Lehn et al. 1996). Im grundsätzlich wasserreichen Deutschland besteht insbesondere die Gefahr der langfristigen Anreicherung von Schadstoffen in Teilen des Wasserkreislaufs, etwa im Grundwasser. Bereits kleinste Mengen an Verunreinigungen können große Grundwasserressourcen über lange Zeiträume unbenutzbar machen (Kopinke et al. 2002).

Wasser ist auch eine wichtige Ressource für den Wirtschaftskreislauf. Für die Erzeugung von Produkten wie Nahrungsmitteln, Textilien oder Automobilien, wird an vielen Stellen im Produktionsprozess Wasser benötigt, das am Ende des Produktionsprozesses nicht mehr im Produkt enthalten ist. Da es ein nicht unmittelbar sichtbarer, »verborgener« Bestandteil des Produktionsprozesses ist, wird es als »virtuelles Wasser« bezeichnet (Hummel et al. 2006). Damit ist die Wassermenge bezeichnet, die im gesamten Lebenszyklus pro Produkt verbraucht wird. Im Falle von Rindfleisch geht in diese Bilanz z. B. auch der verdeckte Wasserverbrauch ein, der für die Erzeugung des Futters für die Tiere erforderlich ist.

In Deutschland beträgt der Wasserkonsum in Haushalten ca. 55 m^3/Jahr pro Kopf, der industrielle Verbrauch pro Kopf etwa 140 m^3/Jahr und zur Erzeugung von Nahrungsmitteln werden pro Kopf ca. 1 200 m^3/Jahr benötigt (Schleich/Hillebrand 2009). Diese Bilanz sagt etwas über die hohe und sogar dominierende Relevanz von virtuellem Wasser in Nachhaltigkeitsbetrachtungen aus. Unter Nachhaltigkeitsaspekten wäre daher, soll Wasser gespart werden, z. B. der Verzicht auf Fleischkonsum erheblich wirkungsvoller als weniger zu duschen. Auch das Sparen am Stromverbrauch kann erhebliche Wasserspareffekte mit sich bringen. So werden z. B. in Baden-Württemberg etwa 80 Prozent des geförderten Wassers zur Kühlung von konventionellen Kraftwerken genutzt (Lehn/Parodi 2009: 276).

In diesem Zusammenhang wurde analog zum »Carbon Footprint« ein »Water Footprint« definiert (Hoekstra/Chapagain 2006), ein menschlicher »Fußabdruck des Wasserverbrauchs«, der die Gesamtmenge an Wasser umfasst, die für die Produktion der Güter und Dienstleistungen benötigt werden, welche die Bevölkerung eines Landes in Anspruch nimmt. Diese Definition umfasst auch Im- und Exporte von virtuellem Wasser, also Wassermengen, die außerhalb eines Landes für Güter oder Dienstleistungen in Anspruch genommen wurden, die im Land genutzt werden. Deutschland exportiert virtuelles Wasser im Rahmen des Exports von Industrieprodukten und importiert virtuelles Wasser vor allem über den Import von Agrarprodukten und Textilien.

Im Hinblick auf die nachhaltige Bewirtschaftung von Wasserressourcen kann die Bilanzierung von virtuellem Wasser vorteilhaft sein, wenn wasserintensive Produkte in wasserreichen Regionen produziert und in wasserarme Gebiete importiert werden. Auch unter energetischen und transporttechnischen Überlegungen ist es sinnvoller, z. B. 1 kg Getreide aus einem wasserreichen in ein wasserarmes Land zu transportieren, anstatt von dem wasserreichen Land 1 000 kg Wasser (die zur Erzeugung eines Kilogramms Getreide erforderlich sind) in die Wassermangelregion zu transportieren. Eine integrative Nachhaltigkeitsbetrachtung erfordert in diesem Beispiel aber auch eine genaue Analyse des Agrarsektors in der Wassermangelregion, um negative sozio-ökonomische Effekte durch einen entsprechenden Strukturwandel vermeiden zu können. Der Anteil an virtuellem Wasser macht im Falle von Israel bereits mehr als 50 Prozent der gesamten Wassernutzung aus.

Das Konzept des virtuellen Wassers ist jedoch stark umstritten, zumindest dahingehend, ob es für Steuerungszwecke nutzbar ist. Im Gegensatz zum »Carbon Footprint«, der sich auf das globale Atmosphärensystem beziehe und seinen Sinn gerade aus der *globalen* Wirksamkeit des Eintrags von CO_2 in die Atmosphäre beziehe, sei Wasser stark durch *lokale und regionale* Fragen der Verfügbarkeit und Qualität gekennzeichnet (Gawel/Bernsen 2011). Ein globaler Handel mit virtuellem Wasser könne den lokalen und regionalen Anforderungen nicht gerecht werden und Nachhaltigkeitszielen sogar zuwiderlaufen. Befürworter des Konzepts des virtuellen Wasser ziehen daraus jedoch nicht den Schluss, dass das Konzept zu verwerfen ist, sondern dass andere Steuerungs- und Handelsformen gefunden werden müssten (Biewald 2011). Jenseits dieser Debatte hat das Konzept virtuellen Wassers auf jeden Fall seinen Wert darin, dass es das Bewusstsein für die in den Produkten enthaltenen, aber unsichtbaren Wasserverbräuche schärft.

Innovative Technologien in Wassernutzung und Abwasserbehandlung sind ein wesentliches Element einer nachhaltigen Gestaltung des Wassersektors und können dadurch zu einer nachhaltigen Entwicklung beitragen. So ist z. B. in Deutschland durch wassersparende Verfahren in Industrie und Haushalten eine Entkopplung des Wachstums des Wasserverbrauchs vom Wirtschaftswachstum gelungen (Hiessl 2005: 145; Lehn et al. 1996). Entscheidend für die Einhaltung von Nachhaltigkeitskriterien bei der Bewirtschaftung von Grundwasser und Oberflächengewässern ist jedoch weniger die Begrenzung der

Wasserinanspruchnahme, sondern vielmehr der Schadstoffeintrag durch Landwirtschaft, Industrie und private Haushalte. Durch emissionsarme Technologien und nachgeschaltetes Filtern konnten Wasserverunreinigungen seit den 1970er Jahren drastisch verringert werden. Trotzdem ist die langfristige Anreicherung problematischer Stoffe im Wasser (Nitrat, Pestizidrückstände, Pharmaka, Hormone usw.), insbesondere aus Landwirtschaft, Haushalten und Kliniken, weiterhin ein ernsthaftes Problem, zu dessen Lösung bevorzugt Vorsorge- und Vermeidungsstrategien zum Einsatz kommen sollten. Nachsorgende Strategien kommen eher im Fall schwer belasteten Grundwassers in Betracht (Kopinke et al. 2002).

Für die teils dramatische Situation in Entwicklungsländern, insbesondere für die dortigen rasch wachsenden Megacities sind – mit Hilfe der Industrieländer – innovative Konzepte der Wasserver- und -entsorgung erst noch zu entwickeln, da die Übertragung der aus den gemäßigten Breiten stammenden Konzepte in tropische oder aride Gebiete häufig nicht sinnvoll ist (Hiessl 2005). Hierbei kommt es vielfach nicht auf High-Tech-Lösungen an, sondern auf robuste, preisgünstige und unter schwierigen Bedingungen zuverlässig funktionierende Technik, die sich in die jeweiligen kulturellen Gegebenheiten einpasst.

6.7 Arbeit

Menschliche Arbeit und die Gestaltung ihrer Bedingungen stellen sowohl einen zentralen Faktor für die Wertschöpfung einer Gesellschaft dar – gemeinsam mit den Faktoren Kapital und natürliche Ressourcen – als auch ein wichtiges Element eines individuell erfüllten Lebens, und zugleich eine wichtige Voraussetzung für die Erfüllung verschiedener grundlegender Bedürfnisse. Die Entlohnung von Arbeitsleistung ist wesentliche Einkommensquelle für den Erwerb von Gütern und Dienstleistungen. Der Begriff und die Realität von Arbeit umfassen jedoch nicht nur die entlohnte Erwerbsarbeit, die in Industriegesellschaften wie Deutschland bislang im Fokus von Politik, Wirtschaft und Öffentlichkeit steht, sondern auch die verschiedenen, häufig nicht entlohnten Formen der Eigen-, Subsistenz-, Versorgungs- oder Gemeinschaftsarbeit als Teil der so genannten informellen, nicht in offiziellen Statistiken erscheinenden Wirtschaft. Nach Schätzungen werden in Deutschland im Dienstleistungssektor, in dem mittlerweile rund drei Viertel aller Erwerbstätigen arbeiten, die Hälfte bis zwei Drittel der Arbeitsstunden bzw. der Wertschöpfung im Bereich der Nicht-Erwerbstätigkeit erbracht, vor allem im Haushalt und überwiegend von Frauen (nach Spangenberg 2011).

Dem in dieser Weise umfassend verstandenen Faktor Arbeit kommt eine zentrale Bedeutung sowohl für gesellschaftliche Entwicklung als auch für die Lebensqualität, das »Menschsein«, des Einzelnen zu (siehe z. B. Clark 2010). Er ermöglicht die materielle und nicht-materielle Versorgungsbasis für Individuen und Familien, macht einen wichtigen Teil der Identitätsbildung und Selbstverwirklichung des Einzelnen aus, trägt zu Status und Prestige innerhalb des Gemeinwesens bei, führt zu sozialen Kontakten und ist somit ein wichtiges Element für soziales Zusammenleben. Deswegen ist der Verlust des Erwerbsarbeitsplatzes oder der nicht gelingende Einstieg in das Erwerbsarbeitsleben für die Betroffenen häufig nicht nur mit finanziellen Problemen, sondern auch mit psychosozialen Folgen in Form von gestörter Identitätsentwicklung oder mangelnder sozialer Anerkennung verbunden.

Trends und Herausforderungen
Dabei befindet sich das Zivilisationsmodell »Arbeitsgesellschaft« und mit ihr der Faktor Arbeit in einem stetigen Prozess des Wandels. Während im 19. bis in die erste Hälfte des 20. Jahrhunderts eher Fragen der Humanisierung der Arbeitswelt hinsichtlich Arbeitszeit und Arbeitsplatzbedingungen und die verschiedenen damit verbundenen sozialen und gesundheitsbezogenen Aspekte im Mittelpunkt standen, sind es in den letzten Jahrzehnten insbesondere die strukturellen, organisatorischen und technologischen Veränderungen der Arbeitswelt und ihre Folgen. Stichworte sind hier Globalisierung von Wertschöpfungsketten, Technisierung, Rationalisierung, Flexibilisierung, Informatisierung oder Tertiärisierung (siehe z. B. Spangenberg 2011, Schmid 2010, Krings 2007, Rauscher 2002), die einen erheblichen Einfluss auf Umfang und Form der Arbeitsnachfrage haben. Gleichzeitig ist ein Trend in der globalen Wirtschaft in Richtung Zunahme von Schattenwirtschaft, Wachstum des informellen Sektors und »Informalisierung des formellen Sektors« zu beobachten (Enquete-Kommission »Globalisierung der Weltwirtschaft« 2002), die zusammen

mit Faktoren wie der demographischen Entwicklung auch das Arbeitsangebot betreffen und beeinflussen. Vor diesem Hintergrund ist seit den 1980er Jahren immer wieder die Rede von der »Krise der Arbeitsgesellschaft«, in Wissenschaft und Politik konstatiert und kontrovers diskutiert (Gorz 2010, Reichhard 2009, Krings 2007, Lachmann 1995, Matthes 1982).

Die aktuelle Zustandsbeschreibung bezogen auf das Thema Erwerbsarbeit und Lebensunterhalt ist insbesondere auf der globalen Ebene alarmierend. Bei einem formalen Arbeitskräftepotenzial von weltweit mehr als drei Milliarden Menschen sind gegenwärtig rund 205 Millionen Menschen offiziell als arbeitslos registriert, was einer Quote von ungefähr 6 Prozent entspricht (ILO 2011). Ein besonderes Problem stellt dabei die Tatsache dar, dass die Jugendarbeitslosigkeit (Altersstufe 15–24 Jahre) mit über 12 Prozent bzw. rund 80 Millionen Jugendlichen noch deutlich höher liegt und sich seit längerem auf diesem hohen Niveau bewegt. Als dramatisch sind auch die offiziellen Schätzungen der ILO einzustufen, wonach die Zahl der unterbeschäftigten Menschen (d. h. derer, die trotz Erwerbsarbeit ihren Lebensunterhalt nicht bestreiten können) bei rund 850 Millionen und die Zahl der »vulnerablen« Beschäftigungsverhältnisse bei rund 1,5 Milliarden (also ungefähr 50 Prozent) liegt, wobei in beiden Gruppen der weitaus größte Teil auf die Entwicklungsländer entfällt. Ungefähr 90 Prozent der Weltbevölkerung verfügen über keine oder eine nur unzureichende Absicherung gegen Krankheit, Arbeitslosigkeit, Unfall oder Alter (Hildebrandt 2003). All dies hat mit dazu beigetragen, dass sich die globale, in vielen Ländern aber auch die nationale Ungleichverteilung der Einkommen und Vermögen in der Vergangenheit verstärkt hat, wie den Berichten über die menschliche Entwicklung des Entwicklungsprogramms der Vereinten Nationen (UNDP) zu entnehmen ist.

In Deutschland kommt dem Thema der Erwerbsarbeitslosigkeit seit Mitte der 1970er Jahre, als die Zahl der offiziell Arbeitslosen nach den Nachkriegsjahren erstmals wieder die Millionengrenze überschritt, eine zentrale Bedeutung zu. Nach einem Höchstwert von rund 5 Millionen in 2005 liegt die Zahl gegenwärtig bei rund 3 Millionen, was einer Quote von ca. 7 Prozent entspricht (Statistisches Bundesamt 2011, Bundesagentur für Arbeit 2011). Erschwerend hinzu kommt vor allem im letzten Jahrzehnt die deutliche Zunahme so genannter prekärer Arbeitsverhältnisse – gerade auch was die in den vergangenen Jahren neu geschaffenen Stellen betrifft. Sie sind vor allem durch mangelnde Arbeitsplatzsicherheit, niedrigen Lohn, Teilzeitbeschäftigung, zeitliche Befristung, mangelnden Kündigungsschutz und die damit verbundenen ökonomischen und sozialen Probleme gekennzeichnet. Gegenwärtig bekleiden nur noch gut die Hälfte aller Erwerbstätigen eine sozialversicherungspflichtige Vollzeitarbeitsstelle (Bundesagentur für Arbeit 2011), also das was nach wie vor als »Normal-Arbeitsverhältnis« bezeichnet wird. Gleichzeitig sind es mehr als eine Million Menschen, die trotz einer Vollzeitarbeitsstelle ihren Lebensunterhalt nicht bestreiten können und deshalb auf staatliche finanzielle Unterstützung angewiesen sind (Drautz 2011), andere nehmen stattdessen oder auch zusätzlich einen oder mehrere weitere Jobs an, um ein hinreichendes Einkommensniveau zu erzielen.

Die Krise der Arbeitsgesellschaft kommt also in Deutschland, wie auch in machen anderen Industriestaaten, zum Ausdruck in einer substanziellen Zahl offiziell Arbeitsloser, einer wachsenden Zahl prekär Beschäftigter, einem erheblichen Umfang unzureichend entlohnter bzw. gewürdigter Nicht-Erwerbsarbeit, einer Krise der sozialen Sicherungssysteme und des Sozial- bzw. Wohlfahrtsstaates, die auf dem Modell des flächendeckenden Normal-Arbeitsverhältnisses basieren, und schließlich – auch aus all dem resultierend – in einem Anteil von knapp 14 Prozent der Bevölkerung, der in Armut lebt (gemäß amtlicher Definition), viele davon Kinder (Bundesregierung 2008). Es spricht also vieles dafür, dass wir mit der Ressource Arbeit ähnlich nicht-nachhaltig umgehen wie mit den natürlichen Ressourcen.

Trotz dieses Befunds hat das Thema Arbeit erst vergleichsweise spät einen angemessenen Raum in der Nachhaltigkeitsdebatte eingenommen (Hildebrandt 2003). Neben der genannten grundlegenden Rolle der Arbeit für die Sicherstellung eines menschenwürdigen und erfüllten Lebens sind Arbeit und nachhaltige Entwicklung in zweierlei Weise miteinander verknüpft: Zum einen stellen der Einsatz des Faktors Arbeit, seine Verteilung sowie die Gestaltung von Arbeitsbedingungen und -qualität eigenständige Nachhaltigkeitsziele dar und spielen zugleich eine Rolle für die Erreichung anderer Nachhaltigkeitsziele. So hat die Steigerung der Arbeitsproduktivität über die letzten Jahrzehnte dazu geführt, dass mit der gleichen Arbeitsleistung mehr hergestellt werden kann und damit auch dazu beigetragen, dass, bei lange Zeit steigender Gesamtarbeitsleistung, die Wachstumsspirale weiter gedreht werden konnte. Gleichzeitig kommt aber dem Faktor Arbeit eine wichtige Bedeutung bei der Realisierung von nachhaltigkeitsrelevanten Aktivitäten wie der Herstellung von regenerativen Energietechnologien oder der energetischen Sanierung von Gebäuden zu. Zum anderen können sich Maßnahmen zur Erreichung von Nachhaltigkeitszielen in anderen Bereichen (wie umwelt-, finanz-, steuer- oder sozialpolitische Maßnahmen) auch positiv oder negativ auf den Faktor Arbeit auswirken.

Bis heute steht bei der Behandlung dieses Themenkomplexes die Erwerbsarbeit und Wege zum Abbau von Arbeitslosigkeit im Vordergrund. Ein erweitertes Verständnis von Arbeit, wie oben skizziert, oder Fragen einer gesellschaftlichen oder nachhaltigkeitsbezogenen Qualität der Arbeit, individueller Autonomie usw. (siehe z. B. Drautz 2011, Nierling 2011) werden zwar in der Wissenschaft zunehmend diskutiert und eingefordert, spielen jedoch in den offiziellen Dokumenten und Strategien kaum eine Rolle. Dies gilt auch für die nationale Nachhaltigkeitsstrategie der Bundesregierung (siehe Kapitel 7.2), in der, wie in vielen anderen auch, ausschließlich erwerbsarbeitsbezogene Indikatoren verwendet werden (hier ist es die Erwerbstätigen-Quote, die in gewisser Weise ein Pendant zur ebenfalls häufig verwendeten Arbeitslosenquote darstellt).

Handlungsoptionen
Vor diesem Hintergrund werden zur Erreichung des Ziels einer stärkeren Verknüpfung zwischen Arbeit und nachhaltiger Entwicklung vor allem zwei grundlegende Handlungsansätze diskutiert. Der eine geht von den Prämissen aus, dass nur über das Prinzip der Erwerbsarbeit Menschen für die Ausübung als sinnvoll erachteter – nachhaltiger – Tätigkeiten ausreichend bezahlt werden können und dass wir es heute keineswegs mit einem Mangel an (Erwerbs-)Arbeit zu tun haben. Demzufolge steht hier zum einen der Versuch im Vordergrund, die marktvermittelte Nachfrage nach Erwerbsarbeit und damit die entsprechende Beschäftigtenquote zu erhöhen und das Arbeitsangebot anzupassen. Zum anderen geht es um die Schaffung der Voraussetzungen für eine stärkere Orientierung von Flexibilisierungsprozessen an den individuellen Bedürfnissen und für mehr Arbeitszufriedenheit im bestehenden Erwerbsarbeitssystem.

Die Palette der Maßnahmen ist hier sehr breit und bewegt sich vornehmlich im Bereich des bereits Bekannten und Praktizierten. Sie umfasst die Förderung wirtschaftlichen Wachstums in der Annahme, dass dadurch Arbeitsplätze geschaffen werden, die Senkung der Preise des Produktionsfaktors Arbeit verglichen mit den Faktoren Kapital und Ressourcen (etwa durch Lohn-Subventionierung oder gar -verzicht), den Abbau von zu hohen und daher ungerechten Lohnunterschieden oder die Schaffung bzw. Förderung neuer Arbeitsplätze gezielt in Bereichen, die zugleich anderen Nachhaltigkeitszielen dienen (»Green Jobs« im Umweltschutz, neue Stellen im Dienstleistungssektor, im Gesundheitswesen bzw. generell im stärker gemeinwirtschaftlich orientierten »Dritten Sektor«). Hinzu kommen Ansätze einer veränderten Verteilung der Arbeit etwa über Lebens- oder Wochenarbeitszeitregelungen, Maßnahmen zur angemesseneren Qualifizierung der Arbeitsuchenden, insbesondere der bislang Geringqualifizierten, sowie die Veränderung sozial-, finanz- und steuerpolitischer Rahmenbedingungen für Nachfrager und Anbieter von Arbeit.

Beim zweiten Ansatz wird eher von der These ausgegangen, dass »der Gesellschaft die Arbeit ausgeht«, zumindest die bezahlte Erwerbsarbeit (Dahrendorf 2005, Schmidt 1999, Becker/Schreiner 1998), vor allem als Folge von technischem Fortschritt und rationalisierungsbedingtem Arbeitsplatzabbau. Im Kern wird dies als ein zwar verzögerbarer, aber nicht umkehrbarer Trend angesehen. Im Mittelpunkt steht ein erweiterter Arbeitsbegriff, die so genannte Mischarbeit, die sich aus Erwerbs- und Nichterwerbsarbeitsformen zusammensetzt, für die unterschiedliche Qualifikationen erforderlich sind und aus denen ein entsprechendes »Mischeinkommen« erzielt wird (Hildebrandt 2003). Große Bedeutung kommt in einem solchen Konzept einem veränderten Umgang mit Natur im Arbeits- und Produktionsprozess zu, der die in der Ökonomie übliche Trennung zwischen Mensch/Gesellschaft und Natur aufhebt und als Vermittlungsverhältnis konzipiert ist, das Biesecker/Hofmeister (2006) als (Re)Produktivität bezeichnen. »Gesellschaftlich wichtige Arbeit« ist hier nicht auf die Umwandlung von Natur in (private) Güter reduziert, sondern schafft bzw. pflegt Gemeineigentum (»commons«) und stabilisiert sozialen Zusammenhalt. All dies ist eingebettet in ein verändertes, postmaterielles Verständnis von Wirtschaften, Wohlfahrt und Lebensqualität jenseits der wachstums- und konsumorientierten Paradigmen der Industriegesellschaft, das sich auch aus anderen als nur erwerbsarbeits-basierten Quellen speist (Bierter/von Winterfeld 1998, Gorz 1998).

Dabei besteht ein Kernelement dieses Ansatzes häufig darin, das »Mischeinkommen« als ein bedingungsloses Grundeinkommen zu konzipieren, das für alle Menschen über die gesamte Lebenszeit hinweg ein Existenz sicherndes Einkommen garantiert, auch für den Fall einer nicht oder nur begrenzt bestehenden entlohnten Erwerbstätigkeit (Franzmann 2009, Werner 2008, Biesecker/Hofmeister 2006). Es soll allen Menschen ermöglichen, sich an allen gesellschaftlichen Arbeitsformen wechselnd zu beteiligen und im Kern als Instrument gesellschaftlicher Inklusion wirken. Das ethische Fundament dieser Idee besteht vor allem in der Idee der Menschenrechte und der dort festgeschriebenen unantastbaren Menschenwürde (vgl. Kapitel 3.3). Konkreter sind es die in der zweiten Generation der Menschenrechte im Pakt über die wirtschaftlichen, sozialen und kulturellen Rechte definierten sozialen Grundrechte, die etwa ein Recht auf Mindestlohn oder das Recht auf Arbeit enthalten.

Wenn auch die Menschenrechte eine seit Jahrzehnten eingeführte Institution darstellen, so erscheint doch manches von dem, was den Kern des letzteren Ansatzes ausmacht, heute ohne Zweifel noch ungewöhnlich und unrealistisch, was etwa die praktische Institutionalisierung und auch die Finanzierung anbelangt. Letztlich wird die entscheidende Herausforderung darin bestehen, diese beiden Ansätze so zu verknüpfen, dass es gelingt, die Erfüllung individueller Bedürfnisse ebenso wie die Realisierung der verschiedenen Nachhaltigkeitsziele in einer für die Gesellschaft finanzierbaren Weise zu ermöglichen.

6.8 Landwirtschaft[4]

Die Landwirtschaft ist traditionell der zentrale Sektor der Nahrungsmittelproduktion. Sie ist ein ökonomischer und kultureller Faktor von kulturgeschichtlich erheblicher, in den Industrieländern seit Jahrzehnten allerdings stark abnehmender Bedeutung. Landwirtschaft ist der weltweit größte Flächennutzer und ein großer Wasser- und Phosphatverbraucher. Die gezielte Nutzung von Flächen zur Produktion von

---

4 Wir danken den Kollegen Rolf Meyer und Christine Rösch für wertvolle Kommentare und Anregungen.

Nahrungsmitteln und zunehmend auch von Bioenergie sowie die resultierende Umgestaltung von natürlichen Landschaften zu Kulturlandschaften führen zu weit reichenden Eingriffen in die Umwelt. Um langfristig die Ernährung des Menschen sichern zu können, müssen die für die landwirtschaftliche Produktion benötigten Ressourcen (Boden, Wasser, Nutzpflanzen, Nutztiere) und geeignete Klimabedingungen erhalten werden.

Die Landwirtschaft ist in den letzten Jahren weltweit mit zunehmenden Erwartungen und Anforderungen konfrontiert worden, die sicher auf absehbare Zeit nicht entschärft werden können. Hier sind zunächst die Anforderungen an die Erhöhung der Produktion zu nennen. So muss die Nahrungsmittelproduktion bis 2050 um etwa 70 Prozent gesteigert werden, um die Ernährung der Weltbevölkerung von dann ca. 9 Milliarden Menschen besser als bisher sicherzustellen (vgl. Kapitel 6.1). Die Nahrungsmittelkrise der Jahre 2007/2008 und der folgenden Jahre hat bereits zu einer deutlichen Zunahme des Hungers in der Welt geführt (Dusseldorp/Sauter 2011). Aber auch der Energiehunger der industrialisierten und der Schwellenländer führt angesichts der absehbaren Erschöpfung fossiler Energiequellen dazu (Kapitel 6.4), dass zunehmend landwirtschaftliche Nutzfläche für die Bereitstellung von Biomasse für Energiezwecke genutzt wird. In Deutschland ist insbesondere die deutliche Zunahme von Raps- und Maisanbau ein sichtbares Indiz hierfür, international ist vor allem der verstärkte Anbau von Palmöl und Zuckerrohr zu nennen. Der Wunsch, die erneuerbare Ressource Biomasse stärker für die Befriedigung des Energiebedarfs einzusetzen, führt über die Begrenztheit der landwirtschaftlichen Nutzfläche zu Konkurrenzverhältnissen zwischen Nahrungsmittel- und Energieversorgung (Meyer et al. 2010).

Ein weiteres Anforderungsbündel ergibt sich aus dem Klimawandel. Die Landwirtschaft trägt einerseits wesentlich zur Emission von Klimagasen bei und ist andererseits von den Folgen des Klimawandels bedroht. Wesentliche Verursacher landwirtschaftlicher Klimagasemissionen sind die Herstellung landwirtschaftlicher Produktionsmittel (z. B. synthetische Dünger), die landwirtschaftliche Produktion selbst (Stickstoffdüngung, Massentierhaltung, Reisanbau) sowie Änderungen in der Landnutzung. Vom Klimawandel in Form höherer Temperaturen, veränderter Niederschlagsverteilung über das Jahr und von der Zunahme extremer Wetterereignisse wie Dürren oder Überschwemmungen betroffen sind insbesondere viele Gebiete in den Tropen und Subtropen, also in Entwicklungsländern, in denen schon heute Armut und Hunger herrschen. Zu den Herausforderungen an die weitere Entwicklung der Landwirtschaft gehören daher sowohl die Reduktion von Klimagasemissionen als auch die Entwicklung von an den Klimawandel angepassten Formen der Landnutzung und von angepassten Pflanzensorten.

Mit der wirtschaftlichen Entwicklung und steigenden Einkommen verändert sich die Ernährungsweise. Die Gewohnheiten der westlichen, industrialisierten Länder mit ihrem höheren Konsum von Fleisch, pflanzlichen Ölen und verarbeiteten Lebensmitteln erreichen zunehmend die Schwellenländer. Dieser Trend führt ebenfalls zu einem höheren landwirtschaftlichen Flächenbedarf, aber auch zu einer zunehmenden Bedeutung der Lebensmittelindustrie (Kapitel 6.1) und zu einer steigenden Abhängigkeit der Landwirtschaft von großen Lebensmittelkonzernen oder Vermarktern.

Die abnehmende ökonomische Bedeutung der Landwirtschaft in den Industrieländern hat seit Jahrzehnten erhebliche Folgen für den dortigen ländlichen Raum. Die Politik zielt zum einen auf den Erhalt oder Ausbau von Subventionen, um den Strukturwandel hin zu größeren und stärker technisierten Betrieben zu verlangsamen und dadurch sozialverträglicher zu gestalten. Zum anderen wird versucht, neben der traditionellen Nahrungsmittelproduktion neue Aufgaben für die Landwirtschaft zu identifizieren. Die Bereitstellung nachwachsender Rohstoffe für die Industrie zur energetischen oder stofflichen Verwendung (Meyer et al. 2010), die Pflege der Kulturlandschaft etwa in klimatisch oder topographisch benachteiligten Regionen wie den Mittelgebirgen oder der Alpenregion, oder auch eine stärkere Rolle im Rahmen eines nachhaltigen Tourismus (Klein-Vielhauer 2009) stellen Ansätze für eine nachhaltige Entwicklung des ländlichen Raumes unter veränderten Rahmenbedingungen dar.

Auf der anderen Seite darf nicht vergessen werden, dass die große Mehrheit der Landwirte weltweit (85 Prozent) Kleinbauern sind, die auf weniger als zwei Hektar wirtschaften. Armut und Hunger sind in den ländlichen Gebieten konzentriert. Fortschritte in der kleinbäuerlichen Landwirtschaft sind daher entscheidend, um Ernährungssicherheit zu erreichen und Armut zu bekämpfen. Landwirtschaft ist der entscheidende Motor für Entwicklung in armen Entwicklungsländern, in denen sie nach wie vor der wichtigste Wirtschaftszweig ist. Auch dies gilt es zu berücksichtigen, wenn die Entwicklung der Landwirtschaft in Entwicklungsländern betrachtet wird.

Die steigenden und teils divergierenden Erwartungen an die Landwirtschaft führen zu einer tief greifenden Ambivalenz. Um den Anforderungen zu genügen, muss die Produktion erhöht werden. Angesichts der begrenzten landwirtschaftlichen Nutzfläche kann dies nur über eine erhebliche Intensivierung erfolgen. Nach Einschätzung der FAO sollen etwa 90 Prozent der Produktionssteigerung über Intensivierung, 10 Prozent durch Ausweitung der Anbauflächen abgedeckt werden (FAO 2010). Die Intensivierung jedoch impliziert, jedenfalls wenn sie nach dem Muster der traditionellen industriell betriebenen Landwirtschaft erfolgt, eine Verschlechterung der Klimabilanz und vor allem eine noch stärkere Gefährdung der Grundlagen der zukünftigen landwirtschaftlichen Produktion. Die Folgen bestünden vor allem in der Abnahme der Bodenfruchtbarkeit, der Übernutzung von Grundwasser und weiter abnehmender Biodiversität. Ein klassischer Zielkonflikt deutet sich hier an: Es ist eine erhebliche Erhöhung der Produktion erforderlich, um Hunger und Mangelernährung entgegen zu treten, was jedoch zu Problemen einer langfristigen Erhaltung der Produktionsbedingungen für die Landwirtschaft führt.

Die intensive Pflanzenproduktion mit mineralischen Düngern und synthetischen Pflanzenschutzmitteln sowie die industrielle Massentierhaltung zur Befriedigung des Bedarfs an preiswerten Lebensmitteln tierischer Herkunft stellen in den Industrieländern die wichtigste Ursache für eine Reihe von landwirtschaftlich bedingten Umweltproblemen dar. Die Klimagasemissionen der deutschen Landwirtschaft tragen rund 14 Prozent zu den Gesamtemissionen bei. Hinzu kommen Rückstände von Tierarzneimitteln und Pflanzenschutzmitteln im Grundwasser. Durch intensiven Düngereinsatz kommt es zu Stickoxid-Emissionen sowie zu Phosphat- und Nitratbelastungen der Gewässer, letztere verursacht vor allem durch die hohe Löslichkeit und damit Mobilität dieser Salze. Der zunehmend großflächige Anbau nur noch weniger Kulturen führt – im Gegensatz zu traditionellen kleinteiligen Kulturlandschaften – zur Reduzierung der Artenvielfalt.

Global gesehen nahm der Anteil der von Bodenerosion betroffenen Ackerflächen während der letzten Jahrzehnte aufgrund größerer Felder und intensivierter Bodenbearbeitung weltweit zu. Eine der Ursachen liegt in der intensiv betriebenen Landwirtschaft in den Industrieländern, eine andere ist die durch Armut hervorgerufene Übernutzung von nur bedingt geeigneten Ackerflächen. In der kleinbäuerlichen Landwirtschaft in Entwicklungsländern ist Bodenerosion vor allem bedingt durch die Bewirtschaftung von Hanglagen, zu geringe Bodenbedeckung und die unzureichende Zufuhr von organischem Material.

Der hohe Wasserbedarf landwirtschaftlicher Kulturen (Kapitel 6.6) führt insbesondere in trockenen Gebieten, die der künstlichen Bewässerung bedürfen, zur Übernutzung von Grundwasser und Gefährdung der Bodenfruchtbarkeit, vor allem durch Versalzung. Etwa zehn Prozent der Weltgetreideproduktion beruhen auf der Übernutzung von Grundwasser (Serageldin 2011). Verunreinigungen des Grundwassers (etwa durch Pflanzenschutzmittelrückstände und Tierarzneimittel) können über die landwirtschaftliche Produktion Folgen für die Nahrungsmittelkette haben. Um die Voraussetzungen für eine Zulassung zu erfüllen, müssen für die Wirkstoffe in den Pflanzenschutzmitteln allerdings umfangreiche Untersuchungen zur Toxizität, zum Rückstandsverhalten, zur Analytik der Rückstände, zum Verbleib und zum Verhalten in der Umwelt sowie zu den Auswirkungen auf Flora und Fauna vorgelegt werden, jedenfalls in den industrialisierten Ländern.

Bodenerosion, Wasserbedarf und Biodiversität bezeichnen die großen Nachhaltigkeitsprobleme der Landwirtschaft, die sich, so ist zu befürchten, verschärfen, wenn nach Maßgabe traditioneller Landwirtschaft die Produktion durch Intensivierung erhöht werden soll. Es gilt daher nach Lösungen zu suchen, die das eine ermöglichen ohne das andere zur Folge zu haben.

Zur Steigerung der Nachhaltigkeit in der Landwirtschaft existieren Konzepte, die unterschiedliche Schwerpunkte und Akzente setzen. Ihre Bewertung unter Nachhaltigkeitsaspekten ist allerdings vielfach umstritten. Im *ökologischen Landbau* wird der Akzent auf eine umweltschonendere Nutzung der Ressourcen gesetzt. Durch eine Rücknahme der industrialisierten Produktionsweise zugunsten einer stärker im Einklang mit der Natur arbeitenden, »agro-ökologischen« Landwirtschaft (etwa durch teilweisen Verzicht auf Kunstdünger und Pflanzenschutzmittel) soll der Umgang mit den Naturressourcen (Boden, Nährstoffe, Wasser) nachhaltiger gestaltet und sollen die landwirtschaftlichen Produktionsgrundlagen (z. B. die Bodenfruchtbarkeit) für die Zukunft erhalten werden. Auch wenn Effizienzelemente hierbei eine Rolle spielen, ist der Hauptgedanke doch der der *Konsistenz* mit natürlichen Prozessen (vgl.

zur Konsistenzstrategie Kapitel 5.4). Darüber hinaus sind solche Ansätze durch die Betonung lokaler und regionaler Emanzipation gegenüber globalen Konzernen gekennzeichnet. Es geht um die agro-ökologische Entwicklung der Standortpotentiale durch die Verbindung sozialer und kultureller mit den ökologischen Standortfaktoren, also um lokal und regional angepasste Lösungen anstatt technologiegetriebener Massenproduktion (Meyer et al. 2010).

Ein seit kurzem international diskutierter Ansatz ist die »Low-input-Intensification«, welche eine höhere Nahrungsmittelproduktion und eine nachhaltige Flächennutzung in Entwicklungsländern – mit einem Fokus auf Kleinbauern – vereinbaren will. In diesem Rahmen werden landwirtschaftliche Produktionssysteme (zusammen mit ihren Technologien und Managementpraktiken) unter den folgenden Stichworten diskutiert (Meyer/Burger 2012): Conservation Agriculture, System of Rice Intensification, Organic Farming, Agroforestry systems und Rainwater Harvesting. Diese können als komplexe landwirtschaftliche Systeme zur Intensivierung durch höhere agro-ökologische und biologische Produktivität beschrieben werden. Sie benötigen nicht notwendigerweise steigende externe Inputs (wie Mineraldünger und Pflanzenschutzmittel) und streben stattdessen eine Optimierung der Inputnutzung an. Ihnen ist gemeinsam, dass sie jeweils an die örtlichen Bedingungen anzupassen sind, weswegen ihre Entwicklung, Erprobung und Verbreitung vor Ort gemeinsam mit den landwirtschaftlichen Nutzern erfolgen muss.

Auf der anderen Seite sind Hightech-Ansätze zu nennen, die auf Basis modernster Technologien im Sinne der Effizienzstrategie auf effizientere und dadurch auch umweltverträgliche Produktion setzen. Im *Precision Farming* wird eine maximale Effizienz durch punktgenaue Optimierung der Nährstoffversorgung von Pflanzen und Tieren angestrebt. Gezielte Düngungssysteme unterstützt durch Satellitenfernbeobachtung, Dosiersysteme für die individuelle Fütterung von Hochleistungsmilchkühen oder die Nutzung der Informationstechnik sind einschlägige Beispiele (Rösch et al. 2002). Die Nutzung der Gentechnik, vor allem im Bereich der Pflanzen, wird seitens der Befürworter vor allem damit begründet, dass gezielt für bestimmte Nutzungsarten »umprogrammierte« Organismen eine effizientere Produktion von Biomasse erlauben würden. Insbesondere im Bereich der energetischen Nutzung von Biomasse tritt dieses Argument immer wieder auf, da dort die Ablehnung von Gentechnik nicht so verbreitet wie im Lebensmittelbereich ist. Im *Vertical Farming*, einer noch sehr jungen Vision, wird versucht, dem Problem der begrenzten landwirtschaftlichen Nutzfläche dadurch zu begegnen, dass Landwirtschaft in mehreren Etagen nutzbare Fläche übereinander schafft. Die hierfür notwendigen Voraussetzungen der Lichtzufuhr und der Wasserversorgung könnten sich technisch lösen lassen. Damit würden auch Wüstengebiete landwirtschaftlich nutzbar, falls das Problem der Wasserversorgung gelöst würde.

Insgesamt gesehen stellt Landwirtschaft einen Schlüsselfaktor für nachhaltige Entwicklung dar, der eng mit anderen Faktoren wie Wasser, Ernährung und Energie gekoppelt ist. Entwicklungsmodelle, die sich an Agrarstrukturen und Produktionsmethoden der industrialisierten Länder orientieren, sind für Entwicklungsländer vielfach nicht sinnvoll oder sogar kontraproduktiv. Der Entwicklung nicht nur ökologisch, sondern auch kulturell und sozial angepasster Methoden und Technologien kommt eine wesentliche und vielfach immer noch unterschätzte Bedeutung zu.

7. Politische Umsetzungsebenen

Die Verständigung über das Nachhaltigkeitsleitbild wie auch die Identifikation und Lösung von Nachhaltigkeitsproblemen können nur unter Beteiligung und im Zusammenwirken der verschiedenen Akteure gelingen, die die Gesellschaft und ihre Entwicklung ausmachen und bestimmen. Diese sind die Handelnden und damit verantwortlich sowohl für das Entstehen von Problemen als auch für das Gelingen (oder das Scheitern) der notwendigen gesellschaftlichen Transformationsprozesse. Akteure können sowohl Individuen als auch kollektiv handelnde Gruppen sein, staatliche und nicht-staatliche, institutionalisierte und nicht-institutionalisierte. Traditionell wird hier unterschieden zwischen dem Staat und seinen Institutionen, der Politik, Unternehmen, privaten Haushalten und Konsumenten, zivilgesellschaftlichen Akteuren wie Umwelt-, Verbraucher- oder Sozialverbänden, Kirchen, Wissenschaft und den Medien.

Unterschiedliche Akteure besitzen verschiedene Kompetenzen und bewegen sich in Gefügen mitunter sehr unterschiedlicher Regeln, Normen, Wertmuster und Interessen, die ihr Handeln prägen. Entsprechend unterscheiden sich auch ihre Vorstellungen darüber, was nachhaltige Entwicklung sein und wie dieses Leitbild umgesetzt werden soll, zum Teil erheblich. Die Kontroversen etwa zwischen Bauernverband und Umweltverbänden oder zwischen Umwelt- und Unternehmensverbänden sowie zwischen diesen und Ministerien oder Behörden sind hinlänglich bekannt. Vor diesem Hintergrund bringt die Realisierung einer nachhaltigen Entwicklung vor allem drei Herausforderungen bzw. Notwendigkeiten mit sich: Erstens muss zwischen den Akteuren ein Mindestmaß an Übereinstimmung in Bezug auf Zielorientierungen und die geeigneten Wege dahin bestehen. Hierzu müssen die institutionellen Voraussetzungen für Aushandlungs- und Einigungsprozesse in einem sehr heterogenen Akteursfeld geschaffen werden. Zweitens bedarf es der Fähigkeit und der Bereitschaft der Akteure zum Lernen, also gegebenenfalls ihre Denk- und Handlungsmuster aufgrund veränderten Wissens oder festgelegter Ziele zu ändern (Hoffmann et al. 2007, Siebenhüner 2004). Drittens sollten geeignete politische und institutionelle Rahmenbedingungen geschaffen werden, damit die Akteure auch Anreize erhalten, sich den gesetzten Nachhaltigkeitszielen entsprechend zu verhalten.

Das im vorangegangenen Kapitel beschriebene Handeln der Akteure in den verschiedenen Bereichen findet auf unterschiedlichen räumlichen und zugleich institutionell definierten Ebenen statt. Entsprechend der gängigen Praxis werden in diesem Kapitel die lokale bzw. regionale, die nationale, die inter- bzw. supranationale sowie die globale Perspektive unterschieden. Dabei wird hier der politisch-institutionelle Zugang im Mittelpunkt stehen, also die eher staatlichen Akteure. Auf der lokalen Ebene kommt Lokalen Agenda 21-Initiativen eine zentrale Bedeutung zu (7.1), auf der nationalen Ebene sind es vor allem die Nachhaltigkeitsstrategien der Regierungen (7.2). Für die inter- bzw. supranationale Ebene wird hier das Beispiel der EU näher betrachtet (7.3) sowie auf globaler Ebene die Vereinten Nationen (7.4). Alle diese Elemente und Institutionen sind von besonderer Bedeutung für die politische Umsetzung nachhaltiger Entwicklung. Entscheidend ist dabei der Hinweis, dass diese Ebenen aufgrund ihrer vielfältigen Wechselwirkungs- und Abhängigkeitsbeziehungen stets gemeinsam betrachtet werden müssen. Das heißt, eine auf nachhaltige Entwicklung zielende Politik erfordert neben der Integration der inhaltlichen Dimensionen auch eine räumliche Integration. Dieser Grundsatz stellt einen Kern des Konzepts »Global Governance« dar (7.5). Ergänzt wird dieses Bild dann im nachfolgenden Kapitel 8 um eine Betrachtung der wesentlichen nicht-staatlichen Akteure.

7.1 Die lokale Ebene: Agenda 21-Initiativen

Unter der lokalen Ebene werden hier primär die Stadt und Stadtentwicklung sowie die entsprechenden Institutionen verstanden. Als städtische Siedlungen gelten z. B. in Deutschland laut amtlicher Statistik Gemeinden mit Stadtrecht ab 2 000 Einwohnern. Urbanisierung, also die

Ausbreitung städtischer Lebensformen in ländlichen Gebieten, stellt einen der zentralen globalen Trends der letzten Jahrzehnte dar. Während nach der Definition der Vereinten Nationen 1950 noch unter 30 Prozent der Weltbevölkerung in Städten lebten, waren es seit 2008 erstmals mehr als die Hälfte, für 2030 werden 60 Prozent und für 2050 rund 70 Prozent prognostiziert (United Nations Population Division 2010). Global gesehen unterscheidet sich der Urbanisierungsgrad erheblich. In Europa und Lateinamerika liegt er bei rund 75 Prozent, in den USA bei rund 80 Prozent, in Asien und Afrika dagegen nur bei 40 Prozent. Dabei nehmen die großen Millionenstädte und die so genannten Megacities mit mehr als fünf bzw. zehn Millionen Einwohnern in Zahl und Anteil an der Weltbevölkerung ständig zu. Gleichwohl wird ein großer Teil des künftigen, vor allem in Entwicklungsländern stattfindenden städtischen Bevölkerungswachstums in Städten der Größe um 500 000 Einwohner stattfinden. Ursache der Urbanisierung ist häufig Landflucht, d. h. Menschen verlassen ländliche Regionen, um der Armut zu entfliehen und bessere Arbeits- und Lebensbedingungen zu finden.

Die Bedeutung der lokalen Ebene bzw. von Städten für eine nachhaltige Entwicklung macht sich insbesondere an zwei Punkten fest: Zum einen bergen Städte im Allgemeinen und die großen Städte im Besonderen sowohl Risiken als auch Chancen für eine (global) nachhaltige Entwicklung (Heinrichs et al. 2012, BMBF 2010, Lehn/Kopfmüller 2009, Kraas/Nitschke 2006). Luftverschmutzung, Krankheiten, Überschwemmungen, Klimaänderungen, überlastete und marode Versorgungsinfrastrukturen, mangelnde Sanitäranlagen, sozial-räumliche Polarisierung sowie besonders eklatante Unterschiede zwischen Arm und Reich und deren Betroffenheit von Problemen sind Nachhaltigkeitsdefizite, die aufgrund der Bevölkerungsdichte und der hohen Intensität wirtschaftlicher Aktivitäten in Städten, insbesondere des Südens, besonders konzentriert auftreten. Städte sind beispielsweise für rund 75 Prozent des globalen Energieverbrauchs, 80 Prozent der Treibhausgase und 80 Prozent des Abfallaufkommens verantwortlich (McKinsey Global Institute 2011, UN HABITAT 2010, IEA 2008b). Dabei sind sie sowohl Verursacher (»Täter«) als auch Betroffene (»Opfer«) von solchen Risiken. Zugleich bieten insbesondere die großen Städte mit ihrer ökonomischen Leistungsfähigkeit und ihren Institutionen- sowie Akteursnetzwerken erhebliche Chancen als Motoren des globalen Wandels und der notwendigen Transformationsprozesse. So kann dort die Grundversorgung der Menschen prinzipiell kosteneffizienter und umweltverträglicher gewährleistet werden, können bessere Bildungseinrichtungen zur Verfügung gestellt, Netzwerkbildung ermöglicht und damit letztlich mehr Lebensqualität geboten werden.

Zum anderen stellen Städte im Prinzip diejenige Verwaltungsebene dar, die den Bürgern am nächsten ist. Dies birgt entsprechende Sensibilisierungs- und Mobilisierungspotenziale für Nachhaltigkeitsfragen und bietet vergleichsweise gute Voraussetzungen dafür, die relevanten Akteure und Betroffenen in die notwendigen Lern- und Entscheidungsprozesse im Sinne eines partizipativen Vorgehens (siehe Kapitel 3.5 und 5.4) einbeziehen zu können. Hinzu kommt, dass sie für den Bau und Unterhalt wichtiger Infrastrukturen vorrangig zuständig sind und dass sie in vielen Ländern weitreichende planungsrechtliche Kompetenzen besitzen. Vor diesem Hintergrund wurde in Kapitel 28 der Agenda 21 den Kommunen für die Umsetzung einer nachhaltigen Entwicklung eine wichtige Bedeutung beigemessen.

Bis heute besteht somit ein wichtiges Element des Rio-Folgeprozesses darin, diese Umsetzung gemäß dem Motto »global denken – lokal handeln« voranzubringen. Die Steuerung in Richtung einer nachhaltigeren Entwicklung der Städte stellt angesichts der Komplexität, Vielfalt und häufigen Informalität urbaner Prozesse (siehe z. B. Mertins 2009, Kraas/Nitschke 2006) insbesondere in großen Städten eine erhebliche Herausforderung dar. Der Aufbau und die Durchführung von Lokale Agenda 21-Initiativen ist bis heute ein wichtiges Element hierfür. Hierzu wurden verschiedene internationale Programme eingerichtet, um die Kommunen auf diesem Weg zu unterstützen (Barton/Kopfmüller 2012). Beispiele sind das Sustainable Cities Programme des UN Centre for Human Settlements (UNCHS) und des UNEP, Projekte des UNDP oder die Local Agenda 21 Initiative des International Council for Local Environmental Initiatives (ICLEI). In Europa sind eine Reihe von Initiativen und Aktivitäten entstanden, um die Umsetzung des Nachhaltigkeitsleitbilds auf kommunaler Ebene und grenzüberschreitende Vernetzung zu fördern: die 1994 von rund 600 Städten und Gemeinden unterzeichnete Aalborg-Charta (Aalborg 2004), der 1996 daran anknüpfende Lissaboner Aktionsplan »Von der Charta zum Handeln« (Lissabon 1996), die »Leipzig Charta zur nachhaltigen europäischen Stadt« der für Stadtentwicklung zuständigen europäischen Minister von

2007 (Leipzig 2007) oder auch ein Dokument der EU zu Schlüsselkriterien nachhaltiger Stadtentwicklung (EU-Kommission 2009).

Ziel solcher Initiativen ist es, Aktionspläne zu erarbeiten und umzusetzen, mit dem Kommunen einen Beitrag zur Erreichung einer global nachhaltigen Entwicklung leisten können. Dieser Prozess sollte vor allem durch drei charakteristische Elemente gekennzeichnet sein (BMU/ UBA 1998): erstens die Erarbeitung von Leitbildern, konkreten Zielwerten für ausgewählte Indikatoren und einem daran orientierten Handlungskonzept, zweitens eine vor allem auf Diskurs und Konsensfindung zwischen Verwaltung und involvierten Akteuren bzw. Bürgern basierende politische Kultur und drittens die systematische Umsetzung des Handlungskonzepts in einem stufenweisen Planungsprozess mit besonderem Augenmerk auf die Kriterien Verbindlichkeit und Messbarkeit.

In vielen Staaten, auch in Deutschland, haben Kommunen den Impuls der Rio-Konferenz eher aufgegriffen als Bundes- oder Landesregierungen. Weltweit hatten sich bis 2003 6 400 Kommunen in 113 Staaten auf eine lokale Agenda 21 verpflichtet, die meisten davon in Europa (ICLEI 2003). Deutschland liegt mit 2 600 Kommunen (von insgesamt 13 000 existierenden) im Jahr 2005 zwar absolut gesehen an der Spitze (Agenda Transfer 2005), mit der nationalen Quote von 20 Prozent jedoch weit hinter Ländern wie Großbritannien (90 Prozent) oder Schweden (100 Prozent) (UNCSD 2002). Neuere Daten sind leider nicht verfügbar (siehe auch Coenen 2009). Da mittlerweile in Deutschland auch immer wieder Initiativen aus verschiedenen Gründen eingestellt werden, kann angenommen werden, dass sich die Zahl nicht wesentlich erhöht hat. Vor dem Hintergrund des bereits 1992 formulierten Ziels, dass innerhalb von fünf Jahren die Mehrzahl der Kommunen einen Agenda-Konsens erzielt haben sollte, kann dies nicht unbedingt als Erfolg gesehen werden.

Neben diesem eher quantitativen Aspekt zeigt sich in der bisherigen Praxis ein differenziertes Bild (Kreibich 2009, Garcia-Sanchez/Prado-Lorenzo 2008, Gehrlein 2004, ICLEI 2003, UNCSD 2002). Einerseits wird positiv diagnostiziert, dass neben einem generell geschärften öffentlichen Bewusstsein Verbesserungen vor allem in den Bereichen Klimaschutz, Ressourcen- und Abfallmanagement, Luftqualität und Gesundheit erzielt werden konnten. Andererseits ist festzustellen, dass teilweise der Agenda-Fokus immer noch auf die ökologische Dimension gerichtet ist und kein umfassenderes Nachhaltigkeitsverständnis zugrunde legt. Kritisch angemerkt werden auch mangelnde Kooperation zwischen den verschiedenen Verwaltungsbereichen, Defizite beim Kriterium Messbarkeit, ein Mangel an konkreten Zielwerten und Zeitplänen oder das Ausblenden wichtiger oder besonders konfliktträchtiger Themen wie kommunale Finanzen, demografischer Wandel oder Risiken und Chancen von Liberalisierungs- und Deregulierungsprozessen. Als hinderliche Barrieren erweisen sich mangelnde finanzielle Ressourcen, geringe Unterstützung durch nationale Regierungen, begrenzte Legitimitäten, divergierende Interessen, Finanz- und Machtkonzentrationen, nachlassendes Interesse der Bürger oder auch bestehende und nur schwer veränderbare Produktions- und Konsummuster.

Vor diesem Hintergrund haben in Deutschland aktuell einige Oberbürgermeister aus Groß- und Mittelstädten in Zusammenarbeit mit dem Rat für Nachhaltige Entwicklung strategische Eckpunkte für eine nachhaltige Entwicklung in Kommunen (RNE 2010) sowie daran anknüpfend eine Zusammenstellung von erfolgreichen Umsetzungsbeispielen aus den beteiligten Städten vorgelegt (DIfU 2011). Diese Aktivitäten und die damit verbundenen Debatten sind Teil eines seit einigen Jahren laufenden Prozesses, der als dritte (Qualitäts-)Phase der Lokalen Agenda 21-Aktivitäten bezeichnet werden könnte. Sie folgt einer auf ökologische Themen fokussierten Anfangsphase (1992 bis 1998) und einer vor allem quantitativen Wachstumsphase (1998 bis 2002).

Basierend auf den Erfahrungen aus den vergangenen Jahren soll nun mit neuen bzw. modifizierten Ansätzen und Instrumenten eine bezogen auf Themen, Sektoren/Ressorts, föderale Ebenen, Akteure sowie die Stadt-Umland-Wechselwirkungen stärker integrierte nachhaltige Stadtentwicklung(-splanung) praktiziert werden, die sich zumindest teilweise von der ursprünglichen Lokale Agenda-Philosophie abhebt (siehe z. B. Deutscher Städtetag 2011, VINE 2010). Grundidee ist hier, in Anlehnung an die Praxis auf nationaler oder Bundesländerebene in Deutschland lokale Nachhaltigkeitsstrategien unter Einbeziehung der lokalen Akteure zu entwickeln und im Rahmen eines systematischen kommunalen Nachhaltigkeitsmanagements umzusetzen. Dieses umfasst etwa eine intensivere Einbeziehung von Unternehmen, neue Formen der Bürgerbeteiligung und des kooperativen Handelns, eine institutionalisierte Kooperation zwischen den Verwaltungseinheiten, eine verbesserte Koordination mit der nationalen und der EU-Ebene hinsichtlich Normen und Rechtsvorschriften, ein transparentes Mess- und Bewertungssystem sowie ein kontinuierliches und aussagefähiges Berichtssystem (Büttner/Kneipp 2010, Bodensee Stiftung/ICLEI Europe 2009, ICLEI 2007). Damit orientiert sich dieser modifizierte Ansatz auch an den Grundideen einer strategischen Planung für nachhaltige Städte (Hutter/Wiechmann 2010, UN HABITAT 2009). Auf diese Weise wird nun versucht, deutlicher umzusetzen, was bereits vor einigen Jahren als neuer und innovativer Politiktypus charakterisiert worden ist (Brand/Fürst 2002).

7.2 Nationale Nachhaltigkeitsstrategien: Das Beispiel Deutschland

Viele der in den bisherigen Kapiteln angesprochenen Nachhaltigkeitsprobleme betreffen eine Vielzahl von Ländern, nicht selten bestehen grenzüberschreitende Ursache-Wirkungs-Beziehungen. Problemlösungen bedürfen daher auch der Kooperation zwischen Staaten, wobei der hierzu notwendige Strukturwandel oftmals in den Zuständigkeitsbereich nationaler Regierungen fällt. Reformen des Steuer- und Abgabensystems oder der sozialen Sicherungssysteme sind Beispiele hierfür. Trotz der immer wieder beklagten, vor allem globalisierungsbedingten Einschränkungen nationalstaatlicher Handlungsmöglichkeiten bleiben daher nationale Strategien eine unerlässliche Voraussetzung für Transformationsprozesse in Richtung einer nachhaltigen Entwicklung – als zentrales Bindeglied zwischen supranational europäischen bzw. globalen Aktivitäten und lokalem Handeln im Sinne einer strategischen Nachhaltigkeitsplanung.

Deswegen enthält Kapitel 7 der Agenda 21 die Empfehlung an die Staaten, nationale Nachhaltigkeitsstrategien zu erarbeiten. Solche Strategien werden als beste Möglichkeit gesehen, das Nachhaltigkeitsleitbild in die verschiedenen sektoral strukturierten Politikbereiche, die Planungs- und die Managementebene einfließen zu lassen und diese dadurch optimieren und harmonisieren zu können. Hierzu sollen in einem partizipativen Prozess konkrete Ziele formuliert, Kapazitätsengpässe und Hemmnisfaktoren ermittelt, Strategien festgelegt und kontinuierliche Monitoring-Mechanismen installiert werden (OECD 2001).

Nach zunächst nur schleppenden diesbezüglichen Aktivitäten der Staaten wurde 1997 im Rahmen der »Rio+5«-Konferenz der Vereinten Nationen die Johannesburg-Konferenz 2002 als Frist für die Vorlage solcher Strategien gesetzt.

Im Jahre 2009 hatten mit 106 Staaten mehr als die Hälfte der UN-Mitgliedsstaaten an die UN berichtet, eine solche Strategie zu implementieren (UNDESA 2009). Einige weitere sind dabei, eine Strategie zu entwickeln, und von einigen sind keine entsprechenden Informationen verfügbar. Die von den UN festgelegten Kernprinzipien der Partizipation, der thematischen Integration oder der Umsetzungsorientierung (UNDESA 2002) werden dabei in den einzelnen Ländern unterschiedlich erfüllt. Die Dokumente unterscheiden sich zum Teil in den Interpretationen des Nachhaltigkeitsleitbilds wie auch des Implementationsbegriffs, dem Entstehungsprozess, den verwendeten Indikatoren und dafür formulierten Zielen, den gesetzten Problem- und Handlungsschwerpunkten, den strategischen Kernelementen oder der Form und Intensität von Evaluierungsmaßnahmen (vgl. Gioski et al. 2010, Meadowcroft 2007, European Commission 2004, EEAC 2005, Göll/Thio 2004). In einigen Staaten war dieser Prozess begleitet von institutionellen Innovationen wie etwa der Bildung interministerieller Ausschüsse oder der Einsetzung eines Nachhaltigkeitsrats (so auch in Deutschland) oder vergleichbarer Beratungsgremien. Trotz solcher Innovationen und der durchaus erkennbaren Fortschritte werden Qualität und Funktion der Strategien durchaus ambivalent bewertet (siehe z. B. George/Kirkpatrick 2006, Volkery et al. 2006) und stehen die meisten Staaten noch am Anfang eines Weges in Richtung einer strategischen, zielorientierten Politik, die den Namen Nachhaltigkeitspolitik verdient.

Während einige »early-mover« wie die Niederlande, die skandinavischen Staaten oder auch Costa Rica bereits Mitte der 1990er Jahre Strategien erarbeitet hatten, gehört Deutschland zu den »Nachzüglern«, die dies erst anlässlich der Johannesburg-Konferenz taten (Bundesregierung 2002). Eine Beurteilung dieser Strategie fällt differenziert aus (OECD 2006, Volkery et al. 2006, Kopfmüller/Luks 2003/2004, Lexikon der Nachhaltigkeit o. J.). Prinzipiell positiv zu bewerten ist, dass hier ein integratives konzeptionelles Gerüst zugrunde gelegt wurde, das nicht von den einzelnen Dimensionen, sondern von vier querschnitthaften Prinzipien nachhaltiger Entwicklung ausgeht: Generationengerechtigkeit, Lebensqualität, sozialer Zusammenhalt und internationale Verantwortung. Diese werden durch eine breite Palette von insgesamt 21 Themenbereichen konkretisiert. Beispielsweise sind es für das Prinzip Generationengerechtigkeit, Ressourcenschonung, erneuerbare Energien, Flächeninanspruchnahme, Staatsverschuldung, wirtschaftliche Zukunftsvorsorge oder Bildung. Zu begrüßen ist ebenfalls, dass diesen Themenbereichen insgesamt 25 Indikatoren zugeordnet wurden, für die in den meisten Fällen quantitative (und zum Teil ambitionierte, wie im Fall des Flächenverbrauchs) Zielwerte für 2020 formuliert wurden. Dieses Maß an Konkretisierung und Quantifizierung unterscheidet die deutsche Strategie von der Praxis vieler anderer Staaten.

Positiv zu werten ist schließlich auch der eingeschlagene Weg in Richtung Monitoring und Evaluierung, der zum einen die ursprünglich im zweijährlichen Turnus geplanten und seit 2004 im vierjährlichen Turnus veröffentlichten Fortschrittsberichte umfasst (Bundesregierung 2004a). Diese Berichte beinhalten jeweils Informationen zur Entwicklung der Indikatoren, zum Stand der Umsetzung ausgewählter Maßnahmen zur Erreichung der gesetzten Ziele sowie detailliertere Betrachtungen zu weiteren thematischen Schwerpunkten nachhaltiger Entwicklung. Zum anderen werden zusätzlich seit 2006 alle zwei Jahre umfassende Indikatorenberichte zum Stand der jeweiligen Zielerreichung veröffentlicht (Statistisches Bundesamt 2010a). Diese weisen aus, dass sich Deutschland zwar in einigen Bereichen auf einem guten Weg befindet, allerdings auch in einigen noch weit von einer Zielerreichung entfernt ist.

Kritisch anzumerken ist, dass in der Strategie der intergenerativen Gerechtigkeit deutliche Priorität gegenüber der intragenerativen Perspektive eingeräumt wird, so dass wichtige Themen wie Einkommensverteilung oder Armut in Deutschland weitgehend ausgeblendet bleiben. Weiterhin wird die Wachstumsthematik primär als Element der Problem*lösung* und daher zu undifferenziert behandelt (vgl. Kapitel 4.3). Gleichzeitig liegt dem Dokument an vielen Stellen eine zu optimistische Sicht zugrunde, was die Möglichkeiten einer »Entkopplung« zwischen Wirtschaftsleistung und Umweltverbrauch durch Effizienzstrategien anbelangt (vgl. Kapitel 5.3). Dem entsprechend ist die Auswahl von Indikatoren wie Bruttoinlandsprodukt, Rohstoffproduktivität oder Transportintensität problematisch – letztere deswegen, weil sie eine Relation zum BIP herstellen und damit die absolute Problemdimension vernachlässigen. Auch einige Zielwerte, etwa für die Indikatoren »Treibhausgasemissionen« oder »Anteil der Mittel für Entwicklungszusammenarbeit am BIP«, halten aufgrund ihrer wenig ambitionierten Größenordnung einem kritischen Blick nicht Stand. Ein weiteres Defizit der Strategie ist darin zu sehen, dass sie, wie auch der Fortschrittsbericht, nur unzureichende Aussagen zu der Frage enthält, mit welchen zwischen den verschiedenen Themenfeldern koordinierten konkreten Handlungsstrategien die gesetzten Ziele erreicht und wie die für bestimmte Maßnahmen erforderlichen Finanzmittel aufgebracht werden sollen. Eine wirklich integrative Handlungsstrategie ist also nicht zu erkennen.

Vor dem Hintergrund dieser Debatten wurde 2009 von einer internationalen Expertengruppe im Auftrag von Bundesregierung und Nachhaltigkeitsrat ein Peer Review der deutschen Nachhaltigkeitspolitik durchgeführt, mit dem Ziel, Stärken und Schwächen der Strategie wie auch des Gesamtprozesses aufzuzeigen (Stigson et al. 2009). Die Gruppe hob einige Themen kritisch hervor, etwa die notwendige Erweiterung des Zeithorizonts der Strategie auf das Jahr 2050, eine bessere vertikale Integration innerhalb des föderalen Systems oder die angemessenere Berücksichtigung der Zusammenhänge zwischen demographischem Wandel und Generationengerechtigkeit. Die Experten erarbeiteten einige konkrete Empfehlungen, u. a. die Einführung eines Aktionsplans Nachhaltigkeit, der auch eine systematische Ausdehnung des Instrumentariums Nachhaltigkeitsstrategie auf alle Ressorts und deren Berichte enthält, eine Stärkung des Einflusses des Bundestags auf die Nachhaltigkeitspolitik und die Nachhaltigkeitsprüfung von Gesetzesvorhaben (siehe Kapitel 5.5), die Einrichtung eines eigenständigen Ministeriums für Energie und Klimaschutz oder auch die deutliche Verbesserung der Verbraucherinformationen über nachhaltigkeitsrelevante Produkteigenschaften.

Bei allem Augenmerk, das dieser Strategie zu Recht gewidmet wird, bleibt jedoch die letztlich entscheidende Frage, inwieweit sich die reale Tagespolitik in ihren Entscheidungen an der Strategie orientiert, das heißt, welchen Grad an Verbindlichkeit sie für die Politik besitzt. Trotz einiger zum Teil begrüßenswerter Ansätze etwa in den Bereichen erneuerbarer Energien oder Familien- und Rentenpolitik sind hier bislang noch erhebliche Defizite festzustellen. Die im März 2003 von der damaligen Bundesregierung verkündete »Agenda 2010«, die nur wenige konkrete Bezugspunkte zu der im Jahr davor vorgelegten Nachhaltigkeitsstrategie aufwies, ist hierfür symptomatisches Beispiel. Ändert sich daran nichts, muss eine solche Strategie zwangsläufig zu einem zwar stattlichen, aber zahnlosen Tiger degenerieren.

7.3 Die Europäische Union

Mit ihren derzeit 27 Mitgliedstaaten, rund 500 Millionen Einwohnern und einer Wirtschaftsleistung von rund 18 000 Milliarden US-$ (was einem knappen Viertel des weltweiten BIP entspricht) stellt die Europäische Gemeinschaft einen sehr bedeutsamen politischen und wirtschaftlichen Faktor im globalen Entwicklungsprozess und damit auch für die Umsetzung einer nachhaltigen Entwicklung dar. Gerade angesichts der vielfältigen wechselseitigen Beeinflussungen zwischen nationaler, lokaler und EU-Ebene ist es unerlässlich, dass nicht nur in den einzelnen Mitgliedstaaten, sondern auch auf der Ebene der Institution EU eine Nachhaltigkeitsstrategie existiert.

Anlässlich der »Rio+5-Konferenz« in New York 1997 verpflichtete sich die EU zur Ausarbeitung einer solchen Strategie. Dabei stellt der im Juni 1997 unterzeichnete und im Mai 1999 in Kraft getretene neue Amsterdamer Vertrag über eine Europäische Gemeinschaft den eigentlichen Ausgangspunkt für die Etablierung der Nachhaltigkeitsthematik auf EU-Ebene dar. Er enthält zwei wesentliche Veränderungen gegenüber dem alten Vertrag: Zum einen wurden in dem die Ziele der Gemeinschaft beschreibenden Artikel 2 die ökonomischen, sozialen und institutionellen Ziele (wie Währungsunion) um die ökologische Dimension ergänzt, mit der Grundorientierung einer »harmonischen, ausgewogenen und nachhaltigen Entwicklung«. Zum anderen wurde in Artikel 6 das »Prinzip der Integration« angelegt, wonach Umweltaspekte im Sinne einer »Querschnittsklausel« nicht mehr separat, sondern integriert in allen anderen Sektoren wie Landwirtschaft, Energie oder Verkehr behandelt werden sollen. Die von der EU-Kommission 1998 vorgelegten Leitlinien zur Durchführung dieser Integration begründeten den Beginn des so genannten »Cardiff-Prozesses«.

Daneben existieren mit den seit 1972 bestehenden Umweltaktionsprogrammen und der so genannten »Lissabon-Strategie« zwei weitere für das Handeln der EU zentrale strategische Orientierungen. Im derzeitigen, von 2002 bis 2012 gültigen 6. Aktionsprogramm steht das Ziel einer Entkopplung zwischen Wirtschaftswachstum und Umweltwirkungen sowie die Themen Klimaschutz, Biodiversität, Umwelt und Gesundheit sowie Ressourcennutzung und Abfallwirtschaft im Mittelpunkt (EU-Kommission 2001a). Zugleich stellt die im Jahr 2000 entworfene Lissabon-Strategie »für Beschäftigung, Wirtschaftsreform und sozialen Zusammenhalt« das politische Basisprogramm der EU dar. Darin formulierte der Europäische Rat, bestehend aus den Staats- und Regierungschefs und den Außenministern der Mitgliedstaaten sowie dem Kommissionspräsidenten, das Ziel, die Union bis 2010 zum weltweit wettbewerbsfähigsten und dynamischsten Wirtschaftsraum zu machen (European Commission 2005).

Vor diesem Hintergrund legte die Europäische Kommission 2001 eine erste EU-Nachhaltigkeitsstrategie anlässlich des Gipfels des Europäischen Rats in Göteborg vor (European Commission 2001). Die darin identifizierten sechs Schlüsselbereiche leiten sich aus den als größte Gefahren für eine nachhaltige Entwicklung eingeschätzten Phänomenen ab: Klimawandel, Gesundheitsgefährdungen, Armut und soziale Ausgrenzung, Überalterung der Bevölkerung, Ressourcenknappheit sowie Verkehrsüberlastung und ungleiche Regionalentwicklung. Mit Blick auf die Umsetzung wurde in der Strategie unter anderem auf die Notwendigkeit klarer langfristiger Zielwerte, wirksamer Maßnahmen wie der Setzung von Preissignalen, verstärkter Investitionen in Wissenschaft und Technik oder einer verbesserten Kommunikation mit den Bürgern hingewiesen, allerdings wurden kaum konkrete diesbezügliche Hinweise gegeben.

Jenseits einer grundsätzlich positiven Bewertung der Existenz der Strategie und der Formulierung von Maßnahmen im Bereich Energiesteuern oder der Verkehrsverlagerung von der Straße auf Schiene und Wasserstraße wurde vielfältige Kritik an strukturellen und inhaltlichen Punkten der Strategie geübt, die in einen breiten öffentlichen Konsultationsprozess zur Überarbeitung der Strategie einfloss (Lindemann/Jänicke 2008, Zieschank 2005, Bundesregierung 2004b, EU-Kommission 2004, Hinterberger/Zacherl 2003). Nahezu unisono herausgestellt wurde dabei die mangelnde Kohärenz zwischen Nachhaltigkeitsstrategie, Lissabon-Strategie und Cardiff-Prozess. Angesichts der Konfliktlinie zwischen dem in der Lissabon-Strategie dominierenden Wachstumsziel und den umweltbezogenen Zielen in den anderen beiden Strategien sowie angesichts der faktischen Politik entstand der Eindruck, dass es bislang kaum gelungen ist, mit der Nachhaltigkeitsstrategie eine Relativierung der ökonomischen Prioritäten der Lissabon-Strategie zu bewirken. Kritisch bewertet wurden des Weiteren eine mangelnde Verknüpfung mit den nationalen Institutionen und Strategien der Mitgliedsstaaten, die häufig fehlenden längerfristigen Zielperspektiven, die unzureichende Einbeziehung anderer EU-Institutionen oder die mangelnden Evaluierungs- und Monitoring-Mechanismen.

Gefordert wurden ambitioniertere Ziele, klarere Kompetenz- und Aufgabenverteilungen zwischen nationaler und EU-Ebene, mehr Kohärenz zwischen den einzelnen Politikbereichen, die vermehrte Umsetzung zielgerichteter Maßnahmen wie den Abbau kontraproduktiver Subventionen, verbindlichere Evaluierungssysteme und eine bessere öffentliche Kommunikation. 2006 wurde dann eine überarbeitete Strategie vorgelegt (Rat der Europäischen Union 2006). Darin wurden jetzt sieben zentrale Herausforderungen einer nachhaltigen Entwicklung identifiziert: Klimawandel und umweltfreundliche Energie, nachhaltiger Verkehr, nachhaltige Konsumption und Produktion, Erhaltung und Bewirtschaftung der natürlichen Ressourcen, Gesundheit, soziale Eingliederung, Demografie und Migration sowie globale Herausforderungen in Bezug auf Armut. Darüber hinaus wurden auch bereichsübergreifende Themen wie Bildung und Forschung, zivilgesellschaftliche Partizipation sowie die Bedeutung von Finanzierungsinstrumenten thematisiert.

Damit liegt nun ein systematischeres und besser kommunizierbares Dokument vor, das sieben umwelt- und sozialpolitische Schwerpunktthemen festgelegt und mit Indikatoren und Zielwerten versehen hat. Positiv ist ebenfalls zu bemerken, dass ein kontinuierliches Monitoring-Verfahren zum Stand der Zielerreichung unter Einbeziehung der Mitgliedsstaaten vorgesehen ist. Dies geschieht im Rahmen von seit 2007 im zweijährigen Rhythmus erscheinenden Fortschrittsberichten anhand von jeweils ein bis zwei Leitindikatoren zu den Themen, die durch jeweils 10 bis 15 Sub-Indikatoren auf zwei Aggregationsebenen weiter konkretisiert und in ihrer Entwicklung seit 1990 beschrieben werden (Eurostat 2011, 2009 und 2007). Kritisiert wird jedoch insbesondere, dass überwiegend bereits bestehende Ziele nur zusammengefasst wurden, dass die notwendige längerfristige Perspektive etwa bis 2050 fehlt, dass die institutionelle Basis des Gesamtprozesses noch unzureichend ist, oder dass das Verhältnis zwischen Nachhaltigkeits- und Lissabon-

Strategie nach wie vor nicht geklärt ist und de facto eine Höherrangigkeit der Lissabon-Strategie besteht (siehe z. B. Lindemann/Jänicke 2008). Letzteres Problem wird im Prinzip noch verstärkt durch die aktuelle EU-Strategie »Europa 2020« (EU-Kommission 2010). Hiermit hat die EU-Kommission eine »Vision der europäischen sozialen Marktwirtschaft für das 21. Jahrhundert« vorgelegt, die insbesondere als Reaktion auf die Finanzkrise eine umfassende »Offensive für Wachstum und Arbeitsplätze« in Gang setzen soll. Sie löst die Lissabon-Strategie ab, die 2010 ausgelaufen ist. Dabei stellen »intelligentes«, »nachhaltiges« und »integratives« Wachstum die grundlegende Zielorientierung dar. Konkretisiert wird dies über fünf »Kernziele« als messbare Parameter bezogen auf Erwerbsquote, staatliche Ausgaben für Forschung und Entwicklung, Klima-/Energieziele, Schulabbrecher und Armut, sowie sieben »Leitinitiativen« als spezifische Aktionspläne (»Innovationsunion«, »Jugend in Bewegung«, »Digitale Agenda für Europa«, »Ressourcenschonendes Europa«, »Industriepolitik für umweltfreundliches Wachstum«, »Agenda für neue Kompetenzen und neue Beschäftigungsmöglichkeiten«, »Europäische Plattform gegen Armut«). Damit setzt die Kommission auf eine »klassische« Wachstumsstrategie, mit der, in Erweiterung der Lissabon-Strategie, zwar Voraussetzungen für Armutsreduzierung wie auch die Erreichung ambitionierter Umweltziele geschaffen werden sollen, die jedoch letztlich wieder die altbekannten Kontroversen heraufbeschwören wird (siehe Kapitel 4.3).

Darüber hinaus spielen zwei weitere, grundsätzlichere Aspekte eine zunehmende Rolle in den Debatten: zum einen eine systematischere Betrachtung von Chancen und Risiken der bereits vollzogenen und der möglichen künftigen Erweiterungen der Gemeinschaft für die Realisierung einer nachhaltigen Entwicklung der Gemeinschaft insgesamt wie auch für die neuen Staaten (Nill 2003, Zellei 2003). Zum anderen wird auf die Notwendigkeit hingewiesen, das Nachhaltigkeitsleitbild und insbesondere die Themen Umweltschutz, Armutsbekämpfung und Entwicklungszusammenarbeit präziser und systematischer in den Text der geplanten europäischen Verfassung zu integrieren, als dies in dem bisher vorliegenden und in einigen Staaten abgelehnten Entwurf der Fall war. Dies knüpft an Debatten und Proteste an, die sowohl den Verfassungsvertragsentwurf als auch die Union insgesamt als undemokratisch und unsozial kritisieren und entsprechende institutionelle und substanzielle

Reformen fordern. Darüber hinaus hat sich im Zuge der Finanz- und Wirtschaftskrise, die gerade auch in Europa auch eine Währungskrise des Euro und eine Verschuldungskrise der Staatshaushalte ist, gezeigt, dass es ebenso zentral wie schwierig ist, konsensuale Mechanismen zur Begrenzung der Staatsverschuldung zu institutionalisieren und dann auch systematisch umzusetzen. Der Verschuldung der öffentlichen Haushalte kommt insofern erhebliche Nachhaltigkeitsrelevanz zu, als sie eine wesentliche Ursache dafür darstellt, dass eine öffentliche Daseinsvorsorge nur noch begrenzt gewährleistet werden kann.

7.4 Die Vereinten Nationen

Wie oben bereits angesprochen, kommt den Vereinten Nationen entscheidende Bedeutung für die Definition und Umsetzung des Nachhaltigkeitsleitbilds zu. Seit ihrer Entstehung vor rund sechzig Jahren haben die Vereinten Nationen nach und nach ein umfangreiches System von Organisationen und Programmen zu den unterschiedlichsten Themenfeldern geschaffen: Umwelt (UNEP), Entwicklungsfragen (UNDP), Bildung und Wissenschaft (UNESCO), Siedlungsfragen (HABITAT), Flüchtlingsprobleme (UNHCR), internationaler Handel (UNCTAD), Industrieentwicklung (UNIDO), Ernährung und Landwirtschaft (FAO), Gesundheit (WHO) oder auch Zivilluftfahrt (ICAO). In praktisch allen diesen Einrichtungen spielt das Nachhaltigkeitsleitbild mittlerweile eine mehr oder weniger zentrale Rolle.

Eine koordinierende und federführende Funktion kommt dabei der Commission on Sustainable Development (CSD) zu. Sie war in der Folge der Rio-Konferenz 1992 als so genanntes »High-Level-Forum« eingerichtet worden und umfasst 53 durch den UN Economic and Social Council (ECOSOC) gewählte Mitglieder aus 53 Staaten. Ihre Aufgabe besteht in der Förderung und Evaluierung der Konkretisierung und Umsetzung der Agenda 21 und der Rio-Deklaration in den einzelnen Staaten. Dies setzt sich seit der Johannesburg-Konferenz 2002 fort in der Aufgabe, Umsetzungsleitlinien und -optionen für den *Johannesburg Plan of Implementation* zu erarbeiten und hierzu den Dialog mit Regierungen und zivilgesellschaftlichen Gruppen zu organisieren.

Die erkennbarsten Beispiele für das Wirken der Vereinten Nationen und seine Verbindlichkeit stellen die verschiedenen Konventionen dar, die in den UN-Gremien zwischen den Staaten ausgehandelt und im Falle ihrer nationalen Ratifizierung in nationales Recht umgesetzt werden können. Bislang wurden eine ganze Reihe solcher Konventionen verabschiedet – die ersten bereits lange vor Einsetzen der Nachhaltigkeitsdebatte –, die teils direkten, teils indirekten Bezug zur Nachhaltigkeitsthematik aufweisen. Sie betreffen Themen wie Menschenrechte, Kinderrechte, Schutz des geistigen Eigentums, kulturelles Erbe, Einsatz biologischer Waffen oder Terrorismusbekämpfung. Besondere Bedeutung in der umweltpolitischen Debatte erlangten die anlässlich der Rio-Konferenz verabschiedeten und mittlerweile ratifizierten Konventionen zum Schutz des Klimas und zum Erhalt der Biodiversität. Trotz der vielfältigen Probleme bei der Ratifizierung, der Umsetzung in so genannte Protokolle und deren Einbindung in die Politik, gelten sie als vergleichsweise gelungene Beispiele für das Bemühen um gemeinsame Lösungen der Staatengemeinschaft für globale Probleme.

Ein weiteres wichtiges Element stellen die großen internationalen UN-Konferenzen dar. Bezogen auf Themen wie Bevölkerungsentwicklung, Frauen, Soziales, Siedlungsentwicklung, Entwicklungsfinanzierung oder Informationsgesellschaft war hier jeweils das Ziel, den Stand der Dinge zu bilanzieren, Problemprioritäten zu benennen und geeignete Lösungsstrategien auf den Weg zu bringen. Die auf diesen Konferenzen verabschiedeten Dokumente stellen wichtige Bezugspunkte für alle Ebenen gesellschaftlichen und politischen Handelns dar.

Im Mai 2012 wird die United Nations Conference on Sustainable Development (die so genannte Rio+20-Konferenz) stattfinden, wie 1992 in Rio de Janeiro. Zwanzig Jahre nach dem ersten Erdgipfel wird diese Konferenz – wieder einmal – als große Chance gepriesen. Es soll hier zum einen eine Zwischenbilanz zur globalen Umsetzung des Nachhaltigkeitsleitbilds vorgenommen werden. Zum anderen soll weiter daran gearbeitet werden, die Staaten zu mehr politischer Selbstverpflichtung zu bewegen. Dabei sollen zwei Themen im Mittelpunkt stehen: die so genannte »Green Economy« und ihre Möglichkeiten, zur Armutsbekämpfung beizutragen sowie notwendige institutionelle Rahmenbedingungen bzw. Reformen auf der globalen wie der nationalen Ebene. Zum Thema »Green Economy« sind bereits im Vorfeld der Konferenz die Kontroversen aufgekommen, die bereits in den letzten Jahren die Debatte prägten (siehe Kapitel 4.3). Auf der einen Seite stehen die

»Optimisten«, die davon ausgehen, dass mit jährlichen Investitionen in Höhe von rund 2 Prozent des weltweiten BIP (rund 1300 Milliarden US-Dollar) eine globale ökologisch orientierte Marktwirtschaft als Synthese aus Job-Maschine, Armutsbekämpfung und Umweltschutz primär auf der Basis von Umwelttechnologien realisierbar sei (UNEP 2011). Neben der oben genannten grundsätzlichen Skepsis gegen eine solche wachstumsbasierte Strategie werden hier vor allem von Seiten der ärmeren Staaten Befürchtungen laut, dass die Industriestaaten ihre Märkte künftig über höhere Umweltstandards gegenüber Importen aus den ärmeren Staaten abschotten und damit deren Entwicklungschancen beeinträchtigen könnten. Generell wird beklagt, dass man mit dieser Strategie im Prinzip sogar hinter Rio 1992 zurückfalle, wo bereits die weit überwiegende Verantwortung der Industriestaaten für die bestehenden Probleme benannt worden war.

Vor diesem Hintergrund hat der Vizepräsident des IPCC, Mohan Munasinghe, die von ihm so genannten Millennium Consumption Goals vorgeschlagen, die die Millennium Development Goals (siehe Kapitel 2.5) ergänzen sollen. Anders als diese, nimmt er dabei das reichste Fünftel der Weltbevölkerung in den Blick, die 80 Prozent aller Waren und damit 60 Mal mehr pro Kopf konsumieren als die ärmsten 20 Prozent (Munasinghe 2011). Ohne konkrete Zielwerte zu nennen, schlägt er ein Set von Maßstäben und Maßnahmen vor, die durch Richtlinien der Politik ergänzt werden können und die die Elemente maßvoller Fleischkonsum, deutlich effizientere Autos und eine progressive Besteuerung von Luxusgütern umfassen. Dieser Vorschlag findet bei vielen NGOs Zustimmung, wird jedoch meist als bei den »Betroffenen« – insbesondere den USA – wenig akzeptanzfähig eingeschätzt.

Im Zusammenhang mit der Formulierung der Millenniumsziele und den erkennbaren Problemen ihrer Erreichung erhielt auch die seit einigen Jahren laufende Debatte um notwendige UN-Reformen eine schärfere Kontur. Mit der Zielsetzung, eine effektivere, effizientere und an die gegenwärtigen Herausforderungen besser angepasste multilateral tätige Institution zu werden, stehen hier inhaltliche, organisatorische und strukturelle Themen auf der Tagesordnung. Es geht dabei zum Beispiel um eine Stärkung der Institution Vollversammlung etwa durch eine Fokussierung ihrer Agenda, die Frage weiterer thematischer Prioritätensetzungen, mehr Kohärenz zwischen den einzelnen Abteilungen und Programmen, eine verbesserte Abstimmung zwischen Sicherheitsrat und Wirtschafts- und Sozialrat, eine Reform der Entscheidungsprozesse im Sicherheitsrat, eine erhöhte interne und externe Informations- und Entscheidungstransparenz oder auch eine verbesserte Innen- und Außenkommunikation (Brock/Brühl 2006, Varwick/Zimermann 2006, Annan 2005 und 2002, Martens 2005). Manche Punkte der Reform-Agenda konnten bereits umgesetzt werden, in vielen Fällen besteht jedoch noch erheblicher Handlungsbedarf. Die Rio+20-Konferenz bietet hier offensichtlich Anlass, die institutionelle Reformdiskussion insbesondere mit Blick auf den Umweltbereich wieder zu intensivieren (Beisheim/Simon 2010, Simon 2010).

All dies geschieht auch in der mittelfristigen Perspektive des Jahres 2015, in dem die abschließende Bewertung zum Stand der Realisierung der Millenniumsziele ansteht und des Jahres 2017 mit der geplanten »Rio+25«-Konferenz, bei der eine Gesamtbeurteilung zum Stand der Erreichung der Ziele der Agenda 21 vorgenommen werden soll.

7.5 Das Modell »Global Governance«

Es besteht weitgehender Konsens dahingehend, dass die Umsetzung nachhaltiger Entwicklung tiefgreifende Veränderungen bisheriger Entwicklungsprozesse und hierfür steuernde Eingriffe erfordern wird, wie sie bislang primär dem Aufgabenbereich staatlicher Politik zugewiesen wurden. Gleichzeitig haben die thematische, räumliche und akteursbezogene Komplexität und Vieldimensionalität von Entwicklungsprozessen und Nachhaltigkeitsproblemen sowie Globalisierungs- und Technisierungsprozesse die Zweifel daran genährt, ob das politisch-administrative System bzw. »der Staat« überhaupt in der Lage ist, diese Steuerungsleistung alleine zu erbringen.

Deswegen rückten in den 1990er Jahren unter dem Begriff »Governance« vor allem aus der politikwissenschaftlichen Debatte der USA stammende neue Steuerungsansätze in den Mittelpunkt, mit denen diesen Bedingungen besser Rechnung getragen werden soll (Willke 2006). In bewusster Unterscheidung zum Begriff »Government« (Regierung) umfasst Governance die Gesamtheit der Mechanismen zur Handhabung gesellschaftlicher Angelegenheiten, das heißt formelle und informelle sowie staatliche und zivilgesellschaftliche Institutionen und Regelungen (Rammel et al. 2004, Nischwitz et al. 2001, UN Commission on Global Governance 1995). Primäre Zielsetzung ist die Neugestaltung der Interaktion zwischen Staat, Wirtschaft und Zivilgesellschaft. Die Erarbeitung gemeinsamer Entwicklungsleitbilder zählt ebenso hierzu wie die Abkehr von einer statisch-hierarchischen Steuerung und stärkere Hinwendung zu einem dynamischen, zielorientierten Initiieren von Entwicklungen. Transparenz, Partizipation und Machtausgleich werden als Kernelemente einer solchen Governance genannt, um letztlich die Resonanzfähigkeit der Gesellschaft, also ihre Fähigkeit zu angemessener Reaktion auf bestehende Probleme, zu erhöhen.

Das Konzept »Global Governance« stellt eine Weiterentwicklung dieses Ansatzes dar. Mit ihm verbindet sich der Versuch, angesichts der erkennbaren politischen Steuerungsdefizite die vielfältigen globalen Probleme und die Phänomene des globalen Wandels beherrschbar(er) zu machen und die Globalisierungsprozesse vor dem Hintergrund des Nachhaltigkeitsleitbilds zu gestalten (Diehl/Frederking 2010, Willke 2006). Mitunter wird im Deutschen hierfür der Begriff der globalen Struktur- und Ordnungspolitik verwendet. Ziel ist die Wiedergewinnung staatlicher Handlungsfähigkeit und die bessere Erfüllung des staatlichen Gestaltungsauftrags. Sie soll durch eine Transformation nationalstaatlicher Politik erreicht werden, eingebettet in ein neues Mehr-Ebenen-Politikmodell kooperativer globaler Steuerung (Messner 2003). Idealtypisch interagieren darin staatliche mit nichtstaatlichen Akteuren auf globaler, nationaler und lokaler Ebene mit Hilfe verschiedenster formeller und informeller Politikmechanismen. Man könnte hier auch von horizontalen und vertikalen Netzwerkgesellschaften sprechen, in denen sich markt-, netzwerk- und hierarchiebasierte Steuerungsmuster ergänzen, in denen aber der Staat auch aufgrund seines Gewaltmonopols zentraler Akteur bleibt (Enquete-Kommission »Globalisierung der Weltwirtschaft« 2002).

Was die Rezeption des Konzepts anbelangt, sind zwei Phänomene bedeutsam. Einerseits werden seine Rolle und Praktikabilität noch relativ kontrovers diskutiert (National Intelligence Council/ISS 2010, Brühl et al. 2008, Brand 2007, Willke 2006). Die Protagonisten begründen die Notwendigkeit des Konzepts vor allem mit dem steigenden Problemdruck und den wachsenden Folgekosten einer handlungseingeschränkten Politik. Demgegenüber bemängeln die Kritiker ein idealisierendes, die realen Triebkräfte, Strukturen und weltwirtschaftlichen bzw.

weltpolitischen Machtverhältnisse ungenügend reflektierendes Vorgehen, zu erwartende Transparenz-, Demokratie- und Legitimitätsdefizite, ungeklärte Fragen der Problem- und Konfliktbehandlung sowie eine bislang nur schemenhaft erkennbare globale Zielorientierung im Sinne eines »Weltethos« (Brand et. al. 2000, Nuscheler 2000, Brock 1998). Andererseits existieren in der Praxis bereits verschiedenste Elemente einer Global Governance. International ausgehandelte Regime wie etwa zur Klimaproblematik oder zur Biodiversität sind ebenso dazu zu zählen wie die zahlreichen nationalen und transnationalen Kommissionen, Organisationen und Netzwerke zu verschiedensten Themen oder auch die Aktivitäten auf supranationaler Ebene im Rahmen der Vereinten Nationen oder der EU. Darüber hinaus können die oben erwähnten Millenniumsziele zumindest als ein Element einer globalen politisch-strategischen Zielorientierung gesehen werden.

Im Kontext der so genannten Erdsystemanalyse oder Erdsystemwissenschaft (ICSU/ISSC 2010) (siehe Kapitel 9.2) ist der Forschungszweig der Earth Systems Governance entstanden (Biermann 2007). Vor dem Hintergrund der vielen globalen Transformationsprozessen eigenen Normativität, Unsicherheit, hohen zeitlichen, räumlichen und thematischen Interdependenz sowie dramatischen Folgewirkungen werden vier zentrale Prinzipien angeführt, die es zunächst zu konkretisieren gilt: Glaubwürdigkeit von Entscheidern etwa hinsichtlich Ressourcenverteilung, ein Mindestmaß an Stabilität von Rahmenbedingungen über die Zeit, Anpassungsfähigkeit an neue Gegebenheiten sowie eine enge Einbindung von Stakeholdern.

Trotz der kontinuierlichen Weiterentwicklung von Global Governance auf der Forschungsebene bestehen mit Blick auf eine breite Umsetzung Defizite und Handlungserfordernisse noch insbesondere in zweierlei Hinsicht. Die entscheidende Herausforderung wird in einer besseren Koordination und Integration der einzelnen Elemente zu einem möglichst konsistenten und kohärenten Gesamtsystem bestehen. Hierzu wird zum einen die Frage entscheidend sein, welche institutionellen Innovationen erforderlich sind und wie diese umsetzbar sein werden. In diesem Zusammenhang werden Faktoren wie die Reform der Vereinten Nationen, die Stärkung rechtsstaatlicher Elemente auf internationaler und nationaler Ebene, die Entwicklung weiterer internationaler Regime zu bestimmten Problemfeldern sowie generell eine angemessenere Integration der Entwicklungsländer in Entscheidungsprozesse von zentraler Bedeutung sein. Ein wichtiger Beitrag von Seiten der Wissenschaften könnte hier in einer stärkeren Verknüpfung zwischen der Global Governance-Forschung und der seit einigen Jahren laufenden Forschung zum Globalen Wandel sowie der Nachhaltigkeitsforschung liegen. Zum anderen wird es darum gehen, bereits existierende Elemente der globalen (Wirtschafts-)Ordnung wie die Welthandelsordnung oder die internationale Finanzarchitektur an die veränderten Bedingungen anzupassen und eine neue Weltsozial- oder Weltumweltordnung zu errichten.

8. Nicht-staatliche Akteure

Wie im vorherigen Kapitel angekündigt, werden in diesem Kapitel mit den Unternehmen (8.1), den Konsumenten (8.2) und der Zivilgesellschaft (8.3) drei primär nicht-staatliche Akteursgruppen betrachtet, denen im Wirtschaftsprozess wie auch in den Debatten um nachhaltige Entwicklung eine zentrale Bedeutung zukommt. Dabei geht es in allen drei Fällen auch um die Frage, welche Rolle die Elemente Eigenverantwortung und Selbststeuerung auf der einen Seite und staatliche Rahmensetzungen auf der anderen Seite spielen und wie sie sinnvoll ergänzt werden können.

8.1 Unternehmen

Unternehmen kommt für die Umsetzung nachhaltiger Entwicklung eine in verschiedener Weise zentrale Bedeutung zu. Als Hersteller von Gütern und Dienstleistungen beeinflussen sie mit ihren investitions-, produkt- und produktionsprozessbezogenen Entscheidungen sowie mit der Durchführung (oder dem Unterlassen) von Forschung, Aus- und Weiterbildung *direkt* die Entwicklung von Ressourcenverbrauch, Umweltbelastungen oder von Art und Umfang des Einsatzes der Faktoren Kapital, Arbeit und Wissen. Dies gilt umso mehr angesichts immer kürzer werdender Innovations- und Produktlebenszyklen. Diese Bedeutung kommt in unterschiedlicher Weise global agierenden Konzernen wie auch eher national tätigen (kleinen und mittelständischen) Unternehmen (KMU) zu. Gerade in Deutschland spielen die KMU, d.h. nach der in Deutschland und der EU gegenwärtig gültigen Definition Unternehmen mit bis zu 250 Beschäftigten und einem Umsatz von bis zu 50 Mio. Euro, eine zentrale Rolle in der Wirtschaftsstruktur und damit auch für die Umsetzung des Nachhaltigkeitsleitbilds. Sie beschäftigen 70 bis 80 Prozent der sozialversicherungspflichtigen Arbeitnehmer sowie der Auszubildenden bezogen auf die Gesamtzahl aller Unternehmen (IfM 2011). Unternehmen wirken aber auch *indirekt* durch die Beeinflussung von Konsum- und Lebensstilen, insbesondere durch Werbung, oder von politischen Rahmenbedingungen und Entscheidungen durch Gremien- und Lobbyarbeit. Dementsprechend reichen Rolle und Bedeutung der Unternehmen weit über die traditionelle ökonomische Interpretation hinaus, die auf die Bereitstellung von Gütern und Dienstleistungen zur gesellschaftlichen Bedürfnisbefriedigung mit möglichst effizientem Mitteleinsatz beschränkt ist. Kapitel 30 der Agenda 21 enthält mit Blick auf dieses erweiterte Verständnis die Forderung nach einer umweltverträglicheren Produktion sowie einer verantwortungsbewussten Unternehmerschaft.

In der Umsetzung eines integrativen Nachhaltigkeitskonzepts, das auf der Handlungsleitlinie Verantwortung für gegenwärtige und kommende Generationen basiert, muss ein solches erweitertes Rollenverständnis in ein breites Verständnis von Verantwortung der Unternehmen münden. Neben der internen Perspektive der im engeren Sinne ökonomischen Verantwortung für die Überlebenssicherung des Unternehmens (Müller-Christ/Hülsmann 2003), der Interessen der Eigentümer sowie der Interessen der Beschäftigten (vertreten durch Gewerkschaften und Betriebsräte) muss diese auch eine externe Perspektive umfassen. Sie beinhaltet die Verantwortung für die Zulieferkette eines Unternehmens, für Kommunen, die den Unternehmen Infrastrukturen und andere Standortfaktoren zur Verfügung stellen, und schließlich auch für die Gesellschaft als Ganzes angesichts der weit reichenden – positiven wie negativen – ökologischen, sozialen, ökonomischen oder auch kulturellen Folgewirkungen unternehmerischen Handelns.

Hinsichtlich der Erfolgs- und Bewertungskriterien für dieses unternehmerische Handeln muss eine entsprechende Erweiterung sowohl auf der unternehmensinternen Entscheidungsebene als auch auf der politischen Ebene erfolgen. Zu den klassischen und nach wie vor in der Praxis dominierenden Kriterien wie Gewinn, Kapitalrendite, Marktanteile oder Wachstum müssen auch andere Aspekte in den Blick genommen werden, mit der Perspektive eines umfassenderen, nicht nur im engen ökonomischen Sinne verstandenen Wertschöpfungsbegriffs. Zu nennen sind hier insbesondere Ressourcenverbrauch, Umweltbelastungen, Gesundheitsbeeinträchtigungen am Arbeitsplatz und außerhalb, Form und Intensität des Einsatzes des Faktors Arbeit, die Entwicklung von Humankapital (angemessene Qualifikation, Aus- und Weiterbildung der Mitarbeiter), die Gewährleistung von Chancengleichheit in Betrieben für Frauen oder ältere Mitarbeiter, Mitbestimmungsaspekte oder die Beteiligung der Belegschaft an der erwirtschafteten Wertschöpfung. Eine angemessene Wahrnehmung internationaler Verantwortung kann etwa über die Gestaltung von Arbeitsbedingungen in ausländischen Produktionsstandorten (hinsichtlich Kinderarbeit, kultureller Verträglichkeit von Produktionstechnologien oder Gesundheitsrisiken) geschehen, über (Forschungs-)Kooperationen mit Entwicklungsländern oder über den Transfer geeigneter Technologien in die ärmeren Staaten.

Wege zum verantwortlichen Unternehmen

Ähnlich wie im Zusammenhang mit Technologien oder Regionen (siehe Kapitel 5, Einführung und Kapitel 9.4) sollte nicht von »nachhaltigen Unternehmen« gesprochen werden, sondern von einem Beitrag, den Unternehmen in Wahrnehmung ihrer Verantwortung für die Umsetzung einer nachhaltigen Entwicklung leisten können und sollen. Dabei führt der Weg zu einem im obigen Sinne verantwortlichen Unternehmen in der unternehmensinternen Perspektive im Wesentlichen über zwei Stufen: die Orientierung des unternehmerischen Handelns an bestimmten Kriterien im Rahmen eines Nachhaltigkeitsmanagements sowie die Berichterstattung bzw. Rechnungslegung über die Nachhaltigkeits-»Performance«.

Hierzu bedarf es der Steuerung, im Wesentlichen einer Festlegung von Zielorientierungen sowie geeigneter Instrumente zur Zielerreichung bzw. Problemlösung. Entscheidend sind dabei die Fragen nach den Steuerungssubjekten (wer steuert), den Steuerungsinstrumenten (wie wird gesteuert) und den Steuerungsebenen (wo wird gesteuert). Die Frage, *wer* Unternehmen steuert, kreist im Wesentlichen um die beiden Prinzipien der Selbststeuerung und der Fremdsteuerung. Letztere kann aus der Sicht eines Unternehmens durch den Staat erfolgen, der relevante Rahmenbedingungen verschiedenster Art setzt, zum anderen durch andere Unternehmen, die Produkt- oder auch die Finanzmärkte, deren Handeln und Regeln gerade in Zeiten zunehmender Globalisierung wichtige Randbedingungen für ein Unternehmen darstellen. In der Debatte stehen hier auf der einen Seite diejenigen, die das Setzen verbindlicher zielorientierter Rahmenbedingungen und die Überprüfung ihrer Einhaltung durch staatliche Institutionen für unerlässlich halten. Dem steht eine auch von den meisten Unternehmen vertretene Position gegenüber, die die Steuerungskompetenz primär den Unternehmen selbst zuschreibt. Unter Hinweis auf die These des Staatsversagens und auf die Existenz einer intrinsischen Motivation der Unternehmen zu nachhaltigem Verhalten wird hier vor allem die Vorteilhaftigkeit von Instrumenten betont, die auf freiwilligen Vereinbarungen und Verpflichtungen der Unternehmen basieren.

Zur Umsetzung des Selbststeuerungsansatzes werden mittlerweile unter den Stichworten *Corporate Governance* oder *Corporate Sustainability* unterschiedlichste Konzepte und Methoden eines unternehmensinternen Nachhaltigkeitsmanagements diskutiert und mitunter auch angewendet, um das Leitbild systematisch in Unternehmensstrukturen und -prozessen umzusetzen. Zu nennen sind hier die umweltbezogenen Zertifizierungssysteme EMAS und ISO 14001 oder auf soziale Aspekte fokussierte Systeme wie *Social Accountability 8000* aus den USA (Leifer 2011, Clausen/Wruk 2005), vor allem aber integrierte Systeme wie das ursprünglich von der EU entwickelte *Corporate Social Responsibility* (CSR) (Jonker et al. 2011), das von den Vereinten Nationen entwickelte *Global Compact* (UN o.J.), die aktuell überarbeiteten OECD-Leitsätze für multinationale Unternehmen (OECD 2011b) oder der vom deutschen Forschungsministerium initiierte Ansatz der *Sustainability Balanced Scorecard* (SBSC) (Bieker et al. 2001). In diesen Managementsystemen dokumentiert sich zumindest eine Tendenz von einer Umwelt- hin zu einer umfassenderen Nachhaltigkeitsorientierung bei Unternehmen (Welford 1997). Sie enthalten Kriterien bzw. Indikatoren vor allem aus den Bereichen Menschenrechte, Arbeitsstandards, Humankapital und Umwelt, die in Nachhaltigkeitsberichten dokumentiert und gegebenenfalls veröffentlicht werden können und mit denen eine Grundlage für ein »Nachhaltigkeits-Controlling« gelegt werden könnte.

CSR wird als ein ganzheitliches, alle Nachhaltigkeitsdimensionen integrierendes Unternehmenskonzept aufgefasst, mit dem Unternehmen auf freiwilliger Basis soziale Belange und Umweltbelange in ihre Unternehmenstätigkeit und in die Wechselbeziehungen mit Stakeholdern integrieren (EU-Kommission 2001b). 2010 wurde die – allerdings nicht zertifizierungsfähige – ISO-Norm 26 000 »Guidance on Social Responsibility« verabschiedet, um eine einheitliche Terminologie zu fördern und verschiedene internationale CSR-Ansätze zu integrieren. In Deutschland hat die Bundesregierung 2010 eine »Nationale Strategie zur gesellschaftlichen Verantwortung von Unternehmen Aktionsplan CSR« vorgelegt, mit der Anreize für verantwortliches Handeln insbesondere für KMU geboten werden sollen (BMAS 2010).

Allerdings ist einschränkend festzustellen, dass eine substanzielle Orientierung an solchen Nachhaltigkeitskriterien – trotz einer deutlich wachsenden Zahl von »Pionieren« – bislang nur freiwillig und nur in einer Minderheit der Unternehmen stattfindet. In KMU besteht zwar ein wachsendes Interesse am Nachhaltigkeitsleitbild bzw. am CSR-Konzept, allerdings auch ein Mangel an personellen und finanziellen Ressourcen sowie erhebliche Verunsicherung, was die Umsetzung anbelangt (von Hauff 2011). Dies ist verursacht durch eine unüberschaubare Vielzahl an Instrumenten und Kriterien, aber auch durch mangelnde politische Rahmensetzungen. In aktuellen internationalen Umfragen bei größeren Unternehmen ergibt sich ein heterogeneres Bild: manche Ergebnisse weisen aus, dass über 90 Prozent der befragten Vorstände Nachhaltigkeit als bedeutend für den künftigen Unternehmenserfolg ansehen (siehe z. B. UN Global Compact/Accenture 2010), in anderen werden Finanzvorstände als jeweils zu rund einem Drittel stark, schwach oder gar nicht für eine Integration von Nachhaltigkeit in die Geschäftsstrategie engagiert charakterisiert (siehe z. B. Deloitte 2011).

Grundsätzlich überwiegt als positive Motivation die Aussicht auf Kosteneinsparungen und Gewinnsteigerungen, also die klassische »win-win«-Logik. Trifft dies nicht zu, findet in den meisten Fällen nachhaltigkeitsorientiertes Verhalten nicht oder nur eingeschränkt statt. Mitunter wird in der eher mittel- und längerfristigen Perspektive die umfassender verstandene Existenzsicherung des Unternehmens (im Sinne des Substanzerhalts) angeführt, in den seltensten Fällen stehen ethische Erwägungen oder die Verantwortung für bzw. die Mitgestaltung von gesellschaftlicher Entwicklung im Vordergrund (Leitschuh-Fecht/Steger 2003, Dyllick 2002).

In der Frage danach, *wie* gesteuert werden soll, bedarf es angesichts der bislang nur zögerlichen Umsetzung der genannten freiwilligen Selbststeuerungsinstrumente zusätzlich der Setzung politischer Rahmenbedingungen, für die im Wesentlichen zwei Ansatzpunkte existieren. Geht man von einer zumindest kurzfristigen Unveränderbarkeit der beschriebenen, ökonomisch dominierten Motivlage der Unternehmen für nachhaltiges Verhalten aus, dann besteht die nächstliegende direkte Steuerungsmöglichkeit darin, die Voraussetzungen zu schaffen, dass sich nachhaltiges Verhalten für Unternehmen »lohnt«. In einer marktwirtschaftlich organisierten Gesellschaft kann eine dahin gehende Lenkungswirkung über die »Belohnung« (etwa durch Subventionen, Investitionszulagen usw.) erwünschten Verhaltens erfolgen oder über die »Bestrafung« nicht-nachhaltigen Verhaltens (durch Steuern und Abgaben, Ordnungsrecht, Grenzwerte usw.).

Die Wahrnehmung von Verantwortung kann bei Unternehmen auch durch Haftungsregeln umgesetzt werden. Bislang werden Rahmenbedingungen hier weitestgehend auf den Bereich der Produkthaftung begrenzt diskutiert und umgesetzt. Darüber hinaus hat auch eine Diskussion über weitergehende strukturelle Veränderungen begonnen. Vorschläge zielen hier beispielsweise auf die Veränderung bzw. Eliminierung bestehender Haftungsbegrenzungs- oder -ausschlussmechanismen, etwa durch eine Reform des Aktienrechts und des GmbH-Gesetzes oder eine Förderung des Typs Einzelunternehmen mit voll haftendem Eigentümer (Bannas 2003).

Eher *indirekte* Steuerungsmöglichkeiten bestehen vor allem im Zusammenhang mit der Nachhaltigkeitsberichterstattung der Unternehmen. Sie könnte ein Instrument der Rechnungslegung gegenüber Öffentlichkeit und Politik darstellen. Damit kommt ihr sowohl für die erfolgreiche Kommunikation des Leitbilds als auch unter Akzeptanz- und Wettbewerbsgesichtspunkten für Unternehmensaktivitäten erhebliche Bedeutung zu. Gleichwohl haben nach wie vor nur rund ein Drittel der 150 größten deutschen Unternehmen einen Nachhaltigkeitsbericht oder vergleichbares veröffentlicht (Gebauer et al. 2009), bei kleinen und mittleren Unternehmen ist der Anteil deutlich geringer. Rund die Hälfte der 100 umsatzstärksten deutschen Unternehmen erstellt einen separaten Nachhaltigkeitsbericht. Die 30 DAX-Unternehmen liegen hinsichtlich Umfang und Qualität der veröffentlichten Nachhaltigkeitsinformationen auf Augenhöhe mit den 250 weltweit größten Unternehmen; im Ländervergleich belegt Deutschland einen Platz im Mittelfeld (KPMG 2011). Zwar richten sich 60 Prozent der DAX-Unternehmen bei der Nachhaltigkeitsberichterstattung nach den GRI-Vorgaben (siehe unten), aber nur bei zehn Prozent ist der Nachhaltigkeitsbericht Bestandteil des Geschäftsberichts und somit auch von Wirtschaftsprüfern abgenommen (Union Investment 2010).

Angesichts der noch sehr zögerlichen Berichtspraxis und einer sehr uneinheitlichen Kriterienverwendung stellen sich die Frage nach den Notwendigkeiten, Möglichkeiten und Grenzen einer Vereinheitlichung der Berichte hinsichtlich Form und Kriterien sowie einer Verbindlichkeit der Berichterstellung. Für Ersteres kommt der *Global Reporting Initiative* (GRI) besondere Bedeutung zu, die in Zusammenarbeit zwischen der US-amerikanischen NGO *Coalition for Environmentally Responsible Economics* (CERES) und dem UN-Umweltprogramm UNEP entstand. Der aktuelle GRI-Leitfaden enthält Vorschläge zu Format, Struktur und Inhalt (Unternehmensprofil, -Kennzahlen, -strategien) von Nachhaltigkeitsberichten (GRI 2011). Indikatoren sind etwa der Material-, Energie- und Wasserverbrauch, Treibhausgas- und Luftschadstoffemissionen, Arbeitsplatzschaffung, Arbeitsunfälle, Weiterbildung, Geschlechteranteil in Leitungsfunktionen oder Angebot an Teilzeitarbeitsplätzen. Etwas weiter in die Zukunft gedacht, könnten solche Berichte eine Etappe auf einem Weg darstellen, an dessen Ende eine Art Nachhaltigkeitsbilanz steht, in der umfassend verstandene Verantwortung ein hartes Kriterium bildet, und die die bislang übliche Unternehmensbilanz ablöst oder zumindest ergänzt.

Vor diesem Hintergrund verfolgt die EU-Kommission mit ihrer 2011 entwickelten Strategie das Ziel, dass bis 2012 in den Mitgliedsstaaten CSR-Richtlinien überhaupt erarbeitet bzw. bestehende modifiziert und koordiniert werden (EU-Kommission 2011b). In Deutschland hat der Rat für Nachhaltige Entwicklung der Bundesregierung darüber hinaus die Einführung eines Nachhaltigkeitskodex empfohlen, der in einem zweijährigen Dialogprozess zwischen Vertretern der Finanzmärkte, von Unternehmen und Zivilgesellschaft entstanden ist (RNE 2011a). Der Kodex soll für börsennotierte und große kapitalmarktorientierte Unternehmen gelten. Sie sollen ihr Handeln an 20 Kriterien und 40 Indikatoren orientieren, die an die Systeme GRI, Global Compact und ISO 26 000 anknüpfen, die Managergehälter an der Zielerreichung orientieren und über den Grad der Zielerreichung berichten. Die Vereinbarung hat Lob und Kritik aus der Wirtschaft hervorgerufen (RNE 2011b). Inwieweit der Kodex verbindlich gemacht werden kann, bleibt abzuwarten.

Solche Berichte spielen in zunehmendem Maße auch für Entscheidungen auf den Finanzmärkten eine Rolle, die für die Unternehmen als Kapitalquelle, aber auch für die Umsetzung einer nachhaltigen Entwicklung insgesamt sehr bedeutsam sind. Unter den Stichworten sozial verantwortliches, ethisches oder nachhaltiges Investment werden Informationen über Unternehmen oder Anlageformen veröffentlicht und, im Falle von Aktiengesellschaften, in Nachhaltigkeits-Indizes wie dem *Dow Jones Sustainability Index* (Dow Jones Sustainability Indexes o. J.) alternativ zu den herkömmlichen Aktienindizes gebündelt (Hope/Fowler 2007, Schröder 2005). Trotz der generell positiven Einschätzung solcher alternativen Indices richtet sich die Kritik am DJSI hauptsächlich gegen die Auswahl der Unternehmen, die Gewichtung der Nachhaltigkeitsdimensionen, die Methodik der Erfassung sowie die Benachteiligung kleiner und mittlerer Unternehmen. Gleichwohl sind solche Informationen für private oder institutionelle Anleger und Investoren bedeutsam, die neben Renditemaximierung und Risikominimierung auch andere ökologische, soziale oder ethische Kriterien in ihre Entscheidungen einbeziehen wollen. Der Gesamtumfang solcher verantwortlicher oder nachhaltiger Anlagen und Investitionen liegt, trotz erheblicher Steigerungsraten, weltweit zwischen einem und zehn Prozent (FNG 2011, Eurosif 2010, Social Investment Forum Foundation 2010). Die Einführung einer einheitlichen Nachhaltigkeitsberichtspflicht könnte zu einer weiteren Beschleunigung dieses Prozesses beitragen.

Eng verknüpft mit der Frage, wer Unternehmen steuert, ist auch die Frage nach den verschiedenen politischen oder räumlichen Ebenen, auf denen gesteuert wird und werden kann. Dabei ist zunächst festzuhalten, dass vor allem die vielfältigen Globalisierungsprozesse mit Blick auf Unternehmen wie auch Nationalstaaten zu veränderten Beziehungsgefügen geführt haben. Für die Unternehmen werden einerseits die Selbststeuerungsspielräume geringer, sowohl für die »global player« durch den globalisierten Wettbewerb, als auch für die national agierenden Unternehmen aufgrund der Auswirkungen durch die internationalen Märkte. Andererseits gewinnen »global player« Einflussmöglichkeiten, etwa auf Zulieferer. Für die meisten Nationalstaaten reduzieren sich die Selbststeuerungsmöglichkeiten, sowohl durch die entstehenden Konkurrenzen zu anderen Staaten etwa um Standorte, als auch durch das Abwanderungs-Drohpotenzial global agierender Unternehmen.

Vor dem Hintergrund dieser veränderten Handlungsmöglichkeiten, der begrenzten Wirksamkeit freiwilliger Verpflichtungen wie auch der Leistungsgrenzen staatlichen Handelns sollte über veränderte Steuerungsziele und -mechanismen nachgedacht werden. Diese können einen klareren Ordnungsrahmen umfassen, was die Verpflichtung zur Nachhaltigkeitsberichterstattung und deren Folgen betrifft, eine stärkere Fokussierung auf KMU mit ihrem erheblichen und noch wenig realisierten Potenzial zur Umsetzung von Nachhaltigkeit oder auch die Schaffung von Anreizen zu organisatorischen Veränderungen in Unternehmen (siehe z. B. Becke 2008). All dies sollte im Rahmen von Steuerungsprinzipien geschehen, die akteursbezogen, konzeptionell und räumlich integriert angelegt sind. Anzuführen ist hier zum einen der Versuch, unter dem Begriff des »kooperativen Regierens« und mit Methoden der Kontextsteuerung oder der proaktiven Politik eine zielorientierte intelligente Verknüpfung zwischen steuerndem Staat und Selbststeuerungsfreiräumen der Unternehmen zu erreichen (Hey 2003). Zum anderen verbindet sich mit dem Konzept »Global Governance« die Zielsetzung einer institutionellen und politischen Gestaltung der Globalisierungsprozesse über die Einbeziehung unterschiedlicher politischer Handlungsebenen und Akteursgruppen (Kapitel 7.5). Bis zu einem gewissen Grad werden beide Ansätze eine »nachholende Globalisierung der Politik« als Reaktion auf die Globalisierung des Wirtschaftens erfordern.

8.2 Konsumenten

Der Konsum von Gütern und Dienstleistungen ist für viele Menschen selbstverständlicher Teil des Alltagslebens und stellt einen wesentlichen Faktor menschlicher Entwicklung dar. Dabei sollte Konsum als ein umfassender, über den ökonomischen Kaufakt hinausgehender Prozess verstanden werden, beginnend mit der individuellen Bedürfnisreflexion, über die Kriterienwahl und Informationsbeschaffung für die Kaufentscheidung, den Kauf und die Nutzung der Produkte bis hin zu deren Entsorgung (Schneider 1999, Scherhorn et al. 1997).

In der Definition der Volkswirtschaftlichen Gesamtrechnung setzt sich der »Konsum« aus den privaten und staatlichen Konsumausgaben zusammen und wird von den Investitionen (durch Unternehmen und Staat) sowie vom Außenbeitrag (Export minus Import) abgegrenzt. Prinzipiell sind unter den Konsumbegriff neben den materiellen, monetär erfassten Gütern auch immaterielle sowie solche Güter zu fassen, die durch unbezahlte gemeinnützige oder ehrenamtliche Tätigkeiten erzeugt werden. Derzeit machen die Konsumausgaben der privaten und öffentlichen Haushalte sowohl global als auch in Deutschland rund 75 Prozent des Bruttoinlandsprodukts aus (World Bank 2010a, Statistisches Bundesamt 2010b).

Bedeutsam für Konsumentscheidungen ist zunächst die individuelle Gewichtung der vielfältigen möglichen Motive, Präferenzen und Zwecke. Konsum kann existenziellen Zwecken dienen, wenn es um Ernährung, Wohnen oder Gesundheit geht, er kann der Unterhaltung, der Bildung oder der Teilnahme an sozialer Kommunikation und Gemeinschaft, der individuellen Selbstverwirklichung und auch der Statuserlangung dienen. Dabei spielen Faktoren wie verfügbares Einkommen, Zeitbudget, das Produktangebot oder diesbezügliche Informationen eine wichtige Rolle. Schließlich werden individuelle Konsumentscheidungen auch durch das gesellschaftliche Umfeld beeinflusst, das aus Normen, Werten, kulturellen Gegebenheiten, Medien, Modeerscheinungen oder dem Rechts-, Finanz- und Sozialsystem besteht, aber auch grundlegenden Trends wie der Globalisierung oder Veränderungen der Lebensstile unterliegt.

Die Zusammenhänge zwischen Konsum und menschlicher Entwicklung sind vielfältig. Einerseits ermöglicht Konsum für den Einzelnen die Befriedigung von Bedürfnissen, die Verbesserung von Lebensqualität und die Teilhabe am gesellschaftlichen Leben, gesamtgesellschaftlich führt er zu Wertschöpfung oder zur Schaffung von Arbeitsplätzen. Andererseits sind die verschiedenen Aktivitäten im Laufe des Konsumprozesses mit negativen Folgen für die Umwelt und für künftige Generationen (durch Ressourcenverbrauch, Emissionen oder Abfälle) und eventuell auch – zum Beispiel abhängig von den Produktions- oder Entsorgungsrealitäten – für die Lebensbedingungen in bestimmten Regionen verbunden (Dauvergne 2008).

Der Konsum ist weltweit gesehen extrem ungleich verteilt (World Bank 2010a). Es entfallen derzeit nur ein bis zwei Prozent der privaten Konsumausgaben auf das ärmste Fünftel der Menschheit, jedoch ungefähr 80 Prozent auf das reichste Fünftel in den Industriestaaten. Anders als in den ärmeren Staaten geht dort Konsum weit über die Deckung der Grundbedürfnisse hinaus und zielt zu einem erheblichen Teil auf die Erfüllung von Status- und Luxusbedürfnissen.

Vor diesem Hintergrund war die Analyse und Bewertung von Konsummustern von Beginn an ein ähnlich zentrales Thema in der Nachhaltigkeitsdebatte wie die Analyse der Produktionsprozesse. Was in den 1970er und 1980er Jahren noch unter Begriffen wie »qualitativer Konsum« oder »ökologisch verantwortlicher Konsum« diskutiert worden war, wurde in den 1990er Jahren unter dem Leitbild des »nachhaltigen Konsums« in einen breiteren Kontext gestellt. In der Agenda 21 fand das Thema in Kapitel 4 einen eigenständigen Platz. Dort wurde die Staatengemeinschaft aufgefordert, Anstrengungen zu unternehmen, nicht-nachhaltige Konsumgewohnheiten zu erfassen und Strategien für deren Veränderung zu entwickeln und umzusetzen. Darüber hinaus finden sich in verschiedenen anderen Kapiteln deutliche Hinweise auf konsumbezogene Aspekte im Zusammenhang mit Themen wie Energie, Verkehr oder Abfall.

In der Frage, was unter nachhaltigem Konsum zu verstehen sein soll, besteht zumindest in den Grundzügen Konsens (Scherhorn/Weber 2002). Im Kern geht es um eine Verwendung von Gütern und Dienstleistungen, die den Bedürfnissen heute und künftig lebender Menschen gerecht wird und deren Lebensqualität verbessert, ohne dabei die ökologischen, ökonomischen, sozialen und kulturellen Ressourcen der Gesellschaft substanziell zu beeinträchtigen (UNCSD 1998). Spangenberg (2003: 139) spricht ein wenig plastischer von nachhaltigem Leben als gutem, gesundem, verantwortungsvollem, partnerschaftlichem, bewusstem Leben. Allerdings bedarf eine solche grundlegende Orientierung für Konsumenten konkretisierender Kriterien, wie sie die im Kapitel 4 dieses Buches skizzierten Nachhaltigkeitsregeln oder auch in nationalen Strategien festgelegte Ziele (vgl. Kapitel 7.2) darstellen. Dabei hat sich in der Debatte die Einsicht weitgehend durchgesetzt, dass Konsum und Produktion zwei untrennbare Seiten einer Medaille sind und dass Konsumenten und Produzenten gleichermaßen wesentliche Verantwortung für einen nachhaltigen Konsum zukommt (Belz et al. 2007).

Trotz der Bedeutung, die das Thema nachhaltige Konsummuster im Rahmen der Rio-Konferenz, der Rio-Dokumente und auch des Rio-Folgeprozesses erlangte, trotz des im Grundsätzlichen bestehenden Konsenses und trotz vereinzelter Erfolge ist es kaum gelungen, weltweit eine breite Verankerung im konkreten politischen Handeln und signifikante Verbesserungen zu erzielen. Ein konkretes Aktionsprogramm wurde erst im Kontext des Weltgipfels in Johannesburg 2002 entwickelt. Dort wurde in Kapitel III des offiziellen »Plan of Implementation« ein Zehn-Jahres-Rahmenprogramm zur Implementierung nachhaltiger Konsum- und Produktionsmuster vorgelegt, in dem Vorschläge für konkrete Maßnahmen und Instrumente gemacht wurden (World Summit 2002). Im Rahmen der ersten globalen Konferenz zu diesem Themenfeld 2003 in Marrakesch wurden Eckpunkte und Aufgaben für den so genannten »Marrakesch-Prozess« festgelegt (UN 2003). Darin sollen weitere Konkretisierungsschritte unternommen, Grundzüge einer Langzeitstrategie für die internationale wie die nationale Umsetzung konzipiert, neue Initiativen gestartet, Aktivitäten auf den verschiedenen Ebenen gebündelt und der Informationsaustausch zwischen diesen Ebenen gefördert werden. Angesichts ihrer Rolle in der Verursachung der (globalen) Nachhaltigkeitsprobleme kommt den Industriestaaten für die Umsetzung nachhaltiger Konsum- und Produktionsmuster eine herausgehobene Verantwortung zu. In der Frage nach den erforderlichen Strategien und Maßnahmen geht es darum, auf der Vielzahl bereits vorhandener Ansätze, Praxisinitiativen und Vorschläge aufzubauen und diese um weitere geeignete zu ergänzen (Eberle et al. 2004, RNE 2002a, Scherhorn/Weber 2002, UNEP 2002).

Zur Reduzierung der mit dem Konsum verbundenen Probleme lassen sich zwei wesentliche Strategietypen unterscheiden: zum einen eine problemärmere Gestaltung des *bestehenden* Konsumniveaus durch eine Verbesserung vorhandener Produkte – etwa hinsichtlich ihrer Ressourceneffizienz (siehe Kapitel 5.3) – oder durch neue Produkte. Adressaten sind hier sowohl die herstellenden Unternehmen als auch die Konsumenten, die entsprechende Kaufentscheidungen treffen müssen (Hagemann 2004). Der zweite Typ zielt auf eine Reduzierung des Konsum*niveaus*, durch eine reduzierte Nachfrage nach oder eine geringere Nutzung von Produkten. Im Vordergrund steht hier ein verändertes Verständnis von »Lebensstandard« und »Lebensqualität« bei den Konsumenten (vgl. die Diskussion zum qualitativen Wachstum, Kapitel 4.3).

Die breite Palette hierfür bereits umgesetzter oder diskutierter Instrumente umfasst zunächst solche in Form von politisch gesetzten Rahmenbedingungen. Zu nennen sind hier die verschiedenen ordnungsrechtlich (Grenzwerte, Gebote) oder über den Preis (Steuern, Abgaben usw.) steuernden Mechanismen. Sie können an Ressourcenverbrauch, Emissionen, Abfällen, aber auch am Arbeits- und Kapitaleinsatz, an der Lebensdauer oder Reparaturfreundlichkeit der Produkte, an den Herstellungsbedingungen oder an den Bedingungen des internationalen Handels ansetzen. Bedeutsam ist auch der Abbau solcher Subventionen, die Anreize für nicht-nachhaltiges Konsumverhalten bieten (Steuerbefreiung von Flugbenzin, Pendlerpauschale oder Eigenheimzulage sind bekannte und viel diskutierte Beispiele). Dies ist jedoch häufig, wie grundsätzlich der Subventionsabbau, politisch schwer umsetzbar.

Eine weitere Gruppe von Instrumenten beinhaltet informatorische Ansätze, die im Sinne einer neuen, kooperativen Verbraucherpolitik (Reisch 2004) eine bessere Informationsgrundlage und ein verstärktes Bewusstsein für die Nachhaltigkeitsthematik, für entsprechende Produkte und Konsummuster schaffen und Wertewandelprozesse in diese Richtung anstoßen sollen. Beispiele sind hier Produktkennzeichnungspflichten zu Energieverbrauch, Wasserverbrauch oder Inhaltsstoffen, Labels, die bestimmte Produkteigenschaften auszeichnen oder der »Nachhaltige Warenkorb« (RNE o.J.). Auch (Vor-)Schulerziehungs- und Erwachsenenbildungsmaßnahmen zählen hierzu. Allerdings werden in der Praxis immer wieder die Grenzen solcher Bemühungen deutlich, wenn Konsumenten wider besseres Wissen handeln, weil anderen der oben genannten Konsummotive größeres Gewicht als den Nachhaltigkeitskriterien beigemessen wird, oder wenn sie die beigefügten Nachhaltigkeitsinformationen gar nicht zur Kenntnis nehmen.

Daneben existiert mittlerweile eine Vielzahl von auf Freiwilligkeit und häufig auf selbstorganisierten Prozessen beruhenden Ansätzen und Initiativen. Mit Blick auf die Produzentenseite ist hier vor allem das klassische Instrument der freiwilligen Selbstverpflichtung zu nennen. Gegenstand solcher Vereinbarungen können bestimmte Eigenschaften von Produkten oder der Einsatz bestimmter Stoffe oder Produktionsverfahren (Kinderarbeit, Massentierhaltung usw.) sein. Auch das Angebot an fair gehandelten Produkten ist hierzu zu zählen.

Auf der Konsumentenseite wurde der Begriff der LOHAS (Lifestyles of Health and Sustainability) geprägt. Er steht für Lebensstile und Konsumententypen, die durch ihr Konsumverhalten und gezielte Auswahl von Produkten und Dienstleistungen Nachhaltigkeit fördern wollen (Wenzel et al. 2007). Zahlreiche Initiativen für den Kauf (oder den Boykott) bestimmter Produkte bestehen, so z.B. im Rahmen von »Eine Welt« oder Fair Trade-Bewegungen. Des Weiteren existieren Ansätze zu veränderten oder gemeinsamen Nutzungsformen wie Pool-Lösungen

(Car-Sharing), Gebrauchtwarenbörsen, Tauschringe und -börsen oder ein breiteres Second-Hand-Produktangebot (für weitere Beispiele siehe Scherhorn/Weber 2002 und Schrader/Hansen 2001). Hier bestünde die Aufgabe für Politik und Wissenschaft vor allem darin, nach den am besten geeigneten Ansätzen zu suchen, um diese dann zielorientiert im Rahmen eines Gesamtkonzepts zu fördern.

Für die Umsetzbarkeit und Wirksamkeit all dieser Instrumente und des Ziels eines global nachhaltig(er)en Konsums spielen verschiedene Faktoren eine Rolle. *Erstens* muss es gelingen, die mittlerweile in der Debatte weit verbreitete Erkenntnis umzusetzen, dass es nicht *den* Konsumenten gibt, sondern eine Vielzahl unterschiedlicher Konsumententypen mit unterschiedlichen Bedürfnissen und Lebensstilen (Empacher 2002, Reusswig 1994). Im Rahmen sozialwissenschaftlicher Milieustudien wurden Konsumenten in Bezug auf nachhaltigkeitsrelevantes Kaufverhalten klassifiziert. Die resultierenden Konsumtypen weisen sehr unterschiedliche Nähe zu den Anforderungen nachhaltiger Entwicklung auf, wie dieses an Beispielen wie »durchorganisierte Ökofamilien«, »junge Desinteressierte« oder »ländlich-traditionelle« leicht erkennbar ist. Wenn also Anreize für einen nachhaltigen Konsum gesetzt werden, so erfordert dies den Einsatz von Instrumenten, mit denen entsprechende Differenzierungsmechanismen möglich sind.

Zweitens wird nach wie vor in weiten Teilen der Gesellschaft soziales Ansehen wesentlich an Umfang und Statussymbolträchtigkeit des materiellen Konsums geknüpft. Daher sind Anstrengungen zu unternehmen, das Bewusstsein für die Vorteilhaftigkeit einer »Entkopplung« zwischen Konsumniveau und Lebensqualität zu stärken und Wege dahin aufzeigen. *Drittens* ist es sowohl für die Setzung von Zielen als auch für die Entwicklung von Strategien wichtig, neben den Konsumenten und Produzenten auch Akteure wie Handel, Medien oder Werbewirtschaft einzubeziehen. *Viertens* muss es gelingen, die wesentlichen konsumbeeinflussenden Faktoren auf der Makroebene wie Globalisierung, Informationsgesellschaft oder veränderte gesellschaftliche Arbeitsstrukturen in ihren Potenzialen zu nutzen und ihren Risiken zu minimieren. Schließlich ist es *fünftens* mit Blick auf globale Verantwortung unerlässlich, in den Industriestaaten die möglichen Konsequenzen eines veränderten Konsumverhaltens für die Entwicklungsländer – etwa durch eine Beeinträchtigung der für sie häufig existenzsichernden Exportmöglichkeiten – sowie geeignete Kompensationsmaßnahmen in Betracht zu ziehen.

Erste Erfolge sind durchaus sichtbar. Für Deutschland und einige andere westliche Länder ist in den letzten Jahren eine Zunahme des nachhaltigen Konsums zu beobachten. Insbesondere im Ernährungsbereich ist festzustellen, dass Lebensmittel mit Öko- oder Fair Trade-Siegeln einen größeren Konsumentenkreis gefunden haben. Dazu trägt auch bei, dass entsprechende Produkte auch in den großen Ketten der Lebensmittel-Discounter angeboten werden und es dadurch zu Preisreduktionen gekommen ist. Die Sensibilität gegenüber dem eigenen Konsumverhalten hat in gut gebildeten Schichten deutlich zugenommen.

Dennoch bleibt der nachhaltige Konsum auf Nischenmärkte und bestimmte Bevölkerungsgruppen beschränkt. Die Tatsache, dass auf einigen Gebieten tatsächlich eine erhebliche Steigerung des Anteils des nachhaltigen Konsums am Gesamtkonsum zu verzeichnen ist, darf nicht darüber hinwegtäuschen, dass auch in diesen vermeintlichen Erfolgsbereichen der bei weitem größte Anteil des Konsums weiterhin nicht unter Reflexion auf Nachhaltigkeit erfolgt. Auch in Bevölkerungsgruppen, die sensibel gegenüber Nachhaltigkeitsfragen sind, erfolgen große Teile des Konsumhandelns nach traditionellen Kriterien und Präferenzen. Aus dem Wissen über Nachhaltigkeitsprobleme und ihre Verursacher folgt, dies hat die Umweltpsychologie hinreichend deutlich herausgestellt, oft nichts oder nicht viel für das individuelle Verhalten.

Auch muss selbst in den Bereichen, in denen es Fortschritte im so genannten nachhaltigen Konsum gibt, immer nachgefragt werden, inwieweit dieser Konsum »wirklich« dem Leitbild der nachhaltigen Entwicklung entspricht. Aufgrund der thematischen Breite der Nachhaltigkeitsaspekte (vgl. Kapitel 4.1) und des weitgehenden Fehlens anerkannter Label oder Indikatoren für die Nachhaltigkeit von Produkten und Dienstleistungen ist dies in der Regel nur schwer zu beurteilen.

Diese Beobachtungen werfen grundsätzliche Fragen nach der Berechtigung der Hoffnungen auf nachhaltigen Konsum als Problemlöser auf (Grunwald 2010b). Es erscheint unrealistisch, dass über das individuelle Konsumverhalten das gesamte Wirtschaftssystem in Richtung auf eine nachhaltige Entwicklung umgesteuert werden kann. Gelegentlich wird sogar das Gegenteil befürchtet (Pötter 2007). Bereits in den Ländern mit hohem Nachhaltigkeitsbewusstsein werden große Bevölkerungsgruppen nicht erreicht. Für andere industrialisierte Länder gilt dies noch stärker, und in Schwellen- und Entwicklungsländern, in denen bestimmte soziale Gruppen wirtschaftlichen Aufstieg erleben, sind die Aussichten auf einen nachhaltigen Konsum zunächst nicht groß. Und auch wenn es große soziale Bewegungen hin zu nachhaltigem Konsum gäbe, wäre damit keineswegs gesagt, dass dies auf Dauer so bliebe. Da Konsum immer auch mit Zeitgeist, mit Lebensstil und mit kulturellen Veränderungen zu tun hat, könnte ein nachhaltiger Lebensstil auch wieder verschwinden.

Dieser ernüchternde Blick macht keineswegs die Bemühungen um nachhaltigen Konsum obsolet. Im Gegenteil, er verdeutlicht die Schwierigkeiten und Herausforderungen. Um das Problem zu lösen, dass vielfach aus dem Wissen nichts oder nicht genug für das Handeln folgt, wurde ein »libertärer Paternalismus« (Thaler/Sunstein 2003) vorgeschlagen. Auf der Basis verhaltenspsychologischer Konsumforschung sollen die Konsumenten durch geschickte Arrangements und sanften Druck dazu gebracht werden, die Entscheidungen zu treffen, die sie »eigentlich« treffen wollen, woran sie aber durch Gewohnheit, Bequemlichkeit, Alltagshektik oder andere Umstände gehindert werden. Beispielsweise sollten danach nachhaltige Lebensmittel im Supermarkt möglichst an den Stellen angeboten werden, an denen die Kunden am häufigsten zugreifen statt an schlecht zugänglichen und wenig attraktiven Standorten.

Das zentrale Problem dieses Ansatzes ist, dass er, wenn auch betont wird, dass die Konsumentensouveränität erhalten bleibt, beansprucht zu wissen, welche Entscheidungen die Konsumenten »eigentlich« treffen wollen – worauf das Wort »Paternalismus« auch hinweist. Ein solcher Paternalismus steht jedoch mit denjenigen ethischen und politischen Randbedingungen nachhaltiger Entwicklung (Kapitel 3) nicht im Einklang, nach denen bevormundende, nicht demokratisch legitimierte Eingriffe in das individuelle Handeln keine Mittel der Wahl zur Umsteuerung auf nachhaltige Entwicklung sind. Damit wird klar, dass es letztlich auf eine *politische* Gestaltung der Rahmenbedingungen für nachhaltigen Konsum ankommt (Grunwald 2010b).

8.3 Zivilgesellschaft

Angesichts der komplexen Herausforderung des Nachhaltigkeitsleitbilds und der Erkenntnis, dass seine Umsetzung nicht (nur) »von oben«

verordnet werden kann, bedarf es des Engagements vieler Menschen und der Förderung von Eigenverantwortung in einem Prozess von gesellschaftlichem Lernen, Kommunikation und Gestalten von Entwicklung. Mit dem Begriff der »Zivilgesellschaft« oder »Bürgergesellschaft« (Edwards 2004) sind vor allem zwei grundlegende Merkmale verbunden. Zum einen bezeichnet er in demokratischen Gesellschaften eine Akteursgruppe, der eine intermediäre Funktion zwischen Staat und Wirtschaft zukommt (Nohlen 2001). Zum anderen verbinden sich mit ihm bezogen auf gesellschaftliche Entscheidungsprozesse in besonderem Maße Werte wie Demokratie, Wahrung der Bürgerrechte, bürgerschaftliches Engagement, Bürgerbeteiligung, Gemeinwohlorientierung oder auch Toleranz und Gewaltfreiheit. Das weite Feld bürgerschaftlichen Engagements (Biesecker 2002) – also freiwillige, nicht auf finanzielle Vorteile gerichtete, das Gemeinwohl fördernde Tätigkeiten von Bürgern zur Erreichung gemeinsamer Ziele – das von einer Vielzahl von Menschen in unterschiedlicher Weise aufgebracht wird, vereint in besonderer Weise beide Merkmale.

Spätestens seit der Rio-Konferenz 1992 und dem Beginn des Rio-Folgeprozesses wird zivilgesellschaftlichen Akteuren eine entscheidende Bedeutung für die Umsetzung einer nachhaltigen Entwicklung zugeschrieben. In den Kapiteln 23 bis 32 der Agenda 21 wird die Forderung einer Stärkung der Rolle verschiedenster gesellschaftlicher Gruppen begründet. In Kapitel 27 wird vor allem auf die Unabhängigkeit und Flexibilität von so genannten NGOs, also Nicht-Regierungs-Organisationen (Non-Governmental Organisations), die neuerdings auch als CSOs (Civil-Societal Organisations) bezeichnet werden, und ihre vielfältigen Erfahrungen und Fähigkeiten als wichtige Voraussetzung dafür verwiesen, in möglichst intensiver Kommunikation zwischen staatlichen, nicht-staatlichen, nationalen und internationalen Organisationen die in der Agenda festgeschriebenen Ziele erreichen zu können. Regierungen und internationale Gremien werden aufgefordert, die erforderlichen Mechanismen und Verfahren zu ermöglichen, damit die zivilgesellschaftlichen Akteure an den nationalen wie auch den globalen (»Global Governance«, vgl. Kapitel 7.5) Steuerungs- und Entscheidungsprozessen teilhaben können.

Zentrale Funktionen und Wirkungen der Zivilgesellschaft sind die Schaffung von öffentlichen Räumen für Diskussionen um Werte, Probleme oder Politik, die Schaffung von Möglichkeiten, sich für eigene

Werte zu engagieren sowie der Austausch heterogener Gruppen und unterschiedlicher Sichtweisen. Sie fungiert damit als Vermittler zwischen Problemlagen der individuellen und der staatlichen Ebene und übernimmt eine gesellschaftliche Alarmfunktion durch das Aufgreifen kritischer Themen und die Sensibilisierung für Risiken.

Bei den Akteuren handelt es sich um Individuen und eine große Vielfalt nicht-staatlicher, formeller und informeller Organisationen und Gruppen, die meist ohne Gewinnerzielungsabsichten agieren. Hierzu zählen zum einen die überwiegend seit den 1970er Jahren entstandenen und in ihrer Zahl stetig zunehmenden Umwelt-, Verbraucherschutz-, Frauenrechts- oder Menschenrechtsorganisationen und Bürgerinitiativen, zum anderen eher traditionelle Organisationen wie Kirchen, Rotes Kreuz, Wohlfahrtsverbände oder Vereine. In Deutschland wird derzeit von rund einer Million Organisationen unterschiedlichster Größe und Formen ausgegangen, in denen sich ungefähr 23 Millionen Menschen engagieren – d. h. ungefähr 35 Prozent aller Menschen ab 14 Jahren (Bundesregierung 2010b, WZB/BMFSFJ 2009, Enquete-Kommission »Zukunft des bürgerschaftlichen Engagements« 2002: 26). Sie leisten wertvolle Beiträge zur Realisierung einer nachhaltigen Entwicklung. Dabei kommt dem so genannten »Dritten Sektor«, d. h. Einrichtungen, die sich neben Staat und Wirtschaft an der Produktion öffentlicher Güter beteiligen, auch eine zunehmende ökonomische Bedeutung zu. Konzentriert vor allem auf die Bereiche Gesundheit, Soziales, Bildung und Kultur steuert er mit rund 90 Milliarden Euro rund 4 Prozent zum deutschen Bruttoinlandsprodukt bei und weist rund 2,3 Millionen sozialversicherungspflichtig Beschäftigte aus (Spengler/Priemer 2010).

Die Bundesregierung legte 2010 die erste Nationale Engagementstrategie vor (Bundesregierung 2010b). Sie reagierte damit sowohl auf die wachsende Bedeutung bürgerschaftlichen Engagements in Deutschland als auch auf die Forderung, dieses noch mehr und besser zu fördern. Die darin genannten Ziele beziehen sich auf die bessere Abstimmung relevanter Aktivitäten zwischen Bund, Ländern und Gemeinden, die stärkere Einbindung von Stiftungen und Engagements von Unternehmen sowie die Schaffung besserer Rahmenbedingungen für freiwilliges Engagement, etwa durch größere Anerkennung der erbrachten Leistungen. Die Reaktionen auf das Dokument waren divers, die Kritik richtete sich vor allem auf den mangelnden strategischen Charakter sowie fehlende konkrete und innovative Vorschläge (Aktive Bürgerschaft

2011). Ein solcher wird beispielsweise von der Stiftung Neue Verantwortung (2010) vorgelegt. Sie fordert die Ergänzung des Indikatoren-Sets der nationalen Nachhaltigkeitsstrategie um einen Indikator zum zivilgesellschaftlichen Engagement.

Die Facette des heute herrschenden Verständnisses von Zivilgesellschaft, das sie als ein Korrektiv sowohl zur Allgegenwart der Staatsmacht als auch zur Herrschaft der Märkte versteht, ist aus den Traditionen der Aufklärung und der Philosophien von Locke und Hegel Ende des 18. Jahrhunderts entstanden (Adloff 2005, Gosewinkel et al. 2004). Erkennbare gesellschaftspolitische Relevanz hat es erstmals in den Bürgerrechtsbewegungen Lateinamerikas und Osteuropas in den 1980er Jahren erlangt. Die heute global verbreitete Erkenntnis, dass im Prozess der politischen Willensbildung zivilgesellschaftliche Elemente größeres Gewicht erhalten sollten, ist vor allem eine Folge der veränderten Funktionsbedingungen moderner Gesellschaften. Funktionale Differenzierung, Individualisierung und Wertepluralismus einerseits und zunehmend komplexer werdende Problemlagen andererseits führen zu eingeschränkten Handlungs- und Steuerungsmöglichkeiten des Staates. Gleichzeitig werden die erkennbaren – und trotz hoher staatlicher Regulierungsdichte bestehenden – Problemlösungsdefizite primär dem Staat bzw. der (Parteien-)Politik angelastet.

Deswegen wird der Ruf nach einer »Modernisierung der Demokratie« (Zilleßen et al. 1993) und entsprechenden sozial-institutionellen Innovationen immer lauter. Im Vordergrund steht dabei eine Veränderung der gegenwärtig vor allem parlamentarisch-repräsentativ und parteipolitisch geprägten Entscheidungsprozesse. Die Reformperspektiven zielen primär in Richtung einer substanzielleren Einbindung der Akteure und stärkerer Konsensorientierung bei der Definition von Problemen und der Entwicklung von Lösungsstrategien. Hierzu werden sowohl eine neue Dialogkultur als auch die Stärkung selbstorganisatorischer Prozesse als notwendig erachtet. Die Entwicklung der vergangenen beiden Jahrzehnte zeigt, dass die Einbeziehung gesellschaftlicher Gruppen beispielsweise im Rahmen von runden Tischen, Zukunftskonferenzen, Bürgerforen oder Lokale Agenda 21-Prozessen vielfach dabei ist, zum gesellschaftspolitischen »Normalfall« zu werden.

Dabei haben die NGOs einen erheblichen Bedeutungswandel in den vergangenen Jahrzehnten durchlaufen. Seit dem Beginn bzw. der Intensivierung der umwelt- und entwicklungspolitischen Debatten in den 1970er Jahren ist eine Vielzahl von Gruppen und Organisationen entstanden, die sich meist in einem speziellen Themenfeld engagieren. Es handelte sich zunächst überwiegend um lokal begrenzt tätige Bürgerinitiativen in den Industriestaaten, die häufig den Charakter von Protest- und Widerstandsbewegungen hatten. Mittlerweile operieren viele Organisationen institutionalisiert in politischen Prozessen, national und international sowie in entsprechenden Netzwerken, auch mit den inzwischen in den Entwicklungsländern in großer Zahl existierenden Organisationen wie dem *Third World Network* mit Sitz in Malaysia oder dem *South Centre* mit Sitz in Genf und Tansania. Beispiele für die bekanntesten NGOs im »Norden« sind etwa die Eine-Welt-Organisationen oder Ärzte ohne Grenzen zu Entwicklungs- und humanitären Fragen, Greenpeace oder BUND bzw. *Friends of the Earth* zu umweltpolitischen und umweltökonomischen Themen, oder Attac als derzeit größter Zusammenschluss von Globalisierungskritikern.

Auch die Kirchen positionieren sich zum Leitbild der nachhaltigen Entwicklung und zu hierfür relevanten Themen (siehe auch Kapitel 10.3). Beispielsweise wurden in der 1993 veröffentlichten »Erklärung zum Weltethos« erstmals in der Geschichte der Religionen gemeinsame ethische Grundprinzipien als Grundlage für eine neue Weltordnung erarbeitet, die für die Menschen aller Religionen Gültigkeit beanspruchen (Küng 2002). Des Weiteren wurde anlässlich der Johannesburg-Konferenz 2002 unter Mitwirkung der christlichen Kirchen die so genannte *Erd-Charta* als ethisches Grundgerüst einer nachhaltigen Entwicklung präsentiert, basierend auf den Grundsätzen Achtung vor dem Leben, ökologische Ganzheit, soziale und ökonomische Gerechtigkeit sowie Demokratie, Gewaltfreiheit und Frieden (Earth Charter Initiative o. J.). Auch in Deutschland beziehen die evangelische und die katholische Kirche Stellung in diesem Themenfeld, zum Teil in gemeinsamen Erklärungen. Eines der umfassendsten und öffentlichkeitswirksamsten Dokumente dieser Art stellt die Stellungnahme des Rates der Evangelischen Kirche Deutschlands und der Deutschen Bischofskonferenz »Für eine Zukunft in Solidarität und Gerechtigkeit« dar (EKD/DBK 1997). Darin wurden die Problemfelder Arbeitslosigkeit, Armut oder ungleiche Lebensverhältnisse sowie die Frage notwendiger wirtschafts- und sozialpolitischer Reformen oder einer Neuformulierung des Generationenvertrags behandelt. Darüber hinaus haben beide Kirchen gemeinsame Stellungnahmen zu Themen wie der internationalen Verschuldung (EKD/DBK 1998) oder einer nachhaltigen Landwirtschaft (EKD/DBK 2003) verfasst.

Die meisten NGOs oder zivilgesellschaftlichen Gruppen haben bislang zum einen die Funktion erfüllt, mehr Öffentlichkeit und Bewusstsein für bestimmte Themen oder Missstände herzustellen (so genannte »watchdog-Funktion«) (Garrelts 2008, Baumann 2003). Gleichzeitig sind mittlerweile zumindest einige von ihnen auf nationaler wie internationaler Ebene ein Teil der Strukturen und Prozesse des Regierens geworden. Als Vertreter bestimmter Interessen sind sie bestrebt, Themen auf der politischen Agenda zu platzieren und Vorschläge für Verbesserungen oder Alternativen einzubringen (»advocacy-Funktion«). Die mit Abstand systematischsten und umfangreichsten formalen Mitwirkungsrechte werden NGOs im UN-System eingeräumt. Durch ihre zahlreiche und aktive Präsenz bei den verschiedenen UN-Weltkonferenzen und der Erarbeitung internationaler Regime zur Umsetzung bestimmter themenbezogener Ziele konnten sie hier durchaus signifikante Erfolge verbuchen. Die Entstehung und Umsetzung des Kyoto-Protokolls oder der Waldkonvention, die internationale Kampagne zum Verbot von Landminen oder die Verhinderung des Multilateralen Investitionsabkommens (MAI) aufgrund der befürchteten nachteiligen Wirkungen für die ärmsten Staaten sind Beispiele hierfür. Vergleichbare Mitwirkungsmechanismen bestehen allerdings bislang weder auf EU-Ebene noch im Deutschen Bundestag. Weniger einflussreich sind die NGOs in den Entscheidungsprozessen der Weltbank, der Welthandels-Organisation (WTO) oder des Internationalen Währungsfonds (IWF), die immerhin die weltwirtschaftlichen (und damit auch entwicklungspolitischen) Rahmenbedingungen wesentlich prägen.

Aus dieser Kritik werden allerdings unterschiedliche Folgerungen für die künftige Entwicklung abgeleitet. So wird von einigen eine Bewegung zurück zu den Wurzeln in Richtung einer reduzierten Institutionalisierung und einer offeneren und dezentraleren Form der sozialen Protestbewegung gefordert, wie etwa im Rahmen von Attac praktiziert. Andere richten den Fokus auf die Frage, wie die vom ehemaligen UN-Generalsekretär Kofi Annan (2000) geforderte bessere Verknüpfung zwischen zivilgesellschaftlicher Partizipation und angemessener Verantwortlichkeit der einzelnen Gruppen umgesetzt werden kann. Zum Ausdruck kommt dies etwa in den Aktivitäten im Zusammenhang mit dem *Global Accountability Report*, in dem versucht wird, Kriterien für eine finanzielle und aktivitätsbezogene Rechenschaftslegung von NGOs zu finden (Kovach et al. 2003), sowie in einer aktuellen Debatte, in der neben einer Verbesserung der Rahmenbedingungen für freiwilliges Engagement auch eine gesetzliche Publizitätspflicht von NGOs gefordert wird (siehe z. B. Backhaus-Maul et al. 2009).

9. Wissen als Ressource

Wissen ist eine zentrale Ressource für gesellschaftliche Wertschöpfung und zur Lösung nachhaltigkeitsrelevanter Probleme sowie zur Weiterentwicklung gesellschaftlicher Fähigkeiten zur Zukunftsgestaltung und Vorsorge. Angesichts der zunehmenden Bedeutung von Wissen allgemein und der Wissenschaften im Besonderen für Politik, Wirtschaft und Gesellschaft wird heute vielfach von einer *Wissensgesellschaft* gesprochen (Engelhardt/Kajetzke 2010). Das Ziel dieses Kapitels ist es, der Bedeutung von Wissen, Wissensproduktion, Wissensweitergabe und Wissensnutzung in Form von Technik und Innovation im Kontext nachhaltiger Entwicklung nachzugehen. Zu diesem Zweck geht es zunächst darum, die Bedeutung von Wissen für nachhaltige Entwicklung generell zu umreißen, speziell die Bedeutung für die Diagnose und Therapie von Nachhaltigkeitsdefiziten (9.1). Forschung als Wissensproduktion ist vielfach das Mittel der Wahl zur Schließung von Wissenslücken über nachhaltige Entwicklung, zur Gewinnung von Orientierung und zur Erarbeitung von Handlungsmöglichkeiten (9.2). Bildung steht in besonderem Verhältnis zur Nachhaltigkeit, da sie die Weitergabe von Wissen und Gestaltungskompetenz an zukünftige Generationen umfasst und auf diese Weise eng mit dem Prinzip der Zukunftsverantwortung verbunden ist (9.3). Innovation und Technik schließlich sind wesentliche Mittel, neues Wissen für nachhaltige Entwicklung gesellschaftlich anzuwenden und fruchtbar zu machen (9.4).

9.1 Wissen im Kontext nachhaltiger Entwicklung

Wissen als Humanressource ist in doppelter Hinsicht zentral für nachhaltige Entwicklung: als wichtiger Bestandteil der Hinterlassenschaft an zukünftige Generationen und als bedeutsames Element des heutigen Wirtschaftens, für die Entwicklungsfähigkeit von Gesellschaften, insbesondere für Innovations- und Wettbewerbsfähigkeit, sowie für die Erhaltung und Schaffung von Arbeitsplätzen. In Bezug auf Nachhaltigkeit können drei Aspekte unterschieden werden. Das Gebot der Zukunftsverantwortung fordert erstens ein kontinuierliches »Vorhalten« und gezieltes Erzeugen von Wissensbeständen unter Nachhaltigkeitsaspekten. Darunter ist allerdings nicht die dauerhafte Konservierung aller jemals angehäufter Wissensbestände zu verstehen, sondern die Erhaltung und Dokumentation grundlegender Kompetenzen für wesentliche gesellschaftliche Produktions- und Anwendungsfelder. Im Interesse der Wahlfreiheit künftiger Generationen ist die prinzipielle Reaktivierbarkeit dieses Wissens zu einem späteren Zeitpunkt, unter möglicherweise veränderten gesellschaftlichen Rahmenbedingungen, zu gewährleisten. Wissen als Produktionsfaktor weist zweitens teils dramatische *Verteilungsprobleme* in den Zugangsmöglichkeiten zu seiner Nutzung auf, die einer nachhaltigeren Entwicklung im Wege stehen. Wissen ist aber auch drittens als Wissen *für* nachhaltige Entwicklung bedeutsam. Denn die Umsetzung der Nachhaltigkeitsidee ist nur mit umfangreichem und kontinuierlich zu aktualisierendem Wissen vorstellbar (Kapitel 9.2).

Wissen für nachhaltige Entwicklung besteht nicht nur in klassischem Erklärungs- oder Fachwissen, sondern enthält immer auch Anteile von ethischem Orientierungs- und praktischem Handlungswissen. Folgende Wissenstypen werden unterschieden (Grunwald 2004, Weber/Whitelegg 2003):

– *Erklärungswissen*: Das Verständnis der Funktionsweisen natürlicher und sozialer Systeme, Wissen über deren gesetzmäßige und systemische Zusammenhänge sowie die Kenntnis der Wechselwirkungen zwischen menschlicher Wirtschaftsweise und der natürlichen Umwelt sind notwendige Bedingungen erfolgreichen Handelns für nachhaltige Entwicklung. Entsprechendes Wissen wird verschiedentlich auch als Systemwissen, Ursache/Wirkungswissen oder Kausalwissen bezeichnet. Seine Bereitstellung ist klassische Aufgabe der Natur- und Sozialwissenschaften.
– *Orientierungswissen*: Wissen über das Funktionieren von Systemen und über Ursache/Wirkungsverhältnisse ist zwar notwendig, aber nicht hinreichend, um Gesellschaft und Entscheidungsträger in die

Lage zu versetzen, Maßnahmen für nachhaltige Entwicklung zu ergreifen. Denn Kriterien und Ziele nachhaltiger Entwicklung erschließen sich nicht aus Beobachtungen oder Experimenten, sondern bedürfen einer normativen, ethisch-politischen Herleitung, die je nach Nachhaltigkeitsbegriff und -konzept unterschiedlich ausfallen kann. Hier sind vor allem Philosophie und Rechtswissenschaften gefragt, aber auch der inter- und transdisziplinäre Dialog.

- *Handlungswissen*: Vorausschauendes Wissen über nachhaltigkeitswirksame Maßnahmen und ihre absehbaren Wirkungen (etwa im Energiebereich) ist für jede Nachhaltigkeitsstrategie unabdingbar, einschließlich des »Meta«-Wissens über die Unsicherheiten und Unvollständigkeiten des Wissens. Die absehbaren Folgen von Maßnahmen müssen im Vorhinein auf Effektivität, Effizienz und mögliche nicht intendierte Folgen untersucht werden.

Wissen für nachhaltige Entwicklung ist auf unterschiedliche Weise mit den Bedingungen der *Unvollständigkeit und Vorläufigkeit des Wissens* konfrontiert. Planung im Sinne des klassischen Planungsverständnisses (Camhis 1979) mit fixierten Planungszielen und festgelegten Operationen stößt angesichts der unsicheren Wissensbasis und der komplexen Akteurskonstellationen (Kapitel 7 und 8) an Grenzen (Grunwald 2007) und muss stärker reflexiv und partizipativ angelegt werden (Voss et al. 2006; vgl. auch Kapitel 3.5). Prozedurale und prozesshafte Elemente sind daher der Nachhaltigkeit inhärent. Einerseits sind *Festlegungen* notwendig, weil ansonsten keine Politik der Nachhaltigkeit umgesetzt werden könnte, aber andererseits ist *Offenheit* gegenüber neuen Entwicklungen, neuen Akteurskonstellationen und neuem Wissen ebenso erforderlich. Sowohl in der Überführung von Nachhaltigkeitskonzepten in politische Entscheidungen als auch in den Konzeptionen selbst sind daher Lernmöglichkeiten vorzusehen (Grunwald 2007).

9.2 Forschung

Eine Entwicklung hin zu mehr Nachhaltigkeit ist nur möglich, wenn Nachhaltigkeitsprobleme erkannt, wenn ihre Ursachen untersucht und aufgedeckt werden, wenn es Wissen über Therapiemaßnahmen gibt, und wenn der Erfolg dieser Maßnahmen »gemessen« werden kann. Hierzu müssen zeitliche Entwicklungen empirisch beobachtet und Ursache-Wirkungszusammenhänge erkannt werden, um geeignete »Stellschrauben« für Nachhaltigkeitsmaßnahmen identifizieren und diese »richtig bedienen« zu können. Gleichzeitig müssen zukünftige Entwicklungen modelliert und simuliert werden, und es müssen Kriterien für Nachhaltigkeitsbewertungen im Sinne integrativer Konzepte (Kapitel 4.1) bis zu ethischen Fragen der Zukunftsverantwortung und der Gerechtigkeit entwickelt werden (Brown-Weiss 1989, Sen 1998). Des Weiteren sind unterschiedliche Handlungsmöglichkeiten und Strategien in Bezug auf ihre erwünschten und unerwünschten Wirkungen zu erforschen sowie bereits eingeleitete Maßnahmen in ihren Folgen zu beobachten, um Maßnahmen modifizieren und optimieren zu können (Monitoring). Diese Aufgaben ergeben ein komplexes Arbeitsspektrum für die wissenschaftliche Forschung (Kates et al. 2002). Da trotz aller Forschung zwangsläufig Ungewissheiten und Unvollständigkeiten des Wissens verbleiben (s.o.), muss es auch darum gehen, eine Politik der Nachhaltigkeit wissenschaftlich zu unterstützen, die unter den Bedingungen teilweise unsicheren Wissens und vorläufiger Bewertungen stattfindet (Grunwald 2007; vgl. auch Kapitel 3.5 und 5.6).

In zahlreichen nationalen, europäischen und internationalen Programmen wird Forschung zur nachhaltigen Entwicklung gefördert. Im Programm »Forschung für Nachhaltige Entwicklungen« (FONA) des Bundesministeriums für Bildung und Forschung (BMBF 2009) steht nachhaltige Entwicklung als Innovations- und Wirtschaftsfaktor im Mittelpunkt. Die einzelnen Themenfelder ›Globale Verantwortung – Internationale Vernetzung‹, ›Erdsystem und Geotechnologien‹, ›Klima und Energie‹, ›Nachhaltiges Wirtschaften und Ressourcen‹ sowie ›Gesellschaftliche Entwicklungen‹ werden durch Querschnittsthemen wie Landmanagement, Ökonomie und Nachhaltigkeit sowie Forschungsinfrastrukturen ergänzt.

Das siebte (und absehbar auch das achte) Forschungsrahmenprogramm der Europäischen Kommission weisen eine ganze Reihe von Nachhaltigkeitsbezügen auf, vor allem in den Bereichen Mobilität, Tourismus, Regionalentwicklung, Arbeit und Wirtschaftsentwicklung. Auf internationaler Ebene greifen die auf Initiativen der Vereinten Nationen zurückgehenden Programme WCRP (World Climate Research Programme), IHDP (International Human Dimensions Programme mit

Schwerpunkt auf sozialen und ökonomischen Fragen), DIVERSITAS (zur Förderung und Koordinierung der Forschung zur biologischen Vielfalt) und das IGBP (International Geosphere-Biosphere Programme) relevante Themen auf.

Spezifische Kennzeichen der Nachhaltigkeitsforschung sind (nach Hennen/Krings 2000) die problemorientierte Interdisziplinarität, die Beachtung eines langfristigen Zeithorizonts, das Bemühen um eine Balance zwischen Langfristorientierung und Beiträgen zur kurzfristigen Problemlösung, die regelmäßige Beobachtung der Erreichung (oder Nichterreichung) von Nachhaltigkeitszielen (Monitoring), die Bedürfnis- und Akteursorientierung sowie die Beachtung der Zusammenhänge zwischen regionalen und globalen Entwicklungen.

Vor dem Hintergrund des Nachhaltigkeitspostulates sind in diesem Sinne neue Forschungsrichtungen und -institutionen entstanden. Die »sozial-ökologische Forschung« (Becker/Jahn 2006) ist durch einen engen Bezug zur gesellschaftlichen Praxis sowie durch eine integrative Perspektive auf Gesellschaft und Natur gekennzeichnet. Die »Erdsystemanalyse« will die Wechselwirkungen zwischen Gesellschaft und Umwelt durch gekoppelte Modellierung und Simulation von gesellschaftlichen und natürlichen Entwicklungen erfassen (Schellnhuber/Wenzel 1998), ähnlich in vielerlei Hinsicht das »Integrated Assessment« (van Asselt et al. 2001). Technikfolgenabschätzung wird vielfach im Rahmen von Nachhaltigkeitsbewertungen zur Technikgestaltung eingesetzt (Grunwald 2010c, Kapitel 9).

Sehr weitgehend ist die Forderung nach einer neuen »Nachhaltigkeitswissenschaft« (Sustainability Science), deren Ziel es sein müsse, ein integriertes System von Forschung, Bewertung und Entscheidungsunterstützung für den Übergang zu mehr Nachhaltigkeit zu entwickeln: »These various scientific efforts to promote the goals of a sustainability transition ... are leading to the emergence of a new field of sustainaility science« (Kates et al. 2002: 1). Für diese »sustainability science« werden folgende Kernfragen genannt und Forschungsstrategien entworfen (ebd.):

- Wie kann das Erdsystem einschließlich kultureller und sozialer Entwicklungen integriert und dynamisch modelliert werden?
- Wie verändern sich die Beziehungen zwischen Gesellschaft und Natur langfristig, unter Berücksichtigung von Veränderungen im Konsumverhalten und Bevölkerungsentwicklung?

– Wodurch wird die Verletzlichkeit oder Widerstandsfähigkeit bestimmter Regionen oder Teilsysteme determiniert?
– Können auf wissenschaftlicher Basis Belastungsgrenzen angegeben werden?
– Welche Anreizstrukturen können dazu beitragen, die Beziehungen zwischen Natur und Gesellschaft nachhaltiger zu gestalten?
– Wie können die Methoden und Verfahren der Langzeitbeobachtung ökologischer und sozialer Entwicklungen verbessert werden, um einen Übergang zur Nachhaltigkeit zu steuern?
– Wie können die bislang getrennten Bereiche von Forschungsplanung, Monitoring, Bewertung und Entscheidung in ein globales Gesamtsystem integriert werden?

In diesem Zusammenhang wird von einigen Autoren sehr viel von holistischen Modellierungen (etwa der Erdsystemanalyse, vgl. Schellnhuber/Wenzel 1998, und des Integrated Assessment, vgl. van Asselt et al. 2001) erwartet. Die dahinter stehende Überzeugung, durch wissenschaftliche Erkenntnis und komplexe Modellierung optimale Lösungen für nachhaltigkeitsrelevante Fragen quasi »ausrechnen« zu können, wurde vielfach allerdings als technokratisch kritisiert (z. B. Grunwald/Lingner 2002). Die Kritiker verweisen auf die inhärent ethisch-politische Struktur des Nachhaltigkeitsleitbildes und schließen, dass ein ausschließlich szientistischer Zugang dieser Struktur von der Sache her nicht gerecht werden könne, und dass andererseits dieser Zugang die notwendige demokratische Deliberation und Teilhabe ausblende. Die – unbezweifelbar notwendigen – quantitativen Modellierungen müssen in qualitative Überlegungen und Argumentationen eingebunden werden.

Gleichwohl ist auch bei bescheideneren Erwartungen an die Rolle der Wissenschaft (z. B. Schneidewind 2010) kaum zu bestreiten, dass die Wissensproduktion für Nachhaltigkeit von besserer institutioneller Organisation profitieren würde. Wissenschaft muss stärker global denken, sich interdisziplinär mit anderen Disziplinen und transdisziplinär mit außerwissenschaftlichen Akteuren vernetzen und sich auf diese Weise beratend und gestaltend einbringen (Kates et al. 2002). Dies zu fordern ist sinnvoll, auch wenn klar die Grenzen der wissenschaftlichen Bearbeitung von Nachhaltigkeitsfragen gesehen werden: Wissenschaft dient der Informierung und Orientierung gesellschaftlicher und politischer Debatten und Entscheidungsfindungen, kann diese aber mangels

Legitimation nicht ersetzen. In diesem Sinne wird Forschung für nachhaltige Entwicklung als »post normal science« eingestuft (Funtowicz/ Ravetz 1993):

- sie dient nicht länger primär einem theoretischen Erkenntnisinteresse um der Erkenntnis selbst willen, sondern ist eingebunden in gesellschaftliche Bedürfnisse und Notwendigkeiten,
- gleichzeitig ist sie nicht wertfrei, wie es vormals eine positivistische Sicht auf Wissenschaft forderte, sondern operiert mit Werten und Relevanzentscheidungen unter einer Transparenzverpflichtung, und schließlich
- versteht sich diese Form der Forschung nicht länger als ein distanziertes Beobachten von Vorgängen, sondern als Teil einer gesellschaftlichen Praxis, in der Wissenserzeugung immer auch Grundlage für Intervention darstellt.

Um in dieser neuen Konstellation einerseits nicht das Spezifikum wissenschaftlichen Wissens zu verlieren und andererseits den hohen Erwartungen an die gesellschaftliche Relevanz zu genügen, bedarf es sowohl neuer Formulierungen wissenschaftlicher Qualität und Transparenz als auch der Entwicklung von ›robusten‹, also gegenüber gesellschaftlichem Wertewandel, unterschiedlichen Zukunftsszenarien und bloßen Modeerscheinungen stabilen Formen des Wissens (Nowotny 1997). Zur Erreichung von Robustheit gelten der Einbezug von gesellschaftlichen Gruppen und Stakeholdern mit ihren unterschiedlichen Wertvorstellungen einerseits und von unterschiedlichen Zukunftsszenarien andererseits als Mittel der Wahl (Kapitel 5.6).

Um die oben genannten Forderungen nach einer ›Sustainability Science‹ umzusetzen, muss auch die disziplinäre Organisation der Forschungslandschaft in Fächer und Fachbereiche, insbesondere an den Universitäten, durchlässiger gemacht werden (Schneidewind 2010). Hierzu sind vor allem zwei wesentliche strukturelle Veränderungen anzustreben: (1) *Wissenschaftliche Qualifikationen* (Studienabschlüsse, Promotion) müssen wesentlich stärker interdisziplinäre Themen und Strukturen zulassen und Prüfungs- und Bewertungskriterien müssen entsprechend verändert werden. (2) In *Evaluierungen* müssen Interdisziplinarität sowie anwendungsnahe oder politikberatende Forschung besser honoriert werden. Darüber hinaus sollten in der Ausgestaltung der *wissenschaftlichen Agenda* und der *Definition von Forschungsthemen* Nachhaltigkeitsaspekte angemessener berücksichtigt werden. Vor allem meint dies, dass Nachhaltigkeit nicht nur in den einleitenden Sätzen von Forschungsanträgen zwecks erhoffter Steigerung der Erfolgsaussichten vorkommen solle, sondern dass Nachhaltigkeitsvorstellungen in die substanzielle Ausgestaltung der Vorhaben selbst Eingang finden muss.

Einer jüngeren Untersuchung zufolge (Schneidewind 2010) ist jedoch davon auszugehen, dass das Forschungssystem in Deutschland sich von diesen Idealen in den letzten Jahren sogar weiter entfernt als sich ihnen angenähert hat. So habe das Thema Nachhaltigkeit in der ersten Runde der Exzellenzinitiative unter deutschen Universitäten (2007) kaum eine Rolle gespielt, und den größten Erfolg habe die Gruppe der an den Prinzipien traditioneller Grundlagenforschung orientierten Anträge errungen. In der zweiten Runde (2011/2012) hat eine einzige Universität versucht, ihr Zukunftskonzept mit dem Thema »Nachhaltigkeit« zu bestreiten und ist damit bereits in der ersten Phase der Begutachtung gescheitert. Die allfälligen Evaluierungen werden weiterhin durch an den disziplinären Standards orientierte wissenschaftliche Indikatoren (wie Zahl der Publikationen in internationalen Fachzeitschriften oder Zahl der Doktoranden) dominiert. Es ist davon auszugehen, dass die dem System Wissenschaft inhärenten Tendenzen und Mechanismen einer stärkeren Orientierung an Gedanken der Nachhaltigkeit eher entgegenstehen und dass es daher, um der Nachhaltigkeitsthematik im Wissenschaftssystem mehr Gehör zu verschaffen, einer vermehrten Anstrengung entsprechend engagierter Wissenschaftler/innen und externer Anreize wie entsprechender Förderprogramme bedarf.

9.3 Bildung

Bildung ist in doppelter Weise für Nachhaltigkeit wichtig: als Weitergabe von nachhaltigkeitsrelevantem Wissen, innerhalb der heutigen Generation und an die nächsten Generationen, und als Kompetenz zur Interpretation und Einordnung von Wissen und zu entsprechendem Handeln. Der Bildung kommt eine Schlüsselrolle für die zukünftige Entwicklung zu, da der Bildungsstand einen wesentlichen Anteil der Hinterlassenschaft an zukünftige Generationen ausmacht (»Humankapital«). Bildung erfüllt wesentliche Funktionen in der Sensibilisierung für Nachhaltigkeitsprobleme und im Kompetenzaufbau (Capacity-Building) zu ihrer Bewältigung. Einerseits stellt Grundbildung eine wesentliche *Voraussetzung* nachhaltiger Entwicklung dar, die in vielen Entwicklungsländern, aber auch in Industriestaaten, nur mangelhaft erfüllt ist, wie beispielsweise eine beträchtliche Zahl von Analphabeten zeigt. Andererseits ist es notwendig, nachhaltige Entwicklung als zentralen *Inhalt* der verschiedenen Bildungsphasen zu etablieren.

Am 20. Dezember 2002 beschloss die Vollversammlung der Vereinten Nationen auf Empfehlung des Weltgipfels von Johannesburg, für die Jahre 2005 bis 2014 eine UN-Dekade »Bildung für nachhaltige Entwicklung« (Education for Sustainable Development – ESD) auszurufen. Ihr Ziel ist es, durch Bildungsmaßnahmen zur Umsetzung der in Rio beschlossenen und in Johannesburg bekräftigten Agenda 21 (dort Kapitel 36) beizutragen und die Prinzipien nachhaltiger Entwicklung weltweit in den Bildungssystemen zu verankern.

In Bezug auf den Zugang zu Bildung müssen die grundlegendsten Bildungs- und Wissensvoraussetzungen für eine weltweit gesehen erhebliche Zahl von Menschen erst geschaffen werden, die davon bislang ganz oder teilweise ausgeschlossen sind. Bildung ist einerseits ein zentrales Element in der Entwicklungsproblematik der »Dritten Welt«, andererseits bestehen aber auch erhebliche Chancenungleichheiten in Bezug auf den Zugang zu Bildung *innerhalb* vieler Länder, so auch in Deutschland, wie dies die auch in der Öffentlichkeit viel diskutierten PISA-Studien gezeigt haben (Klieme et al. 2009).

Das Bildungsangebot für eine nachhaltige Entwicklung soll die Lernenden in die Lage versetzen, an der zukunftsfähigen Gestaltung der Weltgesellschaft aktiv und verantwortungsvoll mitzuwirken und im eigenen Lebensumfeld einen Beitrag zu einer gerechten und umweltverträglichen Weltentwicklung leisten zu können. Das Bildungsziel ist daher – über die Wissensvermittlung hinaus – der Erwerb von *Gestaltungskompetenz* in Bezug auf weltoffene und interkulturelle Wahrnehmung, Befähigung zur Partizipation, vorausschauende Planungs- und Umsetzungskompetenz, Bereitschaft zur Übernahme von Verantwortung und Fähigkeit zur Reflexion (nach de Haan 2003, vgl. auch Rychen/Salganik 2003). Daraus resultiert die Anforderung, Bildungsinhalte, Lehrmaterialien und schulische wie universitäre Lehrpläne entsprechend zu gestalten (Michelsen et al. 2008; Emmrich/Melzer 2006; vgl. auch einschlägige Einträge in Michelsen/Godemann 2005).

In Bezug auf die wirtschaftswissenschaftliche Ausbildung wird beispielsweise gefordert, neben dem dominierenden Paradigma der neoklassischen Ökonomie – dem vorgehalten wird, dem Leitbild der nachhaltigen Entwicklung konzeptionell fremd zu sein (Majer 2001) – auch andere Ansätze wie die Evolutionäre Ökonomie (Herrmann-Pillath 2002, Hodgson 1994), die Ökologische Ökonomie (Daly/Farley 2010, Costanza et al. 2001) und die »Nachhaltige Ökonomie« (Rogall 2009b) stärker zu berücksichtigen. In den Technikwissenschaften wird in der Folge der Debatten der letzten Jahrzehnte über Ingenieursethik und Technikgestaltung (z. B. Lenk/Ropohl 1993) verstärkt über eine bessere Verankerung des Leitbilds der nachhaltigen Entwicklung in der Ingenieursausbildung diskutiert. Auch hier spielt die genannte UN-Dekade eine wichtige Rolle (Kastenhofer et al. 2010).

Vielfach bestimmen zurzeit individuelles Engagement von Hochschullehrern oder Studentengruppen das Bildungsangebot an Universitäten in Bezug auf nachhaltige Entwicklung, vor allem über die Wahl entsprechender Themen für Lehrveranstaltungen und durch die Organisation von fachübergreifenden Ringvorlesungen, Aktionswochen oder Exkursionen. In der Lehre an den Hochschulen muss es zur Umsetzung der Forderungen nach den für nachhaltige Entwicklung notwendigen Gestaltungskompetenzen und Wissensbeständen jedoch um eine entsprechende Ausgestaltung der Studiengänge und Prüfungskriterien, um die Erleichterung fächerübergreifender Nachhaltigkeitsforschung und um die stärkere Vernetzung der Universitäten mit ihrem gesellschaftlichen Umfeld gehen (Michelsen et al. 2008). Auch die Universität als Betrieb, der zum Beispiel Energie verbraucht und Abfälle produziert, muss – über die wenigen bisherigen positiven Beispiele hinaus – flächendeckend an Nachhaltigkeitsaspekten ausgerichtet werden, genauso wie nach der Verantwortung der Universitäten als lokale Akteure und auf der internationalen Ebene gefragt werden muss.

Als ein in Deutschland herausragendes Beispiel für eine weitgehende Umsetzung derartiger Ideen kann die Leuphana-Universität in Lüneburg gelten. Sie ist seit Jahren dabei, Lehre, Forschung und ihren Betrieb am Leitbild der nachhaltigen Entwicklung auszurichten. Ein Beispiel aus der Lehre stellt das so genannte Leuphana-Semester dar: sämtliche neu aufgenommenen Studierenden durchlaufen in ihrem ersten Semester ein fächerübergreifendes Programm, in dem neben erforderlichen wissenschaftlichen Kompetenzen und einer Einführung in das

Wissenschaftssystem dem Leitbild der nachhaltigen Entwicklung und seiner Umsetzung großer Raum gegeben wird.

In verschiedenen Initiativen wurde die Relevanz des Nachhaltigkeitsleitbildes für Schulen theoretisch ausgelotet und praktisch erprobt (BLK21 2011). Interdisziplinäres und vernetztes Denken soll durch fächerübergreifenden, projektorientierten Unterricht gefördert werden. Die Einbeziehung außerschulischer Lernorte (Firmen, Kommunalverwaltung, internationale Partnereinrichtungen usw.) hilft, den Blick auf übergreifende Zusammenhänge in der Praxis zu lenken. Interkultureller Bildung kommt eine erhöhte Bedeutung zu. Zur Illustration und Veranschaulichung von Nachhaltigkeitsthemen existieren mittlerweile eine Vielzahl didaktischer Materialien (vgl. BLK21 2011). Allerdings haben alle diese Aktivitäten bislang nur den Status von Erprobungen und Modellversuchen. Die »normale« Schule ist davon bislang kaum betroffen. Angesichts des momentanen Drucks auf das Schulsystem (Stichwort PISA-Studien, s.o.) im Rahmen einer internationalen Standort-Diskussion unter ökonomischem Vorzeichen stehen zurzeit die Chancen auf eine flächendeckende Umsetzung derartiger Ideen eher schlecht.

9.4 Technik und Innovation

Wissen und seine »Verfestigungen« in Technik und in Institutionen prägen Vergangenheit, Gegenwart und sicher auch die Zukunft des Menschen. Natürliche Umwelt und Gesellschaft werden durch Wissen in Form von technischen und außertechnischen Innovationen verändert. Technik und Innovation entscheiden in Produktion, Nutzung und Entsorgung von Gütern maßgeblich mit über den Grad nachhaltiger Entwicklung der menschlichen Wirtschaftsweise. Das Verhältnis von Technik und nachhaltiger Entwicklung ist dabei prinzipiell ambivalent: Technik wird einerseits als *Problem* für nachhaltige Entwicklung und als Verursacher vieler Nachhaltigkeitsprobleme gesehen, andererseits aber als *Lösung* von Nachhaltigkeitsproblemen oder wenigstens als Bestandteil davon (Fleischer/Grunwald 2002). Angesichts der weiter ansteigenden Weltbevölkerung und der berechtigten Bedürfnisse nach einer nachholenden Entwicklung in den Entwicklungs- und Schwellenländern sind Schritte in Richtung auf eine nachhaltige Entwicklung ohne innovative und »nachhaltigere« Technik nicht vorstellbar. Technischer Fortschritt und Innovation einerseits und nachhaltige Entwicklung andererseits – die in fortschrittskritischen Kreisen lange Zeit als unvereinbar galten – müssen zusammen gebracht werden (Grunwald 2002, Mappus 2005). Die Frage ist nicht, ob technischer Fortschritt sich für oder gegen Nachhaltigkeit auswirkt, sondern wie der wissenschaftlich-technische Fortschritt gestaltet werden muss, damit positive Beiträge zur nachhaltigen Entwicklung die Folge sind. Zu den hierbei zu untersuchenden Fragestellungen zählen:

– Welche und wie große Beiträge können Erforschung, Entwicklung und Nutzung neuer Techniken zur Nachhaltigkeit leisten? Wie verhalten sich die Beiträge von Technik zur Nachhaltigkeit im Vergleich zu anderen Beiträgen, z. B. durch veränderte Lebensstile oder einen »nachhaltigen Konsum« (vgl. Kapitel 8.2)? In welchen Zeiträumen sind die nachhaltigkeitsrelevanten Auswirkungen zu erwarten? Welche Nachhaltigkeitsziele können mit Technik *nicht* erreicht werden?
– Ist mit so genannten »Bumerang-Effekten« (rebound effects) zu rechnen, also damit, dass die erhofften Nachhaltigkeitsgewinne (z. B. durch mehr Energie- oder Ressourceneffizienz) kompensiert oder sogar überkompensiert werden durch neue Ansprüche an Leitung, Luxus und Komfort der betreffenden Technik? (Im Automobilbereich haben derartige Effekte in den letzten Jahrzehnten die teils erheblichen Effizienzgewinne zu einem guten Teil zunichte gemacht.) Was kann getan werden, um Bumerang-Effekten vorzubeugen?
– Welche gesellschaftlichen Rahmenbedingungen können als Anreize dienen, damit innovative Technik als Beitrag zu mehr Nachhaltigkeit entwickelt, produziert und in den Markt integriert werden kann? Welche politischen Instrumente zur Unterstützung ihrer Diffusion in die Gesellschaft hinein gibt es?
– Mit welchen Methoden kann beurteilt werden, ob und inwieweit Technikeinsatz zu mehr oder weniger Nachhaltigkeit führt? Wie können Nachhaltigkeitskriterien auf Technik bezogen werden? Wo sind methodische Neu- oder Weiterentwicklungen erforderlich?
– Welche Vergleichsmaßstäbe, Gewichtungsregeln und Abwägungskriterien können in Situationen herangezogen werden, in denen ge-

genläufige Effekte und Zielkonflikte in Bezug auf Nachhaltigkeit auftreten?
- Wie verlässlich oder unsicher sind Nachhaltigkeitsbewertungen von Technik? Wie wird mit der in Bezug auf Folgenwissen und Bewertungsprobleme unvermeidlichen Unsicherheit und Ambivalenz umgegangen (Grunwald 2007)?

Um technische Innovationen für nachhaltige Entwicklung zu gestalten, müssen möglichst frühzeitig die zu erwartenden Nachhaltigkeitsfolgen von Technikentwicklung und -nutzung analysiert und bewertet werden (Fleischer/Grunwald 2002). Die Technikfolgenabschätzung hat hierzu eine Reihe von Konzepten und Methoden entwickelt (Grunwald 2010c). Entscheidend für eine *prospektive Nachhaltigkeitsbewertung* von Technik – welche Voraussetzung für eine nachhaltigkeitsorientierte Technikgestaltung ist – ist eine Gesamterfassung der Nachhaltigkeitseffekte in den Phasen der *Entwicklung* und *Produktion*, der Diffusion, der *Nutzung* und ihrer *Entsorgung*. Technische Produkte und Systeme sammeln positive und negative Nachhaltigkeitsbeiträge auf dem gesamten »Lebensweg« an, der von den primären Rohstofflagerstätten über Transporte und Verarbeitungsprozesse über die Art und Weise ihrer Nutzung bis hin zur Entsorgung reicht. Für eine Nachhaltigkeitsbewertung von Technik ist daher ihr gesamter *Lebenszyklus* entscheidend.

Eine solche Nachhaltigkeitsbilanz von Technik umfasst neben Umwelteffekten (die in der klassischen Lebenszyklusanalyse LCA und der Ökobilanzierung erfasst werden) auch soziale Probleme (Kinderarbeit, unmenschliche Arbeitsverhältnisse usw.) und ökonomische Aspekte in Rohstoffgewinnung, Fertigung und Entsorgung, die durch LCC (Life Cycle Costing) erfasst werden können. Neue Methoden wie das sLCA (social Life Cycle Assessment) werden entwickelt (Huppes/Ishikawa 2011), um auch soziale Aspekte besser im Rahmen eines Lebenszyklusansatzes bilanzieren zu können. Generell ist dabei Technik nicht für sich, sondern als über Innovation und Diffusion in die Gesellschaft eingebettet vorzustellen (»embedded technology«). Reale Nachhaltigkeitsfolgen ergeben sich grundsätzlich aus dem Zusammenspiel technischer Faktoren (z.B. des Emissionsverhaltens eines Antriebsaggregats) mit sozialen Aspekten (wie z.B. das Auto genutzt wird, in dem dieses Aggregat eingebaut ist).

Entscheidend ist jedoch letztlich, ob bzw. dass eine als »nachhaltig« bzw. nachhaltigkeitsförderlich eingestufte Innovation auch erfolgreich in den Markt gelangt, d.h. Anwender bzw. Käufer findet. Dieser Prozess der Diffusion einer Innovation hängt neben Produkteigenschaften und –preis wesentlich von Wahrnehmungen und Einschätzungen potenzieller Käufer, bestehenden Lebens- und Produktionsstilen, sozioökonomischen und kulturellen Faktoren sowie von den politisch-institutionellen Rahmenbedingungen ab (siehe z.B. Rogers 2005, Wejnert 2002). Es handelt sich hier um komplexe, mehr soziale als technische Prozesse, die bislang gerade im Nachhaltigkeitskontext sowohl empirisch als auch theoretisch noch nicht so weit systematisch erforscht sind, um eindeutige Aussagen über (Miss)Erfolgsfaktoren und -bedingungen hierfür machen zu können (Decker et al. 2009).

Die Transformation von technikbasierten Infrastrukturen in Richtung auf nachhaltige Entwicklung (z.B. der Übergang von der traditionellen, auf Großkraftwerke ausgelegten Energieversorgung zu einer eher dezentralen Struktur mit starken Anteilen erneuerbarer Energieträger) stellt dabei eine erhebliche und ganz anders gelagerte Herausforderung dar im Vergleich zu neuen technischen Produkten. Infrastrukturen sind zunächst komplexe systemtechnische Zusammenhänge, weil sie die Möglichkeiten und Folgen vieler Einzeltechniken in einen integrativen Zusammenhang bringen. Ihre Transformation ist daher eine *Systemtransformation* und kann z.B. mit weitreichenden neuen und schwer voraussehbaren Risiken sowie Herausforderungen an eine adäquate und wirksame Steuerung (Governance) konfrontiert sein.

Weiterhin sind Infrastrukturen nicht nur technische, sondern *sozio-technische* Systeme. Sie prägen soziale Abläufe im Lebensalltag (Energieversorgung in Gebäuden, Informationsversorgung, Verkehr, Wasser …) bestimmen komplexe Wertschöpfungsketten (Finanzwirtschaft, Energiewirtschaft etc.) und beeinflussen die öffentliche Meinungsbildung (soziale Netzwerke, politische Kommunikation im Internet). Ihre enge Verknüpfung mit sozialen, wirtschaftlichen und kulturellen Verhältnissen, ihre Kombination mit langlebigen Verhaltensgewohnheiten und hohe ökonomische und ökologische Kosten erhöhen die Anforderungen an eine Transformation. Gerade weil sie so stark in das gesellschaftliche Leben hineinwirken, sind Infrastrukturen »widerständig« gegen Veränderung. Exzellente Technik allein kann die notwendigen komplexen Transformationsprozesse nicht bewirken. Vielmehr bedarf die Transformation geeigneter Steuerungs- und Anpassungsprozesse (Anreizstrukturen, Regulierung, partizipative Einbindung von Nutzern und Betroffenen etc.) sowie entsprechender Innovationsstrategien.

Nachhaltigkeitsorientierte Innovationen müssen, ob nun im Produkt- oder im Infrastrukturbereich, über die effizientere Technik hinaus auch die gesellschaftlichen Umstände mit bedenken, unter denen sie zum Einsatz kommen sollen. Marktverhältnisse, institutionelle Gefüge, kulturelle Hintergründe und politische Rahmenbedingungen spielen hier eine Rolle. Wenn also technischer Fortschritt in den Dienst der nachhaltigen Entwicklung gestellt werden soll, reicht es nicht aus, die Technik zu optimieren. Vielmehr muss – im Sinne eines über rein technische Aspekte hinaus *erweiterten Innovationsbegriffs* – auch das gesellschaftliche Umfeld mit betrachtet werden, in dem letztlich die Nutzung stattfindet. Technische Innovationen müssen daher – in der Regel – begleitet werden von sozialen oder institutionellen Innovationen.

Diese komplexe Gestaltungsanforderung wird seit einigen Jahren unter dem Stichwort der ›Responsible Innovation‹ diskutiert (Siune et al. 2009). Aufbauend auf Erfahrungen der Technikfolgenabschätzung (Grunwald 2010c), vor allem des ›Constructive Technology Assessment‹ (Rip et al. 1995), sollen in der Erforschung neuer Technologien von Beginn an, d.h. bereits im Labor, Folgenanalysen und Verantwortungs- und Nachhaltigkeitsüberlegungen eingehen, in der Hoffnung, dass auf diese Weise Produkte, Systeme und Dienstleistungen entstehen, die größere Beiträge zur Nachhaltigkeit erbringen bzw. weniger Probleme bereiten.

10. Rezeption und Kritik

Nachhaltige Entwicklung als globale Herausforderung ist mittlerweile erfolgreich auf der Agenda von Politik und Wissenschaft angekommen und auch zunehmend im Bewusstsein vieler Menschen verankert. Dennoch ist die Rezeption sehr unterschiedlich. Grundsätzliche Kritik an dem Begriff selbst und an seiner Verwendung begleitet das Nachhaltigkeitsleitbild von Beginn an (10.1). Die Massenmedien als zentraler Ort gesellschaftlicher Informationsverbreitung und Meinungsbildung haben strukturelle Schwierigkeiten, angemessen über Nachhaltigkeit zu berichten (10.2). Zwischen den Weltreligionen mit ihren auch kulturell prägenden Traditionen bestehen erhebliche Wahrnehmungsdifferenzen in Bezug auf Nachhaltigkeit (10.3). Bis zu einer langfristig erforderlichen und globalen Kultur der Nachhaltigkeit, die alle Handlungsbereiche und die kulturellen Traditionen jenseits ihrer Diversität durchzieht, ist es ein weiter Weg (10.4).

10.1 Begriffskritik

Die hohen Ansprüche und weitreichenden Erwartungen an das Leitbild der nachhaltigen Entwicklung sind trotz des weitgehenden Konsenses über den inhaltlichen Kern (Kapitel 3) nicht unwidersprochen geblieben. Grundsätzliche Kritikpunkte – häufig von skeptischen Wissenschaftlern vorgebracht – sind:

- *Nachhaltige Entwicklung als inhaltsleere Hülle*: Manche Kritiker meinen, dass das Leitbild nachhaltiger Entwicklung rhetorisch mächtig, aber inhaltlich leer sei. Zwar könne niemand *gegen* nachhaltige Entwicklung sein, aber die Akzeptanz des Leitbildes sage konkret inhaltlich nichts aus. Zum Beispiel könnten unter Berufung auf die Brundtland-Definition trotzdem komplett gegensätzliche Positionen vertreten werden. Nachhaltige Entwicklung sei nichts als Zeitgeist und Rhetorik, inhaltlich »zahnlos«.

- *Nachhaltige Entwicklung als ideologische Täuschung*: Die Inhaltsleere, so eine weitere Befürchtung, lade zum ideologischen Missbrauch ein. Der Bezug auf nachhaltige Entwicklung verdecke die Interessen der realen Akteure und die faktischen Machtverhältnisse. Gesellschaftliche Gruppen würden so ihre eigenen Interessen unter dem Mantel nachhaltiger Entwicklung verkaufen.
- *Nachhaltige Entwicklung als Illusion:* Zweifel an der Umsetzbarkeit des Nachhaltigkeitsleitbilds angesichts der Steuerungsprobleme moderner Gesellschaften münden in einen »Generalverdacht des Illusorischen« (Brand/Fürst 2002). Nachhaltige Entwicklung diene der Beruhigung der Gesellschaft angesichts dramatischer Zukunftsprobleme. Sie suggeriere, dass, wenn man nur lange genug darüber rede, die Probleme schon irgendwie gelöst werden könnten. Nachhaltige Entwicklung habe daher den Charakter eines kollektiven Selbstbetrugs.
- *Nachhaltige Entwicklung als Bauchladen*: Manche Kritiker sind der Meinung, dass die moralische Aufgeladenheit und das Pathos nachhaltiger Entwicklung an utopische Hoffnungen und an säkularisierte Paradieserwartungen erinnern. Der Nachhaltigkeitsbegriff sei überladen, wenn mehr als nur ökologische Nachhaltigkeit darunter verstanden werde (Knaus/Renn 1998). Nachhaltige Entwicklung als Sammelbegriff für alles, was »edel, hilfreich und gut« sei, sei nicht praktikabel, sondern würde angesichts der übergroßen Komplexität uneinlösbare Erwartungen wecken.

Dennoch scheint es gegenwärtig, dass die wissenschaftlichen Diagnosen und Ansätze zu Operationalisierungen über Indikatorensysteme und Zielwerte (Kapitel 5) und die politischen Umsetzungen (Kapitel 7) mit einer Konkretisierung des Nachhaltigkeitsleitbilds verbunden sind. Trotz der verbleibenden Unzulänglichkeiten und Kontroversen lässt dies Hoffnungen in Bezug auf eine langfristige und kontinuierliche Weiterentwicklung und Konkretisierung der Nachhaltigkeit als nicht unrealistisch erscheinen. Insbesondere ist mit den angelaufenen Programmen der Umsetzung die Möglichkeit des Lernens (vgl. Kapitel 3.5) gegeben: aus einer Beobachtung der Folgen dieser Programme in Bezug auf Zielerreichung, Effizienz und Nebenfolgen (Monitoring und Evaluierung) können im Sinne strategischer Planung und reflexiver Steuerung (Kapitel 3.5) Schlussfolgerungen für die weitere Ausgestaltung, Anpassung und Optimierung gezogen werden. Kritik in der oben genannten radikalen Weise mag dann noch als Ansporn zu weiterer begrifflicher, konzeptioneller und auch empirischer Anstrengung dienen, verliert aber den Charakter einer Fundamentalkritik.

So ist denn auch heute zu konstatieren, dass die vielen immer wieder von Journalisten, aber auch von Wissenschaftlern vorgebrachten Diagnosen, die Nachhaltigkeitsthematik sei politisch oder öffentlich »tot«, meistens mit einem der obigen Kritikpunkte verbunden, sich als voreilig erwiesen haben. Bei aller teils auch berechtigten Kritik scheint es dennoch so zu sein, dass der Begriff der nachhaltigen Entwicklung sich auf eine *vielfach geteilte Diagnose* einer zurzeit eben nicht nachhaltigen Entwicklung der Weltgesellschaft stützen kann, also auf eine sehr wohl »harte« Diagnose. Diese persistente Diagnose ist es, die die erwähnte Kritik am Nachhaltigkeitsbegriff als im Detail zwar durchaus bedenkenswert anerkennt, sie aber nicht als Fundamentalkritik begreifen lässt.

10.2 Nachhaltigkeit als öffentliches Thema

Nachhaltigkeit ist in den letzten zehn Jahren immer häufiger zu einem öffentlichen Thema mit wachsender Bekanntheit geworden. War die öffentliche Resonanz auf das Nachhaltigkeitsleitbild vor knapp zehn Jahren noch eher gering (»Das Konzept der Nachhaltigkeit ist in der Mitte der Gesellschaft noch nicht angekommen« (Hauff 2004)), so hat sich zumindest seine Bekanntheit deutlich vergrößert. In Deutschland ist sie von 13 Prozent (2000) auf über 20 Prozent (2004) und schließlich auf über 40 Prozent (2010) gestiegen (Borgstedt et al. 2010). Zu diesem Erfolg beigetragen haben sicher vielfältige Aktivitäten im Rahmen der Zivilgesellschaft, eine vermehrte massenmediale Berichterstattung, Aktivitäten des Rates für Nachhaltige Entwicklung, die deutsche Nachhaltigkeitsstrategie, Initiativen auf lokaler und regionaler Ebene und die zunehmende Bedeutung der Nachhaltigkeit für viele Unternehmen und Konzerne.

Es ist allerdings unklar, was die zunehmende Bekanntheit des Nachhaltigkeitsbegriffs inhaltlich und für das individuelle und politische Handeln bedeutet. Die reine Bekanntheit des Begriffs sagt nicht viel aus, weder darüber, welches Wissen über Nachhaltigkeit damit verbunden wird, noch über die Bereitschaft der Befragten, sich gemäß dem Nachhaltigkeitsleitbild zu engagieren, z. B. im politischen Bereich oder im individuellen Konsumhandeln.

Massenmedien spielen eine zentrale Rolle in der gesellschaftlichen Informationsweitergabe und der Meinungsbildung. Ihre Rolle in der Nachhaltigkeitskommunikation (generell hierzu: Michelsen/Godemann 2005) ist jedoch ambivalent. Zwar werden einige der Themen, die unter das Leitbild fallen – wie Arbeitslosigkeit, Bildung oder Klima- und Umweltschutz – seit langem und intensiv in der Öffentlichkeit diskutiert. Dies geschieht allerdings nur zu einem Teil in einer dem Anspruch des Nachhaltigkeitsleitbildes angemessenen Weise. So wird z. B. kaum oder gar nicht die zentrale Gerechtigkeitsproblematik thematisiert, es wird zu stark sektoral berichtet, wenig auf systemische Wechselwirkungen zwischen den Nachhaltigkeitsdimensionen eingegangen, und der integrative Blick auf Nachhaltigkeit (Kapitel 4.1) kommt zu kurz. Außerdem findet eine Reihe von nachhaltigkeitsrelevanten Themen – wie die Folgen des westlichen Lebensstils für Entwicklungsländer und deren Rückwirkungen auf die Industrieländer, etwa in Form von Flüchtlingsströmen, oder auch die Wachstumsthematik – nicht die notwendige Beachtung. Vor diesem Hintergrund kann man von einem für die demokratische Meinungsbildung grundsätzlich wichtigen, lebendigen und der Komplexität der Nachhaltigkeitsthematik adäquaten öffentlichen Dialog über Nachhaltigkeit bislang kaum sprechen. Vorhandene Dialogangebote, z. B. des Rates für Nachhaltige Entwicklung, sind bislang nicht auf große Resonanz gestoßen.

Die Gründe für das Auseinanderklaffen zwischen der eminenten Bedeutung des Nachhaltigkeitsleitbildes mit seinem hohen Anspruch einerseits und der mangelnden Umsetzung andererseits liegen sicher zum Teil an der erwähnten wenig zufriedenstellenden öffentlichen Resonanz. Letztere wiederum hat ihre Ursachen hauptsächlich in den Mechanismen der gesellschaftlichen Problemwahrnehmung und den »Gesetzen« der Massenmedien (dazu Brickwede/Peters 2002, Klenner/Wehrspaun 2001). Die öffentliche Problemwahrnehmung richtet sich hauptsächlich auf markante Einzelereignisse oder Entwicklungen (Wahl et al. 2001):

Waldsterben, Klimakatastrophe, Tankerunglücke und Ozonloch kennzeichnen bereits in ihrer Begrifflichkeit derartige Wahrnehmungsstrukturen. Die Öffentlichkeit wird auf diese Weise durch die Medien »alarmiert« (Spada 2002). Das Nachhaltigkeitsleitbild weist jedoch Merkmale auf, die nicht zu diesen Wahrnehmungsschemata passen (Fischer/Hahn 2001):

1. *Interne Themenvielfalt:* Statt einen einzigen und spezifischen Fokus zu haben, besteht es aus vielen heterogenen Themenfeldern (Kapitel 6) und ist *als Ganzes* schwer massenmedial vermittelbar;
2. *Abwägungskomplexität:* Diagnose und Therapie unter Nachhaltigkeitsaspekten entziehen sich einfachen Rezepten, sondern bedürfen komplexer – und daher wiederum massenmedial schlecht transportierbarer – Erwägungen;
3. *Vorsorgecharakter:* Der Vorsorgeaspekt der nachhaltigen Entwicklung im Hinblick auf langfristige und schleichende Entwicklungen ist für die Massenmedien häufig uninteressant; hier interessieren mehr die drängenden tagespolitischen Themen.

In diesem Zusammenhang ist das Beispiel des Verhältnisses des Massenmediums Fernsehen zur Nachhaltigkeitsidee lehrreich. Zwischen dem Nachhaltigkeitsleitbild in einem komplexeren Sinn und dem Massenmedium Fernsehen besteht keinerlei positive Wechselwirkung (Hagedorn et al. 2004). Das Thema der nachhaltigen Entwicklung gilt als zu komplex, zu anspruchsvoll, zu unkonkret und schwierig vermittelbar. Um ein *breites* Publikum zu erreichen, müssten alle Mittel ausgeschöpft werden, die Fernsehsendungen erfolgreich machen, wie die weitgehende Personalisierung, die Emotionalisierung, die Darstellung nachhaltiger Entwicklung als »trendy«, der Einsatz von prominenten Werbeträgern für nachhaltige Entwicklung oder ein Journalismus, der die Probleme »alarmistisch« dramatisiert. In der – leicht polemischen – Deutung dieses Sachverhaltes heißt das: »Das Fernsehen darf, wenn es unter Quotengesichtspunkten erfolgreich sein will, eines genau nicht tun: nachhaltig sein und wirken« (Küppersbusch 2003).

Jedoch wird auch die umgekehrte Position vertreten: gerade das Fernsehen biete, da es omnipräsent und leicht zugänglich ist, insbesondere auch für bildungsferne Schichten und für alle Altersgruppen, große Potentiale für die Verbreitung des Nachhaltigkeitsleitbildes und zu dem damit verbundenen Bewusstseinswandel: »es zeigt sich, dass die TV-

Medien die ›leichte‹, unterhaltsame Seite des einst als ›sperrig‹ geltenden Themas Nachhaltigkeit entdeckt haben« (MUNLV 2010: 40). In der Begründung für diesen vermeintlichen Wandel wird auf die LOHAS-Generation (Lifestyle of Health and Sustainability) verwiesen (Kapitel 8.2): »Nachhaltigkeit ist ›hip‹ und lukrativ geworden« (ebd.: 40). Einschätzungen dieser Art verkennen jedoch den Unterschied zwischen ›hip‹ und realen Folgen für politisches oder Konsumhandeln. Aus Einstellungen, die Zeitströmungen unterliegen und bereits im nächsten Jahr wieder in eine andere Richtung weisen können, wird unberechtigterweise auf stabile Trends geschlossen. Dass Nachhaltigkeitsprobleme, die mit Herausforderungen an Lebensstile, Wachstumsvorstellungen, Gerechtigkeitsüberlegungen und einer neuen »Kultur der Nachhaltigkeit« (Kapitel 10.4) einhergehen, auf unterhaltsame Weise gleichsam »nebenbei« gesellschaftlich gelöst werden könnten, erscheint uns freilich als naiv.

Die Mechanismen der Massenmedien stoßen somit bei der Behandlung des Themas der nachhaltigen Entwicklung an Grenzen. So verbietet sich angesichts der Komplexität des Begriffs »eigentlich« eine simplifizierende Personalisierung. Auch die üblichen massenmedialen Strategien der Vereinfachung der Themen, der Reduktion auf Schlagzeilen und der polarisierenden Gegenüberstellungen laufen der Nachhaltigkeitsidee geradezu zuwider. Groß wäre das Risiko einseitiger und unterkomplexer Botschaften, etwa wenn unkritisch auf den technischen Fortschritt als Problemlöser gesetzt würde, wenn gegenteilig eine »Romantik des Verzichts« verkündet würde, wenn moralisiert würde, »man müsste eigentlich ...«, oder wenn bestehende Probleme oder Unzulänglichkeiten schöngeredet würden.

Was bleibt, ist der viel zu simple Appell, sich nachhaltiger zu verhalten, an den Einzelnen, an die Zivilgesellschaft oder an Unternehmen und Wirtschaft, wie auch immer verpackt, ob in Magazinsendungen, in Ratgebersendungen, in der Sendung mit der Maus oder eingestreut in Unterhaltungssendungen. Massenmedial scheint die extrem komplexitätsreduzierende Fokussierung auf das Umwelthandeln einzelner Akteure die einzige systemkompatible Kommunikationsform zu sein. Dementsprechend erfolgt, und dies wird tatsächlich in Fernsehen und Boulevardpresse vielfach praktiziert, die Thematisierung von Nachhaltigkeitsproblemen über Anforderungen an das *individuelle* Handeln: »Was kann der von der Nachhaltigkeit überzeugte Bürger in seinem eigenen Lebensumfeld tun, um eine umweltgerechte und naturnahe Lebensweise zu fördern?« (Renn 2002: 33). Beispiele sind Akkuratesse in der Mülltrennung, Kauf eines sparsame(re)n Autos, Verzicht auf eine Fernreise oder wenigstens (vermeintliche) Kompensation der Umweltsünden durch Kauf von Umweltzertifikaten, Kauf von Lebensmitteln aus ökologischem Anbau, möglichst aus der Region, und Sparsamkeit in der Nutzung der infrastrukturell bereitgestellten Leistungen wie Strom, Gas oder Wasser. Konsumenten und individuelle Bürger werden auf diese Weise implizit als Hauptakteure und Hauptverantwortliche dargestellt, vielfach verbunden mit einem moralisierenden Unterton. Dies reicht von gelegentlichen Bemerkungen in Nachrichten- oder Magazinsendungen bis hin zum Einzug entsprechender Botschaften in die massenmediale Unterhaltung. Dabei kehren bestimmte moralisierende und dramatisierende Kommunikationsmuster und Metaphern wieder, wie etwa die auf 5 vor 12 stehende Uhr, die zum raschen Handeln in der Klimafrage anhalten soll, die Rede von dem einen Boot, in dem wir alle sitzen, die Warnung vor nationalen Alleingängen, die Beteuerung, dass umweltpolitisches Handeln der Wirtschaft nicht schade, sondern nütze oder die Rede von der Weltrettung. Sind die Themen vielfach berechtigt, so ist es die Engführung auf die Konsumenten und Bürger als individuell Handelnde nicht (Grunwald 2010b). Diese Engführung verkennt die Eigendynamiken sozialer Systeme und die zentrale Bedeutung gesellschaftlicher Regularien und Anreizstrukturen – deren Komplexität wohl jedoch, wie es scheint, einer massenmedialen Durchdringung entgegensteht.

Diese Situation fordert dazu heraus, neue Formen im Verhältnis zwischen Politik, Wissenschaft, Medien und Öffentlichkeit zu erproben (Michelsen/Godemann 2005). Geeignet hierfür sind weder das einseitige Setzen auf Informationsoffensiven des Staates noch die Hoffnung, dass Zivilgesellschaft und Lokale Agenda-Aktivisten sich von selbst langfristig Gehör verschaffen würden. Gefragt werden muss vielmehr nach den Rollen der verschiedenen Gruppen, einschließlich der Eliten und der Wissenschaft. Auf verschiedenen Ebenen muss es dabei um *Wissen*, um *Sensibilisierung* und *Orientierung* gehen, genauso wie um die Bereitschaft, an der Ausgestaltung und Umsetzung nachhaltiger Entwicklung mitzuwirken.

Spezifisches Interesse findet dabei vielfach die Verankerung des Nachhaltigkeitsleitbildes in der Jugend. Entgegen der Entwicklung in anderen Bevölkerungsgruppen ist seit über zehn Jahren eine abnehmende Bedeutung von Umwelt und Nachhaltigkeit unter Jugendlichen festzustellen (z. B. EU 2009). »Umwelt scheint – um im Jargon der Jugendlichen zu sprechen – heutzutage nicht (mehr) ›cool‹ zu sein« (UBA 2011: 2). Zwar sei die Bereitschaft, sich für Umwelt und Nachhaltigkeit zu interessieren und ggf. auch zu engagieren, nach wie vor vorhanden. Jedoch führen die Überlagerung der Nachhaltigkeitsthematik durch Probleme aus der unmittelbaren Lebenswelt der Jugendlichen wie drohende Arbeitslosigkeit, Orientierung in einer komplexer werdenden Gesellschaft, die Zersplitterung der Jugendkulturen, aber auch die bereits genannte thematische Komplexität und schwierige Verständlichkeit dazu, dass aus dieser Bereitschaft kaum Konsequenzen erwachsen (UBA 2011). Um angesichts dieser Diagnose die Jugend stärker für ein nachhaltigkeitsbezogenes Engagement zu interessieren und zu motivieren, wurden folgende Empfehlungen formuliert: »Möglichkeiten der Identitätsstiftung durch Umwelt- und Nachhaltigkeitsthemen nutzen; Verantwortungsgefühl und Wunsch nach Fairness fördern; Alltagskompetenzen fördern – Beispiel Gesundheit; Schulen zur Gesellschaft hin öffnen; Neue Medien (Internet) besser nutzen; Zivilgesellschaftliches Engagement besser fördern; Freiräume für eigene Aktivitäten von Jugendlichen schaffen; Freiwilliges Ökologisches Jahr stärken und erweitern; Multiplikatoren und Vorbilder aktivieren; Veranstaltungen, Events und besondere Anlässe nutzen und kreieren.« (UBA 2011: V).

Vielfach werden auch Hoffnungen auf die Nutzung der neuen elektronischen Medien gesetzt. Vor allem das Internet mit seinen Charakteristiken der preisgünstigen, entfernungsunabhängigen und schnellen Informationsbereitstellung, der Möglichkeit interaktiver Online-Kommunikation und der sich einer zentralen Kontrolle widersetzenden Binnenstruktur ist rasch auf großes Interesse im Kontext nachhaltiger Entwicklung gestoßen, vor allem vor dem Hintergrund der Partizipationsdiskussion und dem Wunsch nach öffentlicher Debatte (MUNLV 2010). Schlüsselbegriffe sind hierbei Netzöffentlichkeit, Legitimation und Deliberation, aber auch zivilgesellschaftliche Vernetzung und gesellschaftliche Selbstorganisation (Orwat/Grunwald 2005). Auch besteht die Erwartung von gänzlich neuen Formen transnationaler Öffentlichkeit und Mobilisierung (Grunwald et al. 2006).

10.3 Wahrnehmung in den Weltreligionen

Obwohl das Nachhaltigkeitsleitbild maßgeblich durch die international zusammengesetzte Brundtland-Kommission geformt worden ist (vgl. Kapitel 2.3), wird der Idee der nachhaltigen Entwicklung gelegentlich der Vorwurf des »Eurozentrismus« gemacht: Sie sei letztlich geboren aus der Idee der europäischen Aufklärung. Das Erbe der Aufklärung ist unzweifelhaft über den Gerechtigkeitsbegriff und die ethischen Grundlagen der Zukunftsverantwortung (Kapitel 3.1) in das Nachhaltigkeitsleitbild eingegangen. Nachhaltige Entwicklung ist aber darüber hinaus an viele Traditionen in allen Weltkulturen anschlussfähig.

Hierbei kommt den Weltreligionen eine große Bedeutung zu. In ihnen spiegeln sich die langfristigen, teils Jahrtausende zurückreichenden und daher oft tief verwurzelten kulturellen Traditionen und historischen Erfahrungen. Zentrale Aspekte der nachhaltigen Entwicklung liegen bestimmten religiösen Grundthemen nicht fern (Gardner 2003). Verteilungsgerechtigkeit, die Bewahrung der natürlichen Lebensgrundlagen, das Wirtschaften mit begrenzten Ressourcen sowie die Verantwortung für Lebensführung und Wirtschaftsweise sind – in sicher ganz verschiedenen Ausprägungen – wichtige Themen in den Religionen. Letztlich handelt es sich hierbei um Fragen, die ganz grundsätzlich mit der *conditio humana* verbunden sind: Fragen nach der Stellung des Menschen in der Welt, nach der Regelung seiner kollektiven Angelegenheiten, nach seinem Verhältnis zur Umwelt und nach seiner Verantwortung.

Das grundsätzliche Verhältnis zwischen Mensch und Natur wird in den Weltreligionen unterschiedlich gesehen. Werden in der griechischen Philosophie und der christlichen Tradition Mensch und Natur traditionell einander gegenübergestellt, so geht der Buddhismus von einer *a priori*-Einbettung des Menschen in die Natur aus. Im Buddhismus wird Kultur nicht als Summe des vom Menschen Gemachten, sondern als vollendete, erwachte, zu sich selbst gekommene Natur verstanden (Sivaraska 2009). Angesichts der buddhistischen Diagnose, dass die großen Umweltprobleme letztlich eine Folge des europäischen Denkens seien (Litsch 2000), wäre eine nachhaltigere Entwicklung nur durch eine grundlegende Neukonzipierung unseres Naturverhältnisses zu erreichen, während die Skepsis gegenüber Effizienzstrategien (Kapitel 5.3) groß ist (Sivaraska 2009).

Auch in der hinduistischen Welt existiert eine lange Tradition des Respekts vor der Natur mit einem ganzheitlichen Naturverständnis. Mahatma Gandhi hat auf dieser Basis Ziele für politisches und wirtschaftliches Handeln entwickelt (»Sarvodaya«): »capable people directing their capacity to service of others; people fully self-dependent and cooperative with non-violance as the social interaction. Additionally, decades ahead of its time Gandhian Sarvodaya sought balance and aimed for stability not growth« (Haigh 2010; Doctor 1967). Allerdings fällt besonders vor diesem Hintergrund der Widerspruch zwischen der grundsätzlich naturnahen Grundeinstellung und den teils dramatischen Umweltzerstörungen gerade in Indien auf.

Im Koran wird Natur als Geschenk Gottes verstanden, das die Menschen treuhänderisch zu verwalten haben (Hassan/Cajee 2002, Salleh 1995, Nökel 2009). So gibt es eine ausgeprägte, bereits auf den Propheten Mohammed und die Kalifen zurückgehende Tradition, bestimmte Naturgebiete als »öffentliche Güter« der privaten Nutzung zu entziehen und sie dadurch zu schützen (»al-hima«). In der ersten »Islamic Convention on Sustainable Development« steht jedoch weniger der Umgang des Menschen mit der Natur, sondern Armutsbekämpfung und Wirtschaftswachstum im Vordergrund (Islamic Conference 2002). Hier kommt weniger eine spezifisch islamische Perspektive auf die Inhalte und Ziele nachhaltiger Entwicklung zum Ausdruck als viel mehr die wirtschaftliche Situation der meisten islamischen Länder, die durch starkes Bevölkerungswachstum, hohe Arbeitslosigkeit, kaum konkurrenzfähige wissenschaftlich-technische Kompetenz und Armut mit relativ schlechten Aussichten auf rasche Verbesserung geprägt ist.

Die jüdisch-christliche Tradition geht, auf der Basis der biblischen Schöpfungsgeschichte (»Macht euch die Erde untertan«, Altes Testament; Genesis), von der Vorrangstellung des Menschen gegenüber der Natur aus. Umweltfragen wurden in größerem Umfang erst in der Folge der Bewusstwerdung der globalen Ressourcen- und Umweltprobleme ab den 1960er Jahren thematisiert. Die Rede von der »Bewahrung der Schöpfung«, wie sie manche Kirchentage vor allem in den 1970er und 1980er Jahren kennzeichnete, verdeutlicht dieses Umdenken (Wulsdorf 2005). In Bezug auf die Verantwortung gegenüber den heute Lebenden hat dagegen das Christentum Gedanken der nachhaltigen Entwicklung in Teilen vorweggenommen, so in der katholischen Soziallehre und in der südamerikanischen Befreiungstheologie. Kritik am

Wachstums- und Wohlstandsmodell der westlichen Welt wird heute auch aus christlichen Positionen heraus geübt (z. B. Johannes Paul II. 1979; DBK/EKD 2002).

In Bezug auf viele Nachhaltigkeitsziele besteht zwischen den Weltreligionen eine gewisse Konvergenz oder wenigstens Überlappung. Verantwortung und Gerechtigkeit zwischen den heute lebenden Menschen und gegenüber zukünftigen Generationen, Skepsis gegenüber einem ausufernden Konsumismus und weiterer Ökonomisierung aller Lebensbereiche (vgl. die eindrucksvolle Tabelle in Gardner 2010: 26), Kritik an Verschwendung und die Suche nach Qualität statt Quantität im Leben ziehen sich durch viele religiös motivierte Positionen. Unter anderem auf diese Gemeinsamkeiten stützt sich die Idee eines über die einzelnen Religionen hinausragenden Weltethos (Küng 1990).

Es darf aber auch nicht übersehen werden, dass die Weltreligionen in Konkurrenz zueinander stehen und dass zwischen ihnen, teils aber auch zwischen verschiedenen Richtungen innerhalb der Religionen, erhebliche Konfliktpotenziale bestehen. Religiös motivierte Konflikte und Unterdrückung von Minderheiten sind zurzeit besonders in Teilen Afrikas und Asiens ein gravierendes Problem. Fundamentalismus und religiös motivierter Terrorismus gefährden die innere Sicherheit vieler Staaten und die Sicherheit auf der globalen Ebene. Gelegentlich wird gar ein »Clash of Civilizations« befürchtet (Huntington 1998). Interreligiösen und interkulturellen Dialogen zum Abbau der Konfliktpotenziale und zur Auslotung der Gemeinsamkeiten in Bezug auf die Haltung zu den großen Weltproblemen kommt daher eine große Bedeutung zu.

10.4 Auf dem Weg zu einer Kultur der Nachhaltigkeit

Der Kulturbegriff kommt in den ursprünglichen Dokumenten der Nachhaltigkeitsdebatte kaum oder gar nicht vor (Kopfmüller 2010: 44f.). In den wenigen konkreteren Nennungen dominiert der Erhalt der kulturellen Vielfalt mit Hinblick auf indigene Völker in den Ländern der »Dritten Welt«, so z. B. im aus der Konferenz in Johannesburg hervorgegangenen Implementierungsplan (World Summit 2002). Ein ähnliches Schattendasein fristen kulturelle Aspekte in vielen wissenschaftlichen Nachhaltigkeitskonzeptionen, die zumeist entweder auf die ökologische Dimension fokussieren oder unterschiedlichen Varianten von Drei-Säulen-Modellen mit ökologischer, ökonomischer und sozialer Dimension folgen (vgl. Kapitel 4.1). Kulturelle Aspekte sind in diesen Ansätzen teils der sozialen Dimension zugeordnet, teils werden sie als Querschnittsthema eingeführt; gelegentlich wurde auch die Einführung einer eigenen kulturellen Dimension gefordert (Wehrspaun/Schoemps 2002). Insofern Kultur nicht auf Einrichtungen und Aktivitäten aus dem Kulturbereich beschränkt, sondern als Disposition und Haltung verstanden wird, die kollektivem menschlichem Handeln und Entscheiden zugrunde liegt (Hansen 2009), erscheint es naheliegend, dass Fragen der Kultur in diesem breiten Sinne in integrativen Nachhaltigkeitskonzepten größerer Raum gegeben wird. So wird z. B. auf die »kulturelle Funktion der Natur« und die Notwendigkeit des Erhalts des kulturellen Erbes hingewiesen (Kopfmüller et al. 2001; vgl. auch Kapitel 4.1).

In den letzten Jahren ist der kulturellen Basis der Nachhaltigkeit mehr Aufmerksamkeit gewidmet worden (z. B. Krainer/Trattnigg 2007, Banse et al. 2010). Grund dafür ist die Erkenntnis, dass eine umfassende Transformation in Richtung Nachhaltigkeit nicht nur in einer reinen Management-Aufgabe bestehen kann und sich auch nicht darauf verlassen kann, dass technische oder sozio-technische Lösungen die Wende bringen werden. Vielmehr muss sie begleitet werden von einem breit verankerten Umdenken in vielen Hinsichten, welches die kulturellen Grundlagen des menschlichen Handelns und Entscheidens betrifft.

Letztlich geht es dabei um eine neue öffentliche »Kultur der Nachhaltigkeit«. So hat bereits der Rat für Nachhaltige Entwicklung (RNE 2002b) kritisiert, dass die Diskussion um nachhaltige Entwicklung von technischen Fragen dominiert werde. Dieses »Kulturdefizit« und die Abwesenheit des Emotionalen seien mit dafür verantwortlich, dass das Nachhaltigkeitsleitbild trotz zunehmender Bekanntheit viele Menschen noch nicht erreicht bzw. sie zumindest nicht zu einem veränderten Verhalten bewegt habe. Konsequenterweise hat der Rat dazu durch verschiedene Initiativen (z. B. Filmprojekt, Identifikation von »Gesichtern der Nachhaltigkeit«) beigetragen, dass die Bedeutung des Kulturbereichs als »Botschafter« für nachhaltige Entwicklung entdeckt worden ist. Dem Nachhaltigkeitsleitbild künstlerischen Ausdruck zu verleihen, kann andere Personenkreise erreichen als eher intellektuell ausgerichtete Ansätze der Verbreitung.

Allerdings kann auch dies nur *ein Teil* einer umfassenden Strategie sein, nachhaltige Entwicklung kulturell in den Grundlagen der Gesellschaft zu verankern. Das nach wie vor weit verbreitete Vertrauen in technische Lösungen – so ist z. B. die jüngste Energiewende in Deutschland, der frühzeitige Ausstieg aus der Kernenergie und der rasche Umstieg auf erneuerbare Energie mit einem erheblichen Vertrauen in deren schnelle Entwicklung und den Aufbau neuer Infrastrukturen gekoppelt – enthält vielfach den stillschweigenden Wunsch, dass im Großen und Ganzen alles so bleiben möge wie bisher, insbesondere, dass es keine Notwendigkeit zu Verhaltensänderungen geben solle.

Es ist jedoch schwer vorstellbar, dass auf diese Weise ein grundlegender Wandel zu einer nachhaltigen Entwicklung möglich wird. Schon der Verweis auf die empirisch feststellbaren Bumerang-Effekte bei technischen Effizienzsteigerungen (Kapitel 9.4) zeigt die Begrenztheit rein technischer Lösungen. Auf längere Sicht muss es wohl darum gehen, eine Kultur der Nachhaltigkeit in einem umfassenderen Sinn einzuüben, die neben technischen Mitteln auch Elemente von Verhaltens- und Konsummustern, Produktionsmuster, entsprechende gesellschaftliche Rahmenbedingungen und neue Formen von Wachstum (Kapitel 4.3) umfasst (Banse et al. 2010).

Dies ist alles andere als ein Selbstläufer, auch nicht angesichts des in dieser Einführung immer wieder konstatierten weitgehenden programmatischen Konsenses über die Notwendigkeit von mehr Nachhaltigkeit. So hat sich der ressourcenverschwendende »American way of life« – sicher auch gerade angesichts des bislang damit verbundenen ökonomischen Erfolges – international weiter durchgesetzt. Zurzeit expandiert dieser Lebensstil wohl am stärksten in den Schichten der chinesischen Gesellschaft, welche von dem starken Wirtschaftswachstum profitieren. Aber auch in vielen anderen Schwellen- und sogar Entwicklungsländern ist der amerikanische Lebensstil bei den aufsteigenden Schichten maßgebliches Ziel. Verbreitet wird dieser Lebensstil auch durch Massenmedien: »American film and television, especially, is reaching more and more people worldwide thus promoting wasteful overconsumption on a global scale by encouraging people to abandon traditional, sustainable lifestyles and to aspire to an unsustainable consumerist lifestyle« (Gunn/Jackson 2005).

Dieser Lebensstil wurde in der amerikanischen Geschichte geprägt von der Unbegrenztheit des Horizonts, der dauernden Überschreitung bestehender Grenzen, der Weite des Landes und der scheinbaren Unerschöpflichkeit seiner (natürlichen und sozialen) Ressourcen. Mit einem zentralen Gedanken nachhaltiger Entwicklung – der Entwicklung im Wissen um die Begrenztheit der Ressourcen – ist diese Überzeugung schwer vereinbar. Das heißt natürlich nicht, dass man sich auf der Basis dieser »Kultur« nicht für nachhaltige Entwicklung engagieren könnte, aber es bedeutet, dass ein solches Engagement weniger auf bereits verankerte kulturelle Ressourcen zurückgreifen kann.

Relevant in diesem Zusammenhang ist auch die zunehmende Ökonomisierung vieler Lebensbereiche in den letzten Jahrzehnten – manche sprechen vom Kapitalismus als einer »Ersatzreligion«. Zwar hat die weltweite Finanz- und die folgende Wirtschaftskrise ab 2008 zu einer Erschütterung des Vertrauens in das Funktionieren und die Glaubwürdigkeit des Systems geführt, verbunden teils mit Demonstrationen gegen die Macht der Banken und die Undurchsichtigkeit des globalen Wirtschaftssystems (»Occupy«-Bewegung). Hoffnungen und Erwartungen, dass eine neue »postmaterielle« Generation mehr auf qualitatives als auf quantitatives Wachstum setzen würde, wie sie als Folge der kulturellen Umwälzungen der 1970er Jahre immer wieder geäußert wurden, haben sich allerdings bislang nicht bestätigt, wenngleich es postmateriell orientierte Gesellschaftsschichten gibt.

Die Entwicklung einer »Kultur der Nachhaltigkeit« bleibt eine Aufgabe für die Zukunft (Worldwatch Institute 2010). Es geht darum, gesellschaftlich wie auch individuell soweit zu kommen, dass Nachhaltigkeit als Leitbild und Prüfkriterium das Handeln der Menschen auf den unterschiedlichen Ebenen wie selbstverständlich begleitet – dies wäre die Ausbildung eines »homo sustinens« (Siebenhüner 2001) – und dass es damit integraler Bestandteil von Denk- und Verhaltensweisen sowie von politischen und wirtschaftlichen Entscheidungen wird: »Die ›Kultur der nachhaltigen Entwicklung‹ würde dann die lebensweltliche wie auch die funktionssystemspezifische ›Veralltäglichung‹ des Leitbildes bedeuten« (Kopfmüller 2010: 56; vgl. auch Wehrspaun/Schoemps 2002).

11. Thesen zum Handlungsbedarf

In diesem abschließenden kurzen Kapitel nehmen wir zentrale Punkte aus den vorigen Kapiteln auf, um in Form von Thesen zum Handlungsbedarf deutlich zu machen, was aus unserer Sicht im Sinne einer nachhaltigen Entwicklung dringend erforderlich ist.

1. Fundamente des Leitbilds

Nachhaltige Entwicklung steht für anspruchsvolle ethische Zielsetzungen: die Wahrnehmung von *Zukunftsverantwortung* und die Realisierung von *Verteilungsgerechtigkeit* zwischen den heute lebenden Menschen. Ihre Realisierung erfordert weitreichende *Gestaltungs- und Umgestaltungsmaßnahmen* der heutigen Produktionsverhältnisse, Lebensstile und politisch-institutionellen Rahmenbedingungen, von der lokalen bis zur globalen Ebene. Dies betrifft so unterschiedliche Bereiche wie die Energieversorgung, Ernährung, Gleichstellung von Frauen, Partizipation oder Arbeit.

2. Der integrative Anspruch

Nachhaltige Entwicklung ist nicht teilbar, sondern bedarf immer – auch in den ganz konkreten Ausprägungen – eines »Blicks auf das Ganze«. Der integrative Blick muss sich auf die involvierten *thematischen Dimensionen* erstrecken (etwa die ökologische, ökonomische, soziale oder kulturelle Dimension), auf die verschiedenen *betroffenen Akteure* (wie Politik, Wirtschaft und Zivilgesellschaft), auf die *relevanten Handlungsebenen* (von lokal bis global) und auf die zeitliche Perspektive (langfristige Orientierung und kurzfristige Erfordernisse). Die Notwendigkeit der Integration – in Diagnose und Therapie – erfordert angemessene Verfahren der Abwägung zwischen heterogenen Kriterien und Zielen, in

Bezug auf die Setzung von Prioritäten für Maßnahmen und in Bezug auf den Umgang mit Ziel-, Interessen- und Bewertungskonflikten.

3. Millenniumsziele

Die Erreichung der UN-Millenniumsziele würde einen wichtigen ersten Schritt auf dem Weg zu einer nachhaltigen Entwicklung darstellen. An der trotz eingeleiteter Maßnahmen eingetretenen Verschärfung des Welternährungsproblems in den letzten Jahren ist die Größe der Herausforderung zu erkennen. Erforderlich zur Erreichung der Ziele sind erhebliche Anstrengungen sowohl in den Entwicklungsländern selbst (etwa bezüglich politischer Stabilität, ökonomischer und rechtlicher Institutionen, Korruptionsbekämpfung) als auch in den Industriestaaten.

4. Steuerungserfordernisse und strategische Planung

Die Umsetzung des Nachhaltigkeitsleitbilds erfordert strategische Planung. Diese umfasst zum einen Konkretisierungsschritte in Form von Handlungsleitlinien, Indikatoren und Zielwerten, zum anderen gesellschaftliche Steuerung zur Realisierung der dazu notwendigen Transformationsprozesse. Auch wenn all dies auf der Basis des besten Wissens geschieht, bleibt die Wissensbasis unvollständig und enthält eine Reihe von Unsicherheiten. Daher müssen die realen Auswirkungen der Maßnahmen beobachtet und ausgewertet werden, um Erkenntnisse für ihre Weiterentwicklung und Optimierung zu gewinnen. Monitoring ist also erforderlich, um einen kontinuierlichen Lernprozess für Nachhaltigkeit zu ermöglichen, der eine Überprüfung von Maßnahmen wie auch von Zielen beinhaltet. Diese Rahmenbedingungen umfassen einerseits den Einsatz ordnungsrechtlicher, markt-wirtschaftlicher und anderer Instrumente in einer sinnvoll aufeinander abgestimmten Kombination. Andererseits bedarf es des Abbaus von Hemmnisfaktoren wie kontraproduktiver Subventionen.

5. Markt und Staat

Es ist nach Lösungen zu suchen, in denen Markt und Staat (in Form von Normen und Institutionen) als zentrale Elemente der Koordination von gesellschaftlichen Entwicklungs- und Entscheidungsprozessen angemessen kombiniert werden. Es geht darum, Phänomene des Markt- wie des Staatsversagens zu erkennen und zu minimieren und die Reformfähigkeit staatlicher wie marktlicher Prozesse zu gewährleisten. Gleichzeitig muss es das Ziel sein, nach »intelligenten« Steuerungsmechanismen zu suchen, mit denen der Staat an Nachhaltigkeitszielen orientierte Rahmenbedingungen setzt, die den Akteuren Handlungsfreiräume eröffnen, aber auch Grenzen für nicht-nachhaltiges Handeln setzen, innerhalb derer marktliche Prozesse ablaufen können. Ein Beispiel für ein solches Zusammenwirken von Staat und Markt wird die dringend erforderliche Neuordnung der globalen Finanzarchitektur sein.

6. Innovation

Die Realisierung des Nachhaltigkeitsgebots, einer weiter wachsenden Zahl von Menschen dauerhaft die Befriedigung ihrer Bedürfnisse zu ermöglichen, ist angesichts der bestehenden Probleme nur durch weitreichende Innovationen in der Güterproduktion, im Lebensstil und in den gesellschaftlich-politischen Rahmenbedingungen vorstellbar. Nachhaltige Entwicklung ist daher auf den wissenschaftlich-technischen Fortschritt angewiesen, aber auch darauf, dass dieser stärker nach den Nachhaltigkeitsprinzipien ausgerichtet wird. Effizienzsteigerungen durch wissenschaftlich-technischen Fortschritt müssen durch die Veränderung von Lebensstilen und Konsumgewohnheiten in Richtung auf eine »Kultur der Nachhaltigkeit« ergänzt werden.

7. Global Governance

Globalisierungsprozesse stellen kein Nachhaltigkeitsziel per se dar, sondern sind im Lichte von Nachhaltigkeitszielen zu gestalten. Angesichts der gegenwärtig offenkundigen Steuerungsdefizite ist eine institutionelle und politische Gestaltung dieser Globalisierungsprozesse mit dem Modell einer »Global Governance« dringend notwendig. Charakterisierbar als »globales kooperatives Regieren« steht hier die Integration der globalen bis zur lokalen Handlungsebene, der verschiedenen Akteure Staat, Wirtschaft und Zivilgesellschaft, der einzelnen Entwicklungsdimensionen sowie der Steuerungsinstrumente (formelle und informelle Mechanismen) im Mittelpunkt. Erste Schritte auf diesem Weg stellt die Umsetzung der Klimarahmenkonvention dar, wo aber auch die erheblichen Schwierigkeiten globaler Konsensfindungsprozesse offenbar werden.

8. Finanzierung

Die Umsetzung einer globalen Nachhaltigkeit, etwa in Form der Millenniumsziele oder auch der Transformation des Energiesystems, wird immense finanzielle Aufwendungen erfordern. Bei der Beschaffung der erforderlichen Mittel wie auch bei deren Verwendung muss das Kriterium einer fairen internationalen Lastenverteilung herangezogen werden, basierend vor allem auf dem Verursacher- und dem Leistungsfähigkeitsprinzip. Dies umfasst einerseits einen bedingten Schuldenerlass für die ärmsten Staaten sowie die Verbesserung ihrer Einnahmepotenziale etwa durch eine fairere Welthandelsordnung. Zum anderen geht es um die Einführung von Maßnahmen, die geeignet sind, Mittel über eine verursachergerechte Belastung nicht-nachhaltiger Aktivitäten zu generieren. Eine globale Finanztransaktionssteuer, eine globale CO_2-Steuer oder so genannte Nutzungsentgelte für globale Gemeinschaftsgüter wären Beispiele hierfür.

9. Abrüstung und Konfliktprävention

Nachhaltigkeitsziele sind auch durch Aufrüstung und Kriege bedroht. Die erheblichen, auch in vielen Entwicklungsländern für Rüstung verwendeten Mittel fehlen an anderer Stelle. Kriege und Bürgerkriege zerstören staatliche Ordnungen, soziales Kapital, die natürliche Umwelt und materielle Werte. Für nachhaltige Entwicklung ist es zunächst erforderlich, die vorhandenen Rüstungs-»Altlasten« durch Abrüstungsvereinbarungen und Konversion zu bewältigen. Darüber hinaus besteht die Hoffnung, dass eine Zivilisation, die auf den Prinzipien nachhaltiger Entwicklung aufbaut, präventiv gegenüber kriegerischen Auseinandersetzungen wirkt. Eine gerechte Verteilung und Entwicklung der natürlichen, sozialen und ökonomischen Ressourcen mindert die Gefahr von kriegerischen Konflikten. Auch sollte eine »Kultur der Nachhaltigkeit« eine gewaltfreie Konfliktbewältigung beinhalten.

10. Reform der sozialen Sicherungssysteme

Gesellschaftlich solidarisch organisierte und finanzierte, funktionsfähige soziale Sicherungssysteme stellen eine wesentliche Voraussetzung für die Schaffung und Aufrechterhaltung gesellschaftlichen Zusammenhalts sowie die Umsetzung des Gerechtigkeitspostulats zwischen und innerhalb der Generationen dar. Angesichts der bisherigen und künftigen Entwicklung in der Altersstruktur und auf dem Arbeitsmarkt in Deutschland und anderen Industriestaaten wird eine ausschließlich an den Faktor Arbeit, das heißt an sozialversicherungspflichtige Arbeitsplätze, gekoppelte Finanzierung dieser Systeme – wie etwa in Deutschland praktiziert – bereits mittelfristig nicht mehr im erforderlichen Umfang möglich sein. Vorrangiges Ziel sollte es daher sein, zum einen die Finanzierung des Systems auf eine breitere Basis zu stellen, etwa durch eine vollständige oder teilweise Umstellung auf eine Steuerfinanzierung. Zum anderen müssen angemessene Rahmenbedingungen und Möglichkeiten für spezifische Vorsorgeelemente auf betrieblicher Ebene sowie für eine stärkere Eigenbeteiligung der Versicherten geschaffen werden. In Schwellen- und Entwicklungsländern sind häufig erst entsprechende Systeme aufzubauen.

11. Steuer- und Abgabenreform

Ein wesentliches Element der angemessenen Gestaltung staatlicher Rahmenbedingungen müsste in einer an den Nachhaltigkeitszielen orientierten, umfassenden Steuer- und Abgabenreform bestehen. Sie muss darauf ausgerichtet sein, nicht-nachhaltiges Verhalten (finanziell) zu belasten und nachhaltiges Verhalten zu belohnen, was nicht ohne die Entwicklung und Umsetzung kreativer und innovativer Instrumente möglich sein wird. Ein Kernbereich dieser Reform muss sein, auf eine an den bestehenden und erwartbaren Knappheiten sowie den wesentlichen Folgekosten ihres (Nicht-)Einsatzes orientierte Kombination der Produktionsfaktoren Arbeit, Kapital und Ressourcen hinzuwirken. Dabei ist auf eine möglichst weitgehende Erfüllung der Kriterien Effektivität und Effizienz in der Zielerreichung, Gerechtigkeit und Transparenz bzw. Einfachheit zu achten.

12. Wachstumswende

Es wird zunehmend deutlich, dass stetiges Wachstum des Bruttoinlandsprodukts zu vielfältigen unerwünschten Nebenwirkung führt, die mit ihm verbundenen sozialen und verteilungsbezogenen Erwartung nur begrenzt erfüllt und somit keinen angemessenen Indikator für gesellschaftlichen »Wohlstand« oder »Lebensqualität« darstellt. Es muss also künftig darum gehen, die negativen Folgen von Wachstum zu minimieren, vor allem aber alternative Messinstrumente für Lebensqualität in den Vordergrund zu rücken und letztlich Wege für ein Wirtschaften ohne Wachstum zu suchen und zu beschreiten. Die Hoffnung, allein über eine Effizienzrevolution den Wachstumspfad weiter aufrechterhalten zu können, trügt, da selbst im Falle von moderaten jährlichen Wachstumsraten in der mittleren und längeren Frist unrealistisch hohe Effizienzsteigerungen erforderlich wären.

13. Bildung und Forschung

Bildung und Forschung sind zentrale Elemente für die Umsetzung des Leitbilds nachhaltiger Entwicklung. Einerseits stellt (Grund-)Bildung eine wichtige – und vor allem in Entwicklungsländern häufig kaum oder unzureichend realisierte – Voraussetzung für Entwicklung und Chancengleichheit dar. Andererseits muss das Thema der nachhaltigen Entwicklung einen wichtiger werdenden Bildungs- und Forschungsinhalt in Schulen und Hochschulen zum Aufbau von Gestaltungskompetenzen und zur Wissensverbreitung ausmachen. Forschung für eine nachhaltige Entwicklung dient der Bereitstellung des für Gestaltungsmaßnahmen notwendigen Diagnose- und Therapiewissens. Verstärkte Investitionen in Bildung und Forschung und zur Schaffung entsprechender institutioneller und struktureller Voraussetzungen (wie für inter- und transdisziplinäre Forschung) sind daher dringend geboten.

Abkürzungen

BIP	Bruttoinlandsprodukt
BUND	Bund für Umwelt- und Naturschutz Deutschland
CEQ	Council on Environmental Quality
CERES	Coalition for Environmentally Responsible Economics
CSD	Commission of Sustainable Development
DBK	Deutsche Bischofskonferenz
DIVERSITAS	International Programme of Biodiversity Science
DIW	Deutsches Institut für Wirtschaftsforschung
DUX	Deutscher Umweltindex
EC	European Commission
ECOSOC	UN Economic and Social Council
EEAC	European Environment and Sustainable Development Advisory Councils
EKD	Evangelische Kirche in Deutschland
ESD	Education for Sustainable Development
ESI	Environmental Sustainability Index
FAO	UN Food and Agriculture Organisation
FONA	Programm »Forschung für die Nachhaltigkeit« des Bundesministeriums für Bildung und Forschung
GAP	Gemeinsame Agrarpolitik der EU
GESIS	Gesellschaft Sozialwissenschaftlicher Infrastruktureinrichtungen
GRI	Global Reporting Initiative
HABITAT	United Nations Human Settlements Programme
HDI	Human Development Index
HGF	Helmholtz-Gemeinschaft Deutscher Forschungszentren
ICAO	International Civil Aviation Organization
ICLEI	International Council for Local Environmental Initiatives
IEA	International Energy Agency

IGBP	International Geosphere-Biosphere Programme
IHDP	International Human Dimensions Programme
IISD	International Institute for Sustainable Development
ILO	International Labor Organization
ISEW	Index of Sustainable Economic Welfare
IUCN	International Union for the Conservation of Nature
IWF	Internationaler Währungsfonds
LCA	Life Cycle Assessment
MAI	Multilaterales Investitionsabkommen
MONET	Monitoring Nachhaltiger Entwicklung
NGO	Nichtregierungsorganisation
OECD	Organisation for Economic Co-ooperation and Development
RNE	Rat für Nachhaltige Entwicklung
SRU	Sachverständigenrat für Umweltfragen
SRZG	Stiftung für die Rechte zukünftiger Generationen
UBA	Umweltbundesamt
UNCED	UN-Konferenz für Umwelt und Entwicklung
UNCHS	UN Centre for Human Settlements
UNCSD	United Nations Commission on Sustainable Development
UNCTAD	United Nations Conference on Trade and Development
UNDP	United Nations Development Programme
UNEP	United Nations Environmental Programme
UNESCO	United Nations Educational, Scientific and Cultural Organization
UNHCR	United Nations High Commissioner for Refugees
UNIDO	United Nations Industrial Development Organization
WBCSD	World Business Council of Sustainable Development
WBGU	Wissenschaftlicher Beirat der Bundesregierung Globale Umweltveränderungen
WCED	United Nations World Commission on Environment and Development
WCRP	World Climate Research Programme
WHO	World Health Organization
WTO	World Trade Organisation
WWF	World Wildlife Fund
ZUMA	Zentrum für Umfragen, Methoden und Analysen, Mannheim

Literatur

Aalborg (1994): *Aalborg-Charta der Europäischen Städte und Gemeinden auf dem Weg zur Zukunftsbeständigkeit* (http://www.aalborgplus10.dk/media/pdf2004/aalborg_commitments_german_final.pdf)
Achternbosch, Matthias/Kupsch, Christel/Nieke, Eberhard/Sardemann, Gerhard (2011): *Klimaschonende Produktion von Zement: eine Utopie?*. GAIA, Vol. 20, Nr. 1, S. 31–40
Adloff, Frank (2005): *Zivilgesellschaft. Theorie und politische Praxis*, Frankfurt/New York
Agenda-Transfer (Hg.) (2003): *Gemeinsam empfohlene Indikatoren zur kommunalen Nachhaltigkeit*, Bonn (siehe www.agendaservice.de)
AkEnd – Arbeitskreis Auswahlverfahren Endlagerstandorte (2002): *Auswahlverfahren für Endlagerstandorte. Empfehlungen des AkEnd*, Köln
Aktive Bürgerschaft (2011): *Reaktionen auf die Nationale Engagementstrategie*, Berlin (http://www.aktive-buergerschaft.de/buergergesellschaft/nachrichtendienst/politik_und_staat/engagementstrategie)
Amelung, Nina/Mayer-Scholl, Barbara/Schäfer, Martina/Weber, Janine (Hg.) (2008): *Einstieg in nachhaltige Entwicklung*, München
Anand, Ruchi (2004): *International Environmental Justice: A North-South Dimension*, Ashgate, Hampshire (UK)
Annan, Kofi (2005): *Reforming the United Nations*. UN Reform Dossier: 1997–2005, New York (siehe www.un.org/reform/dossier.html)
Annan, Kofi (2002): *Strengthening the United Nations: An Agenda for Further Change*. Report of the Secretary-General. A/57/387, New York
Annan, Kofi (2000): *We the People. The Role of the United Nations in the 21st Century*. United Nations Millennium Report of the Secretary-General, New York
Arbter, Katrin (2005): *Nachhaltige Politiken und Rechtsakte. Studie zum internationalen Stand der Dinge und zu einem Ablauf für Österreich*. Im Auftrag des Lebensministeriums, Wien
Ausserer, Karin/Risser, Ralf/Turetschek, Christine/Reiss-Enz, Viktoria (2006): *Verkehrstelematik – der Mensch und die Maschine. Überblick über Verkehrstelematiksysteme und psychologische und sozialwissenschaftliche Überlegungen zum Thema Verkehr und Telematik*, Wien

Baccini, Peter/Bader, Hans-Peter (1996): *Regionaler Stoffhaushalt*, Heidelberg et al.
Bachmann, Günther (2010): *Vom Dialog zum Handeln: Nachhaltigkeit und Partizipation*. Vortrag auf dem Internationalen Fachkongress Kommunale Kooperation am 25.10.2010, Gießen (http://www.nachhaltigkeitsrat.de/uploads/media/Bachmann_Geno-Kongress_Giessen_25-11-2010.pdf)
Backhaus-Maul, Holger/Nährlich, Stefan/Speth, Rudolf (2009): *In eigener Regie! Plädoyer für eine bessere (Selbst-)Steuerungs- und Leistungsfähigkeit der Bürgergesellschaft. Denkschrift Bürgergesellschaft*, Berlin 2009
Balzer, Ingrid/Wächter, Monika (Hg.) (2002): *Sozialökologische Forschung*, München
Bannas, Stephan (2003): *Faire Marktwirtschaft. Ein Modell zu NoLogo*, München
Banse, Gerhard/Parodi, Oliver/Schaffer, Axel (Hg.) (2010): *Wechselspiele: Kultur und Nachhaltigkeit. Annäherungen an ein Spannungsfeld*, Berlin
Banse, Gerhard/Kiepas, Andrzej (Hg.) (2005): *Nachhaltige Entwicklung: Von der wissenschaftlichen Forschung zur politischen Umsetzung*, Berlin
Barton, Jonathan/Kopfmüller, Jürgen (2012): *Sustainable Urban Development in Santiago de Chile: Background – Concept – Challenges*. In: Heinrichs et al. (Hg.), S. 65–86
Baumann, Michael (2003): *Die zivilgesellschaftliche Komponente im Konzept »Global Governance« aus NGO-Sicht*. In: Kopfmüller (Hg.), S. 301–322
BCS – Bundesverband CarSharing (2008): *Klimaschutz durch CarSharing. Daten und Fakten zur klimawirksamen CO_2-Einsparung durch die integrierte Mobilitätsdienstleistung CarSharing*, Hannover
Bechmann, Gotthard/Grunwald, Armin (2002): *Experimentelle Politik und die Rolle der Wissenschaft in der Umsetzung von Nachhaltigkeit*. In: Brand (Hg.), S. 113–130.
Becke, Guido (2008): *Verändern durch Erhalten – »Change Management« zur Unternehmensnachhaltigkeit aus der Perspektive der Organisationsforschung*. In: Lange (Hg.), S. 167–188
Beckenbach, Frank/Hampicke, Ulrich/Leipart, Christian (Hg.) (1999): *Jahrbuch Ökologische Ökonomik, Bd. 1. Zwei Sichtweisen auf das Umweltproblem, Neuklassische Umweltökonomik versus Ökologische Ökonomik*, Magdeburg
Becker, Egon/Jahn, Thomas (Hg.) (2006): *Soziale Ökologie. Grundzüge einer Wissenschaft von den gesellschaftlichen Naturverhältnissen*. Frankfurt/New York
Becker, Kurt/Schreiner, Hans-Peter (Hg.) (1998): *Geht uns die Arbeit aus? Beschäftigungsperspektiven in der Gesellschaft von morgen*, Frankfurt/M.
Beckerman, Wilfried (1974): *In Defence of Economic Growth*, London
Behrendt, Siegfried/Scharp, Michael/Kahlenborn, Walther/Feil, Moira/Dereje, Cornelia/Bleischwitz, Raimund/Delzeit, Ruth (2007): *Seltene Metalle. Maßnahmen und Konzepte zur Lösung des Problems konfliktverschärfender Rohstoff-*

ausbeutung. Studie im Auftrag des Umweltbundesamtes. UBA-Texte 08/07, Dessau (http://www.umweltdaten.de/publikationen/fpdf-l/3182.pdf)

Beisheim, Marianne/Simon, Nils (2010): *Neuer Schwung für die Reform der internationalen Umweltgovernance. Chancen für eine UNEP-Reform nach Kopenhagen und vor »Rio plus 20«*. Stiftung Wissenschaft und Politik, SWP-Aktuell 37, Berlin

Belz, Frank-Martin/Karg, Georg/Witt, Dieter (Hg.) (2007): *Nachhaltiger Konsum und Verbraucherpolitik im 21. Jahrhundert*. Marburg

Bergheim, Stefan (2010): *Fortschrittsindex. Den Fortschritt messen und vergleichen*. Zentrum für gesellschaftlichen Fortschritt, Frankfurt/M.

BGR – Bundesanstalt für Geowissenschaften und Rohstoffe (2007) (Hg.): *Rohstoffwirtschaftliche Steckbriefe für Metall- und Nichtmetallrohstoffe*, Hannover

Bieker, Thomas/Dyllick, Thomas/Gminder, Carl-Ulrich/Hockerts, Kai (2001): *Management unternehmerischer Nachhaltigkeit mit einer Balanced Sustainability Scorecard*. Diskussionsbeitrag Nr. 94 des Instituts für Wirtschaft und Ökologie der Universität St. Gallen (IWÖ), St. Gallen

Bierter, Willy/von Winterfeld, Uta (Hg.) (1998): *Zukunft der Arbeit – welcher Arbeit?* Berlin et al.

Biesecker, Adelheid (2002): *Bürgerschaftliches Engagement – (k)ein Allheilmittel für Nachhaltigkeit*. In: Brand (Hg.), S. 131–144

Biesecker, Adelheid/Hofmeister, Sabine (2006): *Die Neuerfindung des Ökonomischen. Ein (re)produktionstheoretischer Beitrag zur sozial-ökologischen Forschung*, München

Bievert, Bernd/Held, Martin (Hg.) (1996): *Die Dynamik des Geldes. Über den Zusammenhang von Geld, Wachstum und Natur*, Frankfurt/New York

Biewald, Anne (2011*): Give Virtual Water a Chance! An Attempt to Rehabilitate the Concept*. GAIA Vol. 20, Nr. 3, S. 168–170

Binswanger, Hans-Christoph. (2009): *Die Wachstumsspirale: Geld, Energie und Imagination in der Dynamik des Marktprozesses*. 3. Aufl., Marburg

Binswanger, Matthias (2006): *Die Tretmühlen des Glücks. Wir haben immer mehr und werden nicht glücklicher. Was können wir tun?*, Freiburg

Binswanger, Matthias/Beltrani, Guido/Jochem, Axel/Schelske, Oliver (2005): *Wachstum und Umweltbelastung: Findet ein Entkopplung statt?*, Bern

Birnbacher, Dieter (1988): *Verantwortung für zukünftige Generationen*, Stuttgart

Blazejczak, Jürgen (Hg.) (1998): *Zukunftsgestaltung ohne Wirschaftswachstum: Ergebnisse eines Workshops des DIW im Auftrag von Greenpeace Deutschland*, Berlin

BLK21 – Transfer21 Bund-Länder-Kommission (2011*): Bildung für eine nachhaltige Entwicklung* (http://www.blk21.de/)

BMAS – Bundesministerium für Arbeit und Soziales (2010): *Nationale Strategie zur gesellschaftlichen Verantwortung von Unternehmen – Aktionsplan CSR – der Bundesregierung*, Berlin

BMBF – Bundesministerium für Bildung und Forschung (2010): *Megastädte – die Welt von morgen nachhaltig gestalten*, Berlin

BMBF (2009): *Forschung für Nachhaltige Entwicklungen*. Rahmenprogramm. Bonn/Berlin (http://www.fona.de/pdf/publikationen/forschung_nachhaltige _entwicklungen.pdf) (8.7.2011)

BMELV – Bundesministerium für Ernährung, Landwirtschaft und Verbraucherschutz (2008): *Nationale Verzehrsstudie II*. Ergebnisbericht Teil 2.

BMF – Bundesministerium der Finanzen (2005): *Monatsbericht Mai 2005. Statistiken und Dokumentationen*, Berlin

BMFSFJ – Bundesministerium für Familien, Senioren, Frauen, Jugend (2010): *Entgeltungleichheit*, Berlin (http://www.bmfsfj.de/BMFSFJ/gleichstellung, did=88096.html)

BMU – Bundesministerium für Umwelt, Naturschutz und Reaktorsicherheit (2008): *Nationaler Energieeffizienzplan. Strategie des Bundesumweltministeriums*, Berlin

BMU (2006): *Ökologische Industriepolitik. Memorandum für einen »New Deal« von Wirtschaft, Umwelt und Beschäftigung*, Berlin

BMU (2004a): *Atomkraft: Wiedergeburt eines Auslaufmodells?* Themenpapier, Berlin

BMU (Hg.) (2004b): *Umweltbewusstsein in Deutschland 2004*, Bonn

BMU (Hg.) (2003): *Leitlinien für eine nachhaltige Mobilität*, Berlin

BMU (Hg.) (2000): *Erprobung der CSD-Nachhaltigkeitsindikatoren in Deutschland. Bericht der Bundesregierung*, Berlin

BMU/Umweltbundesamt (Hg.) (1998): *Handbuch Lokale Agenda 21. Wege zur nachhaltigen Entwicklung in den Kommunen*, Bonn

BMVBS – Bundesministerium für Verkehr, Bau, Stadtentwicklung (2011a): *Plus-Energie-Haus: Bauen für die Zukunft 2007–2011*, Berlin (http://www. bmvbs.de/SharedDocs/DE/Artikel/B/plus-energie-haus-bauen-fuer-die-zukunft.html?nn=35704), Zugriff 03.06.2011

BMVBS (2011b): *Leitfaden nachhaltiges Bauen*, Berlin

BMVBS (2010): *Wohnen und Bauen in Zahlen 2009/2010*, Berlin

BMVBS (versch. Jahrgänge): *Verkehr in Zahlen*, Berlin

BMWA – Bundesministerium für Wirtschaft und Arbeit (2005): *Innovation und neue Energietechnologien. Das 5. Energieforschungsprogramm der Bundesregierung*, Berlin

BMWi –Bundesministerium für Wirtschaft und Technologie (2011a): *Energiedaten. Zahlen und Fakten. Nationale und internationale Entwicklung*, Berlin

BMWi (2011b): *Forschung für eine umweltschonende, zuverlässige und bezahlbare Energieversorgung. Das 6. Energieforschungsprogramm der Bundesregierung*, Berlin

BMWi/BMU (2010): *Energiekonzept für eine umweltschonende, zuverlässige und bezahlbare Energieversorgung*, Berlin

Bodensee Stiftung/ICLEI Europe (2009): *Praxisleitfäden zum kommunalen Nachhaltigkeitsmanagement*. Freiburg/Radolfzell (http://www.bodensee-stiftung.org/neuigkeiten/praxisleitf%C3%A4den-zum-kommunalen-nachhaltigkeitsmanagement-online)

Böhret, Carl/Konzendorf, Götz (2001): *Handbuch Gesetzesfolgenabschätzung (GFA). Gesetze, Verordnungen, Verwaltungsvorschriften*, Baden-Baden

Böhringer, Christoph/Jochem, Patrick (2007): *Measuring the Immeasurable – A Survey of Sustainability Indices*. Ecological Economics. Vol. 63, Nr, 1, S. 1–8

Börjeson, Lena/Höjer, Mattias/Dreborg, Karl-Henrik/Ekvall, Tomas/Finnveden, Göran (2006): *Scenario Types and Techniques: Towards a User's Guide*. Futures, Vol. 38, S. 723–739

Bolte, Gabriele/Mielck, Andreas (2004): *Umweltgerechtigkeit. Die soziale Verteilung von Umweltbelastungen*, Weinheim

Borgstedt, Silke/Christ, Tamina/Reusswig, Fritz (2010*): Repräsentativumfrage zu Umweltbewusstsein und Umweltverhalten im Jahr 2010*. Bundesministerium für Umwelt, Naturschutz und Reaktorsicherheit, Berlin

BP – British Petroleum (2011): *Statistical Review of World Energy*, London

Brand, Karl-Werner (Hg.) (2002): *Politik der Nachhaltigkeit. Voraussetzungen, Probleme, Chancen – eine kritische Diskussion*, Berlin

Brand, Karl-Werner/Fürst, Volker (2002): *Sondierungsstudie. Voraussetzungen und Probleme einer Politik der Nachhaltigkeit – Eine Exploration des Forschungsfelds*. In: Brand (Hg.), S. 15–109

Brand, Ulrich (2007): *Zwischen Normativität, Analyse und Kritik. Die jüngere Diskussion um Global Governance*. Journal für Entwicklungspolitik, Vol. 23, Nr. 1, S. 26–50

Brand, Ulrich/Brunnengräber, Achim/Schrader, Lutz/Stock, Christian/Wahl, Peter (2000): *Global Governance. Alternative zur neoliberalen Globalisierung?* Münster

Brickwede, Fritz/Peters, Ulrike (Hg.) (2002): *Umweltkommunikation – vom Wissen zum Handeln*, Berlin

Brock, Lothar (1998): *Staatenwelt, Weltgesellschaft und Demokratie*. In: Messner (Hg.), S. 44–73

Brock, Lothar/Brühl, Tanja (2006): *Nach dem UN-Reformgipfel. Vorschläge zur Stärkung der kollektiven Friedenssicherung*. Stiftung Entwicklung und Frieden, Policy Paper 24, Bonn

Brown-Weiss, Edith (1989): *In Fairness to Future Generations. International Law, Common Patrimony and Intergenerational Equity*, New York

Brühl, Tanja/Ettmayer, Wendelin/Gareis, Sven/Huber, Florian/Maier, Franz (2008): *Nachhaltige Entwicklung und Global Governance: Verantwortung. Macht. Politik*, Opladen

Büttner, Roman (2011): *Umweltfreundlich geht anders*. Spiegel-online, 20.6.2011

Büttner, Hannah/Kneipp, Danuta (2010): *Gemeinsam Fahrt aufnehmen! Kommunale Politik- und Nachhaltigkeitsprozesse integrieren*, Darmstadt

BUND – Bund für Umwelt und Naturschutz Deutschland (2009): *Für eine zukunftsfähige Elektromobilität: umweltverträglich, erneuerbar, innovativ*, Berlin

BUND/Misereor (Hg.) (1996): *Zukunftsfähiges Deutschland. Ein Beitrag zu einer global nachhaltigen Entwicklung*, Basel
Bundesagentur für Arbeit (2011): *Der Arbeits- und Ausbildungsmarkt in Deutschland*. Monatsbericht Oktober, Nürnberg
Bundesregierung (2011a): *Energiekonzept 2050*, Berlin (http://www.bundesregierung.de/Webs/Breg/DE/Energiekonzept/energiekonzept.html)
Bundesregierung (2011b): *Energie für Deutschland. Das Energiekonzept der Bundesregierung*, Berlin
Bundesregierung (2010a): *Umweltbericht 2010. Umweltpolitik ist Zukunftspolitik*. Bundestags-Drucksache 17/4130, Berlin
Bundesregierung (2010b): *Nationale Engagementstrategie*, Berlin
Bundesregierung (2009): *Nationaler Entwicklungsplan Elektromobilität der Bundesregierung*, Berlin
Bundesregierung (2008): *Lebenslagen in Deutschland. Der 3. Armuts- und Reichtumsbericht der Bundesregierung*, Berlin
Bundesregierung (2004a): *Perspektiven für Deutschland. Unsere Strategie für eine nachhaltige Entwicklung*. Fortschrittsbericht 2004, Berlin (siehe www.bundesregierung.de/Anlage740735/pdf_datei.pdf)
Bundesregierung (2004b): *EU-Nachhaltigkeitsstrategie. Stellungnahme der Regierung der Bundesrepublik Deutschland zum Konsultationsprozess 2004*, Berlin
Bundesregierung (2002): *Perspektiven für Deutschland. Unsere Strategie für eine nachhaltige Entwicklung*, Berlin
Busch, Fritz/Hanitzsch, Andreas (2007): *Prognose Verkehrstelematik 2015+. Analysen – Vergleiche – Visionen*. Internationales Verkehrswesen, Vol 59, Nr. 12, S. 563–566
CAE – Conseil d'Analyse économiquE/SRW – Sachverständigenrat zur Begutachtung der gesamtwirtschaftlichen Entwicklung (2010): *Wirtschaftsleistung, Lebensqualität und Nachhaltigkeit: Ein umfassendes Indikatorensystem*. Expertise im Auftrag des Deutsch-Französischen Ministerrats, Paris/Wiesbaden
Camhis, Mario (1979): *Planning Theory and Philosophy*, London
Canzler, Weert/Knie, Andreas (2011): *Einfach aufladen. Mit Elektromobilität in eine saubere Zukunft*, München
CE Delft/INFRAS/ISI – Fraunhofer-Institut für System- und Innovationsforschung/IWW – Institut für Wirtschaftspolitik und Wirtschaftsforschung/Universität Gdanks (2008): *Handbook on Estimation of External Cost in the Transport Sector. Version 1.0*, Delft
CEQ – (Council on Environmental Quality)/U.S. State Department (Hg.) (1980): *The Global 2000 Report to the President*, Washington, D. C.
Clark, Adrew (2010): *Work and Well-Being*. Journal for Institutional Comparisons, Vol. 8, Nr. 4, S. 17–21
Clar, Günter/Doré, Johannes/Mohr, Hans (Hg.) (1997): *Humankapital und Wissen. Grundlagen einer nachhaltigen Entwicklung*, Berlin

Clausen, Jens/Wruk, Hans-Peter (2005): *Standards und Normen des Nachhaltigkeitsmanagements*, Lüneburg

Coenen, Frans (Hg.) (2009): *Public Participation and Better Environmental Decisions. The Promise and Limits of Participatory Processes for the Quality of Environmentally Related Decision-making*, Berlin et al.

Coenen, Frans (2009): Local Agenda 21: *Meaningful and Effective Participation?* In: Coenen (Hg.), S. 165–182

Coenen, Reinhard/Grunwald, Armin (Hg.) (2003): *Nachhaltigkeitsprobleme in Deutschland. Analyse und Lösungsstrategien*, Berlin

Costanza, Robert/Hart. Maureen/Posner, Stephen/Talberth, John (2009): *Beyond GDP: The Need for New Measures of Progress*. The Pardee Papers, No. 4., Boston

Costanza, Robert/Cumberland, John/Daly, Herman/Goodland, Robert (2001): *Einführung in die Ökologische Ökonomik*, Stuttgart

Cottier, Michelle/Estermann, Josef/Wrase, Michael (Hg.) (2010): *Wie wirkt Recht?* Baden-Baden

Crutzen, Paul (2006): *Albedo Enhancements by Stratospheric Sulfur Injections: A Contribution to Resolve a Policy Dilemma?* In: Climatic Change 77 (2006), S. 211–219

Dahrendorf, Ralf (2005): *Geht der Arbeitsgesellschaft die Arbeit aus?* Liechtenstein

Dalal-Clayton, Bary/Sadler, Barry (2005): *Sustainability Appraisal. A Review of International Experience and Practice.* International Institute for Environment and Development, London

Daly, Herman (2005): *Economics in a Full World.* Scientific American, September, S. 100–107

Daly, Herman (1999): *Wirtschaft jenseits von Wachstum. Die Volkswirtschaftslehre nachhaltiger Entwicklung*, Salzburg

Daly, Herman (1994): *Operationalizing Sustainable Development by Investing in Natural Capital.* In: Jansson et al. (Hg.), S. 22–37

Daly, Herman (1991): *Steady-State Economics. Second Edition With New Essays* Washington, D. C.

Daly, Herman (1990): *Towards Some Operational Principles of Sustainable Development.* Ecological Economics, Vol. 2, Nr. 1, S. 1–6

Daly, Herman/Cobb, Clifford (1991): *Der »Index of Sustainable Economic Welfare« oder: Hat die Wohlfahrt in der Gesellschaft wirklich zugenommen?* In: Diefenbacher/Habicht-Erenler (Hg.), S. 61–72

Daly, Herman/Farley, Joshua (2010): *Ecological Economics. Principles and Applications*, 2. Aufl., Washington, D. C.

Dauvergne, Peter (2008): *The Shadows of Consumption. Consequences for the Global Environment;* Cambridge/Mass.

DBK – Deutsche Bischofskonferenz/EKD – Evangelische Kirche Deutschland (2002): *Stellungnahme zur UN-Konferenz für Nachhaltigkeit und Entwicklung in Johannesburg.* Epd-dokumentation30, Bonn/Hannover de Haan, Gerhard (2003*)*: *Bildung als Voraussetzung für eine nachhaltige Entwicklung – Kriterien, Inhalte, Strukturen, Forschungsperspektiven.* In: Kopfmüller (Hg.), S. 93–112

Decker, Michael/Hauser, Robert/Reuß, Michael/Fleischer, Torsten/Kopfmüller, Jürgen/Schippl, Jens (2009): *Studie zum Stand der Forschung zu spezifischen Nutzungs- und Verbreitungsmustern nachhaltiger Technologien.* Projekt-Endbericht, Karlsruhe

Deloitte (2011): *Sustainable Finance. The Risks and Opportunities That (Some) CFOs are Overlooking,* Berlin (http://www.deloitte.com/assets/Dcom-Germany/Local%20Assets/Documents/13_FocusOn/Finance%20Transformation/2011/Sustainable_Finance_EN.pdf)

Deutsche Bank (2008): *Bauen als Klimaschutz. Warum die Bauwirtschaft vom Klimawandel profitiert,* Frankfurt/M. (Als Download erhältlich: www.db.com/mittelstand/downloads/ResearchStudie_Klimaschutz_091008.pdf)

Deutsche Gesellschaft CLUB OF ROME, DESERTEC Foundation (2011): *Der DESERTEC-Atlas. Weltaltlas zu den erneuerbaren Energien,* Leipzig

Deutscher Bundestag (2010): *Einsetzung einer Enquête-Kommission »Wachstum, Wohlstand, Lebensqualität - Wege zu nachhatigem Wirtschaften und gesellschaftlichem Fortschritt in der sozialen Marktwirtschaft«.* BT-Drucksache 17/3853, Berlin

Deutscher Städtetag (2011*)*: *Integrierte Stadtentwicklungsplanung und Stadtentwicklungsmanagement – Strategien und Instrumente nachhaltiger Stadtentwicklung.* Positionspapier, Hannover

DGNB – Deutsche Gesellschaft für Nachhaltiges Bauen (Hg.) (2009a): *Consense 2009.* Tagungsdokumentation, Stuttgart

DGNB (2009b): *Das Deutsche Gütesiegel Nachhaltiges Bauen. Aufbau – Anwendung – Kriterien,* Stuttgart

Diefenbacher, Hans (2009): *Indikatoren nachhaltiger Entwicklung für die Bundesrepublik Deutschland. Zwischenbilanz einer Wanderung zwischen Theorie und Praxis.* In: Popp/Schüll (Hg.), S. 683–694

Diefenbacher, Hans/Dümig, Dorothee/Teichert, Volker/Wilhelmy, Stefan (2000): *Indikatoren im Rahmen einer Lokalen Agenda 21. Leitfaden.* Forschungsstelle der Evangelischen Studiengemeinschaft (FEST), Heidelberg

Diefenbacher, Hans/Habicht-Erenler, Sabine (Hg.) (1991): *Wachstum und Wohlstand: Neuere Konzepte zur Erfassung der Sozial- und Umweltverträglichkeit,* Marburg

Diefenbacher, Hans/Teichert, Volker/Wilhelmy, Stefan (2003): *Eco Taxes. Ecological Tax Reform as an Instrument for Sustainable Development,* Heidelberg

Diefenbacher, Hans/Zieschank, Roland (2010): *Wohlfahrtsmessung in Deutschland. Ein Vorschlag für einen neuen Wohlfahrtsindex.* Umweltbundesamt Texte 2/2010, Dessau

Diehl, Paul/Frederking, Brian (2010): *The Politics of Global Governance: International Organsiations in an Interdependent World,* Boulder

DIFU – Deutsches Institut für Urbanistik (2011): *Städte für ein nachhaltiges Deutschland. Gemeinsam mit Bund und Ländern für eine zukunftsfähige Entwicklung*, Berlin

DIW – Deutsches Institut für Wirtschaftsforschung/WI – Wuppertal-Institut/ WZB – Wissenschaftszentrum Berlin (Hg.) (2000): *Arbeit und Ökologie.* Projektabschlussbericht, Düsseldorf

DIW (o. J.): *Sozioökonomisches Panel*, Berlin (http://www.diw.de/de/soep l)

Doctor, Adi (1967): *Sarvodaya: A Political and Economic Study*, London

Dorn, Carina (2010): *Analyse des innovativen Car-Sharing-Konzepts »Car2go« – Überprüfung der Anwendbarkeit auf Großstädte am Beispiel Wien.* Schriftenreihe des Instituts für Transportwirtschaft und Logistik an der Wirtschafts-Universität Wien, Nr. 4/2010, Wien

Douthwaite, Richard (1996): *Short Circuit: Strenghtening Local Economies for Security in an Unstable World*, Dublin

Dow Jones Sustainability Indexes (o. J.): *Dow Jones Sustainability Indexes* (www.sustainability-indexes.com)

Drautz, Cordula (2011): *Arbeit und Autonomie. Plädoyer für eine nachhaltige Arbeitspolitik.* Aus Politik und Zeitgeschichte, Nr. 15/2011, 11.4.2011, S. 41–46

Drewitz, Markus; Rommerskirchen, Stefan (2011): *Mehr als kosmetische Korrekturen. Langfristprognosen zum Güter- und Personenverkehr.* Internationales Verkehrswesen, Vol. 63, Nr. 1, S. 12–17

Dunphy, Richard; Barry, John; Baxter, Brian (Hg.) (2007): *Europe, Globalisation and Sustainable Development*, Abingdon

Dusseldorp, Marc/Sauter, Arnold (2011): *Forschung zur Lösung des Welternährungsproblems. Ansatzpunkte – Strategien – Umsetzung.* TAB-Arbeitsbericht Nr. 142. des Büros für Technikfolgenabschätzung beim Deutschen Bundestag (TAB), Berlin

Dyllick, Thomas (2002): *Unternehmerische Nachhaltigkeit: Anleitung für ein Leitbild.* In: Bieker et al. (2002), S. 5–10

Earth Charter Initiative (o. J.): *Earth Charter*, San José (www.earthcharter.org)

Earthsummit (2011): Earth Summit 2012: *Vision, Cooperation, Transformation* (http://www.earthsummit2012.org/

Eberle, Ulrike/Brohmann, Bettina/Graulich, Kathrin/Grießhammer, Rainer (2004): *Nachhaltiger Konsum braucht Visionen.* Ein Positionspapier des Öko-Instituts, Freiburg et al.

Ebermann, Thomas/Hoelscher, Philipp/ Matzak, Bernhard/Reimer, Sabine/ Rindt, Susanne/Sprengel, Rainer/Graf Strachwitz, Rupert (2005): *Bürgerengagement und Zivilgesellschaft in Deutschland. Stand und Perspektiven.* Veröffentlichung des Maecenata Instituts für Philanthropie und Zivilgesellschaft der Humboldt-Universität Berlin

Edwards, Michael (2004): *Civil Society*, Cambridge

EEAC – European Environment and Sustainable Development Advisory Council (2006): *Impact Assessment of European Commission Policies: Achievements and Prospects*. Statement of the EEAC Working Group on Governance, Brussels

EEAC (2005): *Sustaining Sustainability. A Benchmark Study on National Strategies Towards Sustainable Development and the Impact of Councils in Nine EU Member States*, Den Haag

Eisenack, Klaus/Moldenhauer, Oliver/Reusswig, Fritz (2002): *Möglichkeiten und Grenzen qualitativer und semiqualitativer Modellierung von Natur-Gesellschafts-Interaktionen*. In: Balzer/Wächter (Hg.), S. 377–389

Eisermann, Daniel (2003): *Die Politik der nachhaltigen Entwicklung. Der Rio-Johannesburg-Prozess*. Themendienst des Informationszentrums Entwicklungspolitik Nr. 13, Bonn (http://www.inwent.org/imperia/md/content/bereich3-intranet/3-04-internet-publik/th-13-text.pdf)

EKD/DBK – Rat der Evangelischen Kirche Deutschlands und Deutsche Bischofskonferenz (2003): *Neuorientierung für eine nachhaltige Landwirtschaft*, Bonn/Hannover

EKD/DBK (1998): *Internationale Verschuldung – eine ethische Herausforderung*. Gemeinsames Wort des Rates der EKD und der DBK, Bonn/ Hannover

EKD/DBK (1997*): Für eine Zukunft in Solidarität und Gerechtigkeit*. Gemeinsames Wort des Rates der EKD und der DBK, Hannover/Bonn

Ekins, Paul (1993): *»Limits to Growth« and »Sustainable Development«: Grappling with Ecological Realities*. Ecological Economics, Vol. 8, Nr. 3 S. 269–288

Emmrich, Rico/Melzer, Marieluise (2006): *Das integrative Nachhaltigkeitskonzept der HGF als Baustein der Bildung für eine Nachhaltige Entwicklung*. In: Kopfmüller (Hg.), S. 171–188

Empacher, Claudia (2002): Zielgruppenspezifische Potenziale und Barrieren für nachhaltigen Konsum. Ergebnisse einer sozial-ökologischen Konsumentenuntersuchung. In: Scherhorn/Weber, S. 455–466

Engelhardt, Anina/Kajetzke, Laura (Hg.) (2010): *Handbuch Wissensgesellschaft. Theorien, Themen und Probleme*, Bielefeld

Enquete-Kommission des 12. Deutschen Bundestages »Schutz des Menschen und der Umwelt« (1994): *Die Industriegesellschaft gestalten. Perspektiven für einen nachhaltigen Umgang mit Stoff- und Materialströmen*, Bonn

Enquete-Kommission des 13. Deutschen Bundestags »Schutz des Menschen und der Umwelt« (1998): *Konzept Nachhaltigkeit. Vom Leitbild zur Umsetzung*. Abschlussbericht. Bundestagsdrucksache 13/11200, Bonn

Enquete-Kommission des 14. Deutschen Bundestags »Globalisierung der Weltwirtschaft« (2002): *Endbericht*. BT-Drucksache 14/2350, Berlin

Enquete-Kommission des 14. Deutschen Bundestags »Nachhaltige Energieversorgung unter den Bedingungen der Globalisierung und der Liberalisierung« (2002): *Endbericht*. BT-Drucksache 14/9400, Berlin

Enquete-Kommission des 14. Deutschen Bundestags »Zukunft des bürgerschaftlichen Engagements« (2002): *Bürgerschaftliches Engagement: auf dem Weg in eine zukunftsfähige Bürgergesellschaft*. Endbericht. BT-Drucksache 14/8900, Berlin

Erdmenger, Christoph/Hoffmann, Caroline/Frey, Kilian/Lambrecht, Martin/ Wlodarski, Wojciech (2010): *Pkw-Maut in Deutschland? Eine umwelt- und verkehrspolitische Bewertung*. UBA Hintergrundpapier, Dessau

Erdmenger, Christoph/Lambrecht, Martin/Bölke, Michael/Brinkmann, Anna/ Frey, Kilian/Kolodziej, Andrea/Salz, Dorothea/Verron, Hedwig (2009): *Strategie für einen nachhaltigen Güterverkehr*. Umweltbundesamt, Texte 18/2009, Dessau

Ethik-Kommission Sichere Energieversorgung (2011): *Deutschlands Energiewende – Ein Gemeinschaftswerk für die Zukunft*, Berlin

EU-Kommission (2011a): *Energieeffizienzplan 2011*. KOM(2011) 109 endgültig, Brüssel

EU-Kommission (2011b): *Eine neue EU-Strategie (2011–14) für die soziale Verantwortung der Unternehmen (CSR)*. KOM(2011) 681 endgültig, Brüssel

EU-Kommission (2010): *Europa 2020. Eine Strategie für intelligentes, nachhaltiges und integratives Wachstum*. Mitteilung der Kommission, KOM (2010) 2020, Brüssel

EU-Kommission (2009): *Förderung der nachhaltigen Stadtentwicklung in Europa. Erfolge und Chancen*, Brüssel

EU-Kommission (2004): *Öffentliche Konsultation. Überprüfung der EU-Strategie für nachhaltige Entwicklung*. Arbeitsdokument der Kommissionsdienststellen. SEC(2004) 1042, Brüssel

EU-Kommission (2001a): *Mitteilung der Kommission zum sechsten Aktionsprogramm der Europäischen Gemeinschaft für die Umwelt, Umwelt 2010: Unsere Zukunft liegt in unserer Hand*'. KOM (2001) 31 endgültig, Brüssel

EU-Kommission (2001b): *Grünbuch Europäische Rahmenbedingungen für die soziale Verantwortung der Unternehmen*. KOM(2001) 366 endgültig, Brüssel

Europäisches Parlament/Rat der Europäischen Union (2009): *Richtlinie 209/28/ EG des Europäischen Parlaments und des Rates zur Förderung der Nutzung von Energie aus erneuerbaren Quellen und zur Änderung und anschließenden Aufhebung der Richtlinien 2001/77/EG und 2003/30/EG*, Brüssel

European Commission (2010): *EU Energy and Transport in Figures. Statistical Pocketbook 2010*, Brussels

European Commission (2009): *GDP and Beyond. Measuring Progress in a Changing World*. COM (2009) 433 final, Brussels

European Commission (2009): *European Research on Youth. Supporting young people to participate fully in society*, Brussels

European Commission (2008): *Impact Assessment Guidelines*, Brussels

European Commission (2005): *Common Actions for Growth and Employment: the Community Lisbon Programme*. COM (2005) 330 final, Brussels

European Commision (2004*): National Sustainable Development Strategies in the European Union. A First Analysis*. Commission Staff Working Document, Brussels

European Commission (2001): *A Sustainable Europe for a Better World. A European Union Strategy for Sustainable Development*. COM (2001) 264 final, Brussels

European Commission (2000a): EU-Richtlinie zur Gleichbehandlung. Brussels (vgl. http://eur-lex.europa.eu/LexUriServ/LexUriServ.do?uri=OJ: L:2000:303:0016:0022:de:PDF)

European Commission (2000b): *Towards a Local Sustainability Profile: European Common Indicators. Technical Report*, Luxemburg (siehe http:// ec.europa.eu/environment/urban/pdf/indicators_en.pdf)

European Commission Directorate-General for Energy (2011): *Energy 2020. A Strategy for Competitive, Sustainable and Secure Energy*, Brussels

European Commission Directorate-General for Energy (2010): *EU Energy Trends to 2030*, Brussels

European Parliament/European Council (2010): Official Journal of the European Union L 153: DIRECTIVE 2010/31/EU OF THE EUROPEAN PARLIAMENT AND OF THE COUNCIL of 19 May 2010 on the energy performance of buildings, Brussels, p. 13–35

Eurosif – European Sustainable Investment Forum (2010): *European Social Responsible Investment Study*, Paris

Eurostat (2011, 2009, 2007): *Nachhaltige Entwicklung in der Europäischen Union. Fortschrittsbericht über die EU-Strategie für nachhaltige Entwicklung*, Luxemburg

EWI – Energiewirtschaftliches Institut der Universität Köln/GWS – Gesellschaft für wirtschaftliche Strukturforschung/Prognos (2010): *Energieszenarien für ein Energiekonzept der Bundesregierung*, Basel/Köln/Osnabrück

FAO - Food and Agriculture Organization of the United Nations (2010): *The State of Food Insecurity in the World*, Rom

FAO – Food and Agriculture Organization (1996*): Rome Declaration on World Food Security, World Food Summit 1996*, Rome

Fink, Alexander/Siebe, Andreas/Kuhle, Jens-Peter (2004): *How Scenarios Support Strategic Early Warning Processes*. Foresight, Vol. 6, Nr. 3, S. 173–185

Fischedick, Manfred/Lechtenböhmer, Stefan/Thomas, Stefan (2011): *Den Umbau des Energiesystems risikoarm und richtungssicher voranbringen*. Thesenpapier, Wuppertal

Fischer, Andreas/Hahn, Gabriela (Hg.) (2001): *Vom schwierigen Vergnügen einer Kommunikation über die Idee der Nachhaltigkeit*, Frankfurt/M.

Fischer-Kowalski, Marina/Madlener, Reinhard/Payer, Harald/Pfeffer, Thomas/ Schandl, Heinz (1995): *Soziale Anforderungen an eine nachhaltige Entwicklung*. Schriftenreihe Soziale Ökologie des Instituts für Interdisziplinäre Forschung und Fortbildung der Universitäten Innsbruck, Klagenfurt und Wien; Bd. 42, Wien

Fleischer, Torsten/Grunwald, Armin (2002): *Technikgestaltung für mehr Nachhaltigkeit – Anforderungen an die Technikfolgenabschätzung*. In: Grunwald (Hg.), S. 95–146

FNG – Forum Nachhaltige Geldanlagen (2011): *Marktbericht Nachhaltige Geldanlagen*, Berlin
Forum for the Future (o. J.): *Sustainable Cities Index*, London (http://www.forumforthefuture.org/project/sustainable-cities-index/overview)
Franz, Jennifer/Kirkpatrick, Colin (2007): *Integrating Sustainable Development into European Policymaking: the Role of Impact Assessments*. Journal of Environmental Assessment Policy and Management, Vol. 9, Nr. 2, S. 141–160
Franzmann, Manuel (Hg.) (2009): *Bedingungsloses Grundeinkommen als Antwort auf die Krise der Arbeitsgesellschaft*, Baden-Baden
Frey, Bruno (2008): *Happiness. A Revolution in Economics*, Cambridge
Frey, Bruno/Stutzer, Alois (2002): *Happiness and Economics. How the Economy and Institutions Affect Well-Being*, Princeton/Oxford
Friends of the Earth; New Economics Foundation (2007): *The European (Un) Happy Planet Index. An Index of Carbon Efficiency and Well-Being in the EU*, London
Fritz, Peter/Huber, Joseph/Levi, Hans (Hg.) (1995): *Nachhaltigkeit in naturwissenschaftlicher und sozialwissenschaftlicher Perspektive*, Stuttgart
Fues, Thomas (1998): *Das Indikatorenprogramm der UN-Kommission für nachhaltige Entwicklung*, Frankfurt/M.
Funtowicz, Silvio/Ravetz, Jerome (1993): *Science for the Post-Normal Age*. Futures 25, S. 739–755
Fussler, Claude (1999): *Die Öko-Innovation*, Stuttgart et al.
Garcia-Sanchez, Isabel/Prado-Lorenzo, Jose-Manuel (2008*): Determinant Factors in the Degree of Implementation of Local Agenda 21 in the European Union*. Sustainable Development, Vol. 16, Nr. 1, S. 17–34
Gardiner, Stephen/Caney, Simon/Jamieson, Dale/Shue, Henry (Hg.) (2010): *Climate Ethics*, Oxford
Gardner, Gary (2010): *Engaging Religions to Shape Worldviews*. In: Worldwatch Institute (Hg.): State of the World 2010: Transforming Cultures – From Consumerism to Sustainability. London/New York, s. 23–28
Gardner, Gary (2003): *Die Einbeziehung der Religion in der Suche nach einer nachhaltigen Welt*. In: Worldwatch Institute (Hg.). S. 291–327
Garrelts, Heiko (2008): *Nichtregierungsorganisationen als »Player« in der Nachhaltigkeitspolitik – Möglichkeiten und Grenzen*. In: Lange (Hg.), S. 315–341
Gasparatos, Aleandros/El-Haram, Mohamed/Horner, Malcolm (2008): *A Critical Review of Reductionist Approaches for Assessing the Progress Towards Sustainability*. Environmental Impact Assessment Review, Vol. 28, Nr. 4/5, S. 286–311
Gawel, Erik/Bernsen, Kristina (2011): *Do We Really Need a Water Footprint? Global Trade, Water Scarcity and the Limited Role of Virtual Water*. GAIA 20/3, S. 162–167
Gebauer, Jana/Rotter, Maja (2009): *Praxis der Nachhaltigkeitsberichterstattung in deutschen Großunternehmen. Befragungsergebnisse im Rahmen des IÖW/ future-Rankings 2009*, Berlin et al.

Gehrlein, Ulrich (2004): *Nachhaltigkeitsindikatoren zur Steuerung kommunaler Entwicklung*, Wiesbaden

George, Clive/Kirkpatrick, Colin (2008): *Governance for Sustainable Trade. The Role of Impact Assessment for International Trade Policy.* Ökologisches Wirtschaften, Nr. 4, S. 18–20

George, Clive/Kirkpatrick, Colin (2006): *Assessing National Sustainable Development Strategies: Strengthening the Links to Operational Policy*. In: Natural Resources Forum, Vol. 30, Nr. 2, S. 146–156

Georgescu-Roegen, Nicolas (1971): *The Entropy Law and the Economic Process*, Cambridge/Mass.

Gerken, Lüder (Hg.) (1996*): Ordnungspolitische Grundfragen einer Politik der Nachhaltigkeit*, Baden-Baden

Gerlagh, Reyer/Dellink, Rob/Hofkes, Marjan/Verbruggen, Harmen (2002): *A Measure of Sustainable National Income for the Netherlands*. Ecological Economics, Vol. 41, Nr. 1, S. 157–174

GESIS – Gesellschaft sozialwissenschaftlicher Infrastruktureinrichtungen (2001). *System Sozialer Indikatoren* (siehe www.social-science-gesis.de/ Dauerbeobachtung/Daten/System_Sozialer_Indikatoren/)

GESIS – Leibnitz-Institut für Sozialwissenschaften (o. J.): *System sozialer Indikatoren für Deutschland*, Mannheim (http://www.gesis.org/unser-angebot/daten-analysieren/soziale-indikatoren/system-sozialer-indikatoren/)

Gethmann, Carl Friedrich/Lingner, Stephan (Hg.) (2002*): Integrative Modellierung zum Globalen Wandel*, Berlin et al.

Gethmann, Carl-Friedrich/Kamp, Georg (2001): *Gradierung und Diskontierung von Verbindlichkeiten bei der Langzeitverpflichtung*. In: Mittelstraß (Hg.), S. 281–295

Giddens, Anthony (1992): *Die Konstitution der Gesellschaft. Grundzüge einer Theorie der Strukturierung*, Frankfurt/New York

Gietinger, Klaus (2006): *Opfer der Motorisierung. Versuch einer konkreten Schätzung*. Internationales Verkehrswesen, Vol. 58, Nr. 11, S. 530–534

Gioski, Nisida/Sedlacko, Michal/Berger, Gerald (2010): *National Sustainable Development Strategies in Europe: Status Quo and Recent Developments*. European Sustainable Development Network Quarterly Report, September 2010

Glotz-Richter, Michael/Loose, Willi/Nobis, Claudia (2007): *Car-Sharing als Beitrag zur Lösung von städtischen Verkehrsproblemen*. Internationales Verkehrswesen, Vol. 59, Nr. 7/8, S. 333–337

Göll, Edgar/Thio, Sie Liong (2008): *Institutions for a Sustainable Development - Experiences from EU-Countries*. Environment, Development and Sustainability, Vol. 10, Nr. 1, S. 69–88

Göll, Edgar/Thio, Sie Liong (2004): *Nachhaltigkeitspolitik in EU-Staaten*, Baden-Baden

Gorz, André (2010): *Kritik der ökonomischen Vernunft. Sinnfragen am Ende der Arbeitsgesellschaft*, Zürich

Gorz, André (1998): *Jenseits der Erwerbsarbeit. Die gesellschaftliche Anerkennung einer veränderten Wirklichkeit tut not*. Politische Ökologie, Heft 54, S. 50–54

Gosepath, Stephan (1998): *Zur Begründung sozialer Menschenrechte*. In: Gosepath/Lohmann (Hg.), S. 146–187

Gosepath, Stephan/Lohmann, Georg (Hg.) (1998): *Philosophie der Menschenrechte*. Frankfurt/M.

Gosewinkel, Dieter/Rucht, Dieter/van den Daele, Wolfgang/Kocka, Jürgen (Hg.) (2004): *Zivilgesellschaft – national und transnational*, Berlin

Greenpeace; EEB – European Environmental Bureau (2011): *Statement form Environmental NGOs Towards OECD Green Growth Strategy*, Brüssel/Amsterdam

Greenpeace/EREC – European Renewable Energy Council (2008): *Energy [R]evolution. A Sustainable Global Energy Outlook*, Amsterdam/Brussels

Grethe, Harald/Dembélé, Assa/Duman, Nuray (2011): *How to feed the world's growing billions. Unterstanding FAO world food projections and their implications*. Heinrich Böll Stiftung und WWF Deutschland

GRI – Global Reporting Initiative (2011): *Sustainability Reporting Guidelines 3.1*, Boston

GRI – Global Reporting Initiative (2002): *Sustainability Reporting Guidelines*, Boston

Grünwald, Reinhard (2007): *CO2-Abscheidung und –Lagerung bei Kraftwerken*. TAB-Arbeitsbericht Nr. 120, Büro für Technikfolgen-Abschätzung beim Deutschen Bundestag, Berlin

Grünweg, Tom (2009): *Daimler-Projekt Car2go. Ulm steigt um*. Spiegel-online, 18.5.2009

Grunwald, Armin (2010a*): Lasst uns die Erde kühlen! Climate Engineering: Verantwortung, Risiko, Technikfolgen*. Zur Debatte, Vol. 9, Nr. 1, S. 13–15

Grunwald, Armin (2010b): *Wider die Privatisierung der Nachhaltigkeit. Warum ökologisch korrekter Konsum die Umwelt nicht retten kann*. GAIA, Vol. 19, Nr. 3, S. 178–182

Grunwald, Armin (2010c): *Technikfolgenabschätzung – eine Einführung*, 2. Auflage, Berlin

Grunwald, Armin (2009): *Konzepte nachhaltiger Entwicklung vergleichen – aber wie? Diskursebenen und Vergleichsmaßstäbe*. In: von Egan-Krieger et al. (Hg.), S. 41–64

Grunwald, Armin (2007): *Working Towards Sustainable Development in the Face of Uncertainty and Incomplete Knowledge*. Journal of Environmental Policy & Planning, Volume 9, Nr. 3, S. 245–262

Grunwald, Armin (2004): *Strategic Knowledge for Sustainable Development*. International Journal of Foresight and Innovation Policy, Vol. 1, Nr. 1/2, S. 150–167

Grunwald, Armin (Hg.) (2002): *Technikgestaltung für eine nachhaltige Entwicklung. Von der Konzeption zur Umsetzung*, Berlin

Grunwald, Armin/Banse, Gerhard/Coenen, Christopher/Hennen, Leo (2006): *Netzöffentlichkeit und digitale Demokratie. Tendenzen politischer Kommunikation im Internet*, Berlin

Grunwald, Armin/Coenen, Reinhard/ Nitsch, Joachim/Sydow, Achim/ Wiedemann, Peter (Hg.) (2001): *Forschungswerkstatt Nachhaltigkeit. Wege zur Diagnose und Therapie von Nachhaltigkeitsdefiziten*, Berlin

Grunwald, Armin/Kopfmüller, Jürgen (2007): *Die Nachhaltigkeitsprüfung. Kernelement einer angemessenen Umsetzung des Nachhaltigkeitsleitbilds in Politik und Recht*. FZKA-Bericht Nr. 7349, Karlsruhe

Grunwald, Armin/Lingner, Stephan (2002): *Nachhaltigkeit und Integrative Modellierung*. In: Gethmann/Lingner (Hg.), S. 71–106

Gunn, Alastair/Jackson, Fiona (2005): *American Mass Media and Sustainable Development*. International Journal of Environmental, Cultural, Economic and Social Sustainability, Vol. 1, Nr. 4, S. 51–56

Gustavsson, Jenny/Cederberg, Christel/Sonesson, Ulf (2011): *Global Food Losses and Food Waste*. FAO, Rome

Haag, Daniel/Maschonat, Gunda (2001): *Paradigmen zur Repräsentation und zum Management komplexer Systeme: Simulationsmodelle und neue Formen der Wissensproduktion*. Diskussionspapier des Instituts für Bodenkunde und Standortslehre der Universität Hohenheim, Stuttgart

Habermas, Jürgen (1985): *Die neue Unübersichtlichkeit*, Frankfurt/M.

Hagedorn, Friedrich/Meyer, Heinz/Braun, Marie-Luise/Henning, Michael (2004): *TV-Medien und Nachhaltigkeit*. Hg. vom Adolf Grimme-Institut, Berlin (siehe www.nachhaltigkeitsrat.de/ dokumente/publikationen)

Hagemann, Helmut (2004): *Vom Kassenzettel zum Stimmzettel. Orientierungshilfen für nachhaltige Kaufentscheidungen im Massenmarkt*. Wuppertal Institut für Klima, Umwelt, Energie, Wuppertal

Haigh, Martin (2010): *Education for a Sustainable Future: Strategies of the New Hindu Religious Movement*. Sustainability, Nr. 2, S. 3500 – 3519

Hák, Tomás/Moldan, Bedrich/Dahl, Arthur (2007): *Sustainability Indicators. A Scientific Assessment*, Washington, D. C. et al.

Hake, Jürgen-Friedrich/Eich, Regina (2005): *Anforderungen an eine in die Zukunft gerichtete Energieforschung*. Energiewirtschaftliche Tagesfragen, Vol. 55, Nr. 1/2, S. 8–12

Halbritter, Günter/Bräutigam, Rainer/Fleischer, Torsten/Fulda, Ekkehard/ Georgiewa, Daniela/Klein-Vielhauer, Sigrid/Kupsch, Christel (2002): *Verkehr in Ballungsräumen. Mögliche Beiträge von Telematiktechniken und -diensten für einen effizienteren und umweltverträglicheren Verkehr*, Berlin

Halbritter, Günter/Fleischer, Torsten/Kupsch, Christel (2008): *Strategien für Verkehrsinnovationen. Umsetzungsbedingungen – Verkehrstelematik – internationale Erfahrungen*, Berlin

Hansen, Klaus (2009): *Kultur, Kollektiv, Nation, Schriftenreihe der Forschungsstelle Grundlagen Kulturwissenschaft*, Bd. 1, Passau

Harborth, Hans-Jürgen (1991): *Dauerhafte Entwicklung statt globaler Umweltzerstörung*, Berlin
Harremoes, Poul/Gee, David/MacGarvin, Malcolm/Stirling, Andy/Keys, Jane/Wynne, Brian/Guedes Vaz, Sofia (Hg.) (2002): *The Precautionary Principle in the 20th century. Late Lessons from early warnings*. London
Hassan, Asma/Cajee, Zeinoul (2002): *Islam, Muslims and Sustainable Development: The Message from Johannesburg 2002* (www.imase. org)
Hauff, Volker (2004): *Geschäftsfeld oder Luxus: Unternehmensengagement für nachhaltige Entwicklung*. Vortrag, 1. Oktober 2004, Hamburg
Hauff, Volker (Hg.) (1987*): Unsere gemeinsame Zukunft. Der Brundtland-Bericht der Weltkommission für Umwelt und Entwicklung*, Greven
Heinrichs, Dirk/Krellenberg, Kerstin/Hansjürgens, Bernd/Martinez, Francisco (2012): *Megacities – Risk or Opportunity for Sustainable Development*, Berlin/Heidelberg
Heins, Bernd (1998): *Soziale Nachhaltigkeit*, Berlin
Hemmati, Minu/Gardiner, Rosalie (2002): *Gender and Sustainable Development*. A Briefing Paper. Heinrich-Böll-Stiftung, Berlin
Hengsbach, Friedrich (2000*): Globalisierung – eine wirtschaftsethische Reflexion*. Aus Politik und Zeitgeschichte B 33–34, S. 41–48
Hennen, Leonhard/Krings, Bettina (2000): *Forschungs- und Technologiepolitik für eine nachhaltige Entwicklung*. Büro für Technikfolgen-Abschätzung beim Deutschen Bundestag, Arbeitsbericht Nr. 58, Berlin
Hennen, Leonhard/Petermann, Thomas/Scherz, Constanze (2003): *Langzeit- und Querschnittsfragen in europäischen Regierungen und Parlamenten*. Büro für Technikfolgen-Abschätzung beim Deutschen Bundestag, Berlin
Hennen, Leonhard/Sauter, Arnold (Hg.) (2005): *Risikoregulierung bei unsicherem Wissen*. Büro für Technikfolgen-Abschätzung beim Deutschen Bundestag, Diskussionspapier Nr. 11, Berlin
Hennicke, Peter (2008): *Klima und Bevölkerung*. In: Online-Handbuch Demografie (http://www.berlin-institut.org/online-handbuchdemografie.html)
Hessisches Statistisches Landesamt (2010): *Nachhaltigkeitsstrategie Hessen. Ziele und Indikaren*, Wiesbaden
Hey, Christian/Schleicher-Tappeser, Ruggero (2003): *Nachhaltigkeit trotz Globalisierung. Handlungsspielräume auf regionaler, nationaler und europäischer Ebene*, Berlin et al.
Hiessl, Harald (2005): *Wassertechnologien für eine nachhaltige Zukunft*. In: Mappus (2005), S. 140–172
Hildebrandt, Eckart (2003): *Arbeit und Nachhaltigkeit. Wie geht das zusammen?* In: Linne/Schwarz (2003), S. 381–393
Hinterberger, Friedrich/Hutterer, Harald/Omann, Ines/Freytag, Elisabeth (Hg.) (2009): *Welches Wachstum ist nachhaltig? Ein Argumentarium*, Wien

Hinterberger, Friedrich/Luks, Fred/Schmidt-Bleek, Friedrich (1997): *Material Flows vs. »Natural Capital«: What Makes an Economy Sustainable?* Ecological Economics, Vol. 23, Nr. 1, S. 1–14

Hinterberger, Friedrich/Zacherl, Renata (2003): *Ways Towards Sustainability in the European Union*, Wien

Hirsch, Fred (1976): *Die sozialen Grenzen des Wachstums. Eine ökonomische Analyse der Wachstumskrise*, Reinbek

Höffe, Otfried (1999): *Demokratie im Zeitalter der Globalisierung*, München

Hoekstra, Arjen/Chapagain, Ashok (2006): *Water Footprints of Nations. Water Use by People as a Function of Their Consumption Pattern*, Dordrecht

Hoffmann, Esther/Siebenhüner, Bernd/Beschorner, Thomas/Arnold, Marlen/Behrens, Torsten/Barth, Volker/Vogelpohl, Karin (Hg.) (2007): *Gesellschaftliches Lernen und Nachhaltigkeit*, Marburg

Hoffmann-Riem, Wolfgang. (1997): *Tendenzen in der Verwaltungsrechtsentwicklung*. Die öffentliche Verwaltung, Vol. 50, Nr. 11, S. 433–441

Holoubek, Michael (1999): *Rechtswissenschaftliche Rechtspolitik? Plädoyer für einen (weiteren) Gegenstand der Rechtswissenschaften*. In: Holoubek/Lienbacher (Hg.), S. 148–160

Holoubek, Michael/Lienbacher, Georg (Hg.) (1999): *Rechtspolitik der Zukunft – Zukunft der Rechtspolitik*, Wien

Hornberg, Claudia/Pauli, Andrea (Hg.) (2009): *Umweltgerechtigkeit - die soziale Verteilung von gesundheitsrelevanten Umweltbelastungen*. Universität Bielefeld, Bielefeld

Hope, Chris/Fowler, Stephen (2007): *A critical review of Sustainable Business Indices and their Impact*. In: Journal of Business Ethics, Vol. 76, Nr. 3, S. 243–252

Huber, Joseph (1995*): Nachhaltige Entwicklung. Strategie für eine ökologische und soziale Erdpolitik*, Berlin

Hübler, Karl-Hermann/Kaether, Johann/Selwig, Lars/Weiland, Ulrike (2000): *Weiterentwicklung und Präzisierung des Leitbildes der nachhaltigen Entwicklung in der Regionalplanung und regionalen Entwicklungskonzepten*. UBA-Texte 59/00, Berlin

Hummel, Diana/Kluge, Thomas/Liehr, Stephan/Hachelaf, Miriam (2006): *Virtual Water Trade*. Documentation of an International Expert Workshop. July 3–4, 2006. Materialien Soziale Ökologie. Nr. 24, Institut für sozial-ökologische Forschung, Frankfurt/M.

Huntington, Samuel (1998): *The Clash of Civilizations and the Remaking of World Order*, New York

Huppes, Gjalt/Ishikawa, Hiuzu (Hg.) (2011): *Visions for Industrial Ecology*. Special issue. Journal of Industrial Ecology 15, pp. 641–679

Huschka, Denis/Wagner, Gert (2010): *Sind Indikatoren zur Lebensqualität und zur Lebenszufriedenheit als politische Zielgrößen sinnvoll?* Rat für Sozial- und Wirtschaftsdaten, Research Note Nr. 43, Berlin

Hutter, Gérard/Wiechmann, Thorsten (Hg.) (2010*): Strategische Planung. Zur Rolle der Planung in der Strategieentwicklung für Städte und Regionen*, Berlin
Ickert, Lutz/Matthes, Ulrike/Rommerskirchen, Stefan/Weyand, Emely/Schlesinger, Michael/Limbers, Jan (2007): *Abschätzung der langfristigen Entwicklung des Güterverkehrs in Deutschland bis 2050*. Projekt-Abschlussbericht im Auftrag des Bundesministeriums für Verkehr, Bauen und Stadtentwicklung, Basel
ICLEI (2007): *Zyklisches Nachhaltigkeitsmanagement für Kommunen. Umsetzung der Aalborg Commitments in 5 Schritten*, Freiburg (http://www.local sustainability.eu/fileadmin/template/projects/localsustainability_eu/files/ACTOR-Guidegerman.pdf)
ICLEI – International Council for Local Environmental Initiatives (2003): *Triennial Report*, Toronto
ICSU – International Council for Science/ISSC - International Social Science Council (2010): *Earth System Science for Global Sustainability*, Paris
IEA – International Energy Agency (2010a): *World Energy Outlook*, Paris
IEA (2010b): *Key World Energy Statistics*, Paris
IEA (2010c): *Energy Technology Perspectives. Scenarios and Strategies to 2050*, Paris
IEA (2009): *IEA Scoreboard. 35 Key Energy Trends Over 35 Years*, Paris
IEA (2008a): *Towards a Sustainable Energy Future. IEA Programme of Work on Climate Change, Clean Energy and Sustainable Development*, Paris
IEA (2008b): *World Energy Outlook 2008*, Paris
IER – Institut für Energiewirtschaft und Rationelle Energieanwendung/RWI – Rheinisch-Westfälisches Institut für Wirtschaftsforschung/ZEW – Zentrum für Europäische Wirtschaftsforschung (2010): *Die Entwicklung der Energiemärkte bis 2030. Energieprognose 2009*, Stuttgart/Essen/Mannheim
Ifeu – Institut für Energie- und Umweltforschung (2010): *Datenbank Umwelt und Verkehr*. Erstellt im Auftrag von Allianz Pro Schiene e. V., Heidelberg
IfM – Institut für Mittelstandsforschung (2011): *Kennzahlen zum Mittelstand 2009/2010 in Deutschland*, Bonn (http://www.ifm-bonn.org/index.php?id=99)
IFOK – Institut für Organisation und Kommunikation (2007): *Wohlfahrtsindikatoren und Nachhaltigkeit – Bestandsaufnahme. Ergebnisse des Fachdialogs des Umweltbundesamts*, Bensheim et al.
IISD – International Institute for Sustainable Development (2002): Compendium of Sustainable Development Indicator Initiatives, Winnipeg
ILO – International Labor Organisation (2011): *Global Employment Trends 2011. The Challenge of a Jobs Recovery*, Genf
INFRAS/ISI – Fraunhofer-Institut für System- und Innovationsforschung/IER – Institut für Energiewirtschaft und Rationelle Energieanwendung (2007): *Externe Kosten des Verkehrs in Deutschland*. Schlussbericht im Auftrag der Allianz pro Schiene, Bern

IPCC – Intergovernmental Panel on Climate Change (2011): *Special Report on Renewable Energy Sources and Climate Change Mitigation*, Cambridge et al.

IPPC (2007): *Climate Change 2007*. Vierter Sachstandsbericht des IPCC, Cambridge, et al. (www.ipcc.ch)

Islamic Conference (2002*): Islamic Declaration on Sustainable Development.* Background Paper No. 5, World Summit on Sustainable Development, Johannesburg

IUCN – International Union for the Conservation of Nature/UNEP – United Nations Environmental Programme/WWF – World Wildlife Fund (1980): *The World Conservation Strategy: Living Resource Conservation for Sustainable Development*, Gland

IZT – Institut für Zukunftsstudien und Technologiebewertung (2011): *Zukunft des Wohnens und Bauens*. Werkstattbericht 115, Berlin (http://www.izt.de/fileadmin/downloads/pdf/IZT_WB115.pdf)

Jackson, Tim (2011): *Wohlstand ohne Wachstum. Leben und Wirtschaften in einer endlichen Welt*, München

Jacksonville Community Council (2010): *Quality of Life Progress Report for Jacksonville and Northeast Florida*, Jacksonville

Jacob, Klaus (2008): *Die schwierige Integration von Nachhaltigkeitsaspekten. Zur Praxis der Politikfolgenabschätzung in Europa*. Ökologisches Wirtschaften, Nr. 4, S. 15–17

Jacob, Klaus/Veit, Sylvia/Hertin, Julia (2009): *Gestaltung einer Nachhaltigkeitsprüfung im Rahmen der Gesetzesfolgenabschätzung*. Studie der Freien Universität Berlin im Auftrag der Bertelsmann Stiftung, Berlin

Jäger, Carlo/Paroussos, Leonidas/Mangalagiu, Diana/Kupers, Roland/Mandel, Antoine/Tàbara, Joan (2011): *A New Growth Path for Europe. Generating Prosperity and Jobs in the Low-Carbon Economy*, Potsdam

Jansson, Anna-Maria/Hammer, Monica/Folke, Carl/Costanza, Robert (Hg.) (1994): *Investing in Natural Capital: The Ecological Economics Approach to Sustainability*, Washington, D.C.

Jörissen, Juliane/Coenen, Reinhard (2006): *Reduzierung der Flächeninanspruchnahme – Ziele, Instrumente, Wirkungen*. Büro für Technikfolgen-Abschätzung beim Deutschen Bundestag, Berlin

Jörissen, Juliane/Coenen, Reinhard/Stelzer, Volker (2005): *Zukunftsfähiges Wohnen und Bauen. Herausforderungen, Defizite, Strategien*, Berlin

Johannes Paul II. (1979): *Redemptor hominis*. Päpstliche Enzyklika, Rom

Jonas, Hans (1979): *Das Prinzip Verantwortung*, Frankfurt/M.

Jonker, Jan/Stark, Wolfgang/Tewes, Stefan (2011): *Corporate Social Responsibility und nachhaltige Entwicklung. Einführung, Strategie und Glossar*, Berlin/Heidelberg

Kallis, Giorgos (2011): *In Defence of Degrowth*. Ecological Economics, Vol. 70, Nr. 5, pp. 873–880

Kastenhofer, Karen/Lansu, Angelique/van Dam-Mieras, Rietje/Sotoudeh, Mashid (2010): *The Contribution of University Curricula to Engineering Education for Sustainable Development*. GAIA, Vol. 19, Nr. 1, S. 44–52

Kastens, Uwe/Kleine-Büning/Hans (2008): *Modellierung. Grundlagen und formale Methoden*. 2. Aufl., München

Kates, Robert, et al. (2002): *Sustainability Science*. Science 292, S. 641–642

Kaul, Inge/Grunberg, Isabelle/Stern, Marc (1999): *Global Public Goods – International Cooperation in the 21st Century*, New York

Kemfert, Claudia/Traber, Thure (2010): *Nachhaltige Energieversorgung: Beim Brückenschlag das Ziel nicht aus den Augen verlieren*. DIW Wochenbericht, Vol. 77, Nr. 23, S. 2–9

Kemp, Rene/Rotmans, Jan (2004): *Managing the Transition to Sustainable Mobility*. In: Elzen/Geels/Green (Hg.): System Innovation and the Transition to Sustainability: Theory, Evidence and Policy. Cheltenham, UK, S. 137–167

Kersting, Wolfgang (2000): *Theorien der sozialen Gerechtigkeit*. Stuttgart, Weimar

Ketteler, G. (2002): *Der Begriff der Nachhaltigkeit im Umwelt- und Planungsrecht*. Natur und Recht, Vol. 24, Nr. 9, S. 513–522

Kevenhörster, Paul/van den Boom, Dirk (Hg.) (2009): *Entwicklungspolitik*, Wiesbaden

Kevenhörster, Paul/van den Boon, Dirk (2009): *Was ist Entwicklungszusammenarbeit?* In: Kevenhörster/van den Boom (Hg.), S. 19–40

Klaphake, Axel (2003): *Wasser als eine Schlüsselressource für nachhaltige Entwicklung*. In: Kopfmüller (Hg.), S. 149–174

Klauer, Bernd (1998): *Nachhaltigkeit und Naturbewertung. Welchen Beitrag kann das ökonomische Konzept der Preise zur Operationalisierung von Nachhaltigkeit leisten?* Heidelberg

Klee, Kristina (2000): *Die progressive Verwirklichung wirtschaftlicher, sozialer und kultureller Menschenrechte*, Stuttgart

Klein-Vielhauer, Sigrid (2009): *Framework model to assess leisure and tourism sustainability*. Journal of Cleaner Production, Vol. 17, Nr. 4, S. 447–454, DOI:10.1016/j.jclepro.2008.07.006

Klemmer, Paul/Becker-Soest, Dorothee/Wink, Rüdiger (1998): *Leitstrahlen, Leitbilder und Leitplanken – Ein Orientierungsfaden für die drei großen »L« der Nachhaltigkeitspolitik*. In: Renner/Hinterberger (Hg.), S. 45–71

Klenner, Karsten/Wehrspaun, Michael (2001): *Jenseits von Wohlstand und Angst. Anmerkungen zu Stellenwert und Problematik der Umweltkommunikation*. In: Fischer/Hahn (Hg.), S. 100–121

Klepper, Gernot (2002): *Nachhaltigkeit und technischer Fortschritt – Die Perspektive der neoklassischen Ökonomie*. In: Grunwald (Hg.), S. 21–36

Klepper, Gernot (1999): *Wachstum und Umwelt aus der Sicht der neoklassischen Ökonomie*. In: Beckenbach et al. (Hg.), Marburg, S. 291–317

Klieme, Eckard/Artelt, Cordula/Hartig, Johannes/Jude, Nina/Köller, Olaf/ Prenzel, Manfred/Schneider, Wolfgang/Stanat, Petra (Hg.) (2009): PISA 2009. *Bilanz nach einem Jahrzehnt*, Münster. Zusammenfassung: http://pisa.dipf.de/de/de/pisa-2009/ergebnisberichte/PISA_2009_Zusammenfassung.pdf

Knaus, Anja/Renn, Ortwin (1998): *Den Gipfel vor Augen. Unterwegs in eine nachhaltige Zukunft*, Marburg

Kopfmüller, Jürgen (2010): *Von der kulturellen Dimension nachhaltiger Entwicklung zur Kultur nachhaltiger Entwicklung*. In: Banse et al. (Hg.), S. 43–58

Kopfmüller, Jürgen (Hg.) (2006): *Das integrative Konzept nachhaltiger Entwicklung in der Forschungspraxis*, Berlin

Kopfmüller, Jürgen (Hg.) (2003): *Den globalen Wandel gestalten. Forschung und Politik für einen nachhaltigen globalen Wandel*, Berlin

Kopfmüller, Jürgen/Brandl, Volker/Jörissen, Juliane/Paetau, Michael/Banse, Gerhard/Coenen, Reinhard/Grunwald, Armin (2001): *Nachhaltige Entwicklung integrativ betrachtet. Konstitutive Elemente, Regeln, Indikatoren*, Berlin.

Kopfmüller, Jürgen/Coenen, Reinhard/ Jörissen, Juliane/Langniß, Ole/Nitsch, Joachim (2000): *Konkretisierung und Operationalisierung des Leitbildes einer nachhaltigen Entwicklung für den Energiebereich*. Wissenschaftliche Berichte des Forschungszentrums Karlsruhe, Nr. 6578, Karlsruhe

Kopfmüller, Jürgen/Luks, Fred (2003/ 2004): *Die deutsche Nachhaltigkeitsstrategie. Eine Kritik aus integrativer Perspektive*. Zeitschrift für Angewandte Umweltforschung, Vol. 15/16, Nr. 1, S. 16–43

Kopinke, Frank-Dieter/Mackenzie, Katrin/ Köhler, Robert/Georgi, Anett/ Roland, Ulf (2002): *Konzepte zur Grundwasserreinigung*. In: Grunwald (Hg.), S. 317–342

Kosow, Hannah/Gaßner, Robert (2008): *Methods of Future and Scenario Analysis. Overview, Assessment and Selection Criteria*. German Institute for Development Policy, Studies No. 39, Bonn

Kovach, Hetty/Neligan, Caroline/Burall, Simon (2003): *Power Without Accountability? The Global Accountability Report 2003*, London

KPMG Wirtschaftsprüfungsgesellschaft (2011): *KPMG-Handbuch zur Nachhaltigkeitsberichterstattung 2008/2009. Deutschlands 100 umsatzstärkste Unternehmen im internationalen Vergleich*, Hamburg/Frankfurt/M.

Kraas, Frauke/Nitschke, Ulrich (2006): *Megastädte als Motoren globalen Wandels. Neue Herausforderungen weltweiter Urbanisierung*. Internationale Politik, November, S. 18–28

Krainer, Larissa/Trattnigg, Rolf (Hg.) (2007): *Kulturelle Nachhaltigkeit. Konzepte, Perspektiven, Positionen*, München

Kreibich, Rolf (2009): *Die Zukunft der Lokalen Agend 21. Erkenntnisse und Erfahrungen in Berlin*. IZT Arbeitsbericht 22/2009, Berlin

Kringn, Bettina-Johanna (2007): *Die Krise der Arbeitsgesellschaft*. Technikfolgenabschätzung – Theorie und Praxis, Vol. 16, Nr. 2, S. 4–12

Kröhnert, Steffen (2010): *Bevölkerungsentwicklung in Ostdeutschland*. In: Online-Handbuch Demografie (http://www.berlin-institut.org/online-hand buchdemografie.html)
Küng, Hans (1990): *Projekt Weltethos*, München
Küng, Hans (Hg.) (2002): *Dokumentation zum Weltethos*, München
Küppersbusch, Friedrich (2003): *Nachhaltigkeit als Medienthema. Nur als Ausnahme von der Regel?* Politische Ökologie 91–92, S. 100–102.
Kuik, Onno J./Verbruggen, Harmen (Hg.) (1991): *In Search of Indicators of Sustainable Development*, Dordrecht
Lachmann, Werner (Hg.) (1995): *Die Arbeitsgesellschaft in der Krise. Konsequenzen für den Einzelnen und die Volkswirtschaft*, Berlin et al.
Lange, Joachim/Bizer, Kilian (Hg.) (2004): *Um-Steuern! Die Reform des Steuer- und Abgabensystems*. Loccumer Protokolle 25/04, Loccum
Lange, Hellmuth (Hg.) (2008): *Nachhaltigkeit als radikaler Wandel. Die Quadratur des Kreises?* Wiesbaden
Layard, Richard (2005): *Happiness: Lessons from a New Science*, New York
Lehn, Helmut/Parodi, Oliver (2009): *Wasser - elementare und strategische Ressource des 21. Jahrhunderts. - Teil 1: Eine Bestandsaufnahme*. Umweltwissenschaften und Schadstoffforschung, Vol. 21, Nr. 3, S. 272–281
Lehn, Helmut/Kopfmüller, Jürgen (2009): *Megacities – a Crucial Factor for a Globally Sustainable Development*. Die Erde, Vol. 140, Nr. 4, S. 337–340
Lehn, Helmut/Steiner, Magdalena/Mohr, Hans (1996): *Wasser, die elementare Ressource – Leitlinien einer nachhaltigen Nutzung*, Heidelberg
Leifer, Christoph (2011): *Das europäische Umweltmanagementsystem EMAS als Element gesellschaftlicher Selbstregulierung*, Tübingen
Leipert, Christian (1991): *Die andere Seite der Wachstumsmedaille: Ökologische und soziale Folgekosten des Wirtschaftens in der Industriegesellschaft*. In: Diefenbacher/Habicht-Erenler (Hg.), S. 21–41
Leipzig (2007): *Leipzig-Charta zur nachhaltigen europäischen Stadt* (http://www.bmvbs.de/cae/servlet/contentblob/34480/publicationFile/2617/leipzig-charta-zur-nachhaltigen-europaeischen-stadt-angenommen-am-24-mai-2007.pdf)
Leisinger, Klaus (2007): *Bevölkerungspolitik*. In: Online-Handbuch Demografie (http://www.berlin-institut.org/online-handbuchdemografie.html
Leisner, Thomas/Müller-Klieser, Stefan (2010): *Aerosolbasierte Methoden des Climate Engineering. Eine Bewertung*. In: Technikfolgenabschätzung – Theorie und Praxis, Vol. 19, Nr. 2, S. 25–32
Leitschuh-Fecht, Heike/Steger, Ulrich (2003): *Wie wird Nachhaltigkeit für Unternehmen attraktiv?*. In: Linne/ Schwarz (Hg.), S. 257–266
Lenk Hans/Ropohl, Günter (Hg.) (1993): *Technik und Ethik*. Stuttgart
Lexikon der Nachhaltigkeit (o. J.): *Nationale Nachhaltigkeitsstrategie* (http://www.nachhaltigkeit.info/artikel/nachhaltigkeitsstrategie_1374.htm)

Lindemann, Stefan/Jänicke, Martin (2008): *Nachhaltigkeitsstrategien in Deutschland und der EU. Eine Zwischenbilanz aus umweltpolitischer Sicht.* Forschungsstelle für Umweltpolitik. FFU-Report 2/2008, Berlin

Linne, Gudrun/Schwarz, Michael (Hg.) (2003): *Handbuch Nachhaltige Entwicklung. Wie ist nachhaltiges Wirtschaften machbar?*, Opladen

Linz, Manfred/Bartelmus, Peter/Hennicke, Peter/Jungkeit, Renate/Sachs, Wolfgang/Scherhorn, Gerhard/Wilke, Georg/von Winterfeld, Uta (2002): *Von nichts zu viel. Suffizienz gehört zur Nachhaltigkeit.* Wuppertal Papers Nr. 125, Wuppertal

Linz, Manfred/Kristof, Kora (2007): *Suffizienz, nicht Wachstum, ist der Schlüssel zu mehr Lebensqualität.* In: Rudolph (Hg.): *Wachstum, Wachstum über alles? Ein ökonomisches Leitbild auf dem Prüfstand von Umwelt und Gerechtigkeit*, Marburg, S. 177–191

Lissabon (1996): *Lissaboner Aktionsplan »Von der Charta zum Handeln«* (http://euronet.uwe.ac.uk/www.sustainable-cities.org/lis_ger.html)

Litman, Todd/Burwell, David (2006): *Issues in Sustainable Transportation.* International Journal of Global Environmental Issues, Vol. 6, No. 4, S. 331–347

Litsch, Franz-Johannes (2000): *Der Beitrag des Buddhismus zum Schutz der Mitwelt* (siehe www. buddhanetz. org/texte/ natur. htm, 9.6.2005)

Lützkendorf, Thomas (2009*): Deutsches Gütesiegel Nachhaltiges Bauen – durch Breite und Tiefe zur Spitze.* In: DGNB (Hg.), S. 40–41

Luks, Fred (2000): *Die Zukunft des Wachstums. Theoriegeschichte, Nachhaltigkeit und die Perspektiven einer neuen Wirtschaft*, Marburg

Lutz, Ferdinand (2010): *Die künftige Verfügbarkeit strategisch wichtiger Metalle.* Denkwerkstatt Zukunft, Bonn (http://www.denkwerkzukunft.de/downloads/Verfügbarkeit_von_Metallen.pdf)

Magnani, Lorenzo/Nersessian, Nancy/Thagard, Paul (Hg.) (1999): *Model-Based Reasoning in Scientific Discovery*, New York

Majer, Helge (2001): *Moderne Makroökonomik. Ganzheitliche Sicht*, München/Wien

Majer, Helge (Hg.) (1984): *Qualitatives Wachstum. Eine Einführung in Konzeptionen der Lebensqualität*, Frankfurt/M.

Mappus, Stefan (Hg.) (2005): *Erde 2.0 – Technologische Innovationen als Chance für eine nachhaltige Entwicklung?* Berlin et al.

Martens, Jens (2005): *UN-Reform und Milleniumsziele 2005. Chancen für neue Initiativen zur Entwicklungsfinanzierung und Global Governance?* Global Issue Papers, No. 16 der Heinrich Böll Stiftung, Berlin

Martinez-Alier, Juan (2009): *Socially Sustainable Economic Degrowth.* Development and Change, Vol. 40, Nr. 6, pp. 1099–1119

Marwede, Max/Knoll, Michael (2010): *Dossier Elektromobilität und Dienstleistungen.* IZT Arbeitsbericht Nr. 39/2010, Berlin

Matthes, Joachim (Hg.) (1982): *Krise der Arbeitsgesellschaft? Verhandlungen des 21. Deutschen Soziologentags in Bamberg 1982*, Frankfurt/M.

Maurer, Markus (2007): *Gesetzesfolgenabschätzung als notwendiges Element eines Programms zur besseren Rechtsetzung*. Zeitschrift für Gesetzgebung, Vol. 21, Nr. 4, S. 377–387

Mayer, Audrey (2008): *Strenghts and Weaknesses of Common Sustainability Indices for Multidimensional Systems*. Environment International, Vol. 34, Nr. 2, S. 277–291

McKinsey Global Institute (2011): *Urban World: Mapping the Economic Power of Cities*, San Francisco

Meadowcroft, James (2007): *National Sustainable Development Strategies: Features, Challenges, and Reflexivity*. European Environment, Vol. 17, Nr. 3, S. 152–163

Meadows, Dennis/Meadows, Donella/ Milling, Peter/Zahn, Erich (1973): *Die Grenzen des Wachstums. Bericht des Club of Rome zur Lage der Menschheit*, Reinbek bei Hamburg

Menke, Christoph/Pollmann, Arnd (2007): *Philosophie der Menschenrechte*. Hamburg

Mertins, Günter (2009): *Megacities in Latin America: Informality and Insecurity as Key Problems of Governance and Regulation*. Die Erde, Vol. 140, Nr. 4, S. 391–402

Messner, Dirk (2003): *Das »Global-Governance«-Konzept. Genese, Kernelemente und Forschungsperspektiven*. In: Kopfmüller (Hg.), S. 243–267

Meyer, Bettina (2006): *Thesen und Bausteine zur Weiterentwicklung der Ökologischen Finanzreform*. Diskussionspapier des Forum Ökologisch-Soziale Marktwirtschaft, Kiel

Meyer, Bettina/Ludewig, Damian (2009): *Zuordnung der Steuern und Abgaben auf die Faktoren Arbeit, Kapital, Umwelt*. Diskussionspapier des Forum Ökologisch-Soziale Marktwirtschaft, Berlin

Meyer, Rolf/Burger, Dieter (Hg.) (2012): *Low-input intensification of agriculture – chances and barriers in developing countries*. KIT Scientific Report 7584, Karlsruhe

Meyer, Rolf/Rösch, Christine/Sauter, Arnold (Hg.) (2010): *Chancen und Herausforderungen neuer Energiepflanzen* – Endbericht zum TA-Projekt, Berlin

Meyer, Rolf/Sauter, Arnold/Kassam, Amir (2011): *Feeding the World: Challenges and Opportunities*. Technikfolgenabschätzung – Theorie und Praxis, Vol. 20, Nr. 2, S. 5–13

Meyer, Rolf/Sauter, Arnold (2004): *Entwicklungstendenzen bei Nahrungsmittelangebot und -nachfrage. Eine Basisanalyse*. Berichte des Büros für Technikfolgen-Abschätzung beim Deutschen Bundestag, Frankfurt/M.

Michelsen, Gerd/Adomßent, Maik/Godemann, Jasmin (Hg.) (2008): *Sustainable University. Nachhaltige Entwicklung als Strategie und Ziel von Hochschulentwicklung*, Frankfurt/M.

Michelsen, Gerd/Godemann, Jasmin (Hg.) (2005): *Handbuch Nachhaltigkeitskommunikation. Grundlagen und Praxis*, München

Miegel, Meinhard (2010): *Exit. Wohlstand ohne Wachstum*, Berlin

Miersch, Michael (2010): *Die Verdrossenheit der Satten*. Die Welt, 27.3.2010
Minsch, Jürg/Feindt, Peter/Meister, Hans-Peter/Schneidewind, Uwe/Schulz, Tobias (1998): *Institutionelle Reformen für eine Politik der Nachhaltigkeit*, Berlin et al.
Mishan, Ezra (1967/1979): *The Costs of Economic Growth*, Harmondsworth
Mitchell, Gordon (1996): *Problems and Fundamentals of Sustainable Development Indicators*. Sustainable Development, Vol. 4, Nr. 1, S. 1–11
Mittelstraß, Jürgen (Hg.) (2001): *Die Zukunft des Wissens*, Berlin
Möst, Dominik/Jochem, Patrick/Fichtner, Wolf (2010): *Dezentralisierung der Energieversorgung. Herausforderungen an die Systemanalyse und –steuerung*. Technikfolgenabschätzung – Theorie und Praxis, Vol. 19, Nr. 3, S. 22–29
Mohr, Hans (1997): *Wissen als Humanressource*. In: Clar et al. (Hg.), S. 13–27
Morosini, Marco/Schneider, Caroline/Kochte-Clemens, Barbara/Losert, Christine/Waclawski, Nicole/Ballschmitter, Karlheinz (2001): *Umweltindikatoren. Grundlagen, Methodik, Relevanz*, Bd. 1, Stuttgart
Müller, Friedrich (2004): *Einschränkung der nationalen Gestaltungsmöglichkeiten und wachsende Globalisierung*. Kritische Justiz, Vol. 37, Nr. 2, S. 194–200
Müller, Michael (2007): *Eine Welt voller Unruhe – das Doppelgesicht der Moderne*. In: Rudolph (Hg.): *Wachstum, Wachstum über alles? Ein ökonomisches Leitbild auf dem Prüfstand von Umwelt und Gerechtigkeit*, Marburg, S. 197–220
Müller, Michael/Niebert, Kai (2009): *Epochenwechsel. Plädoyer für einen grünen New Deal*, München
Müller-Christ, Georg/Hülsmann, Michael (2003): Erfolgsbegriff eines nachhaltigen Managements. In: Linne/Schwarz (Hg.), S. 245–256
Munasinghe, Mohan (2011): *Millennium Consumption Goals (MCG) – How the Rich Can Make the Planet More Sustainable*, Manchester (http://www.mohanmunasinghe.com/pdf/MCG-OpEd-Article-v5F-MIND1.pdf)
MUNLV – Ministerium für Umwelt, Naturschutz, Landwirtschaft und Verbraucherschutz des Landes Nordrhein-Westfalen (Hg.) (2010): *Wie kommen nachhaltige Themen verstärkt in die Medien?* Düsseldorf
National Intelligence Council USA/ISS – European Union Institute for Security Studies (2010): *Global Governance 2025: At a Critical Juncture*, Washington, D. C.
Neßhöver, Carsten/Berghöfer, Augustin/Beck, Silke (2007): *Weltranglisten als Beratungsinstrumente für Umweltpolitik. Eine Einschätzung des Environmental Performance Index*, Marburg
Neumayer Eric (2004*): Weak versus Strong Sustainability: Exploring the Limits of Two Opposing Paradigms*, 2. Aufl, Cheltenham
Neumayer, Eric (2000): *On the Methodology of ISEW, GPI and Related Measures: Some Constructive Suggestions and Some Doubt on the ›Threshold‹ Hypothesis*. Ecological Economics, Vol. 34, S. 347–361
Newig, Jens (2010): *Symbolische Gesetzgebung zwischen Machtausübung und gesellschaftlicher Selbsttäuschung*. In: Cottier et al. (Hg.), S. 301–322

Nierling, Linda (2011): Holistic Working Concepts in Modern Societies: Revision and Empirical Updates of Old Debates About New Approaches to Work. In: Cuzzocrea/Laws (Hg.): *Value of work. Updates on old issues*, Oxfordshire, UK

Nill, Jan (2003): *Divergente Dynamiken. EU-Osterweiterung und Nachhaltigkeit aus ökonomischer Sicht*. Ökologisches Wirtschaften, Nr. 1, S. 16–17

Nischwitz, Guido/Molitor, Reimar/Rohne, Silvia (2001): *Local and Regional Governance für eine nachhaltige Entwicklung*. Studie im Auftrag des BMBF. Abschlussbericht, Wuppertal/Berlin

Nökel, Sigrid (2009): *Islam, Umweltschutz und nachhaltiges Handeln. Globale Diskurse und Akteure*. Skripte zu Migration und Nachhaltigkeit Nr. 7. Stiftung Interkultur, München

Nohlen, Dieter (Hg.) (2001): *Kleines Lexikon der Politik*, München

Noll, Herbert (2000): *Informationsfeld subjektive Indikatoren. Expertise für die Kommission zur Verbesserung der informationellen Infrastruktur zwischen Wissenschaft und Statistik,* Mannheim (siehe http://www.gesis.org/Dauer beobachtung/Sozialindikatoren/Publikationen/pdf-dateien/KVI-Noll-Sub jektive-Indikatoren.pdf)

Nowotny, Helga (1997): *Transdisziplinäre Wissensproduktion – eine Antwort auf die Wissensexplosion?*. In: Stadler (Hg.), S. 177–195

Nuscheler, Franz (2000): *Kritik an der Kritik am Global-Governance-Konzept*. Prokla, Vol. 30, Nr. 1, S. 151–156

Nutzinger, Hans (1995): *Nachhaltige Entwicklung und Energieversorgung*, Marburg

OECD (2011a): *Towards Green Growth*, Paris

OECD (2011b): *Leitsätze für multinationale Unternehmen*, Paris

OECD International Transport Forum (2011a): *Trends in the Transport Sector 1970–2009*, Paris

OECD International Transport Forum (2011b): *Transport Outlook 2011. Meeting the Needs of 9 Billion People*, Paris

OECD (2008): *Conducting Sutainability Impact Assessments*, Paris

OECD (2007a): *Istanbul Declaration »Measuring and Fostering the Progress of Societies*. OECD World Forum II, Istanbul

OECD (2007b): *Energy for Sustainable Development. OECD Contribution to the United Nations Commission on Sustainable Development 15*, Paris

OECD (2006): *Good Practices in the National Sustainable Development Strategies of OECD Countries*, Paris

OECD (2001): *Sustainable Development Strategies*. Policy Brief, Paris

OECD (1998): *Towards Sustainable Development. Environmental Indicators*, Paris

OECD (o. J.): *Statistics from A-Z*, Paris (http://www.oecd.org/document/ 0,3746,en_2649_201185_46462759_1_1_1_1,00.htm)

Oertel, Dagmar (2008): *Energiespeicher – Stand und Perspektiven*. Sachstandsbericht zum Monitoring »Nachhaltige Energieversorgung«. TAB-Arbeitsbericht Nr. 123, Berlin

Österreichische Bundesregierung (2002): *Die österreichische Strategie zur nachhaltigen Entwicklung*, Wien

Opschoor, Hans/Reijnders, Lucas (1991): *Towards Sustainable Development Indicators*. In: Kuik/Verbruggen (Hg.), S. 7–27

Orwat, Carsten/Grunwald, Armin (2005): *Informations- und Kommunikationstechnologien und Nachhaltige Entwicklung*. In: Mappus (Hg.), S. 242–276

Ott, Konrad (2006): *»Friendly Fire«. Bemerkungen zum integrativen Konzept nachhaltiger Entwicklung*. In: Kopfmüller (Hg.), S. 63–81

Ott, Konrad/Döring, Ralf (2004): *Theorie und Praxis starker Nachhaltigkeit*, Marburg

Paarlberg, Robert (2002): *Governance and Food Security in an Age of Globalization*, Washington, D.C. (http://www.ifpri.org/ 2020/ dp/2020dp36.pdf, 13.10.2005)

Paegelow, Claus (2006): *Handbuch Wohnungsnot und Obdachlosigkeit*, Bremen

Parfitt, Julian/Barthel, Mark/Macnaughton, Sarah (2010): *Food Waste Wthin Food Supply Chains: Quantification and Potential for Change to 2050*. Philosophical Transactions of The Royal Society B 365, S. 3065–3081

Parodi, Oliver (2008): *Technik am Fluss. Philosophische und kulturwissenschaftliche Betrachtungen zum Wasserbau als kulturelle Unternehmung*, München

Parris, Thomas/Kates, Robert (2003): *Characterizing and Measuring Sustainable Development*. Annual Review of Environment and Resources, Vol. 28, S. 559–586

Pearce, David/Turner, R. Kerry (1990): *Economics of Natural Resources and the Environment*, London

Pehnt, Martin/Helms, Hinrich/Lambrecht, Udo/Dallinger, David/Wietschel, Martin/Heinrichs, Heidi/Kohrs, Robert/Link, Jochen/Trommer, Stefan/Pollok, Thomas/Behrens, Petra (2011): *Elektroautos in einer von erneuerbaren Energien geprägten Energiewirtschaft*. Zeitschrift für Energiewirtschaft, Vol. 35, Nr. 3, S. 221–234

Petschow, Ulrich/Hübner, Kurt/Dröge, Susanne/Meyerhoff, Jürgen (1998): *Nachhaltigkeit und Globalisierung. Herausforderungen und Handlungsansätze*, Berlin et al.

Pilchhöfer, Andreas (2010): *Welt in Balance – Global Marshall Plan: Globalisierung nachhaltig gestalten*, Saarbrücken

Pillarisetti, Ram/van den Bergh, Jeroen (2010): *Sustainable Nations: What Do Aggregate Indexes Tell Us?* Environment, Development and Sustainability, Vol. 12, Nr. 1, S. 49–62

PLANCO Consulting (2007): *Verkehrswissenschaftlicher und ökologischer Vergleich der Verkehrsträger Straße, Bahn und Wasserstraße*, Essen

PLANCO/Infras (2006): *Die Nutzen des Verkehrs. Teilprojekt 1: Begriffe, Grundlagen, Messkonzepte*, Bern/Zürich

Pötter, Bernhard (2006): *König Kunde ruiniert sein Land*, München
Popp, Reinhold/Schüll, Elmar (Hg.) (2009): *Zukunftsforschung und Zukunftsgestaltung. Beiträge aus Wissenschaft und Praxis*, Berlin/Heidelberg
Rammel, Christian/Hinterberger, Friedrich/Bechtold, Ulrike (2004): *Governing Sustainable Development. A Co-Evolutionary Perspective on Transitions and Change*. GoSD Working Paper No. 1, Wien
Ramos, Tomás/Caeiro, Sandra (2010): *Meta-performance Evaluation of Sustainability Indicators*. Ecological Indicators, Vol. 10, Nr. 2, S. 157–166
Rat der Europäischen Union (2006): *Überprüfung der EU-Strategie für nachhaltige Entwicklung – Die erneuerte Strategie*. 10917/06, Brüssel
Rauch, Theo (2009): *Entwicklungspolitik*, Braunschweig
Rauscher, Anton (Hg.) (2002): *Arbeitsgesellschaft im Umbruch. Ursachen, Tendenzen, Konsequenzen*, Berlin
Reed, Mark/Fraser, Evan/Morse, Stephen/Dougill Andrew (2005): *Integrating Methods for Developing Indicators to Facilitate Learning and Action*. Ecology and Society, Vol. 10, Nr.1 (siehe http://www.ecologyandsociety.org/vol10/iss1/resp3/)
Reichhard, Stephan (2009): *Krisendefinitionen von Arbeitsgesellschaft. Die sozioökonomische Theoriediskussion und die alltäglichen Erfahrungen*, Marburg
Reisch, Lucia (2004): *Nachhaltiger Konsum: Aufgabe der »Neuen Verbraucherpolitik«*. Artec-Paper Nr. 120, Bremen
Renn, Ortwin, 2002: *Nachhaltiger Konsum: Was kann der einzelne tun?* In: Scherhorn/Weber (Hg.), S. 33–39.
Renner, Andreas/Hinterberger, Friedrich (Hg.) (1998): *Zukunftsfähigkeit und Neoliberalismus. Zur Vereinbarkeit von Umweltschutz und Wettbewerbswirtschaft*, Baden-Baden
Reusswig, Fritz (1994): *Lebensstile und Ökologie. Gesellschaftliche Pluralisierung und alltagsökologische Entwicklung unter besonderer Berücksichtigung des Energiebereichs*, Frankfurt/M.
Rheinland-pfälzisches Ministerium für Umwelt, Forsten und Verbraucherschutz (2009): *Nachhaltige Entwicklung Rheinland-Pfalz*, Mainz
Ringmaier, Anne (2009): *Nachhaltigkeit in einer globalen Wirtschaftsordnung: Ökonomisch, ökologisch, sozial*, Saarbrücken
Rip, Arie/Misa, Thomas/Schot, Jan (Hg.) (1995): *Managing Technology in Society*, London
RNE – Rat für nachhaltige Entwicklung (o. J.): *Nachhaltiger Warenkorb*. http://www.nachhaltigkeitsrat.de/projekte/eigene-projekte/nachhaltiger-warenkorb/
RNE (2011a): *Auf dem Weg zu einem Deutschen Nachhaltigkeitskodex (DNK)*, Berlin
RNE (2011b): *Deutscher Nachhaltigkeitskodex: Lob und Kritik aus der Wirtschaft*, Berlin (http://www.nachhaltigkeitsrat.de/news-nachhaltigkeit/2011/2011-03-10/deutscher-nachhaltigkeitskodex-lob-und-kritik-aus-der-wirtschaft/)

RNE (2010): *Strategische Eckpunkte für eine nachhaltige Entwicklung in Kommunen*, Berlin
RNE (2002a): *Der nachhaltige Warenkorb – eine Hilfestellung für den nachhaltigen Konsum.* Kurzstudie, erstellt vom IMUG – Institut für Markt-Umwelt-Gesellschaft, Berlin/Hannover
RNE (2002b): *Kultur und Nachhaltigkeit.* Thesenpapier, Berlin
Rodt, Stefan/Georgi, Birgit/Huckestein, Burkhard/Mönch, Lars/Herbener, Reinhard/Jahn, Helge/Koppe, Katharina/Lindmaier, Jörn (2010): CO_2-*Emissionsminderung im Verkehr in Deutschland. Mögliche Maßnahmen und ihre Minderungspotenziale.* Ein Sachstandsbericht des Umweltbundesamts. UBA-Texte 05/2010, Dessau
Rösch, Christine/Backhaus, Robert/Meyer, Burghard (2002): *Nachhaltige Landwirtschaft in Betrieb und Landschaft.* In: Grunwald (Hg.), S. 209–244
Rogall, Holger (2009a): *Vom Homo oeconomicus zum Homo cooperativus.* In: Vorgänge Nr. 185, S. 93–105
Rogall, Holger (2009b): *Nachhaltige Ökonomie. Ökonomische Theorie und Praxis einer nachhaltigen Entwicklung*, Marburg
Rogall, Holger/Binswanger, Hans-Christoph/Ekardt, Felix/Grothe, Anja/Hasenclever, Wolf-Dieter/Hauchler, Ingomar/Jänicke, Martin/ Kollmann, Karl/Michaelis, Nina/Nutzinger, Hans/Scherhorn, Gerhard (Hg.) (2011): Jahrbuch Nachhaltige Ökonomie 2011, Frankfurt/M.
Rogers, Everett (2005): *Diffusion of Innovations*, 5. Aufl., New York et al.
Rothschild, Kurt (1998): *Nullwachstum und Beschäftigung.* In: Blazejczak (Hg.), S. 25–30
Rychen, Dominique/Salganik, Laura. (Hg.) (2003): *Key Competencies for a Successful Life and a Well-functioning Society*, Göttingen
Salleh, Muhammad Syukri (1995): *A Model of Sustainable Development in Comparative Islamic Framework.* In: Salleh (Hg.), S. 113–128
Salleh, Muhammad Syukri (Hg.) (1995): *Islamic Development Studies*, Kuala Lumpur
Schellnhuber, Hans-Joachim (1998): *Earth Systems Analysis – The Scope of the Challenge.* In: Schellnhuber/Wenzel (Hg.), S. 3–195
Schellnhuber, Hans-Joachim/Wenzel, Volker (Hg.) (1998): *Earth Systems Analysis. Integrating Science for Sustainability*, Berlin et al.
Schepelmann, Philipp/Goossens, Yanne/Makipaa, Arttu (2010): *Towards Sustainable Development. Alternatives to GDP for Measuring Progress.* Wuppertal Special, Nr. 42, Wuppertal
Scherhorn, Gerhard/Reisch, Lucia/Schrödl, Sabine (1997): *Wege zu nachhaltigen Konsummustern. Überblick über den Stand der Forschung und vorrangige Forschungsthemen*, Marburg
Scherhorn, Gerhard/Weber, Christoph (Hg.) (2002): *Nachhaltiger Konsum. Auf dem Weg zur gesellschaftlichen Verankerung*, München

Schill, Wolf-Peter (2010): *Elektromobilität: Kurzfristigen Aktionismus vermeiden, langfristige Chancen nutzen.* DIW-Wochenbericht, Vol. 77, Nr. 27/28, S. 2–10

Schleich, Joachim/Hillenbrand, Thomas (2009): *Determinants of Residential Water Demand In Germany.* Ecological Economics, Vol. 68, Issue 6, S. 1756–1769

Schmid, Josef (2010): *Wer soll in Zukunft arbeiten? Zum Strukturwandel der Arbeitswelt.* Aus Politik und Zeitgeschichte, Nr. 48/2010, S. 3–9

Schmidt, Gert (Hg.) (1999): *Kein Ende der Arbeitsgesellschaft. Arbeit, Gesellschaft und Subjekt im Globalisierungsprozess,* Berlin

Schmidt-Bleek, Friedrich (1998): *Das MIPS-Konzept. Weniger Naturverbrauch – mehr Lebensqualität durch Faktor 10,* München

Schneider, Norbert (1999): *Konsum und Gesellschaft.* In: Rosenkranz/Schneider (Hg.): *Konsum. Soziologische, ökonomische und psychologische Perspektiven,* Opladen, S. 9–22

Schneidewind, Uwe (2010): *Nachhaltige* Wissenschaft. Plädoyer für einen Klimawandel im deutschen Wissenschafts- und Hochschulsystem, Marburg

Schön, Susanne/Keppler, Dorothee/Geißel, Brigitte (2002): *Gender und Nachhaltigkeit. Sondierung eines unübersichtlichen Forschungsfeldes.* Zentrum Technik und Gesellschaft der TU Berlin, Diskssionspapier Nr. 01/02, Berlin

Schrader, Ulf/Hansen, Ursula (Hg.) (2001): *Nachhaltiger Konsum. Forschung und Praxis im Dialog,* Frankfurt/M.

Schröder, Michael (2005): *Is There a Difference? The Performance Characteristics of Socially Responsible Investment Equity Indexes.* Zentrum für Europäische Wirtschaftsforschung (ZEW), Diskussionspapier No. 05–50, Mannheim

Schultz, Julia (2009): *Umwelt und Gerechtigkeit in Deutschland. Beitrag zu einer Systematisierung und ethischen Fundierung,* Marburg

Schwarz, Axel (2007): *Fast jeder Weg hat seinen Preis. Maut und Trassenentgelte – Verkehrspolitische Steuerungselemente.* Internationales Verkehrswesen, Vol. 59, Nr. 10, S. 470–473

Seidl, Irmi/Zahrnt, Angelika (Hg.) (2011): *Postwachstumsgesellschaft. Konzepte für die Zukunft,* München

Sen, Amartya (1998): *Ausgrenzung und Politische Ökonomie.* Zeitschrift für Sozialreform, Vol. 44, Nr. 4–6, S. 234–247

Serageldin. Ismail (2011): *Abolishing Hunger: Science to the Rescue. A Personal Résumé after 40 Years of Commitment.* Technikfolgenabschätzung – Theorie und Praxis, Vol. 20, Nr. 2, S. 14–20

Serageldin, Ismael/Steer, Andrew (1994*): Epilogue: Expanding the Capital Stock.* In: Serageldin/Steer (Hg.), S. 30–32

Serageldin, Ismael/Steer, Andrew (Hg.) (1994): *Making Development Sustainable.* World Bank Environmentally Sustainable Development Occasional Paper Series No. 2, Washington, D. C.

Sessa, Carlo/Enei, Riccardo (2009): *EU Transport Demand: Trends and Drivers.* Project Funded by European Commission's Directorate-General Environment, Rome/London/Brussels

Shell (2009): Pkw-Szenarien bis 2030. *Fakten, Trends und Handlungsoptionen für nachhaltige Auto-Mobilität,* Hamburg

Siebenhüner, Bernd (2004): *Nachhaltigkeit und kollektive Lernprozesse. Disziplinübergreifende Perspektiven auf staatliche und nicht-staatliche Akteure,* Oldenburg

Siebenhüner, Bernd (2001): *Homo sustinens – Auf dem Weg zu einem Menschenbild der Nachhaltigkeit,* Marburg

Simon, Nils (2010): *Internationale Umweltgovernance für das 21. Jahrhundert. Herausforderungen, Reformprozesse und Handlungsoptionen vor der Rio-Konferenz 2012.* Stiftung Wissenschaft und Politik, S 30, Berlin

Simon, Nils/Dröge, Susanne (2011): *Green Economy: Vision mit begrenzter Reichweite.* SWP-Aktuell, Nr. 19, S. 1–4

Sinding, Steven (2007): *Wandel der Weltbevölkerung.* In: Online-Handbuch Demografie (http://www.berlin-institut.org/online-handbuchdemografie.html)

Siune, Karen/Markus, Eszter/Calloni, Maria/Felt, Ulrike/Gorski, Andre/ Grunwald, Armin/Rip, Arie/de Semir, Vladimir/Wyatt, Sally (2009): *Challenging Futures of Science in Society.* Report of the MASIS Expert Group. Brussels, European Commission

Sivaraska, Sulak (2009): *The Wisdom of Sustainability.* Buddhist Economics for the 21st Century, Kihei

Socher, Martin (2000): *Sustainability Impact Assessment – Erste Erfahrungen und ein Ausblick zur Nachhaltigkeitsprüfung.* TA-Datenbank-Nachrichten, Vol. 9, Nr. 2, S. 83–87

Social Investment Forum Foundation (2010): *Report on Socially Responsible Investing Trends in the United States,* Washington D. C.

Solarsiedlung GmbH (2011): Internetauftritt: (http://www.solarsiedlung.de/default.asp?sid=-949675980&id=23 Zugriff 03.06.2011)

Spada, Hans (2002): *Risikowahrnehmung.* In: Ministerium für Umwelt und Verkehr Baden-Württemberg (Hg.): *Kommunikation über Umweltrisiken zwischen Verharmlosung und Dramatisierung,* Stuttgart/Leipzig, S. 21–32

Spangenberg, Joachim (2011): *Arbeitsgesellschaft im Wandel. Die Grenzen der Natur setzen neue Signale.* Politische Ökologie, Nr. 125, S. 15–24

Spangenberg, Joachim (2003) (Hg.): *Vision 2020. Arbeit, Umwelt, Gerechtigkeit – Strategien für ein zukunftsfähiges Deutschland,* München

Spengler, Norman/Priemer, Jana (2010): *Daten zur Zivilgesellschaft. Eine Bestandsaufnahme,* Essen

SRU – Sachverständigenrat für Umweltfragen (2010a): *100 % erneuerbare Stromversorgung bis 2050: klimaverträglich, sicher, bezahlbar.* Stellungnahme, Berlin

SRU (2010b): *Laufzeitverlängerung gefährdet Erfolg der erneuerbaren Energien. Kommentar zur Umweltpolitik,* Nr. 8, Berlin

SRU (1998): *Umweltgutachten 1998. Umweltschutz: Erreichtes sichern – neue Wege gehen*, Stuttgart
SRU (1994): *Umweltgutachten 1994. Für eine dauerhaft-umweltgerechte Entwicklung*, Stuttgart, Mainz
SRZG – Stiftung für die Rechte zukünftiger Generationen (Hg.) (2003): *Handbuch Generationengerechtigkeit*, München
Stachowiak, Herbert (1973): *Allgemeine Modelltheorie*, Wien
Stadler, Friedrich (Hg.) (1997): *Wissenschaft als Kultur. Österreichs Beitrag zur Moderne*, Wien/New York
Statistisches Bundesamt (2011): *Registrierte Arbeitslose, Arbeitslosenquote nach Gebietsstand*, Wiesbaden
Statistisches Bundesamt (2010a): *Nachhaltige Entwicklung in Deutschland. Indikatorenbericht 2010*, Wiesbaden
Statistisches Bundesamt (2010b): *Statistisches Jahrbuch 2010 für die Bundesrepublik Deutschland*, Wiesbaden
Steiner, Magdalena/Lehn, Helmut (1999): *Towards the Sustainable Use of Water: A Regional Approach for Baden-Wuerttemberg, Germany*. Water Resources Development, Vol. 15, No. 3, S. 277–290
Stern, Nicholas (2009): *Der Global Deal. Wie wir dem Klimawandel begegnen und ein neues Zeitalter von Wachstum und Wohlstand schaffen*, München
Stern, Nicholas (2006): *Stern Review. Final Report*, Cambridge (http://webarchive.nationalarchives.gov.uk/+/http://www.hm-treasury.gov.uk/stern_review_report.htm)
Stiftung Neue Verantwortung (2010): *Mit Engagement zur Nachhaltigkeit – die Zivilgesellschaft als Treiber einer neuen Nachhaltigkeitsagenda*. Policy Paper 1/10, Berlin
Stiglitz, Joseph/Sen, Amartya/Fitoussi, Jean-Paul (2009): *Report by the Commission on the Measurement of Economic Performance and Social Progresss*, Paris (siehe *www.stiglitz-sen-fitoussi.fr*)
Stigson, Björn/Babu, Suresh/Bordewijk, Jeroen/O'Donnell, Pamela/Haavisto, Pekka/Morgan, Jennifer/Osborn, Derek (2009*): Peer Review der deutschen Nachhaltigkeitspolitik*, Genf et al.
TATuP - Technikfolgenabschätzung. Theorie und Praxis (2010): *Schwerpunktheft zum Thema »Climate Engineering: ein Thermostat für die Erde?«*. Zeitschrift »Technikfolgenabschätzung. Theorie und Praxis« Heft 19/2 (Juli 2010). Online unter http://www.itas.fzk.de/deu/tatup/inhalt.htm
Thaler, Richard/Sunstein, Cass (2003): *Libertarian Paternalism*. American Economic Review, Vol. 93, Nr. 2, S. 175–179
Togtokh, Chuluun/Gaffney, Owen (2010): *The 2010 Human Sustainable Development Index*. (siehe http://news.yourolivebranch.org/2010/11/05/the-2010-human-sustainable-development-index/)
TRAMP – Traffic and Mobility Planning/Difu – Deutsches Institut für Urbanistik/IWH – Institut für Wirtschaftsforschung Halle (2006): *Szenarien der Mobilitätsentwicklung unter Berücksichtigung von Siedlungsstrukturen bis*

2050. Projekt-Abschlussbericht im Auftrag des Bundesministeriums für Verkehr, Bauen und Stadtentwicklung, Magdeburg

UBA – Umweltbundesamt (Hg.) (2011): *Einblick in die Jugendkultur. Das Thema Nachhaltigkeit bei der jungen Generation anschlussfähig machen*, Dessau (http://www.umweltdaten.de/publikationen/fpdf-l/4078.pdf)

UBA (2010a): *Wohnen und Bauen – ein Bedürfnisfeld für die Zukunft gestalten*, Dessau

Umweltbundesamt (2010b): *CO2-Emissionsminderung im Verkehr in Deutschland. Mögliche Maßnahmen und ihre Minderungspotenziale. Ein Sachstandsbericht des Umweltbundesamts*, Dessau

UBA (2009a): *Daten zum Verkehr. Ausgabe 2009*, Dessau

UBA (2009b): *Daten zur Umwelt 2009*, Dessau (http://www.umweltdaten.de/publikationen/fpdf-l/3876.pdf)

UBA (2002): *Nachhaltige Entwicklung in Deutschland. Die Zukunft dauerhaft umweltgerecht gestalten*, Berlin

UN – United Nations (2010a): *Global Monitoring Report 2010: The MDGs after the Crisis*. New York

UN (2010b): *Keeping the Promise – United to Achieve the Millennium Development Goals*, New York

UN (2010c): *Human Rights and access to safe drinking water and sanitation*. Human Rights Council (http://www.institut-fuer-menschenrechte.de/filead min/user_upload/PDF-Dateien/UN-Dokumente/ resolution_human_rights _and_access_to_safe_drinking_water_and_sanitation.pdf?PHPSESSID= 086d40c23ac3d6429eda59e7b773c120

UN (2008): *Delivering on the Global Partnership for Achieving the Millennium Development Goals (MDGs)*, New York (http://www.undp-gha.org/docs/mdg8reportgaptasfforce.pdf)

UN (2005): *The Millennium Development Goals Report 2005*, New York

UN (2003): *The Marrakech Process*, Nairobi (http://esa.un.org/marrakech process/index.shtml)

UN (2001): *Indicators of Sustainable Development: Guidelines and Methodologies*, New York

UN (2000): *Millennium Development Goals*, New York (http://www.un.org/millenniumgoals/)

UN (1992): *Report of the United Nations Conference on Environment and Development*. A/CONf. 151/26 (Vol. I-III), New York

UN (o. J.): *Global Compact* (www.unglobalcompact.org)

UN-AGECC – United Nations Secretary-General's Advisory Group on Energy and Climate Change (2010): *Energy for a Sustainable Future. Summary Report and Recommendations*, New York

UN Commission on Global Governance (1995): *Our Global Neighbourhood*, Cambridge

UNCSD – United Nations Commission on Sustainable Development (2002): *Second Local Agenda 21 Survey*. Background Paper No. 15. Submitted by ICLEI, New York

UNCSD (1998): *Consumer Protection: Guidelines for Sustainable Consumption*. Report of the Secretary-General. E/CN.17/1998/ 5, New York

UNCSD (1996): *Indicators of Sustainable Development. Framework and Methodologies*, New York

UN-Dekade (o. J.): *UN-Dekade »Wasser – Quelle des Lebens« (2005–2014)* (http://www.unesco.ch/tage-jahre-dekaden/internationale-dekaden/2005-2014-bildung-fuer-nachhaltige-entwicklung-wasser-quelle-des-lebens/wasser-quelle-des-lebens.html)

UNDESA – United Nations Department of Economic and Social Affairs (2009): *National Sustainable Development Strategies – the Global Picture*, New York (http://www.un.org/esa/dsd/dsd_aofw_nsds/nsds_pdfs/NSDS_map_bg_note.pdf)

UNDESA (2002): *Guidance in Preparing a National Sustainable Development Strategy. Managing Sustainble Development in the New Millennium*. Background Paper No. 13, New York (http://www.johannesburgsummit.org/html/documents/backgrounddocs/nsdsreport.pdf)

UNDP – United Nations Development Programme (1998): *Integrating Human Rights With Sustainable Human Rights* (hurilink.org/tools/UNDP_integrating_hr.pdf)

UNDP/WHO – World Health Organisation (2009): *The Energy Access Situation in Developing Countries*, New York/Genf

UN-ECE – United Nations Economic Commission for Europe (2011): *Transport for Sustainable Development in the ECE Region*, Genf

UN-Energy (2005): *The Energy Challenge for Achieving the Millennium Development Goals*, New York

UNEP – United Nations Environmental Programme (2011): *Towards a Green Economy. Pathways to Sustainable Development and Poverty Eradication.* A Synthesis for Policy Makers, Nairobi

UNEP (2010): *Green Economy. A Brief for Policy Makers on the Green Economy and Millennium Development Goals*, New York

UNEP (2009): *Global Green New Deal*. Policy Brief, Genf

UNEP (2002): *Sustainable Consumption. A Global Status Report*. UNEP Division of Technology, Industry and Economics, Paris

UNESCO (2004): *Hamburger Erklärung zu Dekade der Bildung* (siehe www. dekade.org/hintergrundmaterial/)

UNFCCC – United Nations Framework Convention on Climate Change (o. J.): *Status of Ratification of the Kyoto Protocol* (http://unfccc.int/kyoto_protocol/items/2830.php)

UN Global Compact/Accenture (2010): *A New Era of Sustainability. UN Global Compact-Accenture CEO Study 2010*, New York

UN HABITAT – United Nations Human Settlements Programme (2010): *The Right to the City: Bridging the Urban Divide. Report of the Fifth Session of the World Urban Forum*, Nairobi

UN HABITAT (2009): *Planning Sustainable Cities: Policy Directions. Global Report on Human Settlements 2009*, Nairobi

UN-Habitat (2002): *Globla Urban Indicators Database, Version 2*, Nairobi

United Nations Population Division (2010): *World Urbanisation Prospects*, New York

Union Investment (2010): *Pressemitteilung* (http://unternehmen.union-investment.de/Newsletter/Pressemitteilungen/4089a4c77b253790df746485d90f8854.0.0/PM_Dax_Studie_Nachhaltigkeit.pdf)

Untereiner, Viktoria (2007): *Krabben nach Marokko*. Welt-online, 12.3.2007

Valentin, Anke/Spangenberg, Joachim (2000): *A Guide to Community Sustainability Indicators*. Environmental Impact Assessment Review, Vol. 20, Nr. 3, S. 381–392

van Asselt, Marjolein/Rotmans, Jan/Greeuw, Sven (2001): *Puzzle-solving for Policy*: a *Provisional Handbook for Integrated Assessment*, Maastricht

van de Kerk, Geurt/Manuel, Arthur (2008): *A Comprehensive Index for a Sustainable Society: The SSI – the Sustainable Society Index*. Ecological Economics, Vol. 66, Nr. 2/3, S. 228–242

van Griethuysen, Pascal (2010): *Why are we Growth-Addicted? The Hard Way Towards Degrowth in the Involuntary Western Development Path*. Journal of Cleaner Production, Vol. 18, Nr. 6, pp. 590–595

Varwick, Johannes/Zimermann, Andreas (2006): *Die Reform der Vereinten Nationen – Bilanz und Perspektiven*, Berlin

Victor, Peter (2010): *Questioning Economic Growth*. Nature, 468, pp. 370–371

VINE - Initiativkreis Vertikale Integration einer Nachhaltigen Entwicklung (2010): *Vertikale Integration von Bund, Ländern und Kommunen als Schlüsselelement zur Umsetzung einer Nachhaltigen Entwicklung*. Positionspapier, Dortmund

Volkery, Axel/Ribeiro, Teresa (2009): *Scenario Planning in Public Policy: Understanding Use, Impacts and the Role of Institutional Context Factors*. Technological Forecast & Social Change, Vol. 76, Nr. 9, S. 1198–1207

Volkery, Axel/Swanson, Darren/Jacob, Klaus/Bregha, Francois/Pinter Laszlo (2006): *Coordination, Challenges, and Innovations in 19 National Sustainable Development Strategies*. World Development, Vol. 34, Nr. 12, S. 2047–2063

von Egan-Krieger, Tanja/Schultz, Julia/Thapa, Philipp/Voget, Lieske (Hg.) (2009): *Die Greifswalder Theorie starker Nachhaltigkeit. Ausbau, Anwendung und Kritik*, Marburg

von Hauff, Michael (2011): *Nachhaltigkeit – ein Erfolgsfaktor für mittelständische Unternehmen. Anforderungen an Politik, Gewerkschaften und Unternehmen*. Expertise im Auftrag der Friedrich-Ebert-Stiftung, Bonn

von Schomberg, Rene (2005): *Die normativen Dimensionen des Vorsorgeprinzips.* In: Hennen/Sauter (Hg.), S. 91–118
von Weizsäcker, Ernst/Lovins, Amory/Lovins, Hunter (1995): *Faktor vier: Doppelter Wohlstand – halbierter Naturverbrauch. Der neue Bericht an den Club of Rome,* München
Voß, Jan-Peter (2008): *Steuerung nachhaltiger Entwicklung: Grenzen und Möglichkeiten damit umzugehen.* In: Amelung et al. (Hg.), S. 231–248
Voß, Jan-Peter/Bauknecht, Dierk/Kemp, René (2006): *Reflexive Governance for Sustainable Development,* Cheltenham
Vrije Universiteit Amsterdam/ECOLOGIC/IEEP - Institute for European Environmental Policy (2007): *Improving Assessment of the Environment in Impact Assessment,* Amsterdam
Wackernagel, Mathis/Rees, William (1997): *Unser ökologischer Fußabdruck. Wie der Mensch Einfluss auf die Umwelt nimmt,* Basel et al.
Wahl, Stefan/Frings, Susanne/Hermann, Fabian/Nerb, Josef/Spada, Hans (2001): *So ein Ärger! – Die Rezeption von Zeitungsmeldungen über Umweltprobleme.* Medienpsychologie 12, S. 223–241
Wallis, Anne (2006): *Sustainability Indicators: Is There Consensus Among the Stakeholders?* International Journal of Environment and Sustainable Development, Vol. 5, Nr. 3, S. 287–296
Walter, Matthias/Haunerland, Fabian/von Hirschhausen, Christian/Moll, Robert (2009): *Potenzial des Fernlinienbusverkehrs in Deutschland. Chancen für Umwelt, Mobiltät und Wettbewerb.* Internationales Verkehrswesen, Vol. 61, Nr. 4, S. 115–121
Walz, Rainer (1998): *Grundlagen für ein nationales Umweltindikatorensystem: Erfahrungen mit der Weiterentwicklung des OECD-Ansatzes.* Zeitschrift für angewandte Umweltforschung, Vol. 11, Nr. 2, S. 252–265
Wang, Wuyi/Krafft, Thomas/Kraas, Frauke (Hg.) (2006): *Global Change. Urbanization and Health,* Beijing
WBCSD – World Business Council for Sustainable Development (2004): Mobility 2030: Meeting the Challenges to Sustainability. Project Report, Genf
WBGU – Wissenschaftlicher Beirat Globale Umweltveränderungen (2011): *Welt im Wandel. Gesellschaftsvertrag für eine große Transformation,* Berlin
WBGU (2008): *Welt im Wandel. Zukunftsfähige Bioenergie und nachhaltige Landnutzung,* Berlin
WBGU (2003): *World in Transition. Towards Sustainable Energy Systems,* Berlin
WBGU (1996): Welt im Wandel. Herausforderungen an die deutsche Wissenschaft. Jahresgutachten 1996, Berlin et al.
WBGU (1995): Wege zur Lösung globaler Umweltprobleme. Jahresgutachten 1995, Berlin et al.
WCED – World Commission on Environment and Development (1987): *Our Common Future,* Oxford

Weber, Matthias/Whitelegg, Katrin (2003): *Grundorientierungen einer Wissenschafts- und Forschungspolitik für nachhaltige Entwicklung.* In: Kopfmüller (Hg.), S. 113–135
Wehrspaun, Michael/Schoembs, Harald (2002): *Schwierigkeiten bei der Kommunikation von Nachhaltigkeit.* In: Kurt/Wagner (Hg.): *Kultur – Kunst – Nachhaltigkei,.* Essen, S. 43–57   Weiland, Ulrike (2006): *Sustainability Indicators and Urban Development.* In: Wang et al. (Hg.) S. 241–250
Wejnert, Barbara (2002): *Integrating Models of Diffusion of Innovations: A Conceptual Framework.* Annual Review of Sociology, Vol. 28, S. 297–326
Welford, Richard (Hg.) (1997): *Hijacking Environmentalism: Corporate Responses to Sustainable Development,* London
Weller, Ines (2004): *Nachhaltigkeit und Gender. Neue Perspektiven für die Gestaltung und Nutzung von Produkten,* München
Wenzel, Eike/Rauch, Christian/Kirig, Anja (2007): *Zielgruppe LOHAS: Wie der grüne Lifestyle die Märkte erobert,* Ruppertshain
Werner, Götz (2008): *Bedingungsloses Grundeinkommen. Ein Weg aus der Arbeitslosigkeit und Bevormundung,* Bad Liebenzell
Wietschel, Martin/Arens, Marlene/Dötsch, Christian/Herkel, Sebastian/Krewitt, Wolfram/Markewitz Peter/Möst, Dominik/Scheufen, Martin (2010): *Energietechnologien 2050 – Schwerpunkte für Forschung und Entwicklung. Politikbericht,* Stuttgart
Willeke, Rainer (2003): *Nachhaltige Mobilität.* Zeitschrift für Verkehrswissenschaft, Vol. 74, Nr. 3, S. 129–159
Willke, Helmut (2006): *Global Governance,* Bielefeld
Winkler, Inga (2011): *Lebenselixier und letztes Tabu. Die Menschenrechte auf Wasser und Sanitärversorgung.* Deutsches Institut für Menschenrechte. Essay Nr. 11, Berlin (www.institut-fuer-menschenrechte.de)
World Bank (2010a): *World Development Report 2010. Development and Climate Change,* Washington, D.C. (http://siteresources.worldbank.org/INTWDR2010/Resources/5287678-1226014527953/WDR10-Full-Text.pdf)
World Bank (2010b): *World Development Indicators,* Washington, D. C.
World Summit (2002): *World Summit on Sustainable Development: Plan of Implementation* (www.johannesburgsummit.org)
Worldwatch Institute (Hg.) (2010): State of the World 2010: *Transforming Cultures – From Consumerism to Sustainability,* London/New York
Worldwatch Institute (Hg.) (2003): *Zur Lage der Welt 2003,* Münster
WRI – World Resources Institute (2008): *World Resources 2008. Roots of Resilience. Growing the Wealth of the Poor,* Washington, D. C.
Wulsdorf, Helge (2005): *Nachhaltigkeit. Ein christlicher Grundauftrag in einer globalisierten Welt,* Regensburg
WZB – Wissenschaftszentrum Berlin/BMFSFJ – Bundesministerium für Familie, Senioren, Frauen und Jugend (Hg.) (2009): *Bericht zur Lage und zu den Perspektiven des bürgerschaftlichen Engagements in Deutschland,* Berlin

Yale Center for Environmental Law and Policy/Center for International Earth Science Information Network/World Economic Forum/Joint Research Center of the European Commission (2005): *2005 Environmental Sustainability Index. Benchmarking National Environmental Stewardship*, New Haven

Zehm, Andreas/Walk, Heike/Schlußmeier, Bianca/Dietz, Kristina/Behrendt, Maria/Baranek, Elke/Jonuschat, Helga (Hg.) (2007): *Partizipation und Nachhaltigkeit. Vom Leitbild zur Umsetzung*, München

Zellei, Anett (2003): *Remaining Challenges. Europeanisation of Agri-Environmental Policy in the Accession Countries*. Ökologisches Wirtschaften, Nr. 1, S. 18–19

Zheng, Yongnian/Chen, Minjia (2006): *China Promotes Green GDP for more Balanced Development*. University of Nottingham, China Policy Institute, Briefing Series, Issue 16, Nottingham (http://www.nottingham.ac.uk/china-policy-institute/publications/documents/Briefing_16_China_Green_GDP.pdf)

Zieschank, Roland (2005): *Nachhaltigkeitsstrategien der Europäischen Union. Konzepte und Konfliktlinien aus umweltpolitischer Sicht*. In: Banse/Kiepas (Hg.), S. 85–100

Zilleßen, Horst/Dienel, Peter/Strubelt, Wendelin (Hg.) (1993): *Die Modernisierung der Demokratie. Internationale Ansätze*, Opladen

Zillien, Nicole (2006): Digitale Ungleichheit. *Neue Technologien und alte Ungleichheiten in der Informations- und Wissensgesellschaft*, Wiesbaden

Zimmer, Wiebke/Fritsche, Uwe (2008): *Klimaschutz und Straßenverkehr*. Kurzstudie für die Friedrich-Ebert-Stiftung, Bonn

Zukunftsrat Hamburg (2009): *Hamburger Entwicklungsindikatoren Zukunftsfähigkeit*, Hamburg

Campus Studium

Armin Grunwald,
Jürgen Kopfmüller
Nachhaltigkeit
2., aktualisierte Auflage 2012
279 Seiten
ISBN 978-3-593-39397-1

Michael Hartmann
Elitesoziologie
Eine Einführung
2., aktualisierte Auflage 2008
205 Seiten. ISBN 978-3-593-37439-0

Johannes Huinink, Dirk Konietzka
Familiensoziologie
Eine Einführung
2007. 246 Seiten. ISBN 978-3-593-38368-2

Martin Hartmann
Gefühle
Wie die Wissenschaften sie erklären
2., aktual. Aufl. 2010. 168 S.. ISBN 978-3-593-39285-1

Hans-Martin Schönherr-Mann
Was ist politische Philosophie?
2012. 229 Seiten. ISBN 978-3-593-39603-3

Geert Hendrich
Arabisch-islamische Philosophie
Geschichte und Gegenwart
2011. 174 Seiten. ISBN 978-3-593-39402-2

Henning Hahn
Globale Gerechtigkeit
Eine philosophische Einführung
2009. 213 Seiten. ISBN 978-3-593-39024-6

Jürgen Hartmann
**Das politische System der
Europäischen Union**
Eine Einführung
2009. 221 Seiten. ISBN 978-3-593-39025-3

campus

www.campus.de/wissenschaft

Frankfurt. New York